Reinhard T. Krüger

Kreative Interaktion

Tiefenpsychologische Theorie und Methoden des klassischen Psychodramas

Mit 16 Abbildungen
und 2 Tabellen

Vandenhoeck & Ruprecht
in Göttingen

Die Deutsche Bibliothek – CIP-Einheitsaufnahme

Krüger, Reinhard T. :
Kreative Interaktion : tiefenpsychologische Theorie und Methoden des klassischen Psychodramas/
Reinhard T. Krüger. – Göttingen :
Vandenhoeck & Ruprecht, 1997
ISBN 3-525-45794-4

Satz: KCS GmbH, Buchholz/Hamburg
Druck und Bindung: Hubert & Co., Göttingen

Inhalt

Vorwort

Jacob L. Moreno, der unter anderem die Soziometrie und das Psychodrama entwickelt hat, war aus Überzeugung kein Systematiker und liebte es, aus der Improvisation heraus kreativ zu sein. Seine Bücher sind wie eine Bibel. Es steht *alles* darin. Er hinterließ ein gigantisches Werk, das aber wenig strukturiert ist. Ihm fiel es schwer, im Psychodrama eine Systematik seiner Theorieansätze zu entwickeln, hätte dies doch durch eine zwangsläufig weniger private Wissenschaftssprache und durch Verminderung der Informationsfülle (das ist eine Aufgabe der Theoriebildung) seinen auf die Menschheit als Ganzes gerichteten, umfassenden Ansatz relativiert und seinen revolutionären Anspruch eingegrenzt. Nachdem der Mythos Moreno in Psychodramakreisen nach seinem Tod die bannende Kraft verloren hat, nehmen sich Psychodramatikerinnen und Psychodramatiker mehr und mehr die Freiheit, die alten Theorieansätze des Psychodramas neu zu formulieren, zu vertiefen, zu systematisieren und im Licht neuer wissenschaftlicher Erkenntnisse außerhalb der Psychodramawelt zu überprüfen. Dabei werden Systemiker, Soziologen, Philosophen, Verhaltenstherapeuten und tiefenpsychologisch orientierte Therapeuten wahrscheinlich im Lauf der Zeit für das Psychodrama jeweils etwas andere Theoriekonzepte entwickeln. Ziel dieses Buches ist es, das Psychodrama aus tiefenpsychologischer Sicht zu beschreiben. Ich hoffe, daß dabei im Speziellen das für das Psychodrama Allgemeingültige erkennbar wird.

Die Ausführungen über das Menschenbild im Psychodrama im I. Kapitel dieses Buches sind in ihren Aussagen sehr verdichtet und zeigen den philosophisch-ethischen Hintergrund auch für die folgenden Kapitel, die Psychodrama als Psychotherapiemethode darstellen. In den Kapiteln II. 4, III. und IV. entwerfe ich eine tiefen-

psychologisch begründete Theorie kreativer Interaktion, die das Besondere am Psychodrama erkennbar machen soll. Es waren anfangs diese Ideen zum Konzept der kreativen Interaktion, die mich dazu gebracht haben, den Weg zu gehen und dieses Buch zu schreiben.

Ich danke Jan Bleckwedel, Wolfgang Kämmerer, Walter Kirchner, Michael Schulte-Markwort und Franz Stimmer für fachliche Diskussionen des Textes, Annelie Kolbe-Krüger und Erdmute Krüger für redaktionelle Anregungen und Helga Scharpf für die Abfassung des Manuskripts. Dankbar bin ich aber auch meinen Patientinnen und Patienten, die durch ihre Anstrengungen und die gemeinsame Arbeit in der Therapie mir ermöglicht haben, die Konzepte in diesem Buch zu entwickeln, und die mich geduldig immer wieder dazu bringen, aus Fehlern zu lernen.

Einführung

»Wie geschieht Heilung?« Diese Frage stellte ich dem Psychologen, Psychotherapeuten und Zen-Lehrer, KARLFRIED GRAF DÜRCKHEIM 1985 bei einem Besuch in Todtmoos-Rütte. Es war unklug, dem weisen alten Mann Fragen zu stellen, die nichts mit einem selbst zu tun hatten. »Warum wollen Sie das wissen?« fragte er. Ich war verblüfft, fühlte mich verunsichert. Es dauerte ein wenig, dann merkte ich, worum es mir ging und bekannte mutig: »Wenn ich wüßte, wie Heilung geschieht, durch welche Mechanismen, dann könnte ich als Therapeut diese Mechanismen maximieren, immer mehr davon einsetzen und immer gezielter!« Ich schämte mich ein wenig, weil ich mich so wichtig genommen hatte, und war gespannt auf die Antwort. »Das stimmt!« meinte GRAF DÜRCKHEIM. »Es gibt da nur ein Problem. Der Weg der Heilung ist letzten Endes ein Geheimnis. Man kann dieses Geheimnis lösen und beschreiben, wie Heilung geschieht. Das Problem ist nur: Dann ist es kein Geheimnis mehr. Und ohne Geheimnis ist Heilung nicht mehr wirksam.«

Es nützte mir nichts, daß ich zunächst nur widerwillig zustimmte. Die Antwort DÜRCKHEIMS war wahr, das wußte ich sofort. Sie öffnete in mir einen neuen Raum. Ich hatte mich jahrelang beschäftigt, manchmal gequält mit der Frage: »Im Psychodrama geschieht Heilung. Das habe ich erfahren. Aber wie kommt sie zustande? Was habe ich dazu getan? Welche Rolle spielen dabei die Psychodramatechniken? Was hat sonst noch Einfluß auf den Prozeß?« Nach dem Gespräch mit GRAF DÜRCKHEIM brauchte ich noch einen Tag. Dann versank mein bisheriges Ziel in dem Raum, der sich in mir geöffnet hatte. Ich gab die Suche auf. Denn es ist wahr: »Heilung ist ein Geheimnis. Ohne Geheimnis ist Heilung nicht wirksam.«

Aber ohne daß ich es wollte, arbeitete es in mir weiter. Drei Tage später fing ich an, mir die zeitliche Abfolge der Psychodramatechniken während einer Gruppensitzung und ihre tiefenpsychologischen Wirkungen als einen kreisförmigen Prozeß vorzustellen. Der Weg zum Mittelpunkt eines Kreises ist immer gleich weit. Bewegt man die eine Speiche des Rades, dann schwingen die anderen Speichen mit. Der Kreis stellt in sich ein Ganzes dar, bei dem das Ende immer wieder zum Anfang wird. Es gab aber nicht nur diesen einen Kreis, sondern mehrere. Der Kreis der Psychodramatechniken spiegelt sich wider in einem Kreis von Organisationsfunktionen, die die Interaktion im Alltag vermitteln, und in einem Kreis der Abwehrmechanismen der Psychoanalyse. Die verschiedenen Kreise lassen sich miteinander zur Deckung bringen, jeder Teil des Kreises findet auf dem anderen seine Entsprechung. Was ist das Allgemeine, das Übergeordnete, das die verschiedenen Kreise miteinander verbindet?

Eigentlich wollte ich die Suche lassen, die Suche nach einer Antwort auf die Frage: »Wie geschieht Heilung?« Aber es ging nicht. Die neue Sichtweise faszinierte mich und versetzte mich in einen Rausch. Immer wenn ich äußerlich zur Ruhe kam, arbeitete es in mir. Es war schlimmer als vorher. Vier Monate lang schrieb ich Gedanken und Einsichten auf, malte Kreise und füllte deren Quadranten aus. Ich suchte nach den Ideen hinter alten Begriffen und fand neue Benennungen. Der Kreis wurde für mich zum Schlüssel des Erkennens. Heilung geschieht. Oder sie geschieht nicht. Das ist richtig. Die Heilung ist eigenwillig und manchmal launisch in ihrem Charakter. Man kann sie in ihrer Vielschichtigkeit nicht willentlich herbeiführen. Als Therapeut kann ich aber versuchen, gute Voraussetzungen und Bedingungen zu schaffen, daß Heilung geschehen kann. Davon handelt dieses Buch.

I. Der spontane Mensch – das Menschenbild im Psychodrama

Das Psychodrama geht von einem spezifischen Menschenbild aus, dem *spontanen Menschen*. Nach MORENO kann »Spontaneität … in einer Person anwesend sein, wenn sie denkt, genauso wie wenn sie fühlt, wenn sie in Ruhe ist genauso, wie wenn sie in Aktion ist« (1946, S. 111 f). Die Theorie der Spontaneität ist das, was einen kreativen Prozeß kreativ macht. Sie ist die Essenz der Kreativität.

Mein Verständnis von Spontaneität weicht etwas ab von MORENOS Definition. MORENO hat das Begriffspaar »Spontaneität – Kreativität« zum Zentrum seiner Ansätze gemacht, eine Kreativitätstheorie zu entwickeln. Er interessierte sich dabei besonders für die einen kreativen Prozeß verursachenden katalysatorischen Funktionen und gab diesen den Namen »Spontaneität«. Die Folge war, daß MORENO den Begriff »Kreativität« willkürlich allein auf die Auswirkungen kreativer Prozesse einengte, nämlich auf den Aspekt der Strukturveränderungen. Er kam so zu einer Begrifflichkeit, die Spontaneität und Kreativität voneinander trennt und als Ursache und Wirkung im multidimensionalen kreativen Prozeß scheinbar gegenüberstellt: »Kreativität gehört in die Kategorie der Substanz – sie ist die Ursubstanz; Spontaneität gehört in die Kategorie der Katalysatoren – sie ist der Erzkatalysator« (MORENO 1974, S. 12). Ich mache mit meiner Definition von Spontaneität diese Gegenüberstellung wieder rückgängig. Damit eins bleibt, was untrennbar ineinandergreift, sage ich: Spontaneität ist die Essenz und damit Teil der Kreativität.

Was kennzeichnet nun einen spontanen Menschen? Psychodramatikerinnen und Psychodramatikern fällt zu dieser Frage sofort MORENOS Satz ein: »Spontaneität treibt den Einzelnen zu angemessenen Reaktionen auf eine neue Situation oder zu neuen Reak-

tionen auf eine alte Situation« (1974, S. 13). Ich möchte diese Standarddefinition von Spontaneität differenzieren und erweitern: Handeln ist spontan, wenn es 1. eigenbestimmt, 2. erstmalig, 3. angemessen und 4. wahr ist.

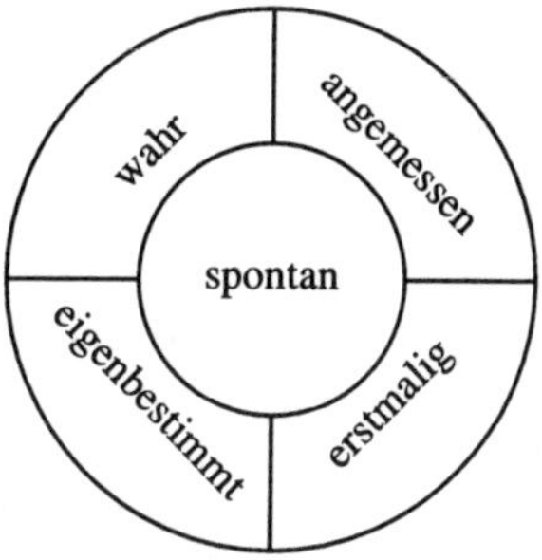

Abb. 1: Eigenschaften des spontanen Handelns

1. Eigenbestimmtheit

Moreno selbst leitet sein Verständnis von Spontaneität ab von der Übersetzung des lateinischen Wortes »sponte, das bedeutet: aus freiem Willen« (1946, S. 81). Alle Systeme, ob unbelebte Materie, deren Form durch Prozesse auf der Ebene der Atomphysik bestimmt sind, oder Lebewesen, werden von Selbstorganisationsprozessen in ihrer aktuellen Gestalt erhalten. Wenn ein Mensch stirbt, löst sich nicht nur sein Körper allmählich auf, auch eine ganze Welt von Erinnerungen, Bedeutungen und Beziehungen geht unter. Dagegen haben jede Handlung oder jeder Atemzug die Tendenz, das alte System in seiner Form zu erhalten oder neu herzustellen.

Über die Selbstorganisation von Systemen hinaus setzt Eigenbestimmtheit im hier gemeinten Sinn aber Bewußtsein für sich selbst und die eigene Selbstorganisation voraus. Eigenbestimmtheit heißt, »den Aspekt des Schöpfers zu seinem eigenen Leben« (Moreno 1923, S. 78) herzustellen oder zu erhalten und dadurch vom Objekt des Geschehens zum Subjekt des eigenen Handelns zu werden. Die Eigenbestimmtheit des spontanen Menschen ist Grundlage der revolutionären Philosophie Morenos vom »neuen

Ich, das sich nicht vorstellen kann, geboren zu werden, ohne sein eigener Schöpfer zu sein« (MORENO 1947, S. 13).

Abb. 2: Das Ich als Objekt des Geschehens — Das Ich als Subjekt eigenen Handelns

Eigenbestimmtheit ist – anders als Selbständigkeit – eine mehr innere Eigenschaft des Handelnden. Sie zeigt sich zum Beispiel bei einem Alkoholiker, wenn dieser von der Einsicht »ich darf keinen Alkohol trinken« zum sicheren inneren Gefühl gelangt: »Ich will nicht trinken.« Nur unter der Voraussetzung bewußter Eigenbestimmtheit gilt MORENOS Aussage: »Spontaneität hat in sich die Tendenz, von einem Subjekt als sein eigenes Lebensgefühl erfahren zu werden, autonom und frei – frei ... von jedem äußeren Einfluß und frei von jedem inneren Einfluß, den es nicht kontrollieren kann. Sie hat für das Subjekt letzten Endes alle Merkmale einer frei hergestellten Erfahrung« (1946, S. 81). Im Alltag ergibt sich aus Eigenbestimmung schnell auch Eigenverantwortung für das eigene Handeln und Mitverantwortung für das Geschehen im eigenen sozialen Umfeld.

2. Erstmaligkeit

»Spontaneität treibt den Einzelnen ... zu neuen Reaktionen auf eine alte Situation« (MORENO 1974, S. 13). Die Voraussetzung für Veränderungen in Beziehungen ist ein Anstieg von Erstmaligkeit in der Art und Weise des Handelns. In dem Märchen »Des Kaisers

neue Kleider« von ANDERSEN zerstörte die spontane Äußerung eines Kindes, »der Kaiser hat ja gar nichts an!« die autoritätsabhängige Haltung der Erwachsenen und des Kaisers selbst, der sich dem Volk nackt präsentierte. Betrügerische Schneider hatten ihn und bald auch alle anderen Erwachsenen glauben gemacht, daß, wer die nur pantomimisch geschneiderten, prächtigen, neuen Staatsgewänder des Kaisers nicht sehen könne, dumm sei. Keiner der Erwachsenen wagte es deshalb, seine Wahrnehmung laut zu äußern. Erst der Ausruf des Kindes löste die allgemeine Erstarrung auf. Der Kaiser aber wollte sich keine Blöße geben und ging unter dem Gelächter des Volkes, jetzt im klaren Bewußtsein, nackt zu sein, würdevoll den Prozessionsweg wie geplant bis zu seinem Ende. In einer alten Situation neu zu reagieren heißt, frei von Übertragung zu handeln. Der Kaiser überträgt alte Abhängigkeiten auf die betrügerischen Schneider. Der Hofstaat und das Volk agiert im Wiederholungszwang seine Gefügigkeit gegenüber Autoritäten. Erstmaligkeit in der Art des Handelns ist nötig, um die Fixierung aufzubrechen.

Erstmaligkeit ist als Kategorie des Handelns nicht nur von außen zu beurteilen. In naiv-psychologischem Verständnis gilt impulsiver Selbstausdruck schon als Spontaneität. Es handelt sich dabei aber nicht selten um ein Ausagieren, bei dem der Wiederholungszwang nur in das Gewand der Neuheit gekleidet ist (WILLIAMS 1989, S. 138). Umgekehrt kann ein sich scheinbar stereotyp wiederholender Vorgang, wie das Beten des Vaterunsers, durchaus spontan sein, den Charakter von Erstmaligkeit besitzen und »dem Betenden immerwährende Religiosität und Würde geben« (MORENO 1946, S. 90), wenn dieser beim Beten nicht einen Plan oder ein Soll erfüllen will, sondern von Augenblick zu Augenblick eigenbestimmt in seiner Rede mit konzentrierter Aufmerksamkeit die Beziehung zu Gott herstellt. Der spontane Mensch handelt so, *wie wenn* er Anfänger wäre. Er ist Anfänger *und* ist Nicht-Anfänger. Jeder Augenblick ist neu.

MORENO hat die hohe Bedeutung des Augenblicks für den Selbstorganisationsprozeß philosophisch-poetisch in seiner frühen Schrift »Rede über den Augenblick« (1923) dargestellt und in seiner Arbeit »The Philosophy of the Moment and the Spontaneity Theatre« (1941) weiter ausgeführt. Er versteht den spontanen

Menschen als »Anhänger des wahrhaft Imperfekten«. Im Gegensatz zu den Anhängern des wahrhaft Perfekten fühlt sich

»der improvisierende kreative Mensch ... dem Experiment verpflichtet. Gleichgültig ob in religiöser, therapeutischer oder wissenschaftlicher Form. Er improvisiert in Kunst, Wissenschaft und Religion. Anstatt Bücher zu schreiben und Systeme zu formulieren, lebt er in der spontanen, kreativen Tat. Ihm gilt die Liebe der Menge, während der wirkliche Perfektionist sich die Verehrung einer Elite erwirbt ... Diese Tatmenschen erscheinen uns oft inadäquat, unvollkommen, auffallend, überschwenglich, exzentrisch oder gar pathologisch. Es ist ihnen aber zugute zu halten, daß sie versuchten, nach ihren Ideen zu leben und eine imperfekte Existenz der perfekten Theorie vorgezogen haben« (MORENO 1974, S. 441).

Von Augenblick zu Augenblick leben, das Alte immer wieder sterben lassen und neu werden hier und jetzt, das ist bemerkenswerterweise unabhängig von Psychotherapie im engeren Sinne auch ein Übungsweg in großen Religionen wie dem Judentum, dem Christentum und dem Zen-Buddhismus. Er ist als Weg schwer zu gehen. Denn er setzt voraus, sich mit der Frage von Leben und Tod kreativ auseinanderzusetzen und dahinterliegende Wahrheiten zu erkennen. Im Zen-Buddhismus heißt es:

»Es gibt keine spezielle Übung oder Übungsweise, um zum Buddha zu werden. Das Eintauchen in jeden Augenblick und Verschmelzen damit, der Samadhi des Augenblicks, ist bereits Buddha«. »In meiner Lehre ist ... von jeher der Nicht-Gedanke die Essenz, Nicht-Form die Substanz und Nicht-Verweilen die Grundlage«. »Nicht-Gedanke, Nicht-Form und Nicht-Verweilen sind nichts als drei verschiedene Namen, die dem Wirken des ursprünglichen Wesens gegeben werden. Nicht-Gedanke bedeutet nicht, daß man gar nicht denkt, sondern bezeichnet den Gedanken, der sich von Moment zu Moment in Harmonie mit den Umständen befindet; deshalb gibt es in jedem Moment den entsprechenden Gedanken. Die Umstände ändern sich mit jedem Augenblick, und damit ändert sich auch der harmonische, entsprechende Gedanke. Weil sich der Gedanke ändert, ändert sich auch die Form (Handlung). Es gibt keine Form, die fortdauert; dies wird Nicht-Form genannt. Nicht-Form bedeutet deshalb nicht ›keine‹ Form, sondern die klare, eindeutige Form, die sich mit jedem Augenblick wandelt. Dieser Wandel ist Nicht-Verweilen. Diese drei Dinge existieren nicht einzeln, sondern erscheinen im Wirken des ursprünglichen Wesens stets zusammen« (HUI-NENG 1989, S. 42, 69, 71).

SUZUKI faßt diese Aussagen zusammen: »Zen-Geist ist Anfänger-Geist« (1975, S. 21).

Die Idee des Augenblicks ist aus tiefenpsychologischer Sicht bedeutsam, weil der Augenblick, will man ihm gerecht werden,

Integrationsprozesse auslöst und notwendig macht. Denn Im-Augenblick-Sein heißt Frei-Sein von Fixierungen. Das setzt aber die Fähigkeit voraus, im Hier-und-Jetzt die katalysatorischen Funktionen der Selbst- und Beziehungsorganisation eigenbestimmt und frei zu handhaben und von Augenblick zu Augenblick Altes und Neues immer wieder aktuell miteinander zu verbinden.

3. Angemessenheit

»Spontaneität treibt den Einzelnen zu angemessenen Reaktionen auf eine neue Situation ...« Moreno (1974, S. 13). Ein spontaner Mensch

> »kann nicht zurückgreifen auf ein Reservoir von Spontaneität; er hat keine Alternative, außer, die Menge an Emotionen, Gedanken und Handlung, die in einer neuen Situation von ihm gefordert werden, zu produzieren. Manchmal muß er von Spontaneität mehr produzieren, manchmal weniger – im Einklang mit dem, was die Situation erfordert ... Spontaneität ist eine Bereitschaft des Subjektes, zu antworten, so wie es erforderlich ist« (Moreno 1946, S. 110f).

Wohl selten wird zu dem Begriff »spontan« das Wort »angemessen« assoziiert. Angemessenheit als Eigenschaft spontanen Handelns macht den spezifischen wissenschaftlichen Gebrauch des Begriffes »Spontaneität« im Psychodrama deutlich und weist darauf hin, daß die Spontaneitätstheorie im allgemeinen wissenschaftlichen Verständnis als eine spezielle Kreativitätstheorie unter anderen angesehen werden kann. Angemessen Handeln heißt idealerweise, frei von vorgefaßten Meinungen, Ideen, willkürlichen Wertungen und Urteilen natürlich, freimütig und von nichts befangen eingehen zu können auf die aktuelle Situation. Das erfordert eine gute Beziehung zu sich selbst, die Fähigkeit, sich einzufühlen und die Situation intuitiv zu erfassen, und dazu auch den Willen, im Handeln der Situation gerecht zu werden. Mit Gerechtwerden ist hier keine Gerechtigkeit gemeint, die sich nach Gesetzen richtet, sondern die Art Gerechtigkeit, wie der Begriff im Alten Testament verstanden wird: Gerechtsein meint dort, *dem anderen und sich selbst* gerecht werden (von Rad 1962, S. 382 ff). Diese Art Gerechtigkeit ist selten durch einmalige Handlung, meistens erst in einem längeren interaktionellen Prozeß zu erfüllen. Im

Psychodrama wird sie spezifisch durch den Rollentausch gefördert.

Kinder sind viel häufiger als Erwachsene gezwungen, Angemessenheit im Handeln zu entwickeln, weil sie häufiger improvisieren müssen und Anfänger sind, wenn sie sich auf neue Situationen einstellen und neue Fähigkeiten lernen. Nach MORENO (1946, S. 88) ist das ein Grund dafür, daß Kinder gewöhnlich spontaner sind als Erwachsener. Aber auch im Alter werden wir noch einmal zu höchster Spontaneität gezwungen und müssen Schritt für Schritt immer wieder neu Angemessenheit herstellen, wenn der Körper und vielleicht auch die Geisteskräfte gebrechlich werden, spätestens aber im Sterben. Wegen der vielen Stufen und der Vielschichtigkeit dieses Prozesses und der Vielseitigkeit jeder Persönlichkeit erkennen wir im Sterben zwar zunächst eher unsere Unfähigkeit, angemessen und spontan zu reagieren. Aber dies zu erkennen ist schon ein Loslassen und Sich-neu-Einstellen und damit Ausdruck von Spontaneität. Es bleibt keine Wahl, als zu improvisieren. Wenn der Sterbende Angst hat, ist es gut. Wenn er den Tod annimmt, ist es gut. Trauer ist gut, Zorn ist gut, Freude ist gut. Galgenhumor und Lachen sind gut. Das Absurde der Welt erkennen, die Komik von Situationen, das Ernsthafte auch. Es gibt kein Falsch oder Richtig. Widersprüche sind normal, doppelte Buchführung auch. Absurdes ist erlaubt. Vielleicht ist die Logik der Zeit, des Raumes und der sprachlichen Syntax aufgehoben. Es kommt darauf an, immer wieder neu loszulassen und sich angemessen einzulassen auf den neuen Zustand, im Augenblick wahr und authentisch, als höchste Vollendung des Menschen im Sterben. Ganz leben und ganz sterben! Das gilt für den Sterbenden wie auch für seine Begleiter. Spontan-Werden in diesem Sinn ist Heil-Werden, auch wenn man stirbt.

4. Wahrheit

In dem Märchen »Die vierzig Lügen« läßt KAMPHOVENER einen weisen Zwerg sagen: »Lügen zeigen des Menschen tiefste Wahrheit, denn Lügen sind den Träumen gleich, die den Stimmen der Unsichtbaren Worte verleihen« (1975, S. 27).

Der weise Zwerg verführt nach dem Tode des Padischas dessen drei Söhne zum Glücksspiel. Sie verspielen ihren Anspruch auf den Thron und ihren ganzen Besitz. Der Zwerg gibt den Prinzen aber die Gelegenheit, das Reich wiederzugewinnen: Wer es vermag, vierzig vollendete Lügen zu erzählen, als seien sie die lauterste Wahrhaftigkeit, dem soll das Reich gehören. Der älteste Prinz ist zu müde, will nur schlafen. Der zweite Prinz möchte nur die Freiheit. Dazu will er seine Pferde wiederhaben, die er im Spiel verloren hat. Beide bekommen, was sie wollen. Nur der jüngste Prinz stellt sich der Aufgabe und beginnt: »Lügen sind die andere Seite der Wahrheit, wie Schatten die andere des Lichtes.« Er erzählt eine Geschichte, in der sich zwar eine Lüge an die andere reiht, aber andererseits seine Lebenseinstellung und seine ganze innere Wahrheit deutlich werden. Er beweist, daß er weiß, daß Padischah-Sein heißt, Verantwortung zu übernehmen, Mitleid zu zeigen, Schöpferkraft zu entwickeln und leidensfähig zu sein. Die Lügen zeigen: Er ist in seiner Seele schon Padischah, und so bekommt er das Reich.

Es geht im Psychodrama nicht um die objektive Wahrheit, sondern um die tiefere intersubjektive Wahrheit, um Wahrheit als existentielle Qualität, die »den Stimmen der Unsichtbaren Worte verleiht«. Bisher ist es in der Theoriediskussion nicht üblich, an spontanes Handeln den Anspruch zu stellen, daß es »wahr« zu sein habe. Ich meine aber, man kann ohne diesen Begriff spontanes Handeln nicht ausreichend charakterisieren. Moreno selbst hat die enge Verbindung zwischen Spontaneität und Wahrheit nie erwähnt, obwohl zentrale Aussagen von ihm ein solches Verständnis von Spontaneität nahelegen; denn das Wort »wahr« nimmt eine Schlüsselposition ein in Morenos bekanntester Antwort auf die Frage, wie Psychodrama wirkt: »Jedes wahre zweite Mal ist die Befreiung vom ersten« (Moreno 1923, S. 77). Und andererseits meint Moreno: »Psychische Heilungsprozesse brauchen Spontaneität, um wirksam zu sein« (1946, S. XII).

Fallbeispiel 1

Ein 5jähriges Mädchen mußte zusehen, wie ihr Vater und ihr jugendlicher Bruder in alkoholisiertem Zustand sich gegenseitig blutig schlugen. Das Kind stand wie erstarrt und klammerte sich an die Hand der Mutter. Frau A. spielt diese Szene im Erwachsenenalter psychodramatisch nach. Im Unterschied zur Kindheit aber doppelt der Therapeut die jetzt 35jährige Patientin und spricht dabei mitfühlend ihr Erleben aus: »Ich habe Angst. Ich halte das nicht mehr aus!« Der aufgestaute Affekt der Protagonistin entlädt sich in einem erschütternden Weinen, einer Wahrheit, die in der Wirklichkeit der Kindheit nie da war.

Im Psychodrama entsteht das *wahre zweite Mal* durch den angemessenen Einsatz von Psychodramatechniken, in dem Beispiel durch die szenische Aktion und durch das Doppeln (siehe hierzu die Kapitel III 2 und 3). Sie erweitern die erinnerte Szene zur »wahren« Szene, dadurch daß sie die blockierte Spontaneität in ihr befreien. MORENO spricht davon, daß die Psychodramatechniken »Surplus Reality« (1974, S. 419 f) bewirken, eine Realität, die vorher nicht da war, eine Überschußwahrheit. Ich bin innerlich tief davon überzeugt, daß in der Psychotherapie neben annehmender Liebe auf Dauer nichts anderes heilsam wirkt als die Wahrheit, Wahrheit im Sinn des Versuchs, wahr zu sein. Wahrheit ist der Katalysator par excellence, der Erzkatalysator, um MORENOS Definition von Spontaneität aufzugreifen. Mit *Wahrheit* meine ich nicht die sogenannte objektive Realität, im Psychodrama eine die Fakten genau widerspiegelnde Wiederholung der Erinnerung auf der Bühne, bei der der Therapeut wie ein Kriminalkommissar darauf achten würde, daß ja keine Einzelheiten ausgelassen werden. »Restlose Wiederholung macht ihren Gegenstand lächerlich« (MORENO 1923, S. 78). Es geht vielmehr um ein *Wahr-Sein*, darum, daß im immer neuen Wechsel zwischen Bewußtseinsbildung und Gestaltung etwas Wesentliches der Person oder der konflikthaften Beziehung hier und jetzt zum Ausdruck kommt. Das Gegenteil von Wahrheit ist nicht Lügen, sondern Selbsttäuschung. Wahrheit wird lebendig im Erkennen der Selbsttäuschung. Wahrer heiliger Zorn, echte Trauer und Verzweiflung oder auch wahre Verachtung trifft den anderen tief.

Fallbeispiel 2

In der Diskussion der Anonymen Alkoholiker um die Frage, ob man ganz unten und obdachlos gewesen sein muß, um die Kapitulation und Umkehr zu schaffen, wird immer wieder das Beispiel eines Mannes erzählt, dessen 5jähriger Sohn ganz unvermutet und naiv zu ihm sagte: »Papa, du stinkst!« Das war für den alkoholkranken Mann sein persönlicher Tiefpunkt. Seine Sucht und seine Würde als Mensch erwiesen sich als unvereinbar. Der Mann spürte erstmals, daß der Alkohol seine Würde in Frage stellte, dadurch fühlte er sie neu. Er kapitulierte und gab den Alkohol auf.

Wahrheit ist kein vergangenheitsgerichtetes Konzept. Sie ist gegenwartsbezogen und schließt die Zukunft ein, weil sie oft im Ausdruck von etwas Wesentlichem das Tor zum Neuen öffnet. Es geht

darum, selbst wahr zu sein. Wahrheit hat etwas zu tun mit Sein, der Erfahrung des »Ich bin«. »Tatsächlich hat das Sanskrit-Wort für Wahrheit, Sat, die wörtliche Bedeutung ›das, was existiert‹« (GANDHI 1982, S. 112). Und das indische Wort »Satya« für Wahrheit hat nach SARTORY (in: GANDHI 1977, S. 14) zwar »auch etwas mit makelloser Wahrhaftigkeit zu tun«, bringt aber zusätzlich »zum Ausdruck, daß die Wirklichkeit ›im richtigen Lot‹ ist«. Daß etwas stimmt, so wie es ist. Das Gefühl innerer Stimmigkeit tritt ein.

Wahrheit als Eigenschaft des spontanen Menschen erinnert mich an das Konzept des »wahren Selbst« im Zen-Buddhismus. Wer das »wahre Selbst« erkannt hat, so sagen die Zen-Lehrer, ist zwar auch nicht immer frei von Selbsttäuschungen oder endgültig frei von Leid und Sorgen. Das ist nicht gemeint. Es geht vielmehr um das Erkennen innerhalb des sich ständig wiederholenden Auftretens von Selbsttäuschung und Erkennen. Das wahre Selbst

»ist das freie, ungebundene Wirken des eigenen Wesens in Harmonie. Harmonie, das heißt, daß man den Dingen entsprechend handelt. Dann ist man erfreut, wenn es Anlaß zur Freude gibt, und wenn es Grund zum Ärger gibt, ist man ärgerlich. Dieser Ärger ist aber kein Gefühl, das man von vornherein besaß und das dann mit der entsprechenden ärgerlichen Situation zusammentrifft. Es entsteht vielmehr aus dem neuen, unbefleckten Geist und vergeht, sobald der Grund des Ärgers vergangen ist« (HUI-NENG 1989, S. 91 f).

Der Sohn des Alkoholikers in dem Beispiel oben war seinem wahren Selbst nahe und für seinen Vater das, was ein Zen-Meister für seinen Schüler sein kann.

Die Suche nach Wahrheit gibt eine heilsame Orientierung. Die dabei immer wieder auftretenden Selbsttäuschungen führen zur Bescheidenheit. Wahrheit als Eigenschaft spontanen Handelns ist gegründet auf Eigenbestimmtheit, Erstmaligkeit und Angemessenheit und schließt diese ein. Sie geht aber noch einen Schritt darüber hinaus. Wahrheit im hier gemeinten Sinn bindet die durch Spontaneität gewonnene Freiheit wieder an (Zurückbindung heißt auf lateinisch *religio*) an die allgemeinen Grundlagen der Existenz. Wahrheit ist der Weg zur Transzendenz in uns selbst. MORENO erfuhr selbst zum erstenmal sein inneres wahres Wesen, seine innere Transzendenz, als er 14 Jahre alt war. Als er nachts in Chemnitz spazierenging, hatte er in der Begegnung mit einer Christus-Statue eine religiöse Vision. Anschließend

»wußte ich, daß ich eine Entscheidung zu fällen hatte, eine die den zukünftigen Verlauf meines Lebens bestimmen würde … Wie sollte ich wählen: War meine Identität das Universum oder sollte ich mein Identitätsgefühl beziehen aus der speziellen Familie oder dem Clan, der mich hervorgebracht hatte? Ich entschied mich für das Universum … Von der Zeit an war in allem, was ich tat, und in allem, was um mich herum getan wurde, eine zusätzliche Bedeutung. Das war ein Überschwang an Gefühlen und Freude oder Depression, an Liebe oder Zorn … Die Sonne, die Sterne, die Bäume, erschienen größer, die Farben waren heller. Alle Ereignisse … schienen mir tief bedeutsam, voller Rätsel und Fragen, und sie waren eine Herausforderung an mein innerstes Gewissen« (unveröffentlichte Autobiographie, zitiert nach MARINEAU 1989, S. 24).

MORENO beschreibt die Auswirkungen dieser Wahrheits- oder Seins-Erfahrung deutlich als Zuwachs an Spontaneität.

II. Der Weg der Heilung

Eine alte Frau, die im Sterben lag, sagte zu ihrem Enkel: »Und vergiß nicht: Mit 20 Jahren dachte ich, ich habe viel gelernt. Mit 50 Jahren dachte ich, ich habe noch viel dazulernen müssen. Und jetzt mit 82 Jahren bin ich immer noch dabei, zu lernen.« Der Mensch kommt immer wieder neu in Situationen, für die in seinen Erfahrungen bisher keine angemessenen Handlungsmuster vorhanden sind. Dies zeigt sich besonders in der Kindheit, aber natürlich auch in späteren Schwellensituationen des Lebens, zum Beispiel in der Pubertät, nach der Heirat oder nach der Berentung. Es gibt kein Leben ohne immer wieder neue Umstellungen und Reifungsschritte. Diese zuzulassen und zu wagen ist das Ziel.

Ich verstehe Heilung im Rahmen der Psychotherapie als einen teils bewußt gesteuerten, teils unbewußt ablaufenden Prozeß, der in einer Konfliktsituation ein altes, nicht mehr zeitgemäßes Gleichgewicht in ein neues, angemesseneres Gleichgewicht überführt. Bei der Antwort auf die Frage, wie Heilung geschieht, möchte ich den Weg der Heilung nacheinander aus vier verschiedenen Blickwinkeln heraus beschreiben: 1. aus dem der Struktur und ihrer Veränderungen, 2. aus dem der energetischen Austauschprozesse, 3. aus dem des Handlungsgeschehens und 4. aus dem der dabei praktizierten katalysatorisch wirksamen Organisationsfunktionen.

Es macht konfus, wenn man in Theoriediskussionen diese vier Perspektiven gleichzeitig berücksichtigen will. Die Gedanken verwirren sich leicht, und die Inhalte werden unscharf, flach und eingeengt auf die Wiederholung von Glaubenssätzen. Trotz dieser Erfahrung möchte ich, um einen Überblick zu geben, jetzt sehr verdichtet die Frage zu beantworten versuchen, wie Heilung geschieht. Erst in den folgenden Kapiteln werde ich den Weg der

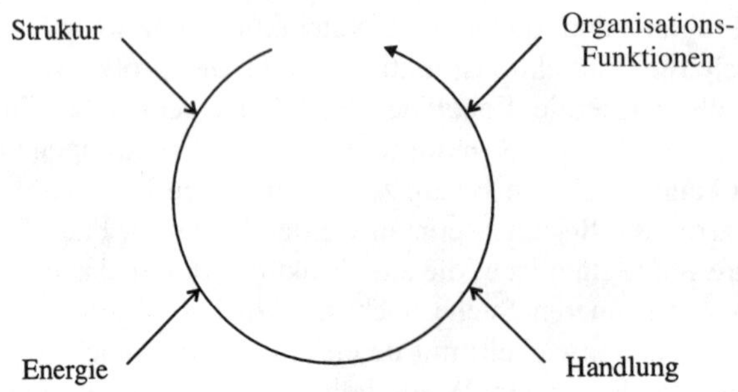

Abb. 3: Die verschiedenen Aspekte des Heilungsprozesses

Heilung nacheinander aus den vier verschiedenen Perspektiven beschreiben. In Anlehnung an SCHACHT (1992), der in seiner Arbeit die neuen Theorien struktureller Entwicklungen von PRIGOGINE und JANTSCH mit den jetzt schon älteren Theorien MORENOS integriert, läßt sich der Weg der Heilung als Anpassungs- und Integrationsprozeß in vier Schritten darstellen.

Tab. 1: Die vier Phasen des Anpassungs- und Integrationsprozesses

	Struktur	Energie	Organisationsfunktion
1. Phase	stabile alte Struktur	Bindungsenergie	Ich-Funktionen
2. Phase	Erwärmungs- oder Konfliktphase	Überschußenergie	Abwehrmechanismen
3. Phase	Instabilitätsphase	freie Handlungsenergie	Interaktionsfunktionen
4. Phase	komplexere, neue Struktur	Bindungsenergie	Ich-Funktionen

Eine alte stabile Struktur (1. Phase) geht in einer neuen, ihr unbekannten Situation in eine Konfliktstruktur (2. Phase) über. Die Konfliktstruktur zieht Energien (als Überschußenergie) und Strukturelemente aus anderen Bereichen an sich, die zuerst noch in die alte Struktur eingebunden werden können, weil die Ich-Funktionen in ihrer Arbeit als Abwehrmechanismen die alte Struktur schützen. Wenn die Spannungen innerhalb der alten Struktur zu groß werden, löst sich diese in der Instabilitäts- oder Chaosphase (3. Phase) auf. Die Spannungsenergie wird frei und in Handlungsenergie umgesetzt. Die Abwehrmechanismen werden interaktio-

nell agiert und dadurch zu Interaktionsfunktionen. Vermittelt durch die Interaktionsfunktionen und die große Menge freier Handlungsenergie findet der Betreffende entweder Zugang zu einer komplexeren Struktur (die die neuen Erfahrungen integriert) und kann durch den Bezug zu diesem neuen Rahmen die in sich erstarrte alte Struktur spontan werden lassen (4. Phase), oder der Betreffende stabilisiert die alte Struktur dadurch, daß er in der vergeblichen inneren Suche nach solchen komplexeren Strukturen Symptome entwickelt, mit deren Hilfe er die innere Überschuß-(Konflikt-)Energie im Wiederholungszwang immer wieder abreagiert.

1. Strukturveränderung

Das Konzept komplexer Strukturen

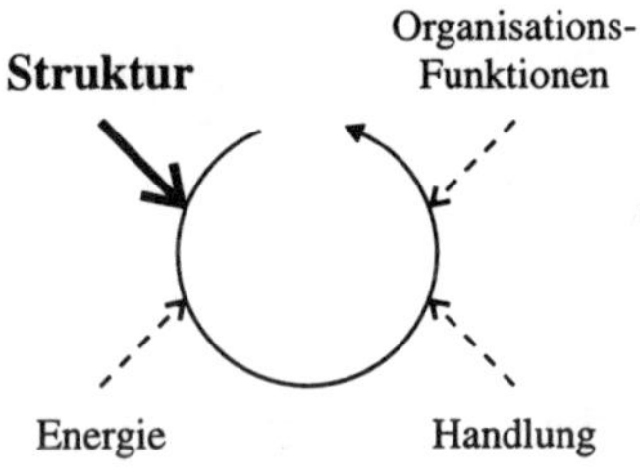

Abb. 4: Der Weg der Heilung aus dem Blickwinkel der Strukturveränderung

Das Entstehen von Strukturen hat grundsätzlich eine positive und eine negative Wirkung. Strukturen, Formen, Erfindungen aller Art sind zunächst Ausdruck der Entwicklung hin zu größerer Komplexität, sie bekommen aber später oft eine Eigendynamik und haben die Tendenz, die Spontaneität (des Menschen) in Prozessen der inneren Selbstorganisation und des Austausches mit der Umwelt einzuschränken. MORENO sagt über Strukturen, die von ihm »Konserven« genannt werden:

»... allen Formen kreativer Betätigung liegen Kulturkonserven irgendeiner Art zugrunde: Die alphabetische Konserve, die Zahlenkonserve, die sprachli-

che Konserve und die Noten der Musik. Sie bestimmen die Formen unseres kreativen Ausdrucks. Einmal können sie als ordnende Kraft, ein andermal als Hindernis wirken. [Sie] können in Fleisch und Blut des kreativen Menschen eindringen und ihn … von innen heraus kontrollieren« (1974, S. 12).

Der Mensch entfremdet sich durch seine Erfindungen von seinem eigenen inneren kreativen Prozeß. Soziologische Untersuchungen weisen dies eindrücklich nach. POSTMAN spricht von dem »Technopol«, der Macht der Technologien, die die Gesellschaft entmündigen (1992, S. 48 ff). Andererseits liegt in der Systemtheorie ein Konzept vor, das den Wert der Strukturbildung systematisch erfaßt: Die Systemtheorie

»hat zur Beschreibung der Naturzusammenhänge das Konzept einer hierarchischen Ordnung entwickelt …, in der einfachere Systeme (z. B. Zellen) als Elemente oder Subsysteme in komplexere Systeme (z. B. Organe) integriert sind, die dann wieder als Elemente oder Subsysteme in noch komplexeren Strukturen (z. B. Organismen) zusammengefaßt werden. So kann sie bis hinauf zu sozialen Systemen eine Hierarchie entwerfen, in der sich verschiedene Integrationsebenen oder -stufen unterscheiden lassen. Damit ergibt sich die Möglichkeit, Physik, Biologie, Psychologie und Soziologie diesen Integrationsebenen oder -stufen zuzuordnen (UEXKÜLL 1990, S. 13).

Der besondere Wert von Strukturbildungen entsteht durch ein Phänomen, das

»schon Ende des vorigen Jahrhunderts durch von Ehrenfels, den Begründer der Gestalttheorie, klar formuliert worden war, nämlich die Tatsache, daß ein Ganzes (ein System) mehr ist als die Summe der Teile (der Elemente oder Subsysteme). Anders formuliert heißt das, daß mit der Bildung eines Systems neue Eigenschaften auftreten, d. h. Eigenschaften, die es auf der Ebene der Subsysteme oder Elemente nicht gibt. Dieses Phänomen hat man als ›Emergenz‹ bezeichnet … Die Phänomene der einfacheren Systemebenen bilden zwar eine notwendige, aber nicht eine hinreichende Voraussetzung für das Zustandekommen der Phänomene komplexerer Stufen. Diese lassen sich nicht auf die Phänomene der einfacheren Stufen zurückführen« (UEXKÜLL 1990, S. 19).

Je komplexer eine Struktur ist, desto größer sind die Chancen zur Konfliktbewältigung, denn desto differenzierter sind auch die spontan-kreativen Prozesse, die die Struktur am Leben erhalten und den Gegebenheiten immer neu anpassen. MORENOS konkrete Utopie, daß der Mensch zum Mitschöpfer des Universums werden möge, ist nicht durch eine Rückkehr in die Steinzeit oder in das verlorene Paradies zu erreichen, sondern ist, darauf weist

SCHACHT (1992) hin, an die wachsende Komplexität seiner Strukturen gebunden.

»Die Erweiterung unseres Selbst vergrößert die biologischen, sozialen und personalen Selbstanteile und multipliziert deren wechselseitige Konflikte. Während wir unsere Seele kreieren, fördern wir auch inter- und intrapersonelle Konflikte. Great soulness ist somit konfliktreicher als Konformismus und Mittelmaß ... Es gibt natürlich eine Einheit dieser Gegensätze: Mit der Erweiterung unserer Seele werden wir verständnis- und liebevoller und werden somit auch besser verstanden und geliebt. Erweiterung der Seele verstärkt sowohl Harmonie als auch Konflikt« (SABELLI 1989, S. 166 f).

Diese Aussagen werden bestätigt durch die Erfahrung, daß entgegen allen Hoffnungen, irgendwann einmal endlich am Ziel zu sein mit der inneren Reifung und Weiterentwicklung, Psychodrama-Ausbildungskandidaten größere Konflikte in einer Psychodramasitzung durcharbeiten als Patienten und »fertige« Psychodramatherapeuten wiederum umfassendere und tiefere Konflikte in einem Psychodramaspiel einbringen als Ausbildungskandidaten. Wo viel Licht ist, ist auch viel Schatten. Wichtig ist, daß mit der Tiefe der Konflikte auch die integrierende Kraft wächst, die Licht und Schatten hält und immer wieder miteinander zu Begegnung und zum Kräfteausgleich bringt. Wenn ein Mensch glaubt, daß er über den Dingen steht, sind die Niederlage und der Zusammenbruch schon vorprogrammiert.

Im Psychodrama wird oft versucht, Strukturen und ihre Veränderungen mit der Rollentheorie MORENOS zu beschreiben. Da seine Rollentheorie aber das Emergenzprinzip nicht berücksichtigt, wirken solche Schilderungen immer wieder so, als ob Psychodramatikerinnen und Psychodramatiker den Menschen als eine aus verschiedenen Rollen zusammengesetzte »multiple Persönlichkeit« verstünden und als ob sie den Wert komplexer Strukturen nicht kennten. Je komplexer aber die Strukturen sind, desto größer sind die ihnen innewohnenden Verarbeitungsprozesse, die sie öffnen und offenhalten. Deshalb strebt tiefenpsychologisch orientierte Psychodramatherapie selbstverständlich immer an, die Komplexität von inneren Strukturen zu erhöhen. Der Patient soll lernen, den inneren Verarbeitungsprozeß *zwischen* den Rollen immer wieder aus seinen Fixierungen zu befreien und durch Einbeziehung von Assoziationen so komplex werden zu lassen, daß er für sich in der

jeweiligen Situation spontan (d. h. eigenbestimmt, erstmalig, angemessen und wahr) das günstigste Verhalten herausfinden und anwenden kann. Eine für tiefenpsychologische Arbeit mit dem Psychodrama sinnvolle Strukturtheorie muß also den Weg einer Entwicklung von relativ einfachen hin zu hochkomplexen Strukturen beschreiben, die dann jede für sich einen Interaktionsraum zwischen mehreren oder sogar vielen verschiedenen Rollen enthalten und eröffnen. LEUTZ (1974, S. 36 ff) und PETZOLD / MATHIAS (1982) haben zwar die Rollentheorie MORENOS weiterentwickelt dadurch, daß sie zusätzliche Kategorien, Benennungen und Differenzierungen einführten. Aber auch diese neuen Konzepte haben mich nicht überzeugt. Nach meiner Erfahrung hat die Rollentheorie in der bisherigen Form keinen eigenen Wert, wenn man versucht, tiefenpsychologisch orientiertes Vorgehen zu erklären. Es gibt zwar einzelne Beschreibungen therapeutischen Vorgehens, die diese Behauptung zu widerlegen scheinen. Bisher habe ich dann aber regelmäßig herausgefunden, daß der Autor oder die Autorin immer erst nachträglich etwas in der Sprache der psychodramatischen Rollentheorie ausdrückte, was er beziehungsweise sie vorher schon für sich in methodenfremden Begriffen formuliert hatte.

Aus Unzufriedenheit mit der bisher vorliegenden Rollentheorie entwickle ich im folgenden ein eigenes Konzept der Strukturveränderung im Psychodrama, das methodenimmanent ist und sich bei meiner praktischen Arbeit mit dem Psychodrama bewährt hat. Es hilft, festzustellen, auf welcher Emergenzebene der Strukturbildung der Patient aktuell in der therapeutischen Beziehung eine Begegnung anbietet und wo er von daher ansprechbar ist (s. S. 56). Außerdem eröffnet es die Möglichkeit, nach einer Sitzung zu beurteilen, ob und welche qualitative Strukturveränderung stattgefunden hat, was gegebenenfalls der nächste Schritt sein könnte oder weshalb gegebenenfalls die Suchbewegung im gemeinsamen therapeutischen Spiel noch nicht erfolgreich war.

Das hier vorgelegte Konzept der Strukturveränderung nimmt Grundideen der Rollentheorie auf, konzentriert sich aber darauf, »nur« die verschiedenen Qualitäten der *inneren* Strukturentwicklung zu beschreiben. Die verschiedenen Strukturen lassen sich entsprechend dem Emergenzprinzip in somatische, psychische, soziale und transzendente Strukturen (s. Tab. 2) einteilen. Körper und

Spiritualität sind Basis und Endpunkt der Identitätsentwicklung und werden im folgenden verstanden als zwei der vier Emergenzebenen innerer Strukturen, die in jeder therapeutischen Beziehung mit zu berücksichtigen sind. Die Unterteilung in die somatische, die psychische, die soziale und die transzendente Emergenzebene lehnt sich an die vier namensgleichen Rollenkategorien bei LEUTZ an (1974, S. 153 ff). Jeder Schritt der hier beschriebenen Strukturentwicklung ist ein quantitativer Sprung hin zu mehr Komplexität und auch ein qualitativer Sprung hin zu der nächsthöheren Stufe in der Emergenzhierarchie und damit zu etwas Neuartigem, das die Sichtweise und das Selbstverständnis verändert gegenüber der vorhergehenden Stufe, diese aber mit umfaßt.

Die verschiedenen Strukturelemente des Gedächtnisses

Im folgenden beschreibe ich anhand von Fallbeispielen die verschiedenen Qualitäten von geistig-psychisch-somatisch im Gedächtnis repräsentierten Strukturen. Der besseren Verständlichkeit wegen schlage ich vor, sich ihr Entstehen vorzustellen als stufenweisen Weg zu immer höherer Komplexität von 1. einem vegetativen Zustand, zu 2. dem Verhalten, 3. zum Affekt, 4. zur Szene, 5. zum Selbstbild und Bild des anderen in der Beziehung, 6. zum Beziehungsspiel, 7. zu dem ideellen Wert und der ideellen Norm und 8. zum je eigenen Mythos der Beziehungspartner.

Tab. 2: Strukturelemente des geistig-psychisch-somatischen Gedächtnisses

Emergenzebene	personale Strukturelemente	aktionale Strukturelemente
transzendente	ideeller Wert und ideelle Norm	Mythos
soziale	Selbstbild/Bild des anderen in der Beziehung	Beziehungsspiel
psychische	Affekt	Szene
somatische	vegetativer Zustand	Verhalten

Fallbeispiel 3

Der 39jährige Sachbearbeiter Herr B. leidet seit Jahren an einer Herzphobie. Die Angstanfälle kündigen sich durch ein Empfinden von »Nervosität« an.

Herr B. klagt zu Beginn der Therapiesitzung: »Seit der letzten Stunde bin ich wieder nervös« (*vegetativer Zustand*). Der Therapeut geht auf die somatische Erwärmungsebene des Patienten ein und bittet ihn: »Lassen Sie Ihr Gefühl einmal zu, nervös zu sein. Spielen Sie es aus, leben Sie es! Und machen Sie alles 20 % stärker, als Sie es gerade empfinden, jeden Impuls!« Herr B., schon an psychodramatisches Spielen gewöhnt, folgt der Aufforderung: Er windet sich in dem Sessel hin und her mit großen Bewegungen, wie wenn ihm unwohl ist und alles zu eng wird (*Verhalten*). Nach dem Gefühl gefragt, bezeichnet er dieses als »traurig und wütend« (*Affekt*). Therapeut: »Wie lange kennen Sie dieses Gefühl schon?« Herr B.: »Schon lange, schon als Kind.« Er schildert eine Begebenheit aus seinem 11. Lebensjahr (*Szene*), als er bei seinem Onkel zu Besuch war. Der Therapeut: »Zeigen Sie mir einmal im Spiel, wie das war.« Herr B. spielt die Erinnerung: Er spielt Fußball, allein, immer gegen eine Wand, »will die Technik üben«. Da kommt sein Onkel (der Therapeut läßt jeweils durch Rollentausch die konkrete spezifische Erinnerung darstellen und übernimmt in der Einzeltherapie selbst Gegenrollen), der in der Großfamilie die Stelle des Vaters vertritt. Ein 13jähriger Junge, Sohn des Bürgermeisters, wartet im Wohnzimmer auf die Cousine des Herrn B. Der Onkel: »Geh da rein und unterhalte Gustav so lange, bis Sonja kommt.« Als B. zögert, fügt der Onkel hinzu: »Nun mach schon! Das ist das A und O im Leben, wenn man etwas werden will, daß man auf Leute zugeht, Kontakt macht!« (*ideelle Norm* des Onkels) Herr B. geht im Spiel wie eine Marionette in das Wohnzimmer, setzt sich dem 13jährigen Gustav gegenüber, bekommt keinen Ton heraus. Er windet sich mit großen Bewegungen hin und her, ihm ist eng, sichtlich unwohl (*Verhalten*). Therapeut: »Wie geht es Ihnen?« Herr B. als Elfjähriger: »Ich habe keine Lust. Ich weiß nicht, warum ich das tun soll. Ich will ja nichts von dem! Ich kann das nicht!« (*Selbstbild* in der Beziehung zum Onkel). Der Therapeut interviewt Herrn B. im Rollentausch in der Rolle des 13jährigen Besuchers. Dieser denkt: »Dem geht es wohl nicht gut.« Er weiß nichts mit dem jüngeren Jungen zu reden, erwartet gar nicht, daß man ihn unterhält: »Ich hätte ja auch allein warten können.« Der Therapeut läßt Herrn B. über die Realität der Erinnerung in der Kindheit hinaus zu dem Onkel gehen: »Sagen Sie es ihm einmal, daß Sie gar nicht wissen, warum Sie das tun wollen!« B. zum Onkel: »Ich weiß gar nicht, was ich da soll!« Der Onkel (der Patient im Rollentausch) wird wütend, schiebt B. rabiat in das Wohnzimmer zurück: »So schaffst Du es nie im Leben!« (Ein *Beziehungsspiel* zwischen Herrn B. und dem Onkel bildet sich heraus: Immer wenn ich die Vorgabe des Onkels nicht erfüllt hätte, wäre mein Onkel wütend geworden.) In der Nachbesprechung meint Herr B.: »Das war besonders; das war präzise das Gefühl da im Wohnzimmer bei dem Onkel, wie ich es hier vorher auf dem Stuhl hatte. Ich dachte, mir fliegt der Kopf weg, war hilflos, Ausweglosigkeit, Schwäche …« Herr B. hatte sich seit seinem dreizehnten Lebensjahr mit der Prophezeiung des Onkels identifiziert: »Wenn ich nicht auf die Leute zugehe, was hermache, scheitere ich im Leben (wie mein Vater).« Diese Therapiesitzung führte den Patienten in die hinter der Beziehung zum Onkel stehende Mutterproblematik hinein. Die Mutter war im 4. Lebensjahr des Patienten geschieden worden, der Onkel vertrat Vaterstelle.

Als Kind hatte Herr B. immer wieder das Gefühl gehabt, zu stören, Last zu sein durch seine bloße Existenz.

Ein *vegetativer Zustand* kann empfunden werden als Unruhe, Nervosität, Schmerz, Verspannung, unangenehmes Ziehen im Körper. Er ist personal, geschieht dem Betroffenen. Er findet seinen aktionalen Ausdruck in dem von innen heraus eigenbestimmten, spontanen *Verhalten*. Die Nervosität des Herrn B., ein vegetatives Empfinden, drückte sich aktional darin aus, daß er auf dem Stuhl sich hin und her wand, wie wenn ihm alles zu eng geworden wäre. Das zunächst spontane Verhalten erfährt durch Wiederholung und Kommunikation im Lauf der Zeit eine Bedeutungszuweisung und wird dadurch zur geformten Haltung, zur Geste. Als solche kann sie sich von dem ursprünglichen Zusammenhang ihrer Entstehung lösen und wird zur »Konserve« im Sinn MORENOS.

Der *Affekt* ist ein Strukturelement, das in seiner Bedeutung sich ähnelnde vegetative Erfahrungen und Verhaltensschemata integriert und transzendiert.

Fallbeispiel 4

Herr C. hat massive Migräneschmerzen (*vegetativer Zustand*). In der Therapiestunde gefragt, was er am liebsten täte, äußert er: »Sie wegschicken ...« Er begleitet dies mit einer vorsichtigen, wegwischenden Bewegung (*Verhalten*) der linken Hand. Der Therapeut entfernt sich ein Stück in eine Ecke des Raumes und probiert den für Herrn C. richtigen Abstand aus. Dem Patienten treten Tränen in die Augen, er wirkt sehr angerührt, allein und bedürftig. Später kann er seinen *Affekt* mitteilen: »Ich kann nicht mehr, ich will von Problemen nichts mehr hören!« Er fällt aus der von ihm gewohnheitsmäßig gelebten kompensatorischen Rolle des Helfers und Retters heraus.

Die spontane Handlung, hier die wegwischende Handbewegung, befreite den Affekt »Ich kann nicht mehr« aus der Verdrängung. Auch im Beispiel des Herrn B. wurde das Gefühl »ich bin wütend und traurig« erst durch den spontanen Selbstausdruck in Handlung ausgelöst. Es kann für manche Menschen eine große Leistung sein, einen Affekt als solchen wahrzunehmen und zu benennen.

Fallbeispiel 5

Für die 35jährige Frau D. war es eine große Erleichterung, eine vegetative Empfindung, die sie zu Hause über mehrere Tage gelebt und sicher vielfältig handelnd zum Ausdruck gebracht hatte, in der Therapiesitzung von sich aus

als »Angst« benennen zu können. Die Wahnwelt der an einer Psychose erkrankten Frau D. war durch medikamentöse Behandlung unterdrückt worden. Sie war nun zu Hause tagsüber allein und hatte viel Zeit für sich. Eine Woche später erzählte sie ein wenig stolz, daß sie in der vorigen Woche »sogar schon« drei verschiedene Gefühle gehabt habe, »so etwas wie Melancholie, dann die Angst und aber auch etwas Munteres«. Das letztere Gefühl führte sie darauf zurück, daß sie ein lange geplantes Treffen vereinbart hatte, um ehrenamtlich tätig zu werden.

Zunächst ist es Ausdruck des Spontan-Kreativen im Menschen, einen *Affekt* als solchen zu erfassen. Angstneurotisch erkrankte Menschen, wie zum Beispiel Herr B., fühlen sich im Gegensatz zu dieser Patientin aber durch ihre »Angst« behindert. Der *Affekt* wird dann zu einer von innen her das Leben weitgehend kontrollierenden Struktur. In diesem Fall ist es wichtig, über das vegetative Empfinden und den Selbstausdruck den hinter dem vordergründigen Affekt stehende, verdrängten Affekt aufzuspüren, im Beispiel des Herrn B. das Gefühl »ich bin wütend und traurig«, und zu diesem das dazugehörige szenische Bild zu finden. Zum Beispiel fiel Herrn B. zu seinem Gefühl die Szene mit dem Onkel ein, durch deren Bearbeitung dann seine Anpassungshaltung relativiert werden konnte.

Als Psychodramatiker verstehe ich das spontane *Verhalten* als Stegreifhandlung (»Stegreif ist Ausatmung der Seele … Stegreif läßt das Unbewußte … frei steigen«, MORENO 1923, S. 71). Das spontane Verhalten ist zunächst noch ein Selbstausdruck und nicht gerichtet auf eine bestimmte Beziehungsperson. Durch Aktualisierung und Verbalisieren des zu der Handlung dazugehörigen verdrängten Affektes taucht oft eine dazugehörige *Szene* in der Vorstellung oder Erinnerung auf. Die Szene kann nach LORENZER verstanden werden als »das innere psychische Muster eines reizstimulierten und schemageleiteten Umweltbezuges« (1976, S. 121). Sie ist »eine dramatische Realität, die als sinnvolle Realität begriffen werden will und auch begriffen werden kann« (LORENZER 1976, S. 171).

Die *Szene* ist auf dem Weg der Strukturentwicklung ein bedeutsamer qualitativer Sprung über den Affekt hinaus. Sie kann dem Affekt seine Sinndeutung geben entweder im biographischen Zusammenhang, wie im Beispiel von Herr B. (11. Lebensjahr, Trauer und Wut im Ereignis mit dem Onkel), oder in der therapeu-

tischen Beziehung, wie bei dem Migräne-Patienten, der aus der Rolle des Kämpfers fiel und traurig wurde. Das Mehr an Sinngebung in einer Szene gegenüber »nur« affektivem Erleben wird an dem folgenden Beispiel deutlich.

Fortsetzung von Fallbeispiel 5

Frau D. erzählt von ihren drei verschiedenen Gefühlen, die sie in der Woche gehabt hatte, der Melancholie, der Angst und dem »munteren« Gefühl (*Affekte*). Der Therapeut läßt die Patientin für die drei Gefühle drei weibliche Handpuppen auswählen. Frau D. stöhnt abwehrend: »Muß das sein?« Sie erzählt seit einiger Zeit schon nichts mehr über ihre Wahninhalte, die mit dem Codewort »Zirkuswelt« in der Therapie gehandelt wurden. Trotz einer engen Vertrauensbeziehung weiß der Therapeut, sie wird keine Handpuppe in die Finger nehmen. So spielt er selbst mit den drei von ihr ausgewählten Puppenfiguren der Patientin ihre Gefühle vor, läßt zunächst jede Puppe sich im Selbstgespräch ausdrücken (*Aktivierung und Differenzierung der Gefühle*). Der Therapeut bittet die Patientin, ihn zu korrigieren, wenn etwas anders sei. Sie tut dies. Ihr laufen bald Tränen über das Gesicht. Der Therapeut läßt die drei Puppen, die er »Schwestern« nennt, aber nicht nur im Selbstgespräch personal agieren, sondern auch miteinander interaktionell reden. Dadurch gibt er den Affekten eine *Szene*, eine aktionale Struktur. Immer wieder sich rückversichernd und im Dialog miteinander erarbeiten der Therapeut und die Patientin den Sinn dieser Dreiergemeinschaft aus der Ängstlichen, der Melancholischen und der Munteren und entwickeln dabei *Selbstbilder* und *Bilder der je anderen* Gestalten im Miteinander der fiktiven Szene.

Die Patientin ist eine untersetzte Frau mit viel innerer Kraft, obwohl sie in schwierigsten Verhältnissen aufgewachsen war. Sie war eine ganze Zeit lang beruflich recht erfolgreich gewesen, dann aber in einer Situation, wo ihr ihr ganzer natürlicher Witz nichts mehr half, in die Psychose dekompensiert. Mit Hilfe der Gestaltung einer Szene im Puppenspiel gelingt es, die Konfliktdynamik der Patientin besser zu verstehen. In der Psychose kann die Muntere sich ihr Reich aufbauen. Die Melancholische hat das Gegengewicht zu sein für die Muntere und dafür zu sorgen, daß diese nicht überkompensiert. Da die Muntere aber nicht gern auf die melancholische Schwester hört, ist die Ängstliche von größter Bedeutung. Sie möchte gern mit der Munteren zusammen etwas unternehmen, hat aber Angst vor der Verwegenheit der Munteren und warnt sie vor Übermut. Die Muntere ist gezwungen, sich vor der Ängstlichen zu rechtfertigen, schimpft aber auch auf die Melancholische, kritisiert die Ängstliche. Die melancholische Schwester fühlt sich von der Ängstlichen sehr verstanden und unterstützt, sagt das auch. Das gefällt der munteren Schwester überhaupt nicht. Sie findet die Melancholische langweilig, so könne man doch nicht leben, immer nur im Sessel sitzen! Die Melancholische aber meint, wenn sie sich ganz viel Zeit läßt, dann sei sie nicht depressiv. Mit dieser Sinndeutung wird schon ein *ideeller Wert* erarbeitet: Wer sich Zeit läßt zum Spüren und Fühlen, wird weniger leicht depressiv. Leben statt machen!

Länger dauernde Szenen oder wiederholte Begegnungen und Auseinandersetzungen zwischen Personen führen dazu, daß sich eine Geschichte der Beziehung und als deren Folge auch eine bestimmte Erwartung für zukünftige Begegnungen in bezug auf sich selbst und den anderen entwickelt. Ein inneres Selbstbild und ein Bild des anderen entstehen. In dem Beispiel von Frau D. erfuhren die ängstliche, die muntere und die melancholische Schwester im Spiel sowohl etwas über die Identität der anderen Figuren als auch im Spiegel der Reaktionen der anderen etwas über sich selbst. Das *Selbstbild* und das *Bild des anderen* sind nicht nur als Außenansicht der beteiligten Personen zu verstehen. Sie umfassen vielmehr auch Strukturelemente der somatischen und psychischen Emergenzebene. Jeder Beteiligte lernt die Bedeutung seines vegetativen Zustandes, seines Verhaltens, seines Affekts in der Szene kennen im Spiegel der Reaktionen und Handlungen des anderen. Insbesondere die szenische Aktion und der Rollentausch helfen, die Bilder in andere Emergenzebenen hinein zu komplettieren. Denn im Handeln mit Rollentausch erfahren der Protagonist und der Antagonist die somatische und psychische Emergenzebene beider Rollen am eigenen Leib und können so die in ihrer Bedeutung flachen Rollenklischees zur Person werden lassen. Dadurch wird das Selbstbild und auch das Bild des anderen deutlich. Beide Bilder können bei entsprechender Indikation symbolisiert werden, indem man sie benennt (»Ich habe mich als Transuse erlebt«, »wie Don Quichotte, der gegen Windmühlenflügel kämpft«, »wie ein Clown, der immer verliert, aber nie besiegt wird«) oder malen oder auch als Skulptur stellen läßt.

Das Selbstbild und das Bild des anderen in der Beziehung geben der Szene eine größere Komplexität und sind zunächst ein qualitativer Fortschritt. Sie können aber auch zum Hindernis für den spontanen Prozeß in einer Beziehung werden, wenn zwischen zwei Beziehungspartnern sich ein bestimmtes *Beziehungsspiel* regelmäßig wiederholt.

Fallbeispiel 6

Frau E. ist depressiv dekompensiert. Sie berichtet von der schwierigen Beziehung zu ihrer Mutter. Sie zeigt den Konflikt im monodramatischen Spiel. Frau E. spielt im Rollentausch die Mutter. Diese macht ihren Haushalt, ist aber in Gedanken ganz bei der abweisenden Tochter. Nichts macht der Mutter Spaß.

Sie stöhnt und seufzt: »Ich falle meiner Tochter nur zur Last!« Im Rollentausch, zurückversetzt in ihre eigene Rolle, reagiert Frau E., indem sie depressiv wird und ganz ähnlich wie die Mutter stöhnt und seufzt. Der Therapeut übernimmt nun Frau E.s Rolle, stöhnt seinerseits und fängt spielerisch an zu weinen, steigert sich da hinein (ein ihm bekanntes, übliches Verhalten von Frau E. in Spannungssituationen). Frau E. als Mutter sorgt sich, ruft an, überschüttet Frau E. mit Hilfsangeboten. Der Therapeut als Frau E. spürt die Selbstaufgabe im Leiden und protestiert: »Es ist so schlimm! Ich mag dich nicht! Das tut mir so weh, daß ich dich nicht mag.« Frau E. als Mutter reagiert überhaupt nicht auf diese Aussage, verstärkt nur noch ihr Hilfsangebot. Frau E. (Therapeut) weint: »Ich mag dich nicht, hörst du!« Die Mutter (Frau E.): »Hast du Probleme mit deinem Mann? Oder hast du zu viel gearbeitet?«

In der Nachbesprechung erzählt Frau E. was sie als Mutter erlebte: »Ich kam sofort aus meiner Depression heraus, als ich etwas für E. tun konnte, helfen konnte, mir Sorgen machen konnte. Das war richtig entspannend!« Der Therapeut hat in Frau E.s Rolle erfahren: »Ich möchte endlich die Wahrheit leben (*ideeller Wert*). Ich fand die Mutter selbstgerecht.« Die Patientin und der Therapeut erkannten ein sich immer wiederholendes *Beziehungsspiel* zwischen Mutter und Tochter. Auf Anregung des Therapeuten wird dieses benannt mit dem Begriff »Wippe«: Wenn es Frau E. gut geht, leidet die Mutter; wenn Frau E. leidet, geht es der Mutter gut.

Als *Beziehungsspiel* bezeichne ich ein sich häufig wiederholendes Interaktionsmuster in einer Beziehung. Im Unterschied dazu verstehe ich das Strukturelement *Szene* als ein Ereignis, das sich in einer *einmaligen* Begegnung zwischen Personen erfüllt, bei dem aber Selbstbild und Bild des anderen im Kontakt miteinander noch nicht festgelegt sind oder zumindest noch nicht als festgelegt wahrgenommen werden. Zu dieser Differenzierung paßt gut eine Aussage LORENZERS: »Zu Beginn kann die Szene vieles bedeuten, am Ende vieles nicht mehr« (1976, S. 148). Gehen zwei Menschen eine Beziehung miteinander ein, so bilden sich zwangsläufig mit der Zeit Gewohnheiten im Miteinander heraus, die im Lauf der Zeit die Handlungen beider Partner mehr oder weniger strukturieren und festlegen. Das ist in einer Mutter-Kind-Beziehung ebenso wie in einer Liebesbeziehung oder einer Arbeitsbeziehung. Es wäre auch sehr anstrengend, jeden Tag am Arbeitsplatz so aufgeregt sein zu müssen, wie wenn man den ersten Tag an einer neuen Arbeitsstelle verbringt. Beziehungsspiele können aber dann, wenn sie in ihren Interaktionsmustern zu wenig komplex sind und neue Entwicklungen der Partner nicht integrieren, den spontan-kreativen Prozeß der Beziehung behindern. Bei entsprechender Fixie-

rung inszenieren die Beziehungspartner ein solches Beziehungsspiel im Alltag in ständiger Wiederholung, oft mit zunehmender Verbitterung.

Der Therapeut kann im Psychodrama, wenn die therapeutische Beziehung das trägt, der Patient genügend Abstand zur eigenen Person hat und sich in der bitteren Inszenierung des Alltags ein allgemein menschlicher Konflikt widerspiegelt, fixierte Beziehungsspiele dadurch auflösen, daß er Antirollen verschreibt und dadurch den eigenen Anteil an der leidvollen Inszenierung sichtbar werden läßt. Wenn man dabei mit Mitteln der Übertreibung und Vereinfachung arbeiten will, kann man zum Beispiel die Spieler bitten, Clownsnasen aufzusetzen, dasselbe Spiel dann ohne Rollentausch zu wiederholen und es dabei in Ausdruck und Ablauf zu überzeichnen. Die rote Nase erlaubt Freiheit von der »Normalität« und erleichtert, sich von eigenen Überzeugungen zu distanzieren. Sie befreit die Spieler aus dem Festhalten an der individuellen Einmaligkeit und ermöglicht, die Ebene des allgemein Menschlichen in dem fixierten Beziehungsspiel zu erfahren und all seine Tragik und groteske Komik im Mechanischen der Wiederholungszwänge zu erkennen. Das führt oft zu einer Katharsis durch Lachen. Dann wird der Sinn des Beziehungsspieles deutlich, und der Protagonist kann leicht erfassen, was die Bedingungen dafür sind, daß das Beziehungsspiel immer wieder so ablaufen muß und nicht anders.

Gewöhnlich gehen Psychodramatherapeuten aber weniger konfrontativ vor und versuchen, fixierte Beziehungsspiele zusammen mit dem Patienten durch »szenisches Verstehen« aufzulösen (LORENZER 1976, S. 170). Dazu müssen der Therapeut und der Patient das gemeinsame Interaktionsmuster erfassen, das 1. der Symptom-Szene des Patienten (z. B. dem Mutterkonflikt von Frau E.), das 2. der Szene in der therapeutischen Beziehung Patient – Therapeut und das 3. der wiedererinnerten Szene aus der Kindheit der Patientin zugrunde liegt. Das szenische Verstehen ist der Schlüssel zum Erkennen der *ideellen Werte und Normen* der am Konflikt beteiligten Personen. Das Erkennen der ideellen Werte und Normen ist aber umgekehrt auch der Katalysator zum szenischen Verstehen.

Fortsetzung von Fallbeispiel 6

In der folgenden Therapiestunde sprechen der Therapeut und Frau E. weiter über die Mutter. Die Mutter ist offenbar eine sehr selbstunsichere Persönlichkeit, selbst traumatisiert durch Gewalterfahrungen am Ende des Krieges als 12jähriges Mädchen. Ihr Handeln gegenüber ihrer Tochter ist bestimmt durch den zwanghaften Versuch, diese Gewalterfahrungen zu kompensieren. Dazu braucht sie die Bestätigung, eine gute Mutter zu sein. Die Mutter ist unbewußt an einen *Mythos* gebunden, den »Mythos vom mißbrauchten Mädchen, das zur guten Mutter der guten aber schwierigen Tochter wird«. Dieser Kompensationszwang war so groß, daß sie sofort »wie eine Katze ihre Krallen ausfuhr« und rivalisierte, wenn Frau E. als Kind Freundinnen besucht hatte und erzählte, wie schön sie es dort in den Familien fand. Frau E. übernahm von der Mutter unbewußt deren Vorbehalte gegenüber ihren Freundinnen und der Außenwelt im allgemeinen. Sie mußte als Kind »immer freundlich sein zu anderen, eben das nette Mädchen«, um die Mutter nicht zu enttäuschen. Das Leidvollste war in Frau E.s Erleben: »Meine Mutter hat mich nie gefragt, warum es mir schlecht ging. Hauptsache war, sie konnte mich bemitleiden, etwas kochen oder etwas schenken. Es ging mir dann aber nie besser. Eigentlich war es gar nicht schlimm, wenn ich als Kind einmal traurig war. Schlimm war nur, wie damit umgegangen wurde.« Am Ende der Therapiestunde stöhnt Frau E.: »Ich hasse sie! Immer muß ich sie in ihrer Rolle, eine gute Mutter zu sein, bestätigen. Wenn ich das nicht müßte, könnte ich besser mit ihr auskommen!« Die Patientin strebt jetzt nach Freiheit und Autonomie (*ideeller Wert*). Sie entdeckt, daß auch sie selbst immer ein »guter Mensch« (*ideeller Wert*) sein muß anderen gegenüber, zum Beispiel für ihren Sohn und ihren Ehemann. Nach dieser Therapiesitzung distanziert Frau E. sich zum erstenmal dauerhaft von ihrer Mutter. Die Mutter leidet darunter. Aber Frau E. will lernen, sich schuldig zu machen, um nicht selbst unterzugehen. Sie geht damit in ihrer inneren Entwicklung einen Schritt weiter, als die Mutter bisher gekommen ist, und entwickelt einen *eigenen Mythos*, den »von der guten Tochter, die sich von der durch Fürsorge vereinnahmenden Mutter löst und zur selbständigen Frau wird«.

Ideelle Werte und Normen repräsentieren Sinnerfahrungen. Der einzelne kann sie entweder eigenbestimmt entwickeln oder auch weitgehend durch Anpassung an sein soziales Umfeld mehr oder weniger passiv zusammen mit einer vom Umfeld vorgegebenen Rolle übernehmen. Die Übernahme durch Anpassung kann identitätsunsichere Persönlichkeiten stabilisieren. So konnte die Mutter von Frau E. sich durch ihr Gut-Sein Anerkennung in der Welt und einen Platz in ihrer Familie sichern und dadurch neu Selbstsicherheit erwerben. Ideelle Werte und Normen engen aber ein und werden lebensfeindlich, wenn sie ohne Rücksicht auf Veränderungen in der privaten, familiären und gesellschaftlichen Situation

weiterhin zum einzig gültigen Maßstab für Bewertungen und Entscheidungen gemacht und unangemessen auf Beziehungspartner übertragen werden. Ein Mensch ist dann gesund, wenn die Welt seiner Normen und Werte genügend komplex ist und seine Ideale durch ihre Gegenpole relativiert werden, etwa die Sehnsucht nach Freiheit und Selbständigkeit durch die Fähigkeit zu lieben, die Wahrheitssuche durch die Fähigkeit zum Mitleid und ähnliches. Die verschiedenen inneren Strukturelemente stehen miteinander in einem ständigen Austausch- und Organisationsprozeß. Aber das Wohl des Ganzen ist nur gegeben und der innere spontan-kreative Prozeß kann nur frei laufen, wenn keiner der ideellen Werte (in der JUNGschen Analytischen Psychologie wird in diesem Zusammenhang von »Komplexen« gesprochen) überhandnimmt und alles andere überwuchert.

»Pathologisch wird ein Komplex erst durch zweierlei: Erstens dadurch, daß er übermäßige Energien an sich zieht ... zum zweiten dadurch, daß er sich eben infolge dieser übermächtigen Energien und der dadurch hervorgerufenen übermäßigen Anreicherung von Assoziationen und Amplifikationen von der übrigen Psyche abspaltet und isoliert. Der Komplex hat dann die Tendenz, gleich einem Diktator alle Macht an sich zu reißen, alles zu unterdrücken und zu verdrängen, was sich nicht in seinen Rahmen fügen will ...« (DIECKMANN 1991, S. 24).

Im Beispiel von Frau E. waren Mutter und Tochter an den ideellen Wert »Guter-Mensch-Sein« fixiert. Das hatte zur Folge, daß altersgemäße Schritte der Verselbständigung bei Frau E. zur psychischen Erkrankung führten. Frau E. konnte diesen von der Mutter übernommenen ideellen Wert erst relativieren, nachdem sie ihn als Teil des Mythos der Mutter (»das mißbrauchte Mädchen wird zur guten Mutter der guten Tochter«) erkannt hatte. Das Zurückverfolgen des ideellen Wertes »Guter-Mensch-Sein« über seine Entstehungsgeschichte bis hin zu seinem Ursprung (den Gewalterfahrungen der Mutter) gab Frau E. die Möglichkeit, zu erkennen, warum das Gut-Sein für die Mutter wichtig war, daß es sich hier aber um einen Wert handelte, der die Lebenserfahrung der Mutter repräsentierte. Er hatte mit Frau E.s persönlichem Lebensweg und Lebenssinn nur bedingt etwas zu tun. Frau E. mußte sich, um aus der Depression herauszukommen, daran machen, ihren eigenen Mythos zu entwickeln: »Wie die gute Tochter der überfürsorgli-

chen Mutter zur selbständigen Frau wird.« Für diesen persönlichen Mythos Frau E.s gibt es viele Amplifikationen in Märchen und Mythen. Zum Beispiel muß in dem Märchen »Rapunzel« das Mädchen gegen das Gebot der alten Frau verstoßen, um den Turm verlassen zu können und dadurch zur Frau und Mutter zu werden.

Ein *Mythos* ist nach meinem Verständnis eine in Sprache ausformulierte, im Gedächtnis repräsentierte Geschichte, die als innerer Informationsträger Sinnzusammenhänge und Wertungen in eine spezifische Beziehung zueinander setzt. Ein Mythos repräsentiert mit seiner Aussage vorangegangene Erfahrungen in ihrem Sinngehalt oder ihrem kompensatorischen Gegensinn, Erfahrungen, die von der Bewältigung von Grundängsten des Menschen zeugen, der Angst vor der absoluten Leere oder Einsamkeit, der Angst vor dem Absurden oder der Angst vor dem Tod. In einem Mythos kommt etwas Allgemein-Menschliches zum Ausdruck. Man kann deshalb sagen, daß ein Mythos den einzelnen mit der religiösen Dimension – hier ist nicht eine im engeren Sinne christliche Einstellung gemeint – verbindet.

Ein eigener Mythos macht es möglich, sich in anderen wiederzuerkennen oder sich von ihnen zu unterscheiden, andere mit sich selbst zu identifizieren oder sich von ihnen zu distanzieren. Meiner Erfahrung nach kann man sich letzten Endes erst dann von seinem Vater oder seiner Mutter wirklich lösen und zu sich selbst kommen, wenn man die plakativen Bilder der Eltern selbst weiterentwickelt zu einem ihnen persönlich eigenen Lebensmythos, der den Haltungen, Werten und Botschaften der Eltern auf dem Hintergrund ihres Lebens einen Sinn gibt. Die Eltern selbst haben oft ihren eigenen Mythos gar nicht so weit entwickelt und sich bewußt gemacht, und doch ist diese Arbeit für einen selbst wichtig, um sich wahr und wirksam von den Eltern ablösen und einen eigenen persönlichen Lebensmythos aufbauen zu können.

Ist die Fixierung an einen unzeitgemäßen, lebensfeindlich gewordenen ideellen Wert oder Mythos erkannt und durchgearbeitet und das Ich aus seinem Sog befreit, kann dieser ideelle Wert im Alltag später idealerweise spielerisch-kreativ eingesetzt werden, wenn Bedarf dafür besteht. Dann wird Frau E. vielleicht gute Mutter oder gute Tochter sein, wenn sie sich dafür in bestimmten Situationen frei entscheidet. Sie muß diesen ideellen Wert aber nicht

mehr zwanghaft unbewußt agieren und kann statt dessen frei entscheiden zwischen Autonomie und Bindung. Dann bestimmt nicht der ideelle Wert den Menschen, sondern der Mensch entwickelt gegenüber seinem ideellen Wert den Aspekt des Schöpfers und wird immer wieder neu zum Schöpfer seines eigenen Mythos.

Störungen der Strukturentwicklung

Die Entwicklung komplexer Strukturen kann behindert sein durch eine Störung der interstrukturellen Integration oder durch Strukturdefizite. Wenn der einzelne einen Konflikt lösen will, ist er darauf angewiesen, in seinem inneren Verarbeitungsprozeß das alte fixierte Gleichgewicht zwischen den inneren Strukturelementen in einem bewußten Verarbeitungsprozeß aufzulösen und umzuwandeln in einen spontanen Prozeß, der Energien, Assoziationen und Amplifikationen aus anderen seelischen Bereichen an sich zieht und mit den alten Strukturelementen zusammen in eine neue, komplexere Struktur integriert. Voraussetzung dafür ist aber, daß die am Konflikt beteiligten Strukturelemente überhaupt als Erfahrung bewußt sind, das heißt als Symbol und nicht nur als Klischee vorliegen (LORENZER 1976, S. 113). (Bei Klischees ist durch fehlende Bewußtseinsbildung oder durch Verdrängung die Verbindung zwischen der leiblichen, gefühlsmäßigen, beziehungsmäßigen und/ oder ideellen Erfahrung und der dazugehörigen Wortvorstellung blockiert.) Denn der Mensch kann am Konflikt beteiligte unbewußt gebliebene Strukturelemente nicht in seinen bewußten inneren Verarbeitungsprozeß einbeziehen. Wenn unbewußte Strukturelemente aus dem inneren Verarbeitungsprozeß ausgeschlossen bleiben, ist die integrative Interaktion zwischen den Strukturelementen gestört. Ich spreche dann von *interstrukturellen Integrationsstörungen.*

Die Entwicklung komplexer Strukturen kann aber auch behindert sein durch *Strukturdefizite*. Der Mensch projiziert im Lauf seines Lebens seine Erfahrungen immer wieder auf den Bildschirm seines Ich und entwickelt so optische oder sprachliche Abbilder dieser Erfahrungen. Das *Abbild* einer komplexen Struktur unterscheidet sich von der Erfahrung dieser Struktur so wie die Holz-

skulptur eines gekreuzigten Mannes oder der Sprachbegriff »gekreuzigter Christus« von der wahren Erfahrung der Kreuzigung von Christus. Abbilder herzustellen gehört zum inneren kreativen Prozeß und ist ein wichtiger progressiver Schritt der Bewußtseinsbildung auf dem Weg vom konkreten Erleben hin zum Symbol. Idealerweise löschen sich die wahre innere Erfahrung und das diese Erfahrung erfassende Abbild nicht gegenseitig aus, sondern stabilisieren sich vielmehr gegenseitig in ihrer Existenz, dadurch daß sie sich immer wieder gegenseitig erneuern wie ein Positiv-Original und ihre Negativ-Abdruck-Form. Das Problem ist nur, daß Abbilder sich oft von der Erfahrung verselbständigen und als »Konserve« (MORENO 1974, S. 12) ein Eigenleben entwickeln. Zum Beispiel wird das innerlich selbst-ständige Wissen um das, was »gut und böse« ist, zu von außen auferlegten Geboten, an die man sich zu halten hat. LORENZER beschreibt den Unterschied zwischen einem Symbol und einem Zeichen. Innere Repräsentanzen können

> »ihren Charakter als ›Symbole‹ zunehmend in den von ›Zeichen‹ umwandeln. Das ist eine ansteigende Entleerung der Bedeutung, die als eine Abschwächung von ›emotionaler Bedeutung für das Subjekt‹ zu verstehen ist … In einer formalen Analyse der Zeichen erscheint die psychologische Erfahrung der fehlenden Wärme und affektiven Lebendigkeit bei Intellektualisierung und Isolierung als zunehmende Auflösung des Beziehungscharakters und das heißt als Auflösung des ›gestischen Charakters‹ mit ansteigender Abgrenzung von Selbst und Objekt« (1976, S. 119 f).

Innerseelische Strukturen können altern. Bei jedem Menschen verlieren die inneren Abbilder von Erfahrungen im Verlauf des Lebens mehr oder weniger die Beziehung zu ihrem leiblich-seelisch-geistigen Erfahrungsgehalt, wenn man sich nicht durch entsprechende Übungswege aktiv darum bemüht, ihre Bedeutungstiefe als Erfahrung sich zu erhalten. Zum Beispiel kann ein Soldat im Schützengraben sehr tief gespürt haben, was es heißt, zu leben, und wie kostbar es ist, die Nähe eines vertrauten Menschen zu spüren. Später aber kann dieses tiefe Wissen überdeckt und energetisch entleert werden durch Ehrgeiz und Rivalität in der Leistungsgesellschaft, so daß diese Erfahrung im praktischen Leben dann ihre Wirkkraft verliert.

»Zeichen« sind nicht von Natur aus schon Ausdruck von Krank-

heit. Abbilder von komplexen Strukturen sind besser als gar keine, geben sie doch den weniger komplexen inneren Strukturen eine äußere Orientierung. Dadurch erhalten sie bei identitätsunsicheren Menschen (zum Beispiel in der Pubertät) das Gleichgewicht zwischen in Wahrheit relativ niedrigkomplexen Strukturen aufrecht. Ein Abbild kann (wieder) zum In-Bild, das heißt zur personalen Erfahrung werden (DÜRCKHEIM 1984, S. 34 ff).

»Ein Mann bat demütig einen Sadhu um Unterweisung. Dieser gab ihm den Rat: ›Liebe Gott mit deinem ganzen Herzen und deiner Seele.‹ Der Fragende antwortete: ›Ich habe Gott niemals gesehen und weiß nichts von ihm. Wie kann ich ihn dann lieben?‹ Der Heilige fragte, wen er denn am meisten liebe und bekam die Antwort: ›Ich habe niemanden, für den ich sorgen muß. Das einzige Geschöpf, das ich liebe, ist mein Schaf.‹ Der Sadhu antwortete: ›Dann pflege dieses Tier und liebe es von ganzem Herzen und mit deiner ganzen Seele und denke immer daran, daß der Herr in ihm wohnt.‹ Nachdem er diesen Rat gegeben hatte, verließ der Sadhu den Ort. Der Mann pflegte nun sein Schaf mit liebevoller Sorgfalt und in tiefem Glauben, daß der Herr in diesem Geschöpf lebe. Nach langer Zeit kam der Sadhu auf seinem Rückweg zu ihm zurück und fragte ihn nach seinem Befinden. ›Meister‹, war seine Antwort ›dank deinem freundlichen Rat geht es mir sehr gut. Viel Wohltat ist mir widerfahren, nachdem ich dem von dir vorgeschriebenen Weg gefolgt bin. Zuweilen erblicke ich mein Schaf als eine wunderbare Gestalt mit vielen Händen, und dies ist höchste Glückseligkeit‹« (RAMAKRISHNA 1975, S. 97 f).

Es gibt Menschen mit schweren Strukturdefiziten. Das sind zum Beispiel Patienten mit sogenannten Frühstörungen (Patienten mit Psychosen, Borderline-Syndrom oder narzißtischen Neurosen). Sie haben anlagebedingt und/oder durch schwere Lebensschicksale ihre Strukturelemente durch Anpassung(szwang) in einem oder mehreren wichtigen Bereichen ihrer Seele nur als Abbilder beziehungsweise Zeichen entwickeln können. Diese Patienten verfügen zwar scheinbar über mehr oder weniger alle Qualitäten von Strukturelementen und arbeiten innerlich mit Bildern und Begriffen eigentlich hochkomplexer Strukturen, zum Beispiel Gottesbildern oder Ideologien, ihre inneren Strukturelemente sind aber zumindest im krankheitsauslösenden Konfliktbereich nur als Abbilder der eigentlichen Strukturen und nicht (mehr) als erfahrungsvermittelte und erfahrungsvermittelnde Symbole vorhanden. Ein Patient mit schweren Strukturdefiziten verwechselt, ohne es zu bemerken, in einem wesentlichen seelischen Bereich Symbole mit Zeichen, das heißt die bedeutungsvollen Originale mit ihren blo-

ßen Abbildern. Es fehlt, in der Sprache der Rollentheorie gesprochen, nicht die Rolle, sondern die Rollenkomplexität (Franz Stimmer, mündliche Mitteilung 1996). Die wahre Komplexität der Struktur kann dann nur (noch) gedacht, aber nicht mehr wirklich innerlich leiblich, seelisch und geistig erlebt werden. Denn normalerweise vermitteln die komplexen und weniger komplexen Strukturen innerlich das Empfinden von Erfahrung, dadurch daß sie sich miteinander verschränken und integrativ die angemessenen Über- und Unterordnungen herausarbeiten. Wenn die komplexen Strukturen aber nur als Abbilder vorliegen, können sie das nicht leisten. Die Abbilder können dann nur als voneinander getrennte Strukturen miteinander interagieren. Der spontan-kreative Prozeß zerfällt dann in mehrere Teilprozesse und ist dadurch nicht (mehr) auf den Innenraum der Person begrenzt. Der Selbstorganisationsprozeß wird aufgebrochen und zum Teil als Außenwelt empfunden und als solcher gelebt. Er wird zum Teil zu einem Organisationsprozeß zwischen Subjekt und Objekt.

Therapeutisch ist es dann wichtig, das Netzwerk der Beziehungen zwischen den von ihrer lebendigen Erfahrung isolierten Abbildern im Szenenaufbau auf die therapeutische Bühne zu bringen. Das psychodramatische Spiel läßt die Abbilder im Netzwerk der Beziehungen allmählich die dazugehörigen persönlichen Strukturen (wieder) neu entwickeln (s. Fallbeispiel 5, S. 32 und 34). Das kann technisch durch die Inszenierung der Spaltung oder die Hilfswerktechnik geschehen (S. 100 ff und 104 ff).

Fallbeispiel 7

Eine 40jährige, mehrfach psychotisch dekompensierte Patientin, Frau F., quälte den Therapeuten mit ihren vermeintlich intensiven, esoterischen Erlebnissen zwischen den Therapiestunden. Sie konstruierte willkürlich Verbindungen zwischen Figuren aus Träumen und amplifikatorischen Deutungen früherer Therapiestunden, einem dreizehnjährigen Jungen, Peter, dem »Dornröschen«, dem »Buddha-Kind«, der »schwarzen Fee«, (das alles waren »Zeichen« der sozialen und transzendenten Emergenzebene ohne persönliche Tiefenerfahrung) mit Körperempfindungen (vegetativen Zuständen der somatischen Emergenzebene): Immer wenn sie die Milz spürte, hatte sich das »Dornröschen wieder gemeldet und etwas gewollt«. Wenn sie schlucken mußte, war klar, sie hatte »Schuldgefühle«. Schließlich hatten sich ihrer Meinung nach Peter und das Buddha-Kind miteinander »integriert«. Frau F. hatte in der esoterischen Literatur viel über »Integration« gelesen und dieses Prinzip als *ideellen Wert (noch im Sinn eines Zeichens)* und Maßstab für ihre innere Arbeit

übernommen, ohne bisher wahr erfahren zu haben, was Integration bedeutet. Der Therapeut zweifelte und war verzweifelt: »Das kann sein, es kann aber auch nicht sein.« Die Patientin spürte die Skepsis, fühlte sich allein gelassen, unverstanden und entwertet, bedeuteten diese Erfahrungen ihr doch sehr viel. Auch Tagebuchnotizen der Patientin konnten die Skepsis des Therapeuten nicht zerstreuen. Die Patientin war schließlich ebenso verzweifelt. Der Therapeut bot der Patientin dann an, die Welt der Figuren, mit der die Patientin im Geist umging, mit Handpuppen auszugestalten. Die Idee war, nicht die Erlebnisse der Patientin *nachzuspielen*, sondern sie einfach im Spiel *weiter fortzuschreiben*. Frau F. war in der Lage, selbst die Puppen in die Hand zu nehmen und handeln zu lassen. Der Therapeut übernahm ebenfalls Rollen und ließ jeweils dann die Rollen tauschen, wenn es darum ging, die Patientin Schöpferin und Autorin ihrer Geschichte bleiben zu lassen.

Die blockierte therapeutische Beziehung kam dadurch wieder ins Fließen. Die Figuren entwickelten durch das Spiel untereinander *Affekte* und ein szenisches Miteinander (*Szene*). Frau F. sagte nach der Therapiestunde betroffen: »Ich bin ganz erschrocken, wie zerstückelt meine Seele ist.« Der Therapeut hatte umgekehrt seit langer Zeit zum erstenmal den Eindruck, daß wirkliche Integration geschah. Nach einem halben Jahr, in dem neben der Bearbeitung von Konflikten im sozialen Umfeld immer wieder auf ähnliche Weise mit Handpuppen weitergespielt wurde, teilte die Patientin dem Therapeuten mit: »Ich habe mich entschieden, ich gebe es jetzt auf, alles integrieren zu wollen.« Eine große Entscheidung und eine große Einsicht, hatte die Patientin jetzt doch die eigentliche Bedeutung von »Integration« (*ideeller Wert im Sinn eines Symbols*) erkannt. Integration war für sie nicht mehr nur eine ersehnte, im Grund aber für sie noch unbewußte Fähigkeit, sondern ein selbst mutig und leidvoll entwickelter Begriff mit somatischer, psychischer und sozialer Tiefe.

Kinder brauchen in der psychodramatischen Einzel- und Gruppentherapie jeweils ungefähr fünf Sitzungen, um ein bestimmtes »Zeichen«, zum Beispiel den »Räuber« oder die »Hexe«, umzuformen von einem bedeutungsflachen Abbild zu einem Symbol, das heißt zu einer komplexen Persönlichkeit. Wenn das erreicht ist, das Zeichen für das Kind zum Symbol geworden ist, ist diese Figur ausreichend integriert. Das Kind verliert dann meist spontan das Interesse an dieser Gestalt und sucht sich ein anderes Spiel.

Im psychodramatischen Märchenspiel werden Zeichen, die Gestalten des Märchens, zu persönlichen Symbolen. Denn in den Rollen verbinden die Spieler die Abbilder des Märchens mit ihrer eigenen leiblich-seelisch-geistigen Erfahrung. Auf Patienten mit Strukturdefiziten wirkt das psychodramatische Märchenspiel ichstärkend, weil es erlaubt, in den Rollen Strukturelemente von nied-

riger Komplexität, zum Beispiel einen Affekt, in ein szenisches Bild und ein Beziehungsspiel zu integrieren. Zum Beispiel werden naives Vertrauen und Sehnsucht nach dem Paradies in der Rolle von Schneewittchen im Beziehungsspiel mit der Stiefmutter mit der Erfahrung von Todesgefahr integriert. Und erst wenn die Todesgefahr erkannt ist und das naive Vertrauen im Scheintod Schneewittchens gestorben ist, kann sie als erwachsene Frau den Prinzen heiraten. Man kann den Handlungsablauf in einem Märchen verstehen als Abbild der Erfahrung eines inneren Entwicklungsweges, das durch das psychodramatische Spiel vom Zeichen zum persönlichen Symbol, das heißt zur persönlichen Erfahrung, werden kann.

Ganz ähnlich werden im Bibliodrama die Gestalten (Abbilder) aus der Bibel durch das Spiel zu Symbolen mit einer vorher so nicht vorhandenen Komplexität. Die Teilnehmer nehmen sich mit in die Rollen. Die Rolle, zum Beispiel die des Lazarus, wird zu einer über die soziale Ebene (Freund von Jesus) hinausreichenden, somatischen, psychischen und transzendenten Erfahrung. Diese Erfahrung entsteht durch das Spontaneität auslösende Spiel. Im Ergebnis gibt es dadurch bei verschiedenen Spielern in der Rolle des Lazarus eine je individuelle Manifestation des Lazarus. Allen Ausgestaltungen seiner Rolle gemeinsam ist und bleibt aber, daß sie bezogen sind auf den transzendenten Raum, der durch die Hoffnung auf und die Begegnung mit Jesus im Spiel innerlich eröffnet wird. Im Bibliodrama kann so das religiöse Abbild, das sinnentleerte Zeichen, ansatzweise (wieder) zur Erfahrung der inneren Transzendenz werden.

Psychodramatiker sind nicht selten von der emotionalen Intensität des therapeutischen Spiel so mitgerissen, daß sie das Entstehen komplexerer Strukturen bei Patienten nicht ausreichend würdigen und bestätigen. Das führt dann leicht dazu, daß die neu gewonnenen komplexeren Strukturen zu kurzlebig sind (SCHACHT 1992). Das hier vorgelegte Konzept soll dazu anregen, gezielter auf die Strukturentwicklung zu achten. Es gibt viele Möglichkeiten, die Integration neu entwickelter Strukturen in die übrigen seelischen Bereiche speziell zu fördern. Ich lasse gern Selbstbilder oder Bilder von Bezugspersonen malen oder in Ton formen. Auch schreibe ich immer wieder von Patienten spontan gesprochene

Sätze, die eine tiefere Bedeutung haben, auf eine Karte und gebe sie ihnen mit.

Fallbeispiel 8

Frau G. war in ihrer Kindheit nicht ausreichend emotional begleitet und annehmend gespiegelt worden und hatte immer nur funktionieren müssen. In der Gruppentherapie spielt eine Mitpatientin protagonistzentriert einen Partnerkonflikt, in dem sie neurotisch eine Helferhaltung gegenüber einem Gefängnisinsassen agiert. Frau G. wird plötzlich von Weinen geschüttelt und schluchzt immerzu: »Ich halte das nicht mehr aus!« Im Selbstgespräch erweitert sie, unterstützt von dem sie doppelnden Therapeuten, ihre Feststellung: »Ich halte das nicht mehr aus! Die wissen gar nicht, wovon sie reden!« Am Ende der Gruppensitzung schreibt der Therapeut für Frau G. ihren spontan geäußerten Satz auf: »Ich halte das nicht aus! Die wissen nicht, wovon sie reden, und machen immer weiter!« In der nächsten Gruppenstunde formt Frau G. dazu ein *Selbstbild* aus Holzmasse, eine Figur, die sich entspannt in ihre linke Hand schmiegt, den Kopf noch vom Mittelfinger geschützt, die Beine über die Handwurzel hinaus mit den Unterschenkeln bequem anliegend. Ein wunderschönes Bild, wie Frau G. sich da selbst liebevoll in der Hand hält und Schutz gibt. Sie mag die Figur die ganze Stunde über nicht zur Seite legen. Über ein halbes Jahr lang nahm Frau G. diese Figur fast täglich zu Hause einige Minuten in die Hand und gab sich selbst dadurch einen neuen Halt. Sie gewann deutlich an Selbstvertrauen und konnte ein Jahr später die Enttäuschung in einer Liebesbeziehung erstmals ohne schwere Identitätskrise meistern.

Ich fordere die Patienten gern auf, das Bild, die Figur oder den Satz irgendwo zu Hause sichtbar hinzulegen und jeden Tag einige Minuten zu betrachten. Meist wechselt die Bedeutung so eines Bildes oder Satzes mit der Zeit durch zusätzliche Assoziationen, bis nach einigen Monaten diese Struktur ihre aktuelle Bedeutung verliert, weil sie ausreichend integriert ist. Es geht darum, neue Strukturen in die Alltagserfahrungen zu integrieren. Dadurch werden sie dann zu einer auch körperlich vermittelten Erfahrung.

2. Energie

Energetische Prozesse außerhalb des therapeutischen Settings

Die inneren Strukturen des Menschen ordnen und verbinden sich miteinander nach dem Prinzip der Konkordanz (bei gleichgerichteten Impulsen) und/oder nach dem Prinzip der Komplementarität

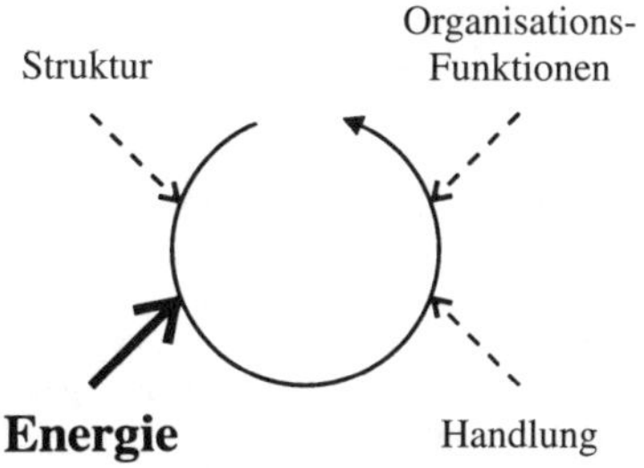

Abb. 5: Der Weg der Heilung aus dem Blickwinkel der Energie

(bei entgegengesetzten Impulsen). Die in ihnen gebundenen Anziehungs- und Abstoßungskräfte nenne ich *Bindungsenergie*. Je komplexer eine Struktur ist, desto mehr Bindungsenergie ist in ihr gespeichert.

Solange man lebt, wird man immer wieder mit neuen Erfahrungen konfrontiert, die in die inneren strukturellen Systeme integriert werden müssen. Dabei kommt es vorübergehend zu Spannungen im Gleichgewicht der Strukturelemente, die in der Regel durch den normalen bewußten und unbewußten Verarbeitungsprozeß, zum Beispiel durch Träume, ausgeglichen werden. Gelingt aber der energetische Ausgleich von Spannungen in den inneren Strukturen nicht spontan, dann wirken sie wie ein Magnet auf Assoziationen und Amplifikationen und ziehen die mit diesen verbundenen Energien aus dem gesamten strukturellen System an sich (Dieckmann 1991, S. 24). Ich nenne das so entstandene Energiepotential in einem inneren Konfliktsystem *Überschußenergie*. Überschußenergie drängt zur Aktion. In der Steinzeitkultur machten die Jäger sich das Phänomen der energetischen Erwärmung und Polarisierung in Konflikten zunutze. Wenn der Schamane vor der Jagd in der Rolle des zu jagenden Bären tanzte und dessen Geist vor den Augen der Jäger beschwor, entstand eine energetische Anziehung zwischen Jäger und Bär, die wahrscheinlich auf die Geschicklichkeit und vielleicht auch auf das Jagdglück der Jäger Einfluß hatte.

Bei Konflikten kann Überschußenergie helfen, innere Spannungen bewußt wahrzunehmen und sich neu zu orientieren. Wenn diese Neuorientierung aber nicht angemessen gelingt, entsteht eine

Krise. Bei neurotisch erkrankten Menschen nimmt die Konfliktspannung zwischen den inneren Strukturen und der Realität immer weiter zu, bis schließlich die Überschußenergie dazu benutzt wird, die Realität nach dem Gleichgewicht der inneren Strukturen zu formen. Der Kranke projiziert unbewußt seine alten inneren Konflikte auf die neue Situation, agiert sie dort im Wiederholungszwang aus und versucht so, das alte Spiel in der neuen Situation wiederherzustellen und weiterzuführen.

Fallbeispiel 9

Die 40jährige Gruppenteilnehmerin Frau H. klagt über die »Depression« ihres Ehemanns. Seit mehreren Monaten wisse er »nichts mit sich anzufangen, hat zu nichts Lust, will nur seine Ruhe«. Frau H. möchte ihren Ehemann gern so haben, wie er vorher war. Ihr altes inneres Bild paßt nicht mehr zu der jetzigen Realität. Die dadurch entstehende Konfliktspannung läßt einen energetischen Sog entstehen und verknüpft sich, wie sich später herausstellen wird, mit einem Konflikt aus der Kindheit der Patientin: Ihre Mutter war häufig depressiv und konnte auf Frau H. nicht ausreichend emotional reagieren. Wenn der Ehemann jetzt müde nach Hause kommt, so ist dieses Bild für die Patientin ein szenischer Reiz, der sofort die Überschußenergie auch aus dem alten nicht verarbeiteten Mutterkonflikt ins Handeln drängen läßt. Die Patientin verdrängt ihre Enttäuschung und ihre Verlassenheitsgefühle und macht dem Ehemann Vorschläge: »Mach doch was, Sport oder irgend etwas, was dir hilft!« Der Ehemann aber verweigert sich.

Frau H. benutzt zur Konfliktlösung Wege aus alten inneren Strukturen: Sie hatte schon bei ihrer Mutter nicht verstehen können, daß diese nichts tat, immer nur gelitten hatte. Frau H. handelt im Wiederholungszwang. Sie benutzt unbewußt ihre Überschußenergie dazu, in der Ehebeziehung das alte Beziehungsspiel mit ihrer Mutter zu reinszenieren und ihr eigenes, auf den Ehemann projiziertes Leidensgefühl bei diesem zu behandeln.

Wenn die Neuorientierung in einem alten Konflikt nicht gelingt, kann die Überschußenergie zwar abreagiert werden, die Konfliktspannung lädt sich aber immer wieder neu auf und kann sich sogar noch steigern. Je größer die Überschußenergie wird, desto mehr steigt der Leidensdruck. Ohne Leidensdruck gibt es keinen Grund, etwas ändern zu wollen. Ohne Überschußenergie würde die Energie fehlen, die man zur inneren Umstellung braucht.

Der energetische Aspekt therapeutischer Prozesse wird von Moreno unter dem Stichwort *warming up* (Erwärmung) erörtert. Der Begriff »Erwärmung« läßt schnell an Erwärmungsübungen denken. Wenn man ihn aber allgemeiner als das Entstehen von

Überschußenergie interpretiert, werden MORENOS Aussagen spannend: »Der Erwärmungsprozeß manifestiert sich selbst in jedem Ausdruck organischen Lebens dadurch, daß er zu einer Handlung hinstrebt« (1985, S. 55 f). LORENZER sagt analog: »Trieb kann einzig als szenische Anordnung wahrgenommen werden« (1976, S. 143). Energetische Aufladungen sind daran zu erkennen, daß sie sich eine Erwärmungszone, einen Handlungs- oder Interaktionsraum, schaffen, mit MORENOS Worten einen »locus nascendi« (Ort der Geburt):

»Jeder Anwärmprozeß ... strebt danach, lokalisiert zu werden in einem Bereich als sein locus nascendi. Was zuerst empfunden wird – empfunden durch diese Handlungen der Erwärmung – sind nicht ... die Mundzone oder die Analzone, sondern nur Zonen, von denen der Mund oder Anus ein Teil sind. Die Zone ist, in diesem soziometrischen Sinne, ein Feld, in dem zum Beispiel der Mund, die Brustwarze der Mutter, die Milchflüssigkeit und die Luft zwischen diesen wichtige Faktoren sind. Immer wenn diese Komponenten zu einem Focus kommen, gerät die Zone in Handlung« (MORENO 1985, S. 57).

Energetische Prozesse in der therapeutischen Gruppe

Konfliktstrukturen entwickeln, wie an dem Fallbeispiel von Frau H. deutlich wurde, nicht erst im therapeutischen Setting Überschußenergie (Erwärmung), sondern schon vorher spontan im Alltag (SCHACHT 1992). Menschen habe ja auch Konflikte, ohne in Therapie zu sein. Die spontane Erwärmung für eine Therapiesitzung beginnt gewöhnlich schon Stunden oder Tage *vor* der Sitzung selbst. Angst, Wünsche und Neugier werden wach. Wenn die Teilnehmer in den Gruppenraum kommen, läuft die energetische Aktivierung spontan weiter, zuerst ohne den Therapeuten, dann mit dem Therapeuten, auch ohne spezielle Übungen. Zwischen den Teilnehmern entwickeln sich Anziehung und Abstoßung, Frage und Antwort, Angst und Lust. Bilder und Assoziationen und körperlicher, affektiver und szenischer Selbstausdruck verstärken vorhandene Konfliktspannungen.

Die Teilnehmer nehmen sich gegenseitig wahr. Sie schauen zu und hören sich gegenseitig zu. Wahrnehmen ist keineswegs passiv, sondern ein recht aktives Tun, das durch Aufmerksamkeit die Konflikte des anderen aktualisieren kann. Die Teilnehmer fühlen sich

in den anderen ein. Grundlage der gegenseitigen Einfühlung ist dabei die Fähigkeit, mit den energetischen Rhythmen des anderen konkordant (gleichsinnig) mitzuschwingen.

Beispiel 10

Ein 3jähriges Mädchen spielt allein im Garten. Da kommt ein gleichaltriger, fremder Junge die breite Auffahrt herunter. Beide bleiben voreinander stehen und sehen sich prüfend an. Keiner redet. Der Junge bewegt sich zögernd. Er spürt wohl Zustimmung, steigert seine Bewegungen zu einem kleinen Tanz, kindlich unbeholfen, aber harmonisch. Dann bleibt er erwartungsvoll stehen. Das Mädchen, statt zu sprechen, tanzt den Tanz nach. Der Junge sieht zu. Offenbar versteht man sich auch ohne Sprechen. Dann, für den Beobachter unerwartet, gehen beide wie zwei alte Freunde zur Sandkiste und fangen an zu spielen – und auch miteinander zu reden.

Nicht nur das Individuum, sondern auch die Gruppe selbst hat eine komplexe Struktur, die Energieströme bindet und ihnen im Konflikt eine Richtung gibt zwischen Impuls und Gegenimpuls. Der Energiefluß zwischen den einzelnen Gruppenmitgliedern ordnet sich bei Einfühlung und Identifizierung miteinander konkordant, bei gegenseitiger Abstoßung komplementär antagonistisch, so daß Impuls und Gegenimpuls (Abwehr) sich gegenüberstehen. Die Teilnehmer konfrontieren sich dann. Eine Gruppe ist zusammen mit dem Therapeuten ein System, das sich selbst durch seine Interaktion bipolar antagonistisch zwischen Aktion und Reaktion, zwischen dem Aktionsführer Alpha und seinem Gegenspieler Omega (SCHINDLER 1957/58) energetisch auflädt. Konkordante und komplementäre Assoziationen und Aplifikationen der verschiedenen Gruppenmitglieder spitzen den Konflikt zu. Jeder in diesem System ist Teil des gemeinsamen Beziehungsspiels. Für den weiteren Verlauf der Sitzung ist es bedeutsam, ob der einzelne seine Energien auf sich selbst konzentriert oder auf ein anderes Gruppenmitglied, das dadurch dann vielleicht zur Aktion oder Gegenaktion verführt wird.

Das intuitive therapeutische Handeln orientiert sich bei seinen Entscheidungen stark an dem Auftreten und der Veränderung energetischer Potentiale. Der Therapeut spürt mehr oder weniger bewußt die gleichsinnigen und gegensinnigen Ausrichtungen von Impulsen in der Gruppe und sucht zu erfassen, bei welchem Gruppenmitglied sich die größte Überschußenergie entwickelt. Der

ideale Protagonist für das Psychodramaspiel ist das Gruppenmitglied in der Alpha-Position (SCHINDLER 1957/58), denn dieser Gruppenteilnehmer zieht zusätzlich zu seiner eigenen Überschußenergie noch die Energien vieler anderer Gruppenmitglieder in konkordanter Ausrichtung des Impulses auf sich. Das zeigt sich an ihrer Bereitschaft, mit seinem Spiel mitzugehen oder sogar darin eine Rolle zu übernehmen. Die Gegenaktionen des Patienten in der Omegaposition sind idealerweise gerade groß genug, um den Protagonisten in seiner Impulsausrichtung zu stabilisieren, ohne ihn aber zu bremsen.

Wenn aber ein Patient aus der Omega-Position (diese ist nach SCHINDLER so definiert, daß der Patient sich in einer Position der Schwäche und Hilflosigkeit befindet und gegen die Gruppenaktion protestiert) heraus ein protagonistzentriertes Spiel machen will, so gehen ihm in seinem Spiel, zusammen mit dem Therapeuten, auf scheinbar geheimnisvolle Weise die Kräfte aus. Die Gruppenmitglieder wollen, daß er aus seiner Schwäche erlöst wird. Er soll anders sein, als er ist. Sein Energiepotential wird aufgesogen von den unausgesprochenen, vielleicht sogar unbewußten antagonistischen Gegenimpulsen der anderen. Seine Überschußenergie reicht dann nicht mehr dafür aus, daß er sich als Protagonist auf der Bühne kreativ selbst entfalten kann. In einem solchen Fall besteht für den Therapeuten die einzige Rettung darin, möglichst früh das Spiel in würdevoller Weise zu beenden und die Beziehungskonflikte in der Gruppe aufzudecken, indem er die Aktion des »gescheiterten« Protagonisten mit der Gegenaktion der Gruppe verknüpft (zum Beispiel durch Rollenfeedback für die Realbeziehungen). Denn die Gegenaktion der Gruppe aktiviert mit all ihrer Kraft in dem Patienten in der Omega-Position energetisch dessen innere Konflikte. Die dadurch entstehende hohe Überschußenergie drängt den Patienten gewöhnlich zur Aktion und sucht sich dazu ihren Aktionsraum in Übertragungsbeziehungen auf die Aktionsführer der Gruppe. Sein Spiel findet unerkannt in der Realität der Gruppe statt. Aus tiefenpsychologischer Sicht ist es deshalb sinnvoll, die inneren Konflikte des Patienten in der Omega-Position auf der Ebene der Gruppenbeziehungen anzugehen, indem man die Übertragungen zwischen den Gegenspielern im Gruppenkonflikt bewußt macht

und Übertragungs- und Realbeziehung voneinander differenziert (s. Kapitel V, S. 244 ff). Danach können dann die aktionsführenden Gruppenmitglieder das Gruppenthema, jetzt von dem Patienten in der Omega-Position bewußt komplementär mitbestimmt, protagonistzentriert weiterbearbeiten.

Erwärmungsübungen und ihre tiefenpsychologischen Funktionen

Durch Erwärmung gewinnen Konfliktstrukturen Überschußenergie. Jede Handlung des Therapeuten vor, während oder nach der Spielphase kann erwärmend und konfliktsteigernd wirken, sei es die Art der Begrüßung zu Beginn der Sitzung oder wenn der Therapeut sich verabschiedet mit dem Satz: »Und achten Sie auf Ihre Träume!« Man kann aber auch spezielle Erwärmungsübungen einsetzen. Von ihnen gibt es unzählige (siehe das Themaheft der Zeitschrift »Psychodrama«, Heft 1/1995). Ich unterscheide entsprechend den vier Emergenzebenen der Strukturentwicklung *somatische, psychische, soziale* und *transzendente* Erwärmungsübungen. Diese Einteilung erscheint mir deshalb sinnvoll, weil sich daraus die tiefenpsychologische Indikation einzelner Erwärmungsübungen ableiten läßt.

Somatische Erwärmungsübungen

Bei der »Selbstbewegungsübung« (Heisterkamp 1993, S. 103) läßt der Therapeut die Teilnehmer sich frei im Raum bewegen, mit Mimik, Gestik und Körperbewegungen sich selbst ausdrücken und dabei die anflutenden Impulse bewußt um 20 % über das Gewöhnliche hinaus verstärken. Man kann unwillkürliche Bewegungen wiederholen lassen, auch Muskelspannungen oder unangenehme körperliche Gefühle noch steigern und sie durch Mimik und Gestik zum Ausdruck bringen lassen. Aus den verschiedenen Körpertherapie-Methoden, beispielsweise der konzentrativen Bewegungstherapie, lassen sich viele somatische Erwärmungsübungen ableiten. Moreno (1985, S. 52 f) hat in seinem ersten Psychodrama-

buch bereits 1946 die Methodik und Wirkung solcher körperlicher Erwärmungsübungen beschrieben:

»Der Betroffene wird oft aufgefordert, sich zu erwärmen, als ob er keine inneren geistigen Starter zu seiner Verfügung hätte … Der Betroffene kann herumgehen oder beginnen, schwer zu atmen, Grimassen zu machen, die Fäuste ballen, seine Lippen bewegen, schreien oder weinen – das sind körperliche Starter, um anzufangen, wobei man darauf vertraut, daß die neuromuskulären oder andere körperliche Aktivitäten einrasten und höher organisierte Formen des Ausdrucks auslösen, wie Rollenübernahme und kreative Einfälle … Die körperlichen Selbst-Starter … lassen sich durch eine einfache Handlung bewußt provozieren, der durch ihren eigenen Impuls andere unwillkürliche und willkürliche Handlungen folgen; z. B. steigt das Atemtempo auf das 2- oder 3fache des Ursprünglichen. Der Pulsschlag geht von 70 auf 120 und mehr. Die unwillkürlichen Phasen des Erwärmungsprozesses … ziehen oft gleichzeitige andere, unwillkürliche Aktivitäten nach sich, in denen das neuro-muskuläre System eine führende Rolle spielt, wie Schweißausbruch, Bewegung von Armen und Beinen, Kurzatmigkeit, Verlust des Gleichgewichtes, mimischen Ausdruck von Panik oder Angst, kehlige unartikulierte Laute und Wörter. Der Erwärmungsprozeß kann im weiteren fortschreiten zu sozialen Handlungen im Bereich der interpersonellen Beziehungen.«

Psychische Erwärmungsübungen

Ein Musikstück oder ein Tanz nach Musik kann Gefühle und Bilder provozieren. Auch die scheinbar so normale Erwärmungsfrage: »Wie geht es Ihnen?« spricht die Affekte und Stimmungen an. Eine »gedrückte Stimmung« läßt sich gut in einer mit dem eigenen Körper dargestellten »Skulptur in einem Skulpturenpark« zum Ausdruck bringen, verstärken und in Szene setzen.

Soziale Erwärmungsübungen

Beliebt ist der »leere Stuhl«, der in die Mitte gestellt wird. Der Therapeut fordert auf, sich eine Person darauf vorzustellen, mit der der Teilnehmer gefühlsmäßig verbunden ist. Ein Ehekonflikt läßt sich in einer Beziehungsskulptur darstellen. Auch die Erwärmungsfrage: »Lassen Sie sich alle einmal eine Situation oder Szene einfallen, einfach was Ihnen kommt!« spricht Beziehungs-

erfahrungen an. Gruppenkonflikte lassen sich in Stegreifspielen aktualisieren, die Anfangsschwierigkeiten beim Kennenlernen in einer Gruppe zum Beispiel mit dem Spiel »Begegnung im Eisenbahnabteil«, »Schiffbrüchige auf einer Insel« oder in einem Einführungsseminar für Psychodrama mit dem Spiel »Garten im Frühling«. Jeder Gruppenteilnehmer wählt sich zu einem dieser Themen eine Rolle seiner Wahl und spielt sie in einem gemeinsamen Gruppenspiel.

Fallbeispiel 11

In einem Einführungsseminar passierte es bei dem scheinbar harmlosen Gruppenspiel »Garten im Frühling«, daß einem Teilnehmer spontan ein alter, halbzerfallener Starenkasten einfiel. Er spielte diesen und erzählte in der Nachbesprechung: »So ist meine Lebenssituation zur Zeit, alles im Eimer!« Der Mann begann nach dem Seminar eine Therapie.

Transzendente Erwärmungsübungen

Bilder und Strukturen der transzendenten Emergenzebene werden aktualisiert, wenn man Texte aus der Zeitung, aus der Bibel oder aus Märchen aussuchen und als Gruppe spielen läßt. Wenn der Therapeut die Teilnehmer individueller anregen möchte, kann er sie auffordern zu einer freien Märchenassoziation: »Lassen Sie sich einmal jeder ein Märchen einfallen, eine Figur aus diesem Märchen, eine Szene, in der diese Person vorkommt« (Krüger 1992).

Das Ziel der verschiedenen Erwärmungsübungen ist nach Moreno (1959, S. 78) »nicht, die Patienten in Schauspieler zu verwandeln, sondern sie dazu zu bringen, auf der Bühne das zu sein, was sie sind, nur tiefer und klarer als sie im wirklichen Leben erscheinen«. Dies gelingt dadurch, daß solche Übungen bei den Spielern energetisch immer auch den Primärprozeß (s. S. 64f) aktivieren, das Abweichen von den allgemeinen Vorgaben durch das Stegreifmoment: »Das Leben ist die Einatmung, Stegreif Ausatmung der Seele. Durch Einatmung entstehen Gifte (Konflikte), durch Stegreif werden sie wieder frei. Stegreif läßt das Unbewußte unverletzt (durch das Bewußtsein) frei steigen« (Moreno 1970, S. 71). Es gibt kein Falsch oder Richtig. Gerade in der persönli-

chen Gestaltung des Spiels und gegebenenfalls in Abweichungen von der allgemeinen Vorgabe kann das Eigene, eben der eigene Konflikt mit seiner Überschußenergie, sich äußern.

Aus tiefenpsychologischer Sicht ist es deshalb widersinnig, nach einer Erwärmungsübung zunächst einmal eine Pause zu machen oder gleich eine zweite Erwärmungsübung oder eine Eingangsrunde anzuschließen mit der Frage: »Wie geht es Ihnen?« Eine Erwärmungsübung hat den Sinn, individuelle Konfliktstrukturen zu aktivieren und sie über das Handeln in ihren Impulsen, Gegenimpulsen, Affekten und Bildern wahrnehmbar zu machen. Um dieses Ziel zu erreichen, schließt der Therapeut an eine Erwärmungsübung gleich deren Nachbesprechung an: »Was haben Sie erlebt? Hat dieses Erleben mit Ihnen persönlich oder mit Ihrer Situation in der Gruppe etwas zu tun? Kennen Sie Ihr Verhalten so? Oder haben Sie etwas völlig Neues ausprobiert?« Der Therapeut und die Gruppe orientieren sich in der Nachbesprechung über den Inhalt und die Kraft von andrängenden Konflikten sowie über die Energieverteilung in der Gruppe im allgemeinen.

Über die Indikation von Erwärmungsübungen kann man sich streiten. Jeder Therapeut hat seine Vorlieben. Insgesamt wird meines Erachtens im Psychodrama die Bedeutung von Erwärmungsübungen überschätzt. Wichtig sind sie bei kontinuierlicher Psychodramatherapie nur zu Beginn einer neuen Gruppe oder wenn neue Teilnehmer dazukommen. Dann können sie helfen, die Angst zu mindern und geben Gelegenheit, sich in strukturierter Form zu zeigen und so Kontakt und Vertrauen miteinander herzustellen. Ansonsten gilt die Regel: Der Therapeut hat sich für die vorhandene Erwärmung zu erwärmen. Das heißt, daß der Therapeut sich auf die Energieebene des Patienten einläßt und ihn da wahrnimmt, anspricht und die spielerische Auseinandersetzung beginnen läßt, wo der Patient im Augenblick seine Energie und Aufmerksamkeit konzentriert. Dann »fließt es von allein«.

Fallbeispiel 12

Frau Melitta Mitscherlich berichtete 1978 auf den Lindauer Psychotherapietagen von einem jungen Mann mit einem Schiefhals, der ihr von einem Neurologen zur psychoanalytischen Therapie zugewiesen wurde. Auf ihre Frage, was sein Problem sei, begann der junge Mann mit dem Satz: »Mein Problem ist mein schiefer Hals.« Frau Mitscherlich antwortete, daß sie das sehe,

nun wolle sie aber mit ihm über seine Probleme sprechen. Dieses Gespräch verlief über mehrere Stunden sehr einsilbig und unbefriedigend. Zunehmend, so Frau Mitscherlich, sei ihr bewußt geworden, daß sie den Eingangssatz des Patienten vielleicht doch nicht so genommen hatte, wie dieser es erwartet hatte. Das nächste Treffen eröffnete sie mit den Worten:»Ich glaube, daß ich jetzt verstehe, was Ihr Problem ist: Ihr schiefer Hals!« Der Patient seufzte erleichtert: »Endlich!« und begann, in ausführlicher Weise von sich zu berichten (KÄMMERER, mündliche Mitteilung 1994).

Es gibt Symptome auf der körperlichen, der gefühlsmäßigen, der Beziehungs- und der Sinnebene. Das Symptom ist das Türschloß zum Selbstorganisationsprozeß. Der Therapeut braucht nur den angebotenen Schlüssel, die Mitteilung des Patienten, zu nehmen und ihn in das Schloß auf der angesprochenen Emergenzebene (möglichst eben nicht ein Türschloß auf einer anderen) zu stecken und umzudrehen, dann öffnet sich die Tür, und die Überschußenergie wird frei und sucht sich durch Handlung zu dem Konflikt dazugehörige Assoziationen und Amplifikationen. Im Symptom zeigt sich »das Verdrängte wie das Verdrängende« (FREUD 1969, S. 298), Impuls und Abwehr, Besetzung mit Energie und Gegenbesetzung. Es ist gut, *mit* der Kraft zu gehen und nicht gegen sie. Auch wenn heute viele Therapeuten den Zugang zu Konflikten über das Körpererleben für sich neu entdeckt haben und auch wenn am Ende sich tatsächlich alle seelischen Umstellungen im Körper einbetten sollten, so gibt es doch auch Symptome auf der psychischen, der sozialen und transzendenten Emergenzebene. Bei entsprechenden Hinweisen der Patienten sollte auch hier der Zugang zum Konflikt zunächst auf der von ihm vorgegebenen Emergenzebene gewählt werden.

Fallbeispiel 13

Ein zwangsneurotischer junger Mann, der in Gestik und Mimik recht starr wirkt, erklärt, daß er an einem »Problem mit Frauen« leidet. Er zeigt in einem Psychodramaspiel, wie er nach einer Verabredung mit einer jungen Frau diese Bekannte nach Hause bringt. Beim Abschied macht er eine merkwürdige Geste, den Ansatz einer Umarmung, ohne aber die Frau zu berühren, und verharrt so in der Erwartung, daß sie nun ihrerseits ihm entgegenkommt und sich an ihn schmiegt. Sie aber bleibt stumm stehen, bis der Patient aufgibt. Der Psychodramaleiter ist hilflos und stellt vier Wochen später in einer Supervisionsgruppe die Frage, ob hier nicht eine Körpertherapie indiziert wäre. Er ist offensichtlich so von der leiblichen Ausstrahlung des Patienten gefangengenommen, daß

er übersieht, den Patienten dort abzuholen, wo dieser den Zugang zu sich selbst anbietet, nämlich auf der Beziehungsebene. Der Therapeut hätte den Patienten im Rollentausch mit seiner Mitspielerin fragen können nach seinem körperlichen und gefühlsmäßigen Erleben gegenüber dem starr dastehenden jungen Mann. Auch die Mitspielerin wäre vielleicht in der Lage gewesen, ein ähnliches Rollenfeedback zu geben, wie es dann später in der Supervisionsgruppe die Mitspielerin in der Frauenrolle tat: »Ich habe mich eingesperrt gefühlt wie in einem Gefängnis.« Das ist die Antwort, die der Patient suchte. Eine solche Rückmeldung ließe den Patienten selbst mehr auf seinen Körperausdruck achten, unter Leidensdruck geraten und, wenn ihm zu diesem Zeitpunkt eine Körpertherapie angeboten würde, dann vielleicht mit Erleichterung und eigenbestimmt den Vorschlag aufnehmen, statt sonst einfach in alter Gefügigkeit der Aufforderung des Therapeuten zu einer Körpertherapie nachzukommen und dann irgendwann später zu fragen: »Und was sollte das nun helfen?«

Die energetischen Prozesse im protagonistzentrierten Psychodrama

Es gibt in der psychodramatischen Gruppentherapie vier verschiedene therapeutische Räume (im Psychodrama »Bühnen« genannt):

1. die Beziehung zwischen dem Gruppensetting und seinem sozialen, kulturellen und familiären Umfeld
2. den therapeutischen Raum der Gruppenbeziehungen
3. den therapeutischen Raum der Beziehung zwischen Therapeut und Protagonist
4. den intrapsychischen therapeutischen Raum des Protagonisten, wie er ihn auf der »Bühne« konkret inszeniert (s. S. 239 f).

In der Spielphase eines protagonistzentrierten Psychodramas wird der innere Selbstorganisationsprozeß des Protagonisten äußerlich konkret auf der »Bühne« in Handlung umgesetzt. Die Anziehungs- und Abstoßungskräfte zwischen Impuls und Abwehr in den inneren Konfliktstrukturen verwandeln sich durch das Spiel in freie Handlungsenergie. Die Mitspieler des Protagonisten (Antagonisten) machen diese Externalisierung des inneren Selbstorganisationsprozesses des Protagonisten durch ihre Rollenübernahmen möglich. Sie stützen dadurch den intrapsychischen, therapeutischen Raum des Protagonisten auf der Bühne. Ihr Handeln in den jeweiligen Gegenrollen reichert aber auch die Konfliktenergie

zwischen Impuls und Gegenimpuls des Protagonisten an. Dadurch nehmen die Überschußenergie und die freie Handlungsenergie in seinem Konfliktsystem weiter zu.

Eine Besonderheit im Psychodrama ist, daß sich in der Spielphase die vier oben genannten verschiedenen therapeutischen Räume miteinander integrativ verschränken. Der therapeutische Raum des Gruppenprozesses und der zwischen dem Protagonisten und Therapeuten sind auch während der Spielphase des Protagonisten nicht in sich zusammengefallen, sondern vielmehr hochaktiv. Die Gruppenmitglieder schauen zu und hören zu, sie fühlen sich konkordant in den Protagonisten ein oder stellen sich innerlich dem Impuls des Protagonisten im Rollentausch zusammen mit dem Protagonisten (in der Antagonistenrolle) komplementär entgegen. Dabei versuchen sie zusammen mit dem Protagonisten den tieferen Sinn seines Symptoms (s. S. 201) oder/und die individuelle symbolische Bedeutung seiner Sprachbilder zu verstehen. Der Wunsch der Gruppenmitglieder und des Therapeuten, den Protagonisten zu verstehen, führt bei psychisch Kranken aber, weil sie sich im Symptom ja selbst nicht verstehen, naturgemäß zu Spannungen in der Beziehung zwischen den therapeutischen Räumen.

»Solange die Wahrnehmung noch nicht zu einer geschlossenen Gestalt zusammengefügt ist, besteht für die synthetische Funktion des Ich ein Leistungszwang, der ein bestimmtes Quantum neutralisierte Energie erfordert. Dieses Quantum wird frei, wenn die Gestalt geschlossen wurde und der Aufwand an neutralisierter Energie reduziert werden kann« (LORENZER 1976, S. 86).

Diese intersystemischen Spannungen erhöhen das energetische Potential im Konfliktsystem des Protagonisten auf der Bühne. Je größer aber das Energiepotential im intrapsychisch-therapeutischen Raum des Protagonisten wird, um so mehr Assoziationen und Amplifikationen zieht es aus anderen seelischen Bereichen des Protagonisten an sich. Diese steigern wiederum mit ihrer je eigenen energetischen Besetzung die Konfliktspannung des Protagonisten. Im Handeln auf der Bühne benutzt der Protagonist diese Überschußenergie dann dazu, die vielfältigen Strukturelemente zu ordnen und sie zu differenzieren nach ihrem Raum (Szenenzugehörigkeit), ihrer Zeit, ihrer Logik und ihrem Sinn. Der Handlungsablauf auf der Bühne wird so zu einem integrativen Prozeß, der idealerweise in die integrative Katharsis (s. S. 230 ff) einmün-

det. In der integrativen Katharsis löst sich die Konfliktstruktur aus ihrer neurotischen Fixierung und wird durch Integration in eine (neue) komplexere Struktur (wieder) spontan.

3. Handlung

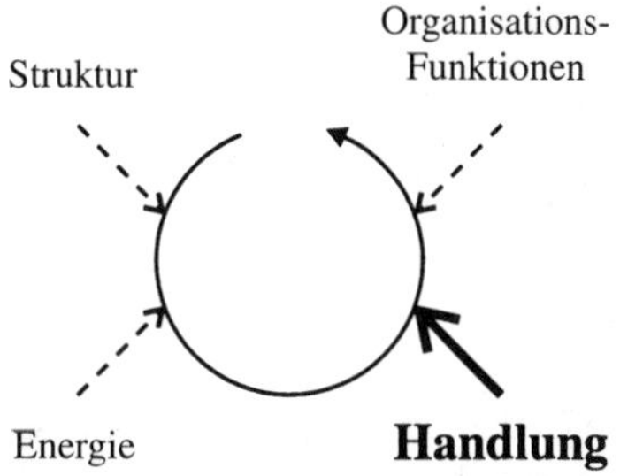

Abb. 6: Der Weg der Heilung aus dem Blickwinkel der Handlung

»Drama ist eine Übersetzung des griechischen δρυᾶμα, das bedeutet Handlung … Psychodrama kann deshalb definiert werden als die Wissenschaft, die die ›Wahrheit‹ mit Handlungsmethoden untersucht« (Moreno 1985, S. a). »Aktion ist das Kennzeichen alles Lebendigen, auch der sogenannten Materie. Soweit Makro- und Mikrokosmos reichen, beruht das Sein auf Aktion, auf Bewegung und Handlung … Aktion ist als kosmisches Phänomen unendlich viel älter als der Mensch« (Leutz 1974, S. 56).

Das Handeln organisiert den therapeutischen Prozeß. Der Patient lernt in der Interaktion mit dem Therapeuten und den Gruppenmitgliedern, seine Primärvorgänge und Sekundärvorgänge (s. S. 64 f und 69) auch im Bereich des neurotischen Konflikts eigenbestimmter zu steuern.

Das Handeln in der Organisation von Prozessen

Das Handeln integriert *Raum, Zeit, Logik* und *Sinn* eines Prozesses. Das folgende Fallbeispiel soll das verdeutlichen. Es beschreibt

einen intrapsychischen Organisationsprozeß auf der psychodramatischen Bühne.

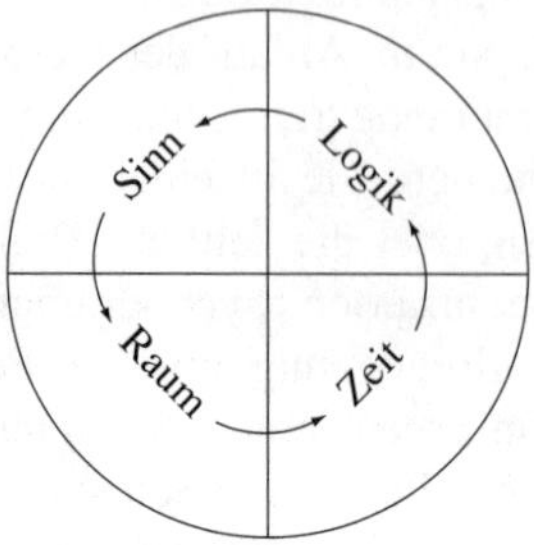

Abb. 7: Qualitäten eines Organisationsprozesses

Fallbeispiel 14

In der anspruchsvollen Erwärmungsübung »der Clown, spontan« gibt die Pschodramaleiterin dem Teilnehmer eine rote Clownsnase in die Hand: »Setz die auf, geh in die Mitte der Bühne und spiel los. Was immer kommt, es gibt kein falsch oder richtig!« Der Teilnehmer spielt eine Pantomime. Er findet sich wieder in einem Gefühl der Scham. Er sucht sich ein Gegenüber, zieht sich einen leeren Stuhl heran und stellt sich offensichtlich eine Person darauf sitzend vor. Der Spieler windet sich, dreht sich, versteckt sich, guckt sich verstohlen in einem imaginären Spiegel an, weint. Dann aber wird er wütend, schimpft mit Gestik und Mimik auf die andere Person, schüttelt sie, bis er schließlich resigniert und von ihr abläßt. Er verabschiedet sich, geht von dannen. Je weiter er weg ist, desto mehr hellt sich sein Gesicht auf. Am Ende pfeift er eine kurze Melodie. In der Nachbesprechung der Gruppe teilt er mit: Es ging bei der Person auf dem Stuhl um seine Mutter. Der Teilnehmer hat den Mythos »Hänschen klein, ging allein in die weite Welt hinein«, der später zurückkehrt als ein »großer Hans«, variiert.

Der *Prozeß-Raum* ist *die* Bühne, die sich Impulse und Gegenimpulse des Konflikts im Handeln sucht. Das kann sein der Raum in einem Symptom, in einem Traum, in einer Übertragungsbeziehung oder auch in der Bühne des protagonistzentrierten Spiels im Psychodrama. Der Prozeß-Raum konstelliert für den Betreffenden die *Rollen*, die er ausübt. Umgekehrt konstelliert der Betreffende durch seine Rollenausübung auch den Prozeß-Raum. In dem Fallbeispiel umfaßt der Raum einerseits die Gefühle und Handlungsimpulse des »Clowns« und andererseits die der auf dem Stuhl ihm gegenübersitzenden Person, des Spiegels und am Ende dann auch

die des Therapeuten, dem der Teilnehmer zuletzt seine Interpretation der Szene erzählt.

Die *Prozeß-Zeit* bezeichnet die zeitliche Abfolge der Strukturen, wie das Handeln sie im Ablauf des Gesamtprozesses zeitlich nacheinander in Erscheinung treten läßt, zum Beispiel die zeitliche Reihenfolge von Themen, die in einer therapeutischen Sitzung angesprochen werden, oder die zeitliche Reihenfolge der Szenen in einem protagonistzentrierten psychodramatischen Spiel. In dem Beispiel folgte der »Begegnung mit der Person« (Mutter) die »Spiegelszene«, dann erneut eine »Begegnung mit der Mutter« und am Ende der »Weg allein in die Selbständigkeit«. Die Prozeß-Zeit konstelliert für den Betreffenden den *Plan* der zeitlichen Abfolge der Handlungen. Durch sein Handeln stellt der einzelne aber auch eine *Prozeß-Logik* her. Denn er konstruiert durch Handeln bewußt oder unbewußt einen Ursache-Wirkungs-Zusammenhang zwischen seinen Impulsen, Gefühlen und Gedanken einerseits und äußeren Ereignissen andererseits. In dem Fallbeispiel resultierte aus dem Spiel auf der Bühne die Scham, aus der Scham heraus die Begegnung mit der offensichtlich kritischen Mutter auf dem Stuhl. Das führte zur Überprüfung des Selbstbildes im Spiegel. Aus der Begegnung mit dem Spiegel erwuchs Selbsterkenntnis und Trauer, dann Wut. Der Protagonist bezog diese Gefühle innerlich auf die Beziehung zu seiner Mutter, die den Selbstbildkonflikt ausgelöst hatte, und ging deshalb am Ende von ihr fort. Die Prozeß-Logik konstelliert ein *Erklärungssystem.*

Der *Prozeß-Sinn* entsteht dadurch, daß der einzelne aus der Szene heraustritt und seinen Handlungsimpuls, sein Gefühl oder seine Wahrnehmung aus der Erfahrung einer anderen (genetischen) Szene heraus oder durch eine analoge Sinnerfahrung aus Mythen oder Märchen interpretiert. In dem Beispiel gab der Protagonist durch seine Interpretation in der Nachbesprechung seinem eigenen Handeln im Spiel eine tiefere Bedeutung. Der oft zunächst gar nicht bewußte Prozeß-Sinn konstelliert für den einzelnen die *Ziele* seiner Handlungen.

Die Prozeßqualitäten Raum, Zeit, Logik und Sinn definieren jeden Interaktionsprozeß, sei es nun beim Handeln im Alltag in Familienbeziehungen, beim Handeln im therapeutischen Raum der Psychodramabühne oder auch beim Handeln in der therapeu-

tischen Beziehung. Dabei bedingen sich Prozeß und Handeln gegenseitig. Im protagonistzentrierten Psychodrama zum Beispiel wird der Protagonist im Spiel einerseits von Raum, Zeit, Logik und Sinn seines Selbstorganisationsprozesses bestimmt, andererseits wird er aber durch sein Spiel zum Schöpfer von Raum, Zeit, Logik und Sinn und damit zum Schöpfer seines eigenen Prozesses.

Der Prozeßbegriff ist bedeutsam für das therapeutische Vorgehen bei Menschen mit schweren Strukturdefiziten (s. S. 43 ff), wie Patienten mit Borderline-Syndrom oder Psychosen. Aufgrund ihrer Abwehr durch Spaltung und Identifizierung mit dem System (s. S. 211 ff) gelingt es ihnen oft nicht, die innere Erwärmung im Handeln auf einen Raum, eine Zeit und einen logischen Sinnzusammenhang zu konzentrieren. Das führt dazu, daß bei ihnen auch im psychodramatischen Spiel neben dem in der Szenengestaltung auf der Bühne erfaßten Erwärmungsprozeß ein oder mehrere andere Erwärmungsprozesse parallel ablaufen. Es kann dann zum Beispiel passieren, daß der Wunsch nach Abgrenzung in der Spielszene deshalb immer stärker agiert werden muß, weil der Wunsch nach Nähe parallel immer mehr wächst. Therapeutisch ist es dann wichtig, diese anderen unbewußt parallel mitlaufenden Erwärmungszonen durch Benennung mit in den therapeutischen Raum zwischen Patient und Therapeut einzubeziehen oder sie sogar auf irgendeine Weise zu konkretisieren, zum Beispiel indem man einen gegenteiligen Affekt oder einen Wunsch wenigstens durch einen Stuhl darstellen läßt (siehe Fallbeispiel 22, S. 100 f).

PLASSMANN (1994) weist darauf hin, daß bei Patienten mit schweren psychosomatischen Störungen oder mit Borderline-Syndrom es zunächst darauf ankommt, »zerstörte Denkprozesse« wiederherzustellen durch »Prozeßdeutungen«. Er versteht darunter Interpretationen, die Raum, Zeit, Logik und Sinn *zwischen* den verschiedenen Anteilen eines Prozesses erkennbar machen, die aber die Inhalte des Prozesses (Wer tut was, wo, wie, warum?) nicht berücksichtigen. Um den Fortschritt in der Gestaltung des Prozeß-Raumes aufzuzeigen, würde PLASSMANN zum Beispiel die Progression der Symbolisierung vom Symptom über das Übertragungsspiel oder den Traum bis hin zum Wort dem Patienten gegenüber benennen. Die Gestaltung der Prozeßqualität Zeit würde dadurch bewußt gemacht, daß der Therapeut die in einer Sitzung

bearbeiteten Themen benennt oder benennen läßt und die zeitliche Reihenfolge und Dauer dieser Themen ohne jede Bewertung bewußt macht. Die Veränderung in der Logik kann erlebbar gemacht werden, dadurch daß der Therapeut zum Beispiel aufmerksam macht auf den Wechsel vom Erzählen und konkreten Handeln hin zu der Fähigkeit, ein Handeln nur in der Vorstellung zu entwerfen und vorauszudenken, »während dem Ergebnis dieses Tuns, also dem Inhaltsaspekt, nicht weiter vorgegriffen wird«. Es ist interessant, daß PLASSMANN mit seinem Konzept der Prozeßdeutung vorschlägt, Vorgänge zu benennen, die im Psychodrama konkret anschaulich und sichtbar praktiziert werden. Zum Beispiel ist der Wechsel zwischen Wirklichkeit und psychodramatischem Spiel der Definition nach eine Veränderung der Prozeßlogik. Denn der Protagonist wechselt dabei in seiner »Sprache« gleichsam in den Konjunktiv, nämlich aus dem realen Raum in den Möglichkeits- oder Spielraum.

Das primärprozeßhaft organisierte Handeln und seine Umwandlung im Psychodrama

Bei Auftreten neurotischer Symptome gehen innere Konfliktstrukturen unter dem Einfluß des Primärprozesses in Handeln über. Das Agieren eines Symptoms bringt aber noch keine Heilung, sondern als solches lediglich eine energetische Abreaktion der Konfliktspannung im Wiederholungszwang. Das Handeln wird erst dann zu einem Heilfaktor, wenn der Patient die Fähigkeit gewinnt, in seinem Konflikt sein primärprozeßhaft organisiertes Handeln zu begleiten mit seinem sekundärprozeßhaft organisierten Handeln (s. S. 69). Dadurch integriert er in seinem Handeln miteinander den Primärprozeß und Sekundärprozeß.

Der *Primärvorgang* macht es nach FREUD (1975, S. 177 f, 246, 270; 1968, S. 607 ff) möglich, die Energie eines Konflikts im Sinn der Wunscherfüllung direkt abzureagieren bis hin zur »halluzinatorischen Befriedigung« des Impulses. Er bedient sich dabei der vier Funktionen 1. Umsetzung von inneren Vorstellungen in konkrete Wahrnehmung, 2. Verschiebung, 3. Verdichtung und 4. Verkehrung in das Gegenteil. Ich möchte an einem Fallbeispiel zei-

gen, wie neurotische Konfliktstrukturen unter dem Einfluß des Primärprozesses in Handeln übergehen können und wie das Handeln im Psychodrama dann die neurotische Abwehr auflösen und zu besserem szenischen Selbstverstehen und zu besserer Selbstverwirklichung führen kann.

Fallbeispiel 15

Der 28jährige Herr I. leidet nach seinen Angaben seit Monaten zunehmend an »Schlafstörungen«. Als Kind hatte er epileptische Anfälle. Die Angst, wieder einen Anfall zu bekommen, hat trotz fünfzehn Jahren Anfallsfreiheit zunehmend zu verschiedenen Vermeidungspraktiken geführt, die teils angemessen sind, teils aber einer depressiv-neurotischen Fehlhaltung entspringen. Im Protagonistenspiel zum Thema »Schlafstörungen« liegt er nachts im Gästezimmer seines Hauses. Seine Frau ist mit dem unruhigen, ein Jahr alten Sohn im Schlafzimmer allein geblieben. Herr I. zeigt im Spiel, wie es ist, nicht schlafen zu können. Er macht alle zehn Minuten das Licht an, um die Zeit auf dem Wecker zu kontrollieren. Um zwei Uhr morgens nimmt er schließlich gegen seinen Vorsatz doch wieder eine Schlaftablette. Obwohl er selbst aus dem gemeinsamen Schlafzimmer ausgezogen ist, um Ruhe zu haben, äußert er im Selbstgespräch überraschenderweise: »Ich fühle mich verlassen, im Stich gelassen, ich möchte auch einmal Freunde haben!« Der Therapeut fragt: »Wie alt ist dieses Gefühl? Wann haben Sie diesen Gedanken zum erstenmal gehabt?« Herr I. erzählt eine Begebenheit aus dem dritten Lebensjahr und spielte diese hier und jetzt in der Gegenwart: Es ist Sommer. Seine vier Jahre ältere Schwester Erika spielt mit drei anderen kleinen Jungen im Planschbecken. I. möchte mitspielen. Seine Schwester Erika weist ihn aber zurück. I. wendet sich deshalb an seine Mutter. Aber auch der Mutter gegenüber setzt Erika sich durch mit ihrer Ablehnung. Die Mutter »tröstet« I.: »Komm! Die Kinder sind sowieso so wild. Das Wasser ist auch zu kalt, du erkältest dich so leicht! Ich gebe dir einen großen Topf. Da kann ich dir warmes Wasser hineintun.« Am Ende sitzt Herr I. als Dreijähriger auf der obersten Stufe der Treppe zum Garten, die Füße in einem Topf voll warmem Wasser und sieht zu, wie unten im Garten die Kinder spielen und planschen.

Der Primärvorgang ist maßgeblich an der Symptombildung beteiligt. In dem Symptom »Schlafstörung« wurde die *Vorstellung* »Ich kann nicht schlafen« vom Subjekterleben zum Objekt der *Wahrnehmung*, eben zur »Schlafstörung«. Der ich-syntone Impuls wurde in der Symptombildung ich-dyston, ich-fremd. Wenn Herr I. aber »nur« darunter litt, daß er nicht schlafen konnte, verschob er seine Aufmerksamkeit von seinem inneren Spannungsgefühl, dem Erleben der Einsamkeit und der mangelnden Lebendigkeit, ganz auf die Schlafstörung. »*Verschiebung* äußert sich so, daß ein

latentes Element nicht durch einen eigenen Bestandteil, sondern durch etwas Entfernteres, also durch eine Anspielung ersetzt wird und daß der psychische Akzent von einem wichtigen Element auf ein anderes, unwichtiges übergeht, so daß der Traum anders zentriert und fremdartig erscheint« (FREUD 1969, S. 181). FREUD hat den Primärprozeß am Beispiel der Traumarbeit deutlich gemacht und die vier oben genannten Funktionen des Primärprozesses deshalb als Mechanismen der Traumarbeit beschrieben. Man kann in den Zitaten das Wort »Traum« aber durch das Wort »Konflikterleben« ersetzen (1969, S. 142 und 178 ff).

Herr I. reagierte auf seine Schlafstörungen (das innere Spannungsgefühl) zwanghaft damit, daß er versuchte, alles was ihn aufregte, so weitgehend wie möglich zu vermeiden. Damit unterdrückte er aber den in den Schlafstörungen latent repräsentierten Wunsch, ein lebendiges, triebfreundlicheres Leben zu führen. Er identifizierte sich unbewußt einseitig mit der Abwehrhaltung der Mutter. Dies ist nach FREUD eine *»Verkehrung in das Gegenteil«*. FREUD beschreibt damit die »Umkehrung des Sinnes, Ersetzung durch das Gegenteil und die Umkehrung der Situation«, wobei »Gegensätze ebenso behandelt werden wie Übereinstimmungen«. »Im Traum schießt häufig genug der Hase auf den Jäger« (FREUD 1969, S. 186).

In dem Begriff »Schlafstörung« verdichtete sich die Angst davor, sich dem Anpassungszwang der Mutter zu verweigern und dadurch die Mutter zu »stören«, mit der »störenden« Angst vor einem epileptischen Anfall, der durch Schlafmangel hätte ausgelöst werden können. Das Wesen der *Verdichtung* besteht nach FREUD darin, »daß latente Elemente, die etwas Gemeinsames haben, für den manifesten Traum zusammengelegt, zu einer Einheit verschmolzen werden … Es ist das wie eine neue und flüchtige Begriffsbildung mit diesem Gemeinsamen als Kern« (1969, S. 179).

Im Psychodrama nun geht der Protagonist in seinem Spiel zunächst die Wege des Primärprozesses. Im Szenenaufbau gibt die Gruppe und der Therapeut dem Protagonisten die Macht, *innere Vorstellungen in konkrete Wahrnehmung umzusetzen.* In dem Fallbeispiel verwandelte der Protagonist seine Erinnerung, nicht schlafen zu können, in gegenwärtiges Erleben: Er konnte nicht

schlafen und sah dauernd auf die Uhr. Der Protagonist wurde zum Dichter und Regisseur seiner Geschichte auf der Bühne und gestaltete seine Außenwelt nach seinem inneren Bild, nach seiner Erinnerung.

Der Szenenaufbau erweiterte die Erinnerung »Schlafstörung« um zusätzliche Szenenelemente zu einer Erwärmungszone. Diese bestand in dem Fallbeispiel zunächst aus dem Schlafzimmer mit Ehefrau und Sohn, Herrn I. in seinem eigenen Bett im Gästezimmer, der Angst vor einem epileptischen Anfall, der Nachttischlampe, dem Wecker und der Schlaftablette. Das Handeln aber konzentrierte die Aufmerksamkeit des Protagonisten durch *Verschiebung* ganz auf die Interaktion zwischen den energiereichsten Strukturelementen. Von diesen ging ein energetischer Sog aus. Vor dem Spiel nahm die Angst vor der Schlafstörung und einem epileptischen Anfall bei Herrn I. noch seine ganze Aufmerksamkeit in Anspruch. Im Handeln dann verschob Herr I. aber seine Aufmerksamkeit von der Angst, nicht schlafen zu können, und von der Anfallsangst im Selbstgespräch neu auf seine innere Spannung und seine innere Unzufriedenheit: »Ich fühle mich allein. Ich möchte auch einmal Freunde haben!« Diese Verschiebung der Aufmerksamkeit zentrierte das Konflikterleben des Patienten neu.

Das Gefühl, allein zu sein, und der Wunsch, Freunde zu haben, waren nun aber der Situation nicht angemessen. Herr I. hatte selbst das Schlafzimmer verlassen, um allein zu sein. Seine Frau war eigentlich die Im-Stich-Gelassene. Warum sollte Herr I. aber sein Gefühl, im Stich gelassen zu sein, nicht richtig ausleben dürfen? Wenn das wie in dem Beispiel in der aktuellen Szene nicht möglich ist, fragt der Therapeut den Protagonisten nach einer Erinnerung, in der dieser Wunsch angemessen war, und läßt diese dann als Szene spielen. In dem Beispiel wählte Herr I. zu diesem Zweck die oben erwähnte Szene aus dem dritten Lebensjahr. Er saß oben auf der Treppe, die Füße im Kochtopf, allein, von der Mutter und Schwester unbeachtet bis zuweilen im Stich gelassen und wollte »auch einmal Freunde haben« wie die Schwester, die im Garten mit den anderen Kindern im Planschbecken herumtollte. Herr I. fühlte sich wieder als Dreijähriger und wußte gleichzeitig als Erwachsener, daß sein Wunsch, mit den anderen Kindern zu spielen, die Mutter stören würde. Umgekehrt wußte er als Erwachse-

ner nach dem Spiel, daß die Angst vor Schlafmangel ihn deshalb besonders störte, weil darin seine Unzufriedenheit mit sich selbst und seiner Anpassungshaltung zum Ausdruck kam. Der Szenenwechsel *verdichtet* zwei Szenen, die psychodynamisch etwas Gemeinsames haben, in der Gegenwart und integriert sie kreativ zu einem neuen Konfliktbewußtsein, in dem Beispiel zu dem Wissen des Patienten, daß er noch heute aus kindlicher Angst, gegen die Gebote der Mutter zu verstoßen, gehindert ist, sich in seinem Leben angemessen Freiheiten herauszunehmen.

In dem Beispiel war Herr I. am Ende aber nicht nur im Stich gelassen und mußte wieder das umsorgte Muttersöhnchen sein. Im Rollentausch wurde Herr I. vielmehr auch zur Schwester und wies den dreijährigen Bruder zurück: »Nein, ich will nicht, daß du mitspielst.« Als Mutter sorgte er dafür, daß der Junge sich »schonte« und nicht mit den anderen Kindern spielte. Die Mitspieler aber nahmen seine Rolle ein. Das Opfer wurde im Rollentausch zum Täter, die Täter zum Opfer. Der Rollentausch kehrt die Situation in ihrem Sinn um, *verkehrt* den Impuls *in sein Gegenteil* und behandelt Gegensätze so wie Übereinstimmungen. Der Rollentausch hebt die gegenseitige Blockierung zwischen Impulshandeln und Abwehrhandeln auf und bringt die in Impuls und Abwehr gebundenen Überschußenergien zum Fließen. Denn durch den Rollentausch muß der Protagonist Impuls und Abwehr nicht mehr wie im Symptom gleichzeitig agieren, sondern kann sie zeitlich

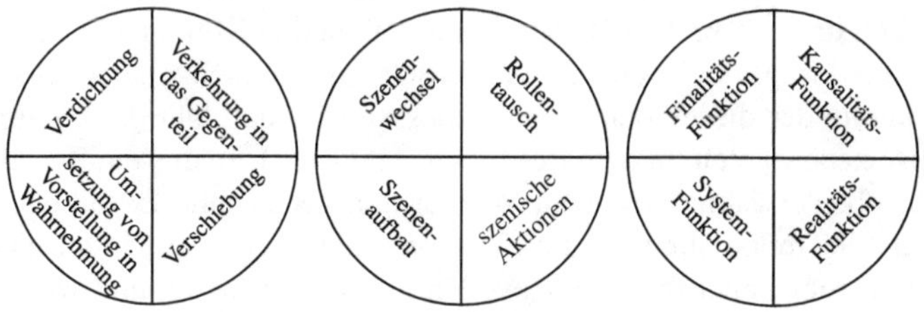

Abb. 8a: Funktionen des Primärprozesses

Abb. 8b: Die die Funktionen des Primärprozesses vermittelnden Psychodramatechniken

Abb. 8c: Funktionen der Selbst- und Beziehungsorganisation

nacheinander ausgestalten. Die sich gegenseitig blockierenden »guten« und »bösen« Energien werden durch das Handeln im Rollentausch zu freier Handlungsenergie. Diese ist weder gut noch schlecht. Sie ist einfach nur da und kann mit ihrer Kraft dann dazu dienen, die Selbsterkenntnis und die Selbstverwirklichung im Konflikt zu fördern. Zusammenfassend läßt sich feststellen, daß die zentralen Psychodramatechniken, angemessen eingesetzt, die Funktionen des Primärprozesses in ihrer sinnentstellenden Arbeitsweise umkehren und (wieder) zu frei arbeitenden Funktionen der Selbstorganisation werden lassen.

Die Integration von Primärvorgang und Sekundärvorgang im kreativen Handeln

Im Psychodrama geht der Protagonist in seinem Handeln die Wege des Primärprozesses, dies aber nicht unbewußt wie im nächtlichen Traum oder bei der Symptombildung, sondern bewußt, eigenbestimmt und im Vollbesitz seiner Wahrnehmungsfunktionen. Mit Hilfe des Therapeuten und der Gruppe kann der Protagonist die Funktionen des Primärprozesses selbst bewußt steuern und den Sekundärprozeß in den Primärprozeß einführen.

Der *Sekundärprozeß* hemmt nach Freud (1975, S. 177, 246, 270; 1969, S. 607 ff) die direkte Energieabfuhr nach außen im Handeln und die halluzinatorische Befriedigung dadurch, daß Außen und Innen getrennt werden mittels der Realitätsprüfung. Durch die Hemmung gewinnt das Ich Zeit, die Signale des Wahrnehmungsapparates zu verarbeiten und Vorstellung und Wahrnehmung voneinander zu unterscheiden. Die Hemmung geschieht unter anderem auch durch Einführung von Wortvorstellungen zu den Sachvorstellungen, durch Begriffsbildungen, durch Einführung von Sprachhandlung, Grammatik und Logik und führt schließlich zu einer von der äußeren Interaktion verselbständigten, unabhängigen, inneren Handlungsmöglichkeit, nämlich zum Denken.

Wenn das psychodramatische Spiel den Sekundärprozeß in den Primärprozeß einführen soll, reicht dazu eine realitätsgetreue Wie-

derholung von Vergangenem nicht aus. »Restlose Wiederholung macht ihren Gegenstand lächerlich« (MORENO 1970, S. 78). Es geht vielmehr darum, die Selbstinterpretation des Protagonisten, die dort und damals unbewußt geblieben war, in der Szene über die Realität hinaus angemessen zu entwickeln und die Konflikte intrapsychisch und/oder interpersonell einer Lösung zuzuführen. Dabei geht das Psychodrama zunächst vom primärprozeßhaft organisierten, *körperlichen* und *sprachlichen Handeln* aus. Mit seinen Techniken öffnet es dann die Wege zum Empfinden und *Wahrnehmen* nach außen und innen, zur System-, Realitäts-, Kausalitäts- und Finalitäts*prüfung* und über die Bewußtseinsbildung zur eigenbestimmten und angemessenen Selbst- und Beziehungs*gestaltung* und damit zum *kreativen Handeln*.

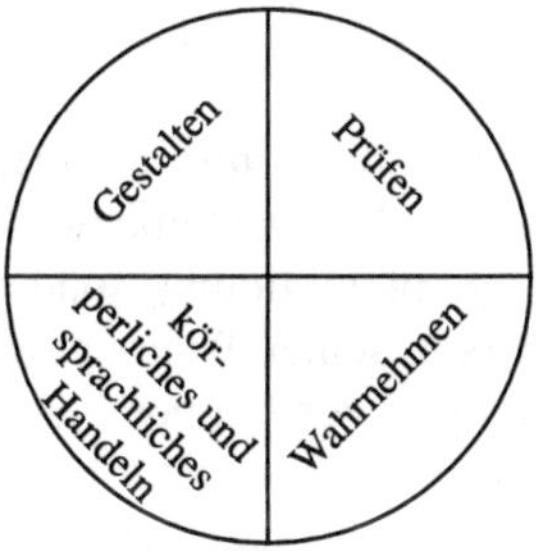

Abb. 9: Qualitäten des kreativen Handelns

FREUD meint, daß dem Menschen »die Primärvorgänge … von Anfang an gegeben sind, während die sekundären erst allmählich im Laufe des Lebens sich ausbilden, die primären hemmen und überlagern und ihre volle Herrschaft über sie vielleicht erst mit der Lebenshöhe erreichen« (1968, S. 609). Man könnte FREUDS Zitat so verstehen, daß primärprozeßhaft organisiertes Handeln etwas Unreifes sei und möglichst bald im Lauf des Lebens durch die »volle Herrschaft« des sekundärprozeßhaft organisierten Handelns abzulösen sei. Auch könnte man vermuten, daß der Grad psychischer Gesundheit um so geringer ist, je auffälliger Einflüsse des Primärprozesses die Denkprozesse und das Handeln verändern. LEICHSENRING und HILLER (1990) haben diese Hypothese durch eine Untersuchung an drei verschiedenen Gruppen, nämlich

psychisch Gesunden, Neurotikern und Borderline-Patienten, überprüft und dabei festgestellt, daß

»bei psychisch Gesunden sowohl bestimmte Formen primärprozeßhafter Denkvorgänge (v. a. fantastische Verbindungen) als auch primärprozeßhafte Denkvorgänge des höchsten Schweregrades allgemein deutlich häufiger auftraten als bei Neurotikern.«

Sie erklärten diesen Befund damit,

»daß psychisch Gesunde nicht nur über die Fähigkeit zu sekundärprozeßhaftem Denken verfügen, sondern auch über die Fähigkeit, im Dienste des Ichs, das heißt ›kontrolliert‹ zu regredieren ..., daß sich psychisch Gesunde mehr Freiheit der Phantasie gestatten als Neurotiker, die unserer Ansicht nach i. a. eher durch eine Hemmung als durch eine freie Beweglichkeit der Phantasie gekennzeichnet sind«.

Aus psychoanalytischen Kreativitätstheorien ist bekannt, daß der Handelnde beim Erzählen und Verstehen von Witzen (FREUD 1970, S. 144 ff) und bei künstlerischer Tätigkeit sich bewußt primärprozeßhaft gesteuerten Prozessen überlassen muß.

LEICHSENRING und HILLER (1990) und andere Autoren aus dem Bereich der Psychoanalyse (BALINT 1973, S. 187 f; KRIS 1952) sprechen dann, wenn psychisch Gesunde bewußt und gesteuert Primärvorgänge einsetzen und dadurch kreativ sind, immer wieder von einer »Regression im Dienste des Ichs«. Diese wird verstanden als »Sonderfall der generellen Fähigkeit des gut integrierten Ichs, manche Primärprozesse zu steuern und zu beherrschen« (BALINT 1973, S. 187). Der Begriff »Regression« ist aber in diesem Zusammenhang meiner Ansicht nach irreführend. Denn er erweckt den Eindruck, daß der im Dienste des Ich Regredierende zurückgeht auf etwas vorher schon Dagewesenes, nämlich auf Verarbeitungs- und Handlungsweisen aus der Kindheit. Das den Primär- und Sekundärprozeß integrierende kreative Handeln ist aber Ergebnis einer Progression, nicht einer Regression. Sie ist das Ergebnis einer Progression über die Anwendung des Sekundärprozesses hinaus. Das Handeln des Kreativen ist zwar primärprozeßhaft organisiert, zur gleichen Zeit aber vom Sekundärprozeß gesteuert. Es bewahrt im Unterschied zum Psychotiker und zum Kind, das darüber noch nie voll verfügt hat, die Eigenbestimmung über die Wahrnehmungs- und Denkprozesse, die Fähigkeit zur

Realitätsprüfung und die Fähigkeit zur Integration und Abstraktion. Psychodramatisches Handeln versucht, den einzelnen durch den angemessenen Wechsel zwischen primärprozeßhaft und sekundärprozeßhaft organisiertem Handeln zu diesem kreativen Handeln progredieren zu lassen.

Falsche Interpretationen des Heilfaktors »Handeln« im Psychodrama

Das Psychodrama führt den Sekundärprozeß in das primärprozeßhaft organisierte Handeln ein. Der Sekundärprozeß ist aber nicht gleichzusetzen mit Reden statt Handeln. Er wird im Gegenteil bisweilen erst dadurch aktiviert, daß der Therapeut jede sprachliche Äußerung unterbindet.

Fallbeispiel 16

Eine 40jährige Frau spielt eine Szene aus dem 13. Lebensjahr. Sie sitzt am Küchentisch, ißt ihr Mittagessen. Die Mutter liegt sehr erschöpft auf dem Sofa und schläft. Die Protagonistin spricht im Selbstgespräch aus, was sie wahrnimmt: »Ich habe Angst. Und wenn meine Mutter bald stirbt? Dann bin ich ganz allein. Sie antwortet gar nicht. Sie sieht so schlecht aus. Und wenn sie nun krank ist? Vater ist zur Arbeit …« Die Patientin redet von sich aus fortlaufend weiter, ohne aufzuhören. Der Therapeut fordert sie auf: »Bitte kein Selbstgespräch mehr!« Die Protagonistin ist still. Ab und zu nur fragt sie die Mutter: »Mama!?« Die Mutter stöhnt jeweils leise, antwortet nicht. In der Gruppe herrscht gespanntes Schweigen. Wieder die Frage: »Mama!?«, die Mutter stöhnt kurz, bedrückende Stille. Nach dem Spiel meint die Protagonistin: »Als ich aufgehört habe zu reden, da war es wieder so wie damals. Ich habe die Angst wieder genauso gespürt.«

Im Selbstgespräch hatte die Patientin versucht, ihre Angst vor dem Verlassensein zu kompensieren durch Beziehungsaufnahme zum Therapeuten, das heißt durch Wunscherfüllung in einer die inneren Konflikte harmonisierenden Beziehung, die man als positive Vaterübertragung bezeichnen könnte. Erst als der Therapeut der Protagonistin die Wunscherfüllung versagte, dadurch daß er das Reden im Selbstgespräch unterband, ließ diese sich Zeit, die »Realitätszeichen ihres Wahrnehmungsapparates« (FREUD 1975, S. 177) in der Szene bewußt zu registrieren. Im Unterschied zu diesem Fallbeispiel kann es aber auch erforderlich sein, das körperli-

che Handeln durch sprachlichen Ausdruck zu ergänzen, um den Sekundärprozeß in das primärprozeßhaft organisierte Handeln einzuführen.

Fallbeispiel 17

Eine 30jährige Protagonistin spielt ein Ereignis aus der Kindheit nach. Vater und Bruder schlagen sich in alkoholisiertem Zustand. Die Protagonistin steht als Siebenjährige auch jetzt im Spiel wie erstarrt daneben. Der Therapeut tritt hinter sie und doppelt: »Ich halte das nicht aus!« Die Protagonistin bricht in erschütterndes Weinen aus.

Die Patientin hatte in der Kindheit und auch zunächst im Spiel die Verlassenheit und den Schmerz nicht wahrnehmen und ausdrücken können. Erst das Doppeln stellte bei ihr die Verbindung zu dem abgespalteten Affekt wieder her, ließ die Patientin sich selbst überhaupt erst spüren, die »Realitätszeichen ihres Wahrnehmungsapparates« in der Szene bewußt registrieren und aktivierte so den Sekundärprozeß in dem primärprozeßhaft organisierten Handeln.

Wirklich kreatives, psychodramatisches Handeln trennt nicht zwischen körperlichem und sprachlichem Handeln. MORENO (1959, S. 98) sagt: »Wie wichtig verbales Verhalten auch sein mag, die Handlung geht dem Wort voran und schließt es ein.« Wenn MORENO in seinem Enthusiasmus einmal verkündete: »Handeln ist heilender als Reden«, dann wollte er damit die Menschen für das Psychodrama begeistern. Eine wissenschaftliche Aussage ist das aber nicht und sollte es wohl auch nicht sein. Der Satz steht in keinem der Bücher MORENOS, sondern ist von LEUTZ (1974, S. 145) aus einem Buch von PÖRTNER (1972) zitiert. HEIGL-EVERS wiederum (1978) setzt auf einen groben Klotz einen groben Keil und entgegnet MORENO: »Reden ist heilender als Handeln, gilt für die Psychoanalyse.« Dieser Satz ist ein politisches Argument gegen wiederholte plakative Entwertungen der psychoanalytischen Therapie durch MORENO. Denn Reden ist immer auch Handeln, das wissen Psychoanalytiker sehr gut. Ein ganzer Zweig der Sprachwissenschaft, die pragmatische Linguistik (MAAS und WUNDERLICH 1972) beschäftigt sich mit dem Handlungscharakter der Sprache. Weder MORENO noch HEIGL-EVERS erfassen in den oben zitierten Aussagen den Versuch des Psychodramas, Handeln zum Heilfaktor werden zu lassen, indem es den Primärprozeß und den Sekundärprozeß miteinander (im kreativen Handeln) integriert.

Vielleicht kann man MORENOS Skepsis gegenüber der Psychoanalyse verstehen, wenn man bedenkt, daß er seine Erkenntnisse über das Handeln in der Psychotherapie in den 40er und 50er Jahren formulierte, also zu einer Zeit, als in der psychoanalytischen Theorie im wesentlichen noch »über den Handlungsteil im Agieren nur eine negative Aussage gemacht« wurde (KLÜVER 1983). Nach KLÜVER stellt aber »das Mitagieren … analog der Gegenübertragung ein unausweichliches Phänomen im psychoanalytischen Behandlungsprozeß dar«.

Psychoanalytiker bemerken zunehmend, daß sie mit einem auf das Sprechen begrenzten Handlungsbegriff bei der Erklärung des therapeutischen Geschehens nicht auskommen:

> »Ein ›acting in‹ im Sinne der Aktualisierung früherer Objektbeziehungen während der analytischen Stunde ist nach Meinung von Sandler …, von Klüver … und auch meiner Meinung nach … unvermeidlich und nicht immer nur störend, sondern auch nützlich, weil es diagnostisch genutzt werden kann. Das begrenzte Mitagieren des Analytikers fördert das Entfalten der Übertragung. Sandler spricht von Rollenübernahme durch den Therapeuten und einer variierenden Bereitschaft dazu, Klüver spricht von einem Handlungsdialog und Mitagieren« (KÖNIG 1993, S. 95).

Nach LORENZER sind die einer psychoanalytischen Deutung notwendig vorausgehenden Identifizierungsprozesse des Analytikers mit dem Patienten, »als ein ›szenisch-situatives Arrangement‹« anzusehen, in dem »der Analytiker, oszillierend zwischen der konkordanten und komplementären Identifikation, teilhat an der Situation des Patienten« (1976, S. 213).

So wie in dem Märchen vom Froschkönig der goldene Ball die obere Welt der Königstochter mit der dunklen, unteren Welt des Frosches im Brunnen verbindet und einen kreativen Prozeß zwischen den beiden Welten auslöst, so versucht das ganzheitliche psychodramatische Handeln in Konfliktstrukturen Primärprozeß und Sekundärprozeß miteinander zu verbinden und zu integrieren. Trotzdem kann psychodramatisches Handeln aber nicht durch sich selbst schon immer die Entwicklung von Übertragungen und Gegenübertragungen verhindern. Handeln ist nicht nur deshalb, weil es Handeln im Psychodrama ist, auch schon kreatives Handeln, das in sich körperliches und sprachliches Handeln, Wahrnehmen, Prüfen und Gestalten vereint. Gerade wenn es um zentrale

Konflikte eines Patienten oder des Therapeuten geht, wird das Psychodrama mit seinen Techniken unbewußt oft zur primärprozeßhaften Wunscherfüllung oder bloßen energetischen Abreaktion benutzt (s. S. 230 f und 253 ff). Das läßt sich beim Umgang mit zentralen Konflikten zunächst oft auch gar nicht vermeiden (KLÜVER 1983). Wichtig ist nur, als Therapeut ein Gespür dafür zu entwickeln, wie sich das leise, innere, ungute Gefühl in solchen Situationen anfühlt, es dann ernst zu nehmen, zu versuchen, das Übertragungsspiel auf der Ebene des Handelns in der Gruppe zu erkennen und es dann durch Differenzierung von Realbeziehung und Übertragungsbeziehung bewußt zu machen (Seite 244 ff).

Organisationsfunktionen

Wie wirkt Psychodrama? Im Kapitel III werde ich die spezifische Wirkung der acht zentralen Psychodramatechniken im einzelnen darstellen. Vorher möchte ich aber eine allgemeine Theorie der therapeutischen Wirkung von Psychodramatechniken entwickeln.

Die tiefenpsychologische Verwandtschaft zwischen Abwehrmechanismen und Psychodramatechniken

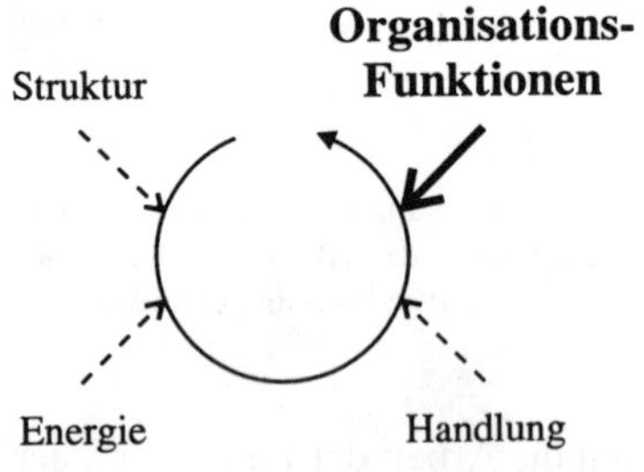

Abb. 10: Der Weg der Heilung aus der Sicht der Organisationsfunktionen

Psychodramatiker und Psychodramatikerinnen haben mit den zentralen Psychodramatechniken ein differenziertes Instrumentarium

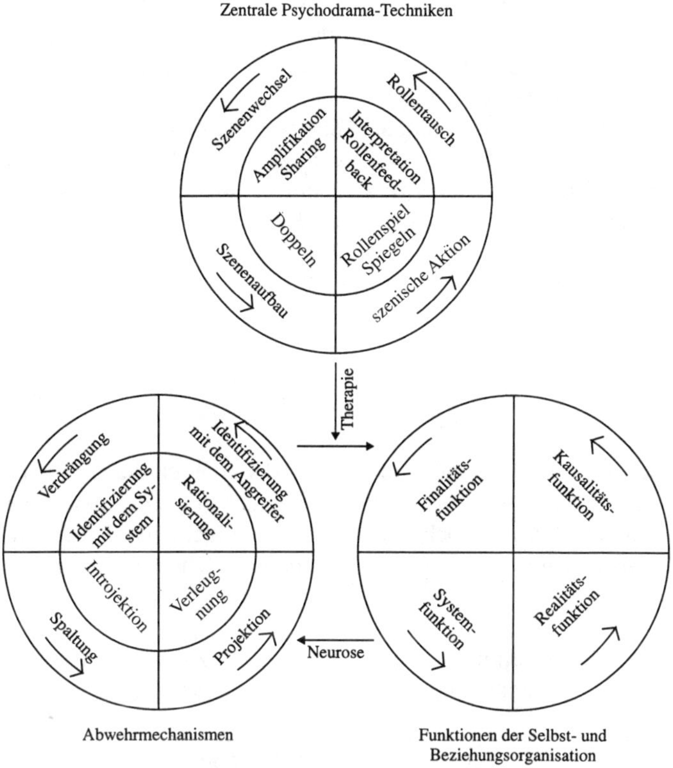

Abb. 11: Der Zusammenhang zwischen den Funktionen der Selbst- und Beziehungsorganisation, den Abwehrmechanismen und den zentralen Psychodramatechniken

in der Hand, um die Arbeit der Funktionen der Selbst- und Beziehungsorganisation direkt zu fördern. Es gibt nach meinem Konzept der kreativen Interaktion (s. Kap. IV) vier Organisationsfunktionen, die das Handlungsgeschehen in Organisationsprozessen vermitteln: 1. die Systemfunktion, 2. die Realitätsfunktion,

3. die Kausalitätsfunktion und 4. die Finalitätsfunktion. Als Interaktionsfunktionen vermitteln sie das Handeln in Beziehungen und als Ich-Funktionen den Organisationsprozeß zwischen den inneren Strukturelementen im einzelnen. Wenn die Funktionen im Selbstorganisationsprozeß frei arbeiten, sorgen sie durch Veränderung und Erweiterung der Strukturen für eine angemessene Anpassung und Selbstverwirklichung des einzelnen in seinem Umfeld unter Bewahrung von Autonomie und Bindung. Psychische Krankheit ist aber gekennzeichnet dadurch, daß diese angemessene Anpassung und Selbstverwirklichung nicht gelingt. Die Organisationsfunktionen sind dann zwar genauso tätig, arbeiten aber nicht mehr frei. Denn sie werden unbewußt in Form von Abwehrmechanismen dazu eingesetzt, die alten neurotischen Strukturen zu erhalten.

Die zentralen Psychodramatechniken sind zu therapeutischen Techniken instrumentalisierte Organisationsfunktionen. Angemessen eingesetzt, können sie die Interaktionsfunktionen künstlich nachahmen und die zur Abwehr benutzten Organisationsfunktionen (Abwehrmechanismen) aus ihren (neurotischen) Fixierungen befreien und (wieder) neu zu eigenbestimmter und angemessener Arbeit anregen. Ich möchte diese theoretische Einsicht an einem Beispiel verdeutlichen.

Fortführung von Fallbeispiel 15

Statt daß zum Beispiel Herr I. Ursache und Wirkung für seine Traurigkeit in der Kindheitsszene unvoreingenommen prüft (*Kausalitätsfunktion*), identifiziert er sich mit der überfürsorglichen Haltung der Mutter (*Identifizierung mit dem Angreifer*) und sichert diese Identifizierung ab durch *Rationalisierung*: »Sie meint es ja nur gut.« Dadurch kann er die symbiotische Mutterbeziehung aufrechterhalten. Er inszeniert später als Erwachsener noch die symbiotische Erwartungshaltung auch in der Übertragungsbeziehung zum Therapeuten. Im Psychodrama aber kann Herr I. durch *Rollentausch* mit der Mutter Aktion und Reaktion, Ursache und Wirkung für seine Traurigkeit in der Kindheitsszene neu prüfen und im *Rollenfeedback* benennen. Er entdeckt, daß die Mutter die Dringlichkeit seines Wunsches, mit den anderen Kindern spielen zu dürfen, nicht sehen will und ihn statt dessen zum »Döfchen« macht, zum lieben Jungen der lieben Mutter. Damit unterdrückt sie seine Impulse zur Welteroberung. Er wird bedrückt und traurig.

Das Beispiel macht deutlich, daß die Anordnung der Abwehrmechanismen und der Psychodramatechniken in den Kreisen der Abbildung 11 nicht zufällig ist. Ich habe sie so geordnet, daß die

jeweils in dem gleichen Kreisquadranten aufgeführten Abwehrmechanismen und Psychodramatechniken zu erkennen sind als spezielle Arbeitsform der ebenfalls wieder in dem gleichen Quadranten aufgeführten Organisationsfunktion. So zeigt das Fallbeispiel, daß die Psychodramatechniken, die im dritten Quadranten zu finden sind (Rollentausch, Rollenfeedback und Interpretation) spezifisch die Abwehrmechanismen, die im dritten Quadranten aufgeführt sind (Identifizierung mit dem Angreifer und Rationalisierung) aus ihrer die alten Strukturen fixierenden Arbeit befreien und die Kausalitätsfunktion, die in dem Kreisbild der Organisationsfunktionen im dritten Quadranten auftaucht, anregen, erstmals frei, eigenbestimmt und angemessen zu arbeiten. Die hier neu vorgelegte Systematik der Funktionen der Selbst- und Beziehungsorganisation, der Abwehrmechanismen und der zentralen Psychodramatechniken kann helfen, die jeweilige spezielle Wirkungsweise einzelner Abwehrmechanismen und einzelner Psychodramatechniken besser zu verstehen und von der anderer abzugrenzen (siehe Kapitel III und IV).

Das hier vorgelegte theoretische Konzept zur Selbst- und Beziehungsorganisation konkretisiert für das Psychodrama Überlegungen von Psychoanalytikern zur »Ich-Psychologie«. FREUD sagt über das »Ich«: »Wir haben uns die Vorstellung von einer zusammenhängenden Organisation der seelischen Vorgänge in einer Person gebildet und heißen diese das Ich derselben« (1923, S. 243). Nach BLANCK und BLANCK ist aber das Ich

»ein metapsychologisches Konstrukt, das der Verständigung in der Theoriebildung und -diskussion dient, das es aber als solches nicht gibt. Wenn Hartmann behauptet, daß das Ich durch seine Funktion definiert ist, will er zum Ausdruck bringen, daß es ein Ich nicht gibt, außer wenn es funktioniert. Wir stimmen hierin mit ihm überein. Denn man kann nur von der Existenz des Ichs sprechen, wenn es funktioniert, da es, wie es Freuds Absicht war, als ein Konstrukt betrachtet werden muß. Wo er es in anatomischen Termini beschreibt, handelt es sich um eine Metapher, denn es hat weder Gestalt noch Ort – nur Funktion« (1980, S. 32).

BLANCK und BLANCK kommen in ihren metapsychologischen Erörterungen zu dem Schluß,

»daß das Ich qua Ich ein Organisationsprozeß ist ... Normalität ist demnach das Ergebnis von Organisation und Entwicklung, während Pathologie das Resultat einer Fehlentwicklung im Organisationsprozeß ist« (1980, S. 32).

Die Psychodramatechniken wandeln also die als Abwehrmechanismen benutzten Organisationsfunktionen um und regen sie an zu eigenbestimmter, freier und angemessener Arbeit. Dadurch wird im Psychodrama der Sekundärprozeß eingeführt in das zunächst primärprozeßhaft organisierte Handeln (s. S. 64 f). MORENO hat diese Wirkung der Psychodramatechniken als »Surplus-Realität« beschrieben (1974, S. 419 f und S. 423). Wenn Herr I. (Fallbeispiel 15) bei dem Nachspielen der Kindheitsszene staunend erkennt, daß seine es doch so gut meinende Mutter ihn mit ihrer Überfürsorglichkeit zum Muttersöhnchen macht und ihn an altersgemäßer Welteroberung hindert, dann erfährt der Protagonist damit eine Wahrheit, von der er als Kind dort und damals nichts wußte. Nach MORENO können beim Einsatz von Psychodramatechniken

»Erfahrungen gemacht werden, die über die Wirklichkeit hinaus ein neues und umfassenderes Wirklichkeitserleben ermöglichen« (1974, S. 419). »Psychodrama definiert das Drama eher als eine Ausweitung des Lebens und der Handlung und nicht als Nachahmung. Wo aber trotzdem Nachahmung ist, da liegt der Schwerpunkt nicht darauf, daß es nachahmt, sondern auf der Möglichkeit, ungelöste Probleme zu rekapitulieren zu einem freieren, weiteren und beweglicheren sozialen Setting« (1985, S. 15).

Psychodramatherapeuten, darunter auch MORENO (1974, S. 419 f), wenden den Begriff Surplus-Realität allerdings oft unscharf an und weiten ihn aus auf Erfahrungen von Trans-Realität, wie sie sich bei der Anwendung surrealer Techniken einstellt (SADER 1991, S. 44 ff), bei der Einführung einer guten Fee, im Zauberladen, bei der Anwendung der Gott-Technik oder der Zukunftsprobe oder auch im Symboldrama. Die Verwechslung von Surplus-Realität und Trans-Realität führt leicht dazu, die schon in sich selbst befreiende Wirkung der zentralen Pschodramatechniken zu übersehen. Sie verführt Psychodramatherapeuten dazu, in schwierigen Situationen ihr Heil darin zu suchen, immer neue, fantastischere Techniken zu erfinden, statt auch einfach einmal Übertragungsbeziehungen wahrzunehmen und diese psychodramatisch zu bearbeiten (s. S. 244 ff unf S. 253 ff). Um den mißverständlichen Begriff »Surplus-« oder »Überschuß-Realität« zu vermeiden, nenne ich das Phänomen der Befreiung im Psychodrama hin zu einer neuen Wirklichkeit lieber »Überschuß-Wahrheit«. Denn der Zugewinn an Handlungsmöglichkeiten, Wahrnehmung, Energie

und struktureller Komplexität im Psychodrama hat ja nichts mit einem Zugewinn an Realität in einer Szene zu tun. Es gibt keine reellere Realität als die gegenwärtige Realität. In der Psychodramatherapie geht es für den Protagonisten deshalb nicht um einen Zugewinn an *Realität,* sondern an *innerer Wahrheit* (vgl. S. 19 ff und S. 203). Es geht um mehr Selbsterkenntnis und Selbstverwirklichung in den wichtigen Beziehungen.

Der Teleprozeß und die Telebeziehung

In der Theorie des Psychodramas wurden die Fragen der Selbst- und Beziehungsorganisation bisher nur unsystematisch unter dem Begriff »Teleprozeß« behandelt. Um diesen zu verstehen, ist es wichtig, zu unterscheiden zwischen dem Weg, nämlich dem Teleprozeß, und seinem Ergebnis oder Ziel, der Telebeziehung. Wenn man MORENOS Verständnis des Teleprozesses untersucht, ergeben sich scheinbar Widersprüche. Um diese aufzulösen, möchte ich im folgenden den Teleprozeß in vier aufeinander aufbauende Funktionen differenzieren:

1. Anziehung
2. Begegnung (mit Einfühlung und Übertragung)
3. Integration
4. gemeinsame Gestaltung.

»Tele kommt aus dem Griechischen und bedeutet ›entfernt‹. Im soziometrischen Sinne bedeutet es ›Fühlen in die Ferne‹ ... Tele ist

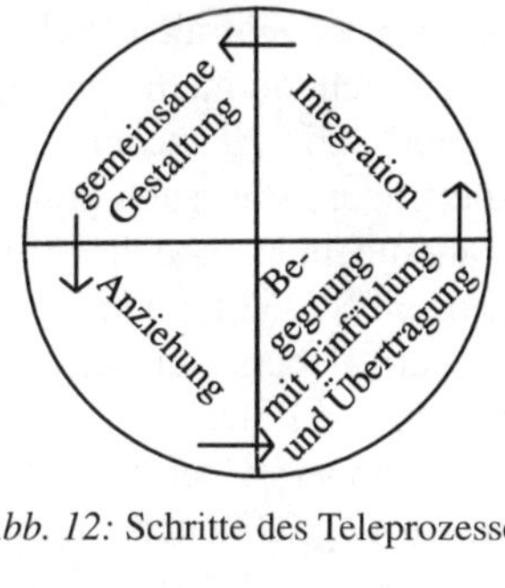

Abb. 12: Schritte des Teleprozesses

der Mörtel, der die Gruppe zusammenhält (MORENO 1974, S. 446). Der Teleprozeß sorgt für *Anziehung* zwischen den Menschen, sei es aufgrund von Sympathie oder Antipathie. Er läßt zwei oder mehrere Personen aufeinander aufmerksam werden. Im Psychodrama wird der Telebegriff im Sinn der Anziehung benutzt, um das Phänomen zu beschreiben, daß ein Protagonist oft mit erstaunlicher Intuition sich eine »passende« Person als Mitspieler in seinem protagonistzentrierten Psychodrama aussucht. »Die Erkenntnis, daß das ›Tele‹ schon von der ersten Begegnung an zwischen Mitgliedern einer Gruppe wirksam ist und den Beginn einer Kohäsion zwischen den Mitgliedern hervorruft, war eine wichtige Entdeckung« (MORENO 1959, S. 47). Die Anziehung läßt ein neues System entstehen (Systemfunktion) und verwirklicht den Szenenaufbau als natürliche Interaktionsfunktion im Alltag.

Beim Kind entwickelt sich der Teleprozeß in ersten Ansätzen, wenn es »beginnt, sich zu Personen und Objekten hingezogen zu fühlen oder abgestoßen zu fühlen« (MORENO 1985, S. 68). Bei Psychotikern ist nach MORENO der Teleprozeß dagegen zerbrochen und verzerrt (s. S. 105 ff).

Im zweiten Schritt führt der Teleprozeß durch gegenseitige Wahrnehmung und gegenseitige *Einfühlung* (»Zweifühlung«) zur Realitätsgestaltung und Realitätsprüfung (Realitätsfunktion) in einer *Begegnung*.

»Das Wort Begegnung … bedeutet Zusammensein, Zusammentreffen, Berührung zweier Körper, Sehen und Beobachten, Berühren, Einfühlen … Einswerden – una cum uno. Das Wort Begegnung enthält als Wurzel das Wort ›gegen‹. Es umschließt daher nicht nur liebevolle Beziehungen, sondern auch feindselige und drohende: Einander Gegenüberstehen, Zuwiderhandeln, Streiten« (MORENO 1959, S. 54).

MORENO begrenzt den Telebegriff bisweilen vereinfachend und dadurch mißverständlich allein auf die wirklichkeitsgerechte gegenseitige Wahrnehmung (MORENO 1959, S. 47 und 54). Ich bevorzuge aber MORENOS differenziertere Definition von Tele, die den Teleprozeß (ebenso wie die Psychoanalyse das »Ich«) als Summe der Organisationsfunktionen sieht mit einer einerseits angemessenen kreativ-gestaltenden Arbeitsweise (in der Psychoanalyse die Ich-Funktionen) und einer andererseits pathologisch-neurotischen Arbeitsweise (in der Psychoanalyse die Abwehrme-

chanismen des Ich). Diese differenziertere Sichtweise kommt bei Moreno zum Ausdruck, wenn er Tele versteht als

»einen objektiven sozialen Prozeß mit Übertragung als pathologischer und Einfühlung als psychologischer Abzweigung … Tele … ist verantwortlich für zunehmende Interaktion zwischen den Gruppenmitgliedern und eine häufigere, die Wahrscheinlichkeit übertreffende Gegenseitigkeit der Wahlen« (Moreno 1975, S. 174).

Der Teleprozeß vermittelt *Integration.* Telebeziehung ist ohne Integration nicht möglich. Denn gegenseitige Einfühlung (Zweifühlung) allein führt noch nicht zu einer Telebeziehung. Moreno sagt zwar vereinfachend und deshalb mißverständlich: »Tele ist Zweifühlung im Gegensatz zur Einfühlung« (1974, S. 446). »Denn Einfühlung … bringt in ihrer Bedeutung … nicht die Gegenseitigkeit des Prozesses zum Ausdruck« (1975, S. 174). Zweifühlung ist nur ein Zwischenschritt im Teleprozeß auf dem Weg zur Telebeziehung. Für die echte Telebeziehung mit der dazugehörigen neuen, gemeinsamen Gestaltung stellt Moreno fest: Einfühlung und Gegeneinfühlung

»summieren sich … nicht zu einer Telebeziehung. Sie können einander parallel laufen, ohne sich je zu vermischen, das heißt zu einer Telebeziehung zu werden. Ein Mensch mit Einfühlungsvermögen vermag in die Seele eines anderen Menschen einzudringen und ihn zu verstehen. Dieser Vorgang ist ohne ›gegenseitige‹ Liebe möglich. Ein Partner kann sich in den anderen einfühlen; es ist ihm durch geschickten Gebrauch seines Einfühlungsvermögens möglich, diesen auszunutzen, zu verletzen oder von sich abhängig zu machen. Aus diesem Grund führt die Übung des Einfühlungsvermögens bei Psychopathen meist nicht zum erwarteten Ergebnis, sondern seinem Gegenteil. Ihr besseres Einfühlungsvermögen in die Gedanken ihrer Opfer ist die beste Voraussetzung für ihre verbrecherischen Unternehmungen. Nach den Angaben seiner Biographen hat Adolf Hitler über ein sehr großes Einfühlungsvermögen verfügt. Doch hat er dieses Talent oft zum Schaden und nicht zum Wohle seiner Zeitgenossen angewandt. Gleich der Intelligenz kann auch das Einfühlungsvermögen sowohl sozialen als auch antisozialen Zwecken dienen« (1974, S. 393 f).

Zweifühlung ist auch schon vorhanden, wenn die Beziehungspartner nur vorübergehend in die private emotionale Welt des jeweils anderen eindringen. Zweifühlung kann sich schon bei einem bloßen Kontakt zwischen Personen ergeben. Telebeziehung aber ist etwas anderes. Bei einer Telebeziehung wird der jeweils andere zumindest vorübergehend Teil des sozialen Atoms, der eigenen

Person, das heißt, er wird in seiner einmaligen Einzelpersönlichkeit ein fester Baustein der inneren Strukturen des jeweils anderen und kann zeitweise die Entscheidungsprozesse des anderen entsprechend seiner jeweiligen Bedeutung im Gesamtsystem der Strukturen mitbestimmen. Durch Integration entsteht über die Zweifühlung hinaus ein gemeinsames Ursache-Wirkung-System (Kausalitätsfunktion). Diese Integration wird im Psychodrama funktionell vermittelt durch Rollentausch.

Der Teleprozeß kann sich erfüllen in einer Telebeziehung. Diese ist erkennbar an einer *gemeinsamen neuen Gestaltung*. Eine Telebeziehung hat zwischen den Beziehungspartnern etwas qualitativ Neues entstehen lassen mit einer über die Gegenwart hinausgehenden Bedeutung. Aus einer Frau und einem Baby wird eine Mutter-Kind-Beziehung, aus einem Mann und einer Frau eine Liebesbeziehung.

»Liebe ist eine Telebeziehung … Telische Gegenseitigkeit bedeutet, daß A und B eine Interaktions- und Kooperationseinheit als zwei Teile desselben Prozesses darstellen, obwohl sie sich zeitweise an verschiedenen Orten in Raum und Zeit befinden. Teleempfänglichkeit ist daher ein doppelgleisiger Prozeß, eine Empfänglichkeit der Teile füreinander, ein gegenseitiges Erlebnis. Was den einen fördert und beglückt, fördert und beglückt auch den anderen. Ihre Produktivität besteht in ihrer Doppelseitigkeit und Dauerhaftigkeit« (MORENO 1974, S. 393).

III. Die zentralen Psychodramatechniken und ihre tiefenpsychologischen Funktionen

MORENO entwickelte mit dem Psychodrama ein therapeutisches Vorgehen, mit dem er es dem einzelnen Menschen ermöglichte, seine in ihrem Fluß behinderten intrapsychischen und interpersonellen Beziehungen aus ihren Fixierungen zu befreien und schöpferisch umzugestalten. In genialer Weise verwandelte er dazu Funktionen der natürlichen Interaktion zu Psychodramatechniken und lernte, sie gezielt einzusetzen, wenn die natürliche, vorurteilsfreie Begegnung und Verständigung nicht spontan gelingt. Es gibt eine verwirrend große Zahl von Möglichkeiten technischen Vorgehens im Psychodrama. Meist werden diese ohne innere Systematik nebeneinandergestellt. ANNE SCHÜTZENBERGER-ANCELIN (1979, S. 79) zum Beispiel ordnet sie nach dem Alphabet und zählt unter der Überschrift »Klassische Techniken des Psychodramas« 76 verschiedene Techniken auf, darunter das »vierundzwanzigstündige Psychodrama« unter »V« oder die »Beleuchtung« unter »B«, dann auch die »Darstellung von Träumen«, das »Psychodrama mit Kindern«, das »Einzelpsychodrama«, das »Psychodrama zu zweit« oder auch »Rhythmus-Tempo«. Sie bezieht sich dabei auf MORENO, der berichtet, daß einer seiner Mitarbeiter, T. RENOUVIER, 351 »psychodramatische Methoden« gezählt habe: »Die Therapeuten sind oft gezwungen, im Augenblick eine neue Methode zu erfinden oder eine alte zu ändern, um einer komplizierten Lage zu begegnen« (MORENO 1959, S. 99). PLOEGER ordnet die von ihm erwähnten 44 »erprobten Techniken« des Psychodramas nicht nach dem Alphabet, sondern nach ihrem zeitlichen Einsatz innerhalb einer Psychodramasitzung und unterteilt sie in »Eröffnungstechniken, Verlaufstechniken, Abschlußtechniken«. Als Eröffnungstechniken zählt er unter anderem auf »Nebenmann«, »Ansprache«, »Ich schweige, weil …«, »Ich sehe dich an und denke …«(1983, S. 158).

Ich habe die psychodramatischen Techniken erstmals nach ihren spezifischen tiefenpsychologischen Funktionen geordnet (s. Abb. 11, S. 76). Dabei zeigte sich, daß bei dieser Betrachtung sich die große Zahl von psychodramatischen Techniken auf acht zentrale Psychodramatechniken zurückführen läßt: den Szenenaufbau, das Doppeln, die szenische Aktion, das Rollenspiel und Spiegeln, den Rollentausch, das Rollenfeedback und die Interpretation, den Szenenwechsel, das Sharing und die Amplifikation. Alle anderen sind nur Kombinationen, Ausdruck von Veränderungen des Settings oder Umbenennungen, wenn sie zu einer anderen Zeit an einem anderen Ort mit einem anderen Ziel verwendet werden. Mit diesen acht Psychodramatechniken läßt sich jedes Psychodramaspiel leiten. In den folgenden Kapiteln versuche ich, für jede der zentralen Psychodramatechniken fünf Fragen zu beantworten:

1. Wie, in welchen Variationen, kann diese Technik *praktisch* angewandt werden?
2. Gibt es diese Technik auch als *spontane Organisationsfunktion* einer natürlichen Begegnung oder Selbstorganisation?
3. Repräsentiert diese Technik einen definierbaren, spezifischen Schritt *frühkindlicher Entwicklung*? Das ist die Frage nach der Psychogenese der in dieser Technik repräsentierten Fähigkeit.
4. Als welcher spezielle *Abwehrmechanismus* ist die spezielle Funktion der jeweiligen Psychodramatechnik wiederzufinden?
5. Welche spezifische, definierbare Störung der Interaktion wird mit dieser speziellen Psychodramatechnik aufgehoben? Gibt es eine spezifische *Indikation*?

Ich werde dabei die vorhandenen Ansätze zu einer tiefenpsychologischen Theorie der Psychodramatechniken bei MORENO, LEUTZ und anderen Autoren darstellen und in meine Überlegungen einbeziehen. Eine solche tiefenpsychologische Begründung der zentralen Psychodramatechniken macht es leichter, das vielschichtige Geschehen in der praktischen psychodramatischen Arbeit zu erfassen und theoriegeleitet Möglichkeiten für das weitere Vorgehen zu überlegen. Sie hilft, mit einer psychodramaimmanenten Theorie von einer naiven Intuition bei dem Einsatz der Psychodramatechniken zu einer reiferen Intuition zu gelangen, ohne dabei auf ein methodenfremdes Theoriekonzept zurückgrei-

fen zu müssen. Ohne diese Kenntnis bleibt der Einsatz der Psychodramatechniken allein dem subjektiven Empfinden des Psychodramaleiters und der Gruppenteilnehmer überlassen, und der Therapeut hat es dann schwerer, in seiner Arbeit über die bloße Wunscherfüllung und Kreativitätsförderung hinauszugehen und konsequent zu bleiben, gerade auch dann, wenn es aus tiefenpsychologischen Überlegungen heraus therapeutisch notwendig wäre.

Das therapeutische Geschehen in einer Gruppe, speziell einer Psychodramagruppe, ist so komplex und vielfältig, daß es unmöglich ist, alle therapeutischen Wirkungen des Gruppengeschehens gleichzeitig im Auge zu behalten. Um die Darstellung der tiefenpsychologischen Wirkungen der Psychodramatechniken übersichtlich zu gestalten, habe ich mich deshalb darauf konzentriert, den Einsatz von Psychodramatechniken im protagonistzentrierten Spiel zu beschreiben und die tiefenpsychologischen Auswirkungen dabei wiederum vor allem beim Protagonisten zu untersuchen. Anders konnte ich die Fülle an Informationen nicht strukturieren und eine in sich schlüssige Theorie entwickeln. Es wäre aber ein Mißverständnis, aus dieser Art der Darstellung einer Theorie abzuleiten, daß in der Psychodramatherapie die therapeutische Wirkung nur von protagonistzentrierten Spielen ausgeht. Die zusätzliche heilende Wirkung anderer Faktoren, darunter vor allem die des Wirkfaktors Gruppe, wird von Psychodramatikern leicht unterschätzt. Das wird an dem folgenden Beispiel deutlich.

Fallbeispiel 18

Bei einer Tagung von Psychodrama-Ausbildungsleitern stellt ein Therapeut den Fall von Herrn K. vor, einem 27jährigen Sozialarbeiter. Der Patient war vor seiner Behandlung in eine schwere narzißtische Depression regrediert und litt unter einer massiven Vaterproblematik, an einem endogenen Ekzem an den Händen und Unterarmen und an einem asthmatisch wirkenden Atemgeräusch. Nach zwei Jahren Psychodrama-Gruppentherapie waren die Depressionen und die Körperbeschwerden des Patienten verschwunden. Auch hatte er an seinem Arbeitsplatz rebelliert, Gehör bei seinem obersten Chef gefunden und eine neue Aufgabenverteilung für die verschiedenen Berufsgruppen durchgesetzt. Außerdem hatte er tiefe Einsicht in seine Familiendynamik gewonnen. Der Therapeut fragte nun die anwesenden Psychodrama-Ausbildungsleiter, welche Art von Psychodrama wohl zu dem offensichtlichen Behandlungserfolg erforderlich gewesen wäre. 33 Kollegen stellten sich bei der soziometrisch geführten Abstimmung auf den Platz »protagonistzentriertes Psychodrama aus der Kindheit«, 3 auf den Platz »Märchen- und Stegreifspiele« und

4 auf andere Plätze. Der Patient hatte aber nur zweimal überhaupt eigene Probleme protagonistzentriert bearbeitet. Dabei war er nie in die Zeit der Kindheit gegangen. In dem ersten protagonistzentrierten Spiel zeigte er lediglich, wie er drei Tage vor der Gruppensitzung mit der Eisenbahn nach Hause zurückkehrte. In dem zweiten setzte er sich »nur« mit einem Psychologen aus seinem Arbeitsbereich erfolgreich auseinander. Wie kam es aber zu dem Behandlungserfolg? Der Patient hatte sich mehrfach phantasievoll an Stegreifspielen beteiligt und war von anderen Gruppenmitgliedern in deren Spielen zwölfmal als Gegenspieler in die Rollen von negativ besetzten oder dominanten Männern gewählt worden. Auch forderte er von anderen Patienten, je länger er in der Therapiegruppe dabei war, desto mehr ein triebfreundliches, expansives Verhalten ein. Das ging so weit, daß er in protagonistzentrierten Spielen anderer Patienten gern deren Rollen übernahm und sich in ihnen über deren Realität hinaus gegen einengende Autoritätsfiguren durchsetzte, die dann jeweils von den eigentlichen Protagonisten gespielt wurden. (Erklärung zur therapeutischen Wirkung dieses Vorgehens auf S. 143, 221, 226.)

1. Der Szenenaufbau

Praktische Ausführung und allgemeine Wirkungen

Die Spielphase des Psychodramas beginnt immer mit dem Szenenaufbau.

Fallbeispiel 19

Eine 35jährige Teilnehmerin einer Psychodramagruppe, Ingrid, zeigt im Spiel Erinnerungen aus ihrer recht freudlosen Kindheit und Jugend, insbesondere die schwierige Beziehung zu ihrem Vater nach dem frühen Tod ihrer Mutter. Im anschließenden Gruppengespräch stellt sich aber heraus, daß auch noch eine von der Patientin sehr geliebte Großmutter existierte, zu der Ingrid am Wochenende oft fuhr. Der Therapeut fragt: »Wollen Sie einmal zeigen, wie das bei der Großmutter war?« Ingrid folgt der Aufforderung. Sie wählt eine recht lebendige Teilnehmerin, Karin, als Mitspielerin: »Spielst du meine Großmutter?« Auf Fragen des Therapeuten beschreibt Ingrid die Großmutter. Diese war zu der Zeit 55 Jahre, klein von Statur, grauhaarig, hinten mit Knoten: »Wenn ich kam, hat sie mich immer verwöhnt.« Der Therapeut: »Wo treffen Sie sie?« Ingrid wird unsicher. Sie kann sich an die Wohnung der Großmutter nicht mehr erinnern. Der Therapeut: »Sie sagten, die Großmutter hat Sie immer verwöhnt – womit?« Ingrids Augen leuchten auf: »Ach, wenn ich kam, hatte sie immer eine Limonade für mich. Die holte sie aus dem Kühlschrank!« Der Therapeut: »Stellen Sie den Kühlschrank einmal auf. Nehmen Sie diesen Stuhl dafür.« Er reicht Ingrid einen Stuhl. »Wo kamen Sie denn in den Raum hinein?« Ingrid erinnert sich jetzt wieder, daß sie von der Eingangstür immer gleich zum Kühl-

schrank gelaufen war, um die Limonade zu holen. Sie setzte sich dann an den Tisch in der Küche und durfte dort die Limonade trinken. Die Großmutter saß auf ihrem Platz daneben. Tische und Stühle werden aufgebaut. Die Mitspielerin Karin nimmt den Platz der Großmutter an der Stirnseite des Tisches ein. Der Therapeut: »Wo sind die Fenster in der Küche und wo die Tür?« Ingrid weist auf die gegenüberliegende Wand: »Da konnte man in den Garten meiner Großmutter sehen. Im Sommer gab es da eine Hecke voller riesengroßer Himbeeren.« Die Tür wird mit zwei Kissen räumlich markiert. Ingrid selbst steht draußen vor der Tür des Hauses. Sie ist fünf Jahre alt. Ihr Vater, gespielt von dem dafür ausgewählten Gruppenmitglied aus der vorigen Szene, hat sie mit dem Auto gebracht und will sich von ihr verabschieden. Das Spiel kann beginnen.

Letztlich entscheidet immer die Protagonistin selbst, welche Szene sie spielen möchte. Aber auch der Psychodramatherapeut kann zum Spiel einer bestimmten Szene auffordern, wenn diese ihn neugierig macht, seine Phantasie zu Bildern anregt und/oder er meint, daß gerade diese Szene den Weg zur tieferen Wahrheit der Protagonistin oder des Gruppenkonflikts öffnet. In dem Beispiel war die tiefere Wahrheit der Protagonistin Ingrid nicht allein in der schwierigen Vaterbeziehung zu finden gewesen, sondern erst in dem Gegensatz und Zusammenspiel von enttäuschender Vater- und liebevoller Großmutterbeziehung. Aus dem Blickwinkel struktureller Prozesse ist die Auswahl einer Spielszene kein Zufall. Das Angebot zum Spiel einer bestimmten Szene kommt einer tiefenpsychologischen Deutung gleich.

Im Gespräch konzentrieren sich alle Energien und alle Aufmerksamkeit auf nur einzelne innere Strukturelemente, in dem Beispiel das Bild der Großmutter. Die Protagonistin verwandelt dieses im Szenenaufbau in eine komplette Interaktionsstruktur. Das Bild »liebe Großmutter« wird zur Interaktionsstruktur »überforderter Vater – Ingrid – Großmutter – Limonade – Himbeeren«. Aus der Sicht energetischer Prozesse entwickelt die Protagonistin im Aufbau der Szene eine Konflikt- oder Erwärmungszone, in der die Energiepotentiale des Konfliktes mit Anziehung und Abstoßung, Impuls und Gegenimpuls sich zwischen den einzelnen Szenenelementen wie in einem Gefäß sammeln und ausbreiten können. Die Protagonistin in dem Beispiel stellt mit dem Aufbau der Küche mit Kühlschrank, Tisch, Stühlen, Großmutter, Limonade, Himbeeren und dem Vater vor der Tür eine Landkarte der

energetischen Potentiale im Raum her. Der Vater vor der Tür ist energetisch negativ besetzt. Wenn neben der Tür aber der Kühlschrank mit Limonade steht, zieht dieser Ort Ingrid magisch an, anders als wenn die Zimmerecke leer wäre. Wenn Ingrid durch das Fenster vor sich die roten Himbeeren sieht, verändert dies die Handlungslust und Spannung in der Spielsituation in der Küche, anders als wenn da nur eine Wand wäre. Von der Tür zum Tisch verläuft ein alter, zehntausendmal gegangener Weg.

Der Therapeut steht räumlich beim Szenenaufbau wie auch bei dem darauffolgenden Spiel gewöhnlich *außerhalb* der Szene. Von dort kann er das ganze Konfliktfeld mit seinen Energien spüren und wie ein Magier die Bühnenwelt von außen aufrechterhalten. Seine innere Wahrnehmung hält die äußere Szene. Sein Augenmerk richtet sich auf die Beziehungen im Raum *zwischen* den Spielern, nicht nur auf den Protagonisten selbst. Denn der Therapeut ist vor allem ein Fachmann für die Organisation der Beziehungen in der Szene. Dabei kann er die Aktion des Protagonisten energetisch stützen, indem er sich räumlich außerhalb der Szene mehr auf die Seite des Protagonisten stellt und beim Rollentausch sich mit dem Protagonisten mit zur Gegenseite begibt. Nur wenn sich die Aktionsenergie des Protagonisten stark reduziert und der Spannungsbogen im Spiel zusammenfällt, betritt der Therapeut die Szene und erhöht das Energiepotential des Protagonisten durch Doppeln oder Interview, damit der Handlungsstrom nicht versiegt. Wenn ein Therapeut sich aber ständig in der Nähe des Protagonisten *innerhalb* der Szene aufhält und doppelt, sind sowohl der Protagonist als auch die Mitspieler durch die körperliche Anwesenheit und Ausstrahlung des Therapeuten in der Szene behindert, die Spannungen zwischen den Konfliktpartnern in der Szene zu fühlen und im Handeln auszutragen.

Aus dem Blickwinkel der Handlung stellt die Protagonistin im Szenenaufbau die Prozeßqualität »Raum« wieder her (vgl. S. 61 f). Im inneren Vorstellungsbild »Großmutter« fiel der Raum noch auf einen Punkt zusammen. Im Szenenaufbau gestaltet die Protagonistin wahrnehmend und prüfend die Positionen und Koordinaten im Raum aus und verwandelt dabei das innere Vorstellungsbild mit Impuls und Gegenimpuls zu einem Interaktionsfeld. Sie entwickelt leiblich-seelisch eine Ich-Position gegenüber dem Bild

»liebe Großmutter« und eine *eigene Ich-Perspektive* mit energetischem Spannungsbogen und Handlungsraum zum Beziehungsobjekt hin. Das innere Bild wird dabei zur Erfahrung im äußeren Hier-und-Jetzt, ähnlich dem Geschehen bei der Entwicklung einer Übertragungsbeziehung. Innen (Erinnerung) und außen (Wahrnehmung) werden eins, sind aber im Unterschied zur Übertragungsbeziehung auch nicht eins. Denn während eine Übertragung definitionsgemäß unbewußt ist, weiß Ingrid, daß die Mitspielerin Karin nicht ihre Großmutter ist. Die Protagonistin wird im Szenenaufbau zum Schöpfer ihrer eigenen Wirk-lichkeit. Denn wir Menschen erleben eine Situation als Wirklichkeit und als im Augenblick real durch den ihr zugehörigen Handlungsraum, Wahrnehmungsraum und den dazugehörigen eigenen Affekt.

Aus der Sicht der Organisationsfunktionen wechselt der Protagonist im Szenenaufbau von der Wirklichkeit der Gruppe in die Spiel-Wirklichkeit. Auch bei Abwehr durch Spaltung (s. S. 96 ff) wechselt der Patient von einer Wirklichkeit in eine andere, konträre, dies aber unbewußt, im Gegensatz zum psychodramatischen, eigenbestimmten, bewußten Szenenaufbau. Das Hier-und-Jetzt der Spielszene setzt Raum, Zeit und Logik der Gruppenrealität außer Kraft. Wie durch einen Zauber kann der Protagonist im Szenenaufbau mit den Mitspielern in eine vergangene Zeit zurückgehen und dort über die damalige Realität hinaus Gefühle zulassen und in den damaligen Wirkungszusammenhang eingreifen. Dadurch entsteht im Szenenaufbau Surplus-Realität (Überschußwahrheit, vgl. S. 79 f). MORENO spricht von einem »bißchen Verrücktheit unter kontrollierten Bedingungen« (ZERKO MORENO, mündliche Mitteilung, zitiert nach BINSWANGER 1980).

Welche Folgerungen sind aus diesen tiefenpsychologischen Überlegungen für die praktische Ausführung des Szenenaufbaues zu ziehen? Um die Ich-Perspektive der Protagonistin und dadurch den Spannungsbogen für das Spiel herzustellen, ist es gut, wenn die Protagonistin bei dem Einführen der Mitspieler in ihre Rollen diese in der Regel nur von außen beschreibt und dabei ihre Raumposition gegenüber den Antagonisten bewahrt: »Wie alt ist die Großmutter? Wie sieht sie aus? Was strahlt sie aus in der Begegnung?« Die Konfliktspannung zwischen den Spielern wird größer, das darauffolgende Spiel lebendiger, wenn die Protagonistin *ihre*

Wahrnehmungsperspektive im Raum ohne Rollentausch entwickeln und beibehalten kann.

Manche Therapeuten lassen die Protagonisten ihre Mitspieler »eindoppeln« oder lassen sie schon während des Szenenaufbaus in die Rolle der Gegenspieler tauschen, um sie dann im Interview dort zu befragen. Zum Eindoppeln von Karin in die Großmutter-Rolle wäre in dem Fallbeispiel die Protagonistin Ingrid hinter Karin getreten und hätte in der Ich-Form als Großmutter Informationen über diese mitgeteilt: »Ich bin Elfriede, ich bin 58 Jahre alt. Ich lebe hier seit 26 Jahren. Ich habe einen Haarknoten und trage immer ein braunes Kleid. Ich freue mich auf Ingrid. Sie ist so ein liebes Kind und hat es doch so schwer nach dem Tod meiner Tochter.« Beim Eindoppeln und dem Interview zur Einführung der Mitspieler in die Antagonistenrollen geraten Raum- und Zeitperspektive durcheinander. Am Ende muß die Protagonistin sich dann nach dem Eindoppeln oder dem vorgezogenen Rollentausch mühsam wieder für ihre eigene Perspektive in dieser Szene neu erwärmen und Anlauf nehmen, um in die eigene Rolle neu hineinzukommen. Der Szenenaufbau ist aber nicht Selbstzweck. Er soll vielmehr die Grundlage für das szenische Spiel legen. Wenn man zu viele Informationen schon im Szenenaufbau sammelt, geht dies auf Kosten der Spannung und Lebendigkeit des Spiels und auf Kosten der Zeit, die für das Spiel und die Nachbesprechung übrigbleibt. Ich selbst wende aus all diesen Gründen das Eindoppeln und das Interview zur Einführung von Mitspielern in ihre Rollen nur sehr selten an. Als regelhafte Technik ist es auch erst in den letzten fünfzehn Jahren in Mode gekommen.

Eine weitere Frage ist, ob man beim Szenenaufbau Gegenstände mit Personen besetzen soll.

Fallbeispiel 20

Ein Sozialarbeiter will im Spiel zeigen, wie er in einem Wohnheim eine jugendliche Ausreißerin nach ihrer Rückkehr beraten hat. Der Psychodramaleiter fordert den Protagonisten während des Szenenaufbaus auf, das Kreuz an der Wand über dem Tisch mit einer Person zu besetzen. Das verändert die Konfliktdynamik der ganzen Szene. Der Mitspieler in der Rolle des Kreuzes wird für den Protagonisten schnell zu seinem Bischof. Es folgt eine vehemente Auseinandersetzung mit diesem über die Realität der Beratungsszene hinaus.

Der Szenenaufbau soll in symbolischer Form die Erwärmungszo-

ne eines inneren Konflikts mit seiner energetischen Landkarte zur äußeren Wirklichkeit werden lassen. Die Besetzung von Gegenständen mit Personen ist, wie das Beispiel zeigt, eine Frage des oft unausgesprochenen Arbeitsvertrags zwischen Therapeut und Protagonist. Wenn es dem Sozialarbeiter in dem Beispiel um Supervision für die Beratung gegangen wäre, wäre die Besetzung des Kreuzes unangemessen gewesen. Denn sie hätte den Konflikt des Protagonisten auf ein ganz anderes Thema zentriert. Gegenstände sind im Szenenaufbau nur dann mit Personen zu besetzen, wenn sie in dem vom Protagonisten vorgegebenen Konflikt strukturell und energetisch bedeutsam sind und die tiefere Wahrheit des speziellen Konflikts nicht ohne Rollentausch mit diesem Gegenstand erarbeitet werden kann. In allen anderen Fällen macht die Besetzung von Gegenständen mit Gruppenmitgliedern das Konfliktfeld strukturell und energetisch diffus und behindert das dann folgende Spiel dadurch, daß die Szene durch die Körper der Gruppenmitglieder mit ihrer je eigenen Ausstrahlung verstellt ist.

Bisher habe ich den Szenenaufbau für das protagonistzentrierte Psychodrama beschrieben. Dieser steht aber am Anfang auch jedes anderen psychodramatischen Spiels.

- In *Stegreifspielen* der Gruppe bauen sich die Gruppenmitglieder gemeinsam ihren Spielraum, einen Marktplatz, ein Königsschloß mit Stall oder etwas anderes auf.
- Die Gruppe kann die in ihr typisch vertretenen Rollen in einem lebendigen *Soziogramm* auf der Bühne anordnen, eine Technik, die hilfreich ist zur Krisenintervention (BACHMANN-GROSS unveröffentl. Manuskript 1994).
- Die eigenen Ich-Anteile, das *Selbst-Inventar*, lassen sich protagonistzentriert soziometrisch als Szene anordnen. Das »Gefühl« kann sich mit der »Vernunft« streiten, der »Bauch« mit dem »Kopf«, die »funktionierende Karin« mit der »sehnsüchtigen Karin«.
- Bei Beziehungskonflikten zwischen Gruppenmitgliedern geschieht der Szenenaufbau spontan, unbewußt (s. S. 245 f). Will man mit psychodramatischen Mitteln die *Beziehung klären*, kann man deshalb auf den Szenenaufbau verzichten und aus der realen Auseinandersetzung gleich in den *Rollentausch* übergehen.

- Bei der Technik der *Familienskulptur* läßt der Therapeut den Patienten ein aus mehreren oder vielen Anteilen zusammengesetztes System und Bild der Familie gestalten, wie es vorher nie existiert hat. Diese Skulptur ist ein Ausdruck dessen, wie der Patient die Familiendynamik symbolisch versteht.
- Der *Szeno-Test* ist nichts weiter als ein Szenenaufbau mit dem Inventar des Szeno-Kastens. Fordert man das getestete Kind auf zu spielen und beteiligt sich in bestimmter Weise als Therapeut an dem Spiel, dann ist die Definition des Monodramas erfüllt.
- Beim therapeutischen *Spiel mit Handpuppen* fordert der Therapeut das Kind oder den Erwachsenen auf, sich aus einer Sammlung die Puppen herauszusuchen, die es gerade mag. Danach soll das Kind die Puppen benennen und sagen, was diese miteinander tun könnten (STRAUB 1970). Auswahl und Benennen der Puppen ist nichts anderes als der Szenenaufbau für ein protagonistzentriertes Phantasiespiel.

Die Systemfunktion als spontane Funktion von Organisationsprozessen im Alltag

Der Wechsel von einer Wirklichkeit in eine andere, einer Erwärmungszone in eine andere, gehört zur alltäglichen Lebenspraxis. Wenn Sie diese Arbeit lesen, haben Sie sich vielleicht in einen Sessel gesetzt, die Beine hochgelegt und trinken eine Tasse Tee. Sie nehmen mit den Aussagen des Buches Beziehung auf und erschließen sich darin einen neuen Interaktionszusammenhang. Die Szene ist strukturell definiert durch das System »Leser – Tasse mit Tee – Buch – verschiedene Inhalte des Buches«. Ein Szenenaufbau hat stattgefunden. Vor zwei Stunden waren Sie noch in einer anderen Wirklichkeit und hatten Ihre ganze Aufmerksamkeit in eine andere Erwärmungszone investiert: Sie saßen in Ihrer Praxis Herrn X gegenüber, der von seinen Problemen erzählte. Oder Sie spielten Handball im Sportverein und dachten beim Ballabwurf noch nicht an dieses Buch. Mit dem Eintritt in die aktuelle Wirklichkeit »Leser – Teetasse – Buch« spalten Sie die Wirklichkeit »Praxis« oder »Handballspiel« bewußt aus Ihrem Erleben ab und ziehen Ihre Energien mehr oder weniger in die jetzt aktuelle Wirklichkeit

hinein. Sie konstellieren mit Ihrer Erwartung die Wertigkeit, die die verschiedenen Inhalte des Buches für sie haben. Der Szenenaufbau in der natürlichen Interaktion des Alltags ist Ergebnis der Arbeit der Systemfunktion. Mit Hilfe der Systemfunktion nimmt der einzelne wahr und konzentriert, prüft und gestaltet die Szene so, daß er sie energetisch und strukturell als einen einheitlichen Handlungsraum erlebt. In einer Teilwelt entdeckt er dadurch vorher nicht wahrgenommene Strukturelemente der Interaktion. Andererseits kann man aber die Systemfunktion auch dazu benutzen, sich einen Überblick über Teilwelten und ihr interaktionelles Miteinander zu verschaffen, wie wenn man die Umgebung nicht aus dem Tal heraus, sondern von einem Berg aus betrachtet.

Je stärker ein Konflikt ist, desto mehr bindet er die Systemfunktion in ihrer Arbeit als Organisationsfunktion in das dazugehörige Konfliktfeld ein. Dann ist es schwer, sich mit der ganzen Aufmerksamkeit auf einen neuen Handlungszusammenhang einzulassen und die Energien auf das Interaktionsfeld zu konzentrieren. Entweder verdichten sich dann die zwei Erwärmungszonen in einem unbewußt gesteuerten Prozeß, oder es gelingt dem Betreffenden, sich den Konflikt zwischen den beiden Erwärmungszonen bewußt zu machen und dadurch beide in einem sie umfassenden, neuen Selbstorganisationsprozeß zu integrieren. Dann kann er aus einem gleichsam übergeordneten Blickwinkel die beiden Erwärmungs- oder Konfliktzonen miteinander in Beziehung setzen und dem eigenen Rollenverhalten und den eigenen Wünschen den angemessenen Ort und die angemessene Zeit zuschreiben. Es gelingt dann, spielerisch beide Erwärmungszonen immer wieder wechselnd miteinander zu verbinden und zu trennen, das heißt bewußt »im Dienst des Ich« (Kris 1952) zu spalten. Im Psychodrama wird diese Arbeit der Systemfunktion im Szenenaufbau bewußt und konkret als Technik vollzogen.

Das Konzentrationsspiel als frühe Fähigkeit des Kindes

Kinder entwickeln in den ersten drei Lebensjahren bestimmte Fähigkeiten, die es ihnen möglich machen, die Funktionen der Selbst- und Beziehungsorganisation differenziert zu handhaben

und so den Anpassungsprozeß immer wieder neu zu einem spontanen, selbstintendierten Prozeß werden zu lassen. Das ist unter anderem an den Qualitätssprüngen in ihren Spielen erkennbar (s. Abb. 13c, S. 223). Etwa im dritten Lebensmonat beginnt das Kind mit *Konzentrationsspielen*. Es lernt, eigenbestimmt aus dem Erleben der gesamten Realwelt heraus in eine begrenzte Wirklichkeit zu wechseln, sich darin anzuwärmen, sich mit der ganzen Aufmerksamkeit auf die Beziehungen in diesem Teilsegment der Realwelt zu konzentrieren, die übrige Welt aus dem Erleben abzuspalten und nach einiger Zeit in der Aufmerksamkeit wieder nachzulassen und sich abzuwenden.

Nach STERN macht die Entwicklung des Kindes

»zwischen der 8. und 12. Lebenswoche … einen enormen Sprung. Die Fähigkeit, in sozialen Kontakt mit anderen Menschen zu treten, beginnt sich zu entfalten: Zum erstenmal zeigt sich bei ihm das ›soziale Lächeln‹. Es beginnt, Laute zu bilden, und hält bereits längere Zeit einen Blickkontakt aufrecht. Fast über Nacht ist aus ihm ein soziales Wesen geworden« (1991, S. 51).

Das Kind bestimmt nun selbst, wohin es seinen Blick richtet und was es wie lange betrachtet. Bereits mit dreieinhalb Monaten gelingt ihm das fast so gut wie einem Erwachsenen. Weil enger Kontakt sich immer über ein Sich-Anblicken entfaltet, kann man sagen, daß das Kind nun eigenständig Kontakt herstellen und ihn auch abbrechen kann (STERN 1991, S. 53).

Voraussetzung dafür ist, daß das Kind am Ende des zweiten Lebensmonats beginnt, seine Erfahrungen zu ordnen und sie »zu einer einzigen organisierenden, subjektiven Perspektive« (STERN 1992, S. 138) zu integrieren, dem »Kern-Selbst-Empfinden«. Um das Kern-Selbst zu empfinden, muß das Kind nach STERN (1992, S. 106) lernen, vier Grunderfahrungen zu integrieren: die Urheberschaft, die Selbstkohärenz, die Selbstaffektivität und die Selbstgeschichtlichkeit.

Die *Urheberschaft* ist »das Empfinden, der Urheber eigener Handlungen und Nicht-Urheber der Handlungen anderer Menschen zu sein: Willen zu besitzen, selbst erzeugte Aktionen kontrollieren zu können … und bestimmte Konsequenzen der eigenen Aktionen zu erwarten … Die *Selbstkohärenz* ist das Empfinden, ein vollständiges körperliches Ganzes zu sein und sowohl in der Bewegung … als auch im Ruhezustand über Grenzen und ein körperliches Handlungszentrum zu verfügen … Die *Selbstaffektivität* ist das Erleben regelmäßiger innerer Gefühlsqualitäten (Affekte), die Teil der übrigen Selbsterfah-

rungen sind. Die *Selbstgeschichtlichkeit* ist das Gefühl der Dauer, der Einbindung in die eigene Vergangenheit, das Gefühl eines fortwährenden Seins, so daß man sich durchaus verändern kann und doch dieselbe Person bleibt.«

Das *einheitliche* Kern-Selbst-Empfinden ist im Psychodrama die Voraussetzung dafür, daß der einzelne nach dem Szenenaufbau die Spielszene als eine einheitliche Wirklichkeit erleben kann.

Das Kind kann ab Ende des zweiten Lebensmonats sich zunehmend konzentrieren auf einen Wirkungszusammenhang, sein Wirklichkeitserleben auf diesen eingrenzen und in dieser Teilwelt neue, differenzierte Erfahrungen und Entdeckungen machen. Ohne die Fähigkeit zur Eingrenzung des Wirklichkeitserlebens würde das Ich des Kindes untergehen in einer Art Psychose voller unscharfer Objektbilder und Beziehungsprozesse, die das Ich des Kindes überschwemmen. Die Fähigkeit, eine Erwärmungszone einzugrenzen, ist Bedingung dafür, immer nur so viel Anpassungsleistung zu vollziehen, wie möglich ist unter Wahrung der Autonomie der Organisationsfunktionen. Das Kind lernt in dieser Zeit aber auch, sich eigenbestimmt aus diesem Wirkungszusammenhang wieder zu lösen und die erlebte Wirklichkeit so zum Verschwinden zu bringen. Die freie Verfügung über die Systemfunktion unterscheidet ihn vom Säugling im ersten Lebensmonat, der seine Erfahrungen noch nicht in diesem Maße integrieren kann, weil ihm das Kern-Selbst-Empfinden noch fehlt.

Die Abwehr durch Spaltung

Den Patienten mit schweren strukturellen Störungen, zum Beispiel mit Psychosen oder Borderline-Syndrom, gelingt es oft nicht, die innere Erwärmung im Handeln auf einen Raum, eine Zeit und einen logischen Sinnzusammenhang zu konzentrieren. Sie wehren ab durch Spaltung. In der Psychodramatherapie wird Abwehr durch Spaltung bisweilen unvermutet daran erkennbar, daß ein solcher Patient bei »normalem« therapeutischem Vorgehen pathologisch regrediert, in Ausnahmefällen sogar in eine Psychose.

Fallbeispiel 21

Eine 32jährige Hausfrau mit einem Borderline-Syndrom, Frau L., war vor der Psychotherapie zweimal in stationärer psychiatrischer Behandlung gewesen wegen einer Psychose. Sie ist deutlich kontaktgestört und wirkt in ihrem Verhalten insgesamt künstlich und marionettenhaft. Etwa nach einem Jahr Gruppentherapie entscheidet Frau L. sich erstmals zu einem eigenen protagonistzentrierten Spiel. Sie zeigt einen Konflikt mit ihrer Schwiegermutter, die zu der Zeit mit bei ihr und ihrer Familie in ihrem Haus wohnt. Der Konflikt mit der Schwiegermutter erweist sich im Nachspielen als recht gewöhnlicher Familienkonflikt, scheinbar ohne besondere Brisanz. Die Gruppenmitglieder können sich mit Frau L.s Abgrenzungswünschen gegenüber der Schwiegermutter identifizieren und ermutigen sie in der Nachbesprechung, ihre Rechte mehr wahrzunehmen. Auch über die Nöte der Schwiegermutter wird durchaus gesprochen. Drei Tage später bringt der Ehemann Frau L. in die Praxis. Sie ist hochpsychotisch, im Denken völlig zerfahren, höchst ambivalent zwischen Mißtrauen und Krankheitseinsicht und Vertrauen zum Therapeuten.

Was war geschehen? Frau L. hatte sich vor dem Psychodramaspiel stabilisiert mit Hilfe von Abwehr durch Spaltung. In den vorhergehenden psychotischen Episoden war sie zwar auch ihrem Ehemann gegenüber massiv aggressiv und entwertend gewesen. Wieder »gesund«, diente ihr aber die »böse« Schwiegermutter dazu, den Ehemann zu idealisieren nach dem Motto: »Wenn die Schwiegermutter nicht da wäre, wäre er der ideale Mann.« So konnte Frau L. sich die Sehnsucht nach dem Paradies in der Beziehung zum Ehemann als heimliche Hoffnung aufrechterhalten und damit auch ihr von Harmonieidealen geprägtes »gutes« Selbstbild bewahren. Sie war das gutwillige Opfer der »bösen« Schwiegermutter. Solange sie Opfer war und klagte und von dem recht harmoniebedürftigen Ehemann für ihre Als-Ob-Persönlichkeit und Anpassung narzißtische Gratifikationen bekam, konnte sie die Spaltung zwischen dem »guten« und dem »bösen« Selbstbild aufrechterhalten und ihre »böse« Seite, die eigene Beteiligung an dem Konflikt mit der Schwiegermutter, vor sich selbst verleugnen.

Frau L. war aufgewachsen mit einem schwer alkoholkranken Vater und einer dem Vater gegenüber total gefügigen Mutter. Ihre Beziehung zur Mutter war geprägt von sich immer wiederholenden Beziehungsabbrüchen, dies auch in Gewaltsituationen. Enttäuschungsaggressionen, Abgrenzungs- und Durchsetzungswünsche gegenüber der Mutter hätten in der chronisch-destruktiven Familiensituation dazu geführt, daß Frau L. den letzten Halt, ihre Beziehung zur Mutter, verloren hätte. Solche Wünsche mußten deshalb von Frau L. als zerstörerisch erlebt und um des seelischen Überlebens willen abgespalten werden.

In dem Psychodramaspiel wurden nun aber Wut und Abgrenzungswünsche gegenüber der Schwiegermutter bewußt gemacht und von der Gruppe gestützt. Frau L. wurde dazu verführt, sich mit ihrem »bösen« Selbstbild zu identifizieren. Die Unterstützung der Gruppe für eigentlich angemessenes, triebfreundliches Verhalten, aktualisierte bei der Patientin alte, immer zurückgedrängte Wut und Trauer aus der Kindheit und zerstörte ihr inneres neurotisches Gleich-

gewicht. Frau L.s Strukturen hielten aufgrund ihrer geringen Emergenztiefe (s. S. 27) dem Energieschub der aktualisierten Affekte nicht stand. Der Verlust der Kategorisierung in hier gut und dort böse sprengte die Grundlagen ihrer Als-Ob-Persönlichkeit. (Fortsetzung des Beispiels auf Seite 103.)

Man kann sich die Auslösung der psychotischen Dekompensation der Patientin so vorstellen, daß ihre wenig integrierten Strukturen ein hohes Potential an Bindungsenergie benötigten, um das alte Gleichgewicht und die Abwehr stabil zu halten, daß dieses Energiepotential in der Therapiesitzung aber frei wurde und daß dadurch das notdürftig durch Spaltung aufrechterhaltene innere strukturelle Gleichgewicht zerbrach. Es gelang der Patientin nicht, die energetisch hochbesetzten Einzelelemente ihrer Konfliktstruktur mit ihrem Selbstorganisationsprozeß zu kontrollieren, ihnen ihren angemessenen Ort und die angemessene Zeit zuzuschreiben und sie in einem angemessenen logischen Sinnzusammenhang zu integrieren. Der Selbstorganisationsprozeß zerbrach vielmehr und spaltete sich auf in mehrere Handlungsräume. MORENO spricht bei Psychotikern von einem »Zerbrechen des Auto-Tele«, einem Zerbrechen der Beziehung zu sich selbst in mehrere Einheiten (1939, S. 16; siehe auch S. 105 ff in diesem Buch).

KERNBERG bezeichnet mit dem Ausdruck Spaltung »das aktive Auseinanderhalten konträrer Introjektionen und Identifizierungen«. Die Abwehr durch Spaltung manifestiert sich klinisch »in der Weise, daß … gegensätzliche Seiten eines Konfliktes abwechselnd die Szene beherrschen, wobei der Patient in bezug auf die jeweils andere Seite eine blande Verleugnung zeigt und über die Widersprüchlichkeit seines Verhaltens und Erlebens überhaupt nicht betroffen zu sein scheint« (1991, S. 49). KERNBERG spricht auch von der »aufeinanderfolgenden Aktivierung konträrer Ich-Zustände« (1981, S. 14). Die Abwehr durch Spaltung dient dazu, alte gegensätzliche Strukturen zu erhalten. Was von außen als zunächst unverständlicher Wechsel in Stimmungen, Verhalten und Wertungen erlebbar wird, ist lediglich Ausdruck dessen, daß für konträre innere Szenen und Konfliktstrukturen in der inneren Selbstorganisation des Patienten bisher keine übergeordnete integrierende Struktur vorhanden ist, die die einzelnen wenig komplexen Strukturelemente miteinander in Verbindung bringt und ihnen ihren angemessenen Ort, ihre Zeit, ihre gegenseitige Abhängigkeit

und den Sinn ihres Miteinanders zuschreibt. Ohne diese integrierende, übergeordnete Struktur stehen die gering komplexen Strukturen unverbunden nebeneinander und werden alternierend von schon relativ kleinen äußeren Reizen ausgelöst. Was sonst durch die Emergenztiefe der Strukturen integriert wird, erscheint als ein unverdautes Nebeneinander im äußeren Verhalten. Die Selbstorganisation wird dadurch gleichsam nach außen in die Beziehungsorganisation verlegt.

Abwehr durch Spaltung zeichnet sich also durch zwei Phänomene aus: 1. Aufgrund mangelhafter Selbstintegration besteht eine geringe Konstanz des augenblicklichen Affekts und der inneren evozierten Arbeitsmodelle. Infolgedessen kommt es zu relativ schnellen Wechseln des Wirklichkeitserlebens und der Wirklichkeitsgestaltung. 2. Die sekundäre Ordnung der Wirklichkeiten nach den zwei gegenseitig konträren Bewertungen »gut – böse«, führt zu einer spezifischen Art des Selbstempfindens und Selbstausdrucks. Nach dem Motto, daß »nicht sein kann, was nicht sein darf«, muß alles durch die Schwarz-Weiß-Brille gesehen werden und ruft je nach Ergebnis der Bewertung gegensätzliche Reaktionen hervor. Welche der beiden Wertungen gerade agiert wird, hängt dabei weniger ab von den Absichten und Handlungen des Beziehungspartners als vielmehr von dem Zwang, das durch mangelhafte Integration gefährdete innere Gleichgewicht aufrechtzuerhalten und wiederherzustellen.

Die aufeinanderfolgende Aktivierung konträrer Ich-Zustände, die bei Abwehr durch Spaltung unbewußt und ich-dyston geschieht, wird im Psychodrama von dem Therapeuten und dem Protagonisten im Szenenaufbau bewußt praktiziert und damit für den Patienten ich-synton. Im Fallbeispiel 19 (Seite 87 f) wechselte die Protagonistin zunächst aus der Gruppenwirklichkeit durch Szenenaufbau in die Spielwirklichkeit, in die Begegnung mit der Großmutter der Kindheit, um nach Beendigung des Spiels wieder in die Gruppenwirklichkeit zurückzukehren zur Nachbesprechung. Im Unterschied zu Patienten mit Borderline-Syndrom erkennt der Psychodramaspieler beim Szenenaufbau aber, daß er aus der einen Wirklichkeit in die andere Wirklichkeit wechselt und die jeweils andere ausblendet und abspaltet. Er erlebt sich als Schöpfer der Spaltung und setzt die Systemfunktion nicht zur

Abwehr, sondern frei, spielerisch und kreativ ein. Demgegenüber ist dem Borderline-Patienten der Aspekt des Schöpfers bei seiner Spaltung verlorengegangen, er kann nicht eigenbestimmt und angemessen über sie verfügen.

Der spezielle Szenenaufbau bei Abwehr durch Spaltung

Patienten, die durch Spaltung abwehren, benutzen in Konflikten die Systemfunktion unbewußt im Sinn der Abwehr dazu, ein energetisch hoch aufgeladenes, recht labiles Gleichgewicht ihrer inneren Strukturen aufrechtzuerhalten. Um nicht von der Macht der aktualisierten Konflikte selbst verschlungen zu werden und zu desintegrieren, blenden sie einen Teil der Wahrnehmung und Selbstgestaltung aktiv aus und beziehen in den Prozeß ihrer eigenbestimmten Selbst- und Beziehungsgestaltung nur Teilbereiche des Konflikts ein. Diese aktuell gelebten Teilbereiche können sich auf der Zeitachse abwechseln. Dadurch wird es dann möglich, die konträren inneren Strukturen aktiv auseinanderzuhalten, ihr labiles Gleichgewicht zu erhalten und dem Zwang zur Integration von »gut« und »böse« auszuweichen.

Da der Szenenaufbau die Arbeit der Systemfunktion in der Selbst- und Beziehungsorganisation nachvollzieht, gelingt es logischerweise Patienten, die durch Spaltung abwehren, nicht, ihre inneren Strukturen in ihrer Gegensätzlichkeit eigenbestimmt, frei und angemessen im Szenenaufbau auf die Bühne zu bringen. Wenn der Therapeut dann nicht gezielt in den Szenenaufbau eingreift, zeigt sich das an einer merkwürdigen Flüchtigkeit und energetischen Unausgewogenheit der Szenen und oft auch an massiven Übertragungsreaktionen nach dem Spiel aufgrund der Unfähigkeit, Spiel und Realbeziehung zu trennen. Angemessener Einsatz des Szenenaufbaus kann aber helfen, die Abwehr durch Spaltung aufzuheben. POWELL (1986) zeigt an einem Beispiel, wie dies geschehen kann:

Fallbeispiel 22

»Jane teilt dem Direktor mit, daß sie sich durcheinander fühlt. Sie kann nicht beschreiben, was ist, weil ›es durcheinander ist‹. Aber sie weiß: Es geht um ihre Familie. Ihr Gesicht ist gerötet vor Aufregung. Sie sieht zornig aus und ist

zugleich den Tränen nahe. Der Direktor schlägt ihr vor, ihre Gefühle eines nach dem anderen anzusehen. Diese Ermutigung, freundlich vorgebracht, bringt Jane dazu, loszuweinen. Sie meint, sie habe das Bedürfnis, traurig zu sein. Der Direktor stellt für sie einen ›traurigen Stuhl‹ hin und fordert sie auf, sich auf den Stuhl zu setzen. Er selbst entfernt sich einige Schritte von ihr. Jane setzt sich. Sie preßt ihr Taschentuch zusammen und stellt fest: ›Das ist nicht gut so. Ich bin viel zu wütend.‹ Der Direktor läßt sie sich setzen auf einen ›wütenden Stuhl‹ und meint: ›Laß auf diesem Stuhl ruhig zu, was da ist. Sei so wütend, wie es nötig ist!‹ Jane fällt plötzlich ein, was sie sagen möchte und wo sie es sagen möchte: Ihre Familie hat Weihnachtsgeschenke eingekauft und steht vor Selfridges, die Straße ist voller Menschen. Jane sucht sich Gruppenmitglieder aus, um die Rollen ihrer Familie zu besetzen. Der Rest der Gruppe übernimmt die Rolle der Menschenmenge. Dann klagt Jane in voller Öffentlichkeit (dies ist wichtig, weil ihre Familie immer den Anspruch aufrechterhält, gut miteinander auszukommen) die Familie an, immer wieder zu heucheln und unehrlich zu sein. Jane macht einen Rollentausch mit ihrem Vater, der Mutter, und so weiter. Es kommt heraus, daß diese alle in keiner Weise ihr Verhalten bereuen, sie schämen sich vielmehr nur über Janes Ausbruch und versuchen, sie zu beruhigen. Diesmal schreit Jane aber zurück. Sie teilt mit, warum sie froh ist, nicht wie der Vater zu sein, nicht wie die Mutter zu sein und so weiter. Sie verteidigt tapfer ihre Individualität. Aber dann zeigt sie an, daß sie den Stuhl verlassen möchte. Traurigkeit überflutet sie, und sie beginnt zu weinen. Jetzt auf dem ›traurigen Stuhl‹ offenbart Jane ihre Sehnsucht nach Liebe und Vertrautheit gegenüber ihrer Familie. Wieder fällt ihr eine Szene ein, die ihre Bedürfnisse widerspiegelt. Sie möchte nicht körperlich umarmt werden, das würde sie ersticken und verschlingen. Statt dessen wählt sie eine Szene zu Weihnachten. Die Familie sitzt um den Weihnachtsbaum. Jane erlebt sich als einen Teil der ganzen Familie, kann dabei aber ihre Unabhängigkeit bewahren.«

Psychodramatherapie hat bei Abwehr durch Spaltung gleichzeitig zwei Aufgaben zu leisten, 1. die Ordnung nach den konträren Bewertungen »gut« und »böse« aufzulösen und 2. energetisch hoch besetzte gegensätzliche Strukturelemente in komplexere Strukturen einzubinden. Die Patientin war durch die innere Gegensätzlichkeit ihrer Affekte blockiert. Dadurch daß POWELL aber den »traurigen« Stuhl nicht wieder von der Bühne nimmt, wenn der »wütende« dazukommt, und umgekehrt, wird das spaltungsbedingte, zeitliche Nacheinander der Affekte in eine Gleichzeitigkeit der gegensätzlichen Affekte verwandelt. Der »traurige« Stuhl gilt für die Patientin weiter und stabilisiert sie, während sie ihre »wütende« Seite agiert, und umgekehrt. Der jeweils konträre Affekt ist »im Dienst des Ich« immer auf den anderen Stuhl verbannt. Dadurch wird erstmals die Beziehung zwischen den konträ-

ren Affekten *gleichzeitig* in einem Szenenbild konkret wahrnehmbar. Das heißt aber, daß die *unbewußte* Abwehr durch Spaltung aufgehoben ist: »Die neue Spaltung, psychodramatisch hervorgerufen, ermöglicht es, die früheren defensiven Spaltungen zu überwinden« (POWELL 1986). Bei Abwehr durch Spaltung besteht der Wirkungszusammenhang nicht nur innerhalb der jeweiligen Szenen, sondern zusätzlich auch in der Gegensätzlichkeit der Szenen. Es gilt, diese Gegensätzlichkeit der Erfahrungen und Szenen erfahrbar zu machen und so eine dritte, beide Affekte und beide Szenen übergeordnete Struktur zu schaffen, die es ermöglicht, bei Nähewünschen auch die Distanzwünsche mitzudenken und bei Distanzwünschen auch die Nähewünsche, bei Trauer auch die Wut und bei Wut auch die Trauer. Die konträren Strukturanteile sind als gleichberechtigt nebeneinander gültige, innere Wahrheiten in einem Szenenbild erlebbar. Die konträre Bewertung nach den Kategorien »gut« und »böse« ist dadurch relativiert. Die Patientin des Fallbeispiels wechselte aber im Spiel nicht nur vom »traurigen« auf den »wütenden« Stuhl und von dort auch wieder zurück, sie lebte den jeweiligen Affekt auch unverfälscht aus und gab ihm durch das Handeln auf der Bühne einen Raum, eine Zeit und in der assoziierten Szene auch einen logischen Sinnzusammenhang. Die energetisch hochbesetzten Affekte wurden so in komplexere innere Strukturen eingebunden. Das verwandelte die destruktive freie Handlungsenergie in Bindungsenergie. Die konträren massiven Affekte erwiesen sich in der jeweiligen Szene durchaus als angemessen. Dadurch wurde die konträre Bewertung nach den Kategorien »gut« und »böse« weiter relativiert. Die Inszenierung der Spaltung durch den Szenenaufbau *und* die Einbindung von Affekten in komplexere Strukturen helfen, das gute und das böse Selbstbild und das gute und das böse Objektbild miteinander zu integrieren. In Analogie zu LORENZERS Buchtitel »Sprachzerstörung und Rekonstruktion« (1970) könnte man bei einer solchen gezielten psychodramatischen Therapie mit Borderline-Patienten von Szenenzerstörung und ihrer Rekonstruktion sprechen.

Immer wieder bemerkt der Therapeut trotz aller Bemühungen erst zu spät, daß Patienten durch Spaltung abwehren. Dann gelingt es nicht rechtzeitig, die konträren inneren Strukturen auf der Bühne in Szene setzen zu lassen, und es treten destruktive Über-

tragungsreaktionen auf der Ebene der Realbeziehungen in der Gruppe auf. Die Falldarstellung 21 (Seite 97 f) ist dafür ein Beispiel. Aus tiefenpsychologischer Sicht ist dies einerseits gefährlich, gefährdet es doch die therapeutische Arbeitsbeziehung, andererseits aber auch ein Fortschritt, weil das Symptom sich in der therapeutischen Beziehung und damit auf einer höheren Stufe der Strukturentwicklung zeigt. In solchen Fällen ist es dann wichtig, die aktuelle, unbewußte Inszenierung in der Realität als »Beziehungskonflikt« zu benennen, zu würdigen und das diesem Konflikt innewohnende, in sich gegensätzliche Interaktionsmuster als solches zu beschreiben. Auch die Übertragungsbeziehung kann so zum integrierenden Bild energetisch hochbesetzter, in der Beziehung destruktiv ausagierter Affekte werden. Bei Abwehr durch Spaltung ist das Interaktionsmuster immer dadurch gekennzeichnet, daß der Therapeut und/oder die Gruppe, ohne es zu wissen, nicht nur »gut«, sondern auch »böse« an dem Patienten gehandelt haben. (Man muß »nur« noch verstehen, warum das vom Therapeuten doch so gutgemeinte Handeln für den Patienten subjektiv auch böse war.)

Fortführung von Fallbeispiel 21

Der Therapeut vermutete, als Frau L. psychotisch vor ihm saß, daß die Patientin abwehrte durch Spaltung. Er deutete deshalb der Patientin konsequent seine eigene wohlwollende Anteilnahme und die Unterstützung in der Gruppe als zwar gut gemeint, für die Patientin aber auch verhängnisvoll und böse: »Für andere Menschen wäre das in Ordnung. Sie aber haben als Kind viel Verlassenheit und Gewalt erlebt, haben gelernt, die Sehnsucht nach Verständnis zur Seite zu schieben. Wenn jetzt auf einmal Verständnis und Nähe kommen, dann ist das gefährlich für Sie. Sie haben sich zwar immer danach gesehnt, Sie halten das aber nicht aus. Denn die Erfüllung der Sehnsucht läßt Sie auch wieder die schlimmen Erfahrungen von früher spüren, und diese überschwemmen Sie dann. Auch wenn ich und die Gruppenmitglieder es gut mit Ihnen meinten in dem Spiel, haben wir deshalb doch böse an Ihnen gehandelt.« In dieser verbalen Deutung vollzog der Therapeut für Frau L. auf der Vorstellungsebene einen Szenenaufbau. Er stellte auf der imaginierten Bühne ihr beziehungsverneinendes, destruktiv-psychotisch agierendes Ich neben dem sich nach Beziehung sehnenden, vereinsamten Ich auf, machte die Beziehung zwischen den beiden Selbstanteilen in einem imaginären Bild, gehalten von der »guten« und der »bösen« Seite des Therapeuten, sichtbar und deutete der Patientin die konträren Selbstanteile als beide subjektiv durchaus berechtigt und sich gegenseitig ergänzend.

Offenbar konnte die Patientin diesen Szenenaufbau auf der Imaginations-

ebene gut zur Integration ihrer konträren inneren Strukturen nutzen. Denn nach medikamentöser neuroleptischer Therapie über insgesamt nur eine Woche war die psychotische Desintegration von Frau L. verschwunden. Und als sie vierzehn Tage später nach einem Urlaub wieder in die Gruppe kam, hatte sie sich, dies auch für den Therapeuten überraschend, auffallend verändert: Frau L. wirkte weicher, authentischer, vielmehr eins mit ihren Gefühlen. Die marionettenhafte, distanzierte Ausstrahlung war verschwunden und auch im weiteren Verlauf der Therapie nur noch selten zu spüren.

Zusammenfassend läßt sich also sagen: Der Szenenaufbau kann die Abwehr durch Spaltung dadurch aufheben, daß er die unbewußte Spaltung der Strukturen auf der Bühne konkret sichtbar macht und das Alternieren, den Wechsel zwischen den konträren Strukturanteilen, konkret in der Situation nacherleben läßt, ihn gleichsam aus dem Dunkel heraushebt und belichtet. Eine Abwehr aber, die der Abwehrende wahrnimmt, kann nicht mehr unbewußt angewandt und agiert werden, sondern nur noch entweder beendet werden oder bewußt angewandt werden. Beendet der Protagonist die Abwehr durch Spaltung, dann verschwindet sie und ist nicht mehr als solche wirksam. Wenn der Protagonist aber den Abwehrmechanismus durch Spaltung bewußt weiter einsetzt, dann beruht sein »krankes« Verhalten nicht mehr auf Abwehr, sondern wird zu einem zielgerichteten Handeln.

Psychodramatherapie bei Psychosen – die Hilfswelt-Technik

Die verschiedenen theoretischen Konzepte in diesem Buch können helfen, Morenos Vorgehen bei der Therapie von schizophrenen Pschosen besser zu verstehen. Menschen, die an einer Psychose erkranken, sind, so scheint es, in ihrer Kindheit und Jugend anlagebedingt und/oder durch Mangelerlebnisse und/oder psychische Traumata nicht in der Lage, den Anpassungs- und Integrationsprozeß mit der Umwelt immer wieder neu zu einem spontanen, selbstintendierten Prozeß werden zu lassen. Aufgrund von (bezogen auf den einzelnen) übergroßen Anpassungszwängen und einer übergroßen Sensibilität und Bereitschaft zur Anpassung stabilisieren sie ihr Ich durch Identifizierung mit dem System (s. S. 211 ff), in dem sie leben. Sie nehmen dort die ihnen zugeschriebenen Rollen ohne Widerstand ein. Durch wechselseitige Identifikationen

zwischen den von ihnen übernommenen Rollen und ihren Familienmitgliedern (gegebenenfalls auch Vertretern der Kirche, sozialen oder politischen Führungspersönlichkeiten) stabilisieren sie sich in ihrem Ich. Ihre Gewissensinstanz ist teilweise externalisiert und delegiert auf eine Autoritätsfigur in der Familie und/oder aus dem sozialen Umfeld. Aufgrund der Identifizierung mit dem System ist der Selbstorganisationsprozeß dieser Patienten gleichsam in das soziale Netzwerk verlegt. Dadurch können die inneren Strukturen dieser Patienten ihre Komplexität so wenig ausbilden, daß sie bei großen äußeren Beziehungsveränderungen zur intrapsychischen, symbolisierenden Verarbeitung keinen ausreichenden Erfahrungsraum bieten. In Teilbereichen der Seele bestehen dann schwere Strukturdefizite, weil die Strukturen dort in Folge der Identifizierung mit dem System nur als Abbilder vorliegen, aber nicht als erfahrungsvermittelte und erfahrungsvermittelnde innere Strukturen (s. S. 41 ff). Es besteht eine tiefe Identitätsunsicherheit, die durch die Identifizierung mit dem System und mehr intellektuell-geistige als leiblich-seelische Verarbeitung von Konflikten überdeckt wird.

Die Identifizierung mit dem System der Familie kann aber mit dem Eintritt in die Pubertät, in die Berufswelt, in die erste Liebesbeziehung oder in ähnlichen Schwellensituationen des Lebens so nicht mehr aufrechterhalten werden. Denn dann wird es notwendig, sich zusätzlich mit einer anderen, neuen Rolle zu identifizieren und mit den neuen Plänen, Erklärungsmustern und Zielen dieses anderen (Gegen-)Systems. Das löst bei präpsychotischen Persönlichkeiten existentielle Ängste und nicht zu beherrschende Affekte aus. Da aber die Komplexität der inneren Strukturen zu wenig ausgebildet ist, können diese Emotionen und Energien im Selbstorganisationsprozeß nicht aufgefangen, gehalten und verarbeitet werden. Der Selbstorganisationsprozeß bricht zusammen. Die Seele greift dann zu Notmaßnahmen, zur Abwehr durch Spaltung und Wahnbildung. Die Spaltung dient dazu, alternierend ganze Bereiche der Seele aus dem emotionalen Bewußtsein auszublenden, so daß die Person mit einem Teilbereich ihrer Seele funktionstüchtig bleibt. Bei der Wahnbildung wird die Identifizierung mit dem System (der Familie) unbewußt ersetzt durch die Identifizierung mit einem selbst konstruierten Hilfs- oder Pseudo-System, eben dem Wahn, der sich oft existentielle Konflikte des soziokul-

turellen Umfelds als Matrix nimmt, um die desintegrierten inneren Strukturen wieder notdürftig zu ordnen. Das Pseudo-System Wahn gibt den Patienten wieder eine oberflächliche Ich-Stabilität durch die Möglichkeit, sich mit einer bestimmten (manchmal bedeutungsvollen) Rolle, einem Plan (gegenüber einem Gegenplan), einem Erklärungsmuster und bestimmten Zielen eines Systems, in diesem Fall des Wahnsystems, zu identifizieren.

Das Pseudo-System Wahn überdeckt aber nur zeitweise und notdürftig den Zusammenbruch der Selbstorganisation. Dieser ist bei einem psychotisch dekompensierten Patienten in eine größere Zahl untereinander unabhängiger Erwärmungsprozesse zerfallen und läuft je nach Schweregrad der Krankheit mehr oder weniger multifokal. Moreno spricht von einem Zerbrechen der Beziehung zu sich selbst, des »Auto-Tele«:

»Im Falle einer halluzinatorischen Psychose … findet ein Aufbrechen und eine Verzerrung des Auto-Tele statt … Aus alten Tele-Anteilen und einigen neu spontan geschaffenen, die in dem unvorhergesehenen psychologischen Zusammenbruch des Patienten entstehen, werden zahllose embryonale Extrojekte produziert. Verschiedene Rollen wachsen heran. Tele-Erfahrungen mit Personen aus dem Umfeld des Patienten werden zusammengeschweißt mit neuen Partikeln … Parallel zum Aufbrechen des Auto-Tele brechen alle Tele-Beziehungen zwischen dem Patienten und anderen Individuen und Objekten zusammen … Mit dem allmählichen Verlust der Tele-Wirklichkeiten verwischt sich auch das Gefühl für Raum und Zeit. Dadurch daß sich die psychologische Organisation von Raum und Zeit auflöst, zerfließen auch die Augenblicke der Selbstverwirklichung …, statt einer dem anderen in schneller Frequenz zu folgen und dabei das Gefühl für die Zeit mit der Dimension Vergangenheit und Zukunft zu produzieren, frei in dem Raum« (1939, S. 4 f).

Ein psychotischer Patient ist nicht mehr dazu in der Lage, den an Empfindungen, Phantasien, Wahrnehmungen, Gefühlen, Gedanken und Handlungen so reichen Augenblick durch seinen Sekundärprozeß so zu strukturieren, daß statt eines Durcheinanders gleichzeitiger Erfahrungen ein im wesentlichen linearer, logisch relativ kontinuierlicher und zeitlich zusammenhängender Ablauf entsteht. Wenn ein Psychotiker versucht, in das Neben- und Nacheinander seines multifokalen Selbstorganisationsprozesses einen Zusammenhang zu bringen, die einzelnen Teilprozesse miteinander in Beziehung zu setzen und ihnen Raum, Zeit, Logik und Sinn in einem Gesamtprozeß zuzuordnen, entsteht aufgrund der Domi-

nanz primärprozeßhafter Organisation durch Umsetzung von Vorstellung in Wahrnehmung, Verschiebung, Verdichtung und Verkehrung in das Gegenteil (s. S. 64 ff) ein Wahnsystem. Ein Psychotiker ist durch den Zerfall seiner sekundärprozeßhaften Selbstorganisation nicht in der Lage, im Szenenaufbau die zum wahren inneren Konfliktzusammenhang dazugehörigen Strukturelemente in eine Szene zu zentrieren. MORENO hat deshalb eine über den üblichen Szenenaufbau weit hinausgehende Technik für die Behandlung von Psychotikern entwickelt, die *Hilfswelt-Technik:* »Die ganze Welt des Patienten ist um ihn herum aufgebaut, in situ, mit Hilfe von Hilfs-Ichs. Für diese Methode eignet sich nicht ein geschlossener Raum‹, sie gehört in die volle Wirklichkeit« (MORENO 1973, S. 101).

Fallbeispiel 23

MORENO beschreibt im Jahre 1939 die Behandlung eines Psychotikers: »Ich (der Arzt) bin in meinem Büro. Die Tür öffnet sich, eine Krankenschwester kommt herein. Krankenschwester: ›Doktor, da ist ein Mann draußen. Er möchte Sie sehen.‹ Arzt: ›Sie wissen, ich kann jetzt niemanden sprechen, weil ich gerade ins Theater gehen will, eine Psychodramasitzung halten mit den Studenten, die da warten.‹ Krankenschwester: ›Er sagt aber, er hätte eine Verabredung. Er will seinen Namen nicht sagen.‹ Arzt: ›Versuchen Sie, herauszufinden, wer er ist und was er will.‹ Die Krankenschwester verläßt den Raum und kommt dann zurück: ›Er besteht darauf, daß er eine Verabredung mit Ihnen hat, er will nicht weggehen.‹ Arzt: ›Gut, lassen Sie ihn hereinkommen.‹ Die Tür öffnet sich. Ein Mann tritt ein. Er ist Anfang 40. Er sieht jeden der Anwesenden an, unsere Augen treffen sich. Er sieht eher gewöhnlich aus. Er sieht zu mir hin: ›Wissen Sie nicht, wer ich bin?‹ Arzt: ›Leider nein.‹ Der Mann mit scharfer Stimme: ›Na, mein Name ist Adolf Hitler.‹ Der Arzt zuckt zusammen; der Mann sieht wirklich teilweise so aus – derselbe hypnotische Blick, dieselbe Art, die Haare zu bürsten, der Bart. Der Arzt erhebt sich von seinem Stuhl. Er denkt: Der hat tatsächlich dieselbe Körperhaltung, auch dieselben Gesten, spricht in derselben schrillen, durchdringenden Weise. Arzt: ›Natürlich, jetzt erkenne ich Sie.‹ (Dem Arzt ist ungemütlich. Er setzt sich wieder und versucht, so formal wie möglich zu bleiben.) ›Wollen Sie sich nicht setzen, Herr Hitler?‹ Der Mann setzt sich. Der Arzt öffnet sein Notizbuch: ›Ihr Vorname bitte?‹ Der Mann: ›Aber wissen Sie das nicht? Adolf!‹ Arzt: ›Ach ja, Adolf Hitler! Wo wohnen Sie?‹ Der Mann (erstaunt und verärgert): ›In Berchtesgaden natürlich.‹ Arzt: ›In Berchtesgaden, o ja, aber warum sind Sie hergekommen zu mir?‹ Der Mann: ›Wissen Sie das nicht? Hat sie es Ihnen nicht erzählt?‹ Der Arzt: ›Wer?‹ Der Mann: ›Meine Frau?‹ Der Arzt: ›Ach ja, ich erinnere mich.‹ Er erinnerte sich tatsächlich, daß vor nicht langer Zeit eine Frau zu ihm gekommen war. Sie hatte von ihrem Ehemann erzählt, der einen

Fleischmarkt in der 3. Avenue im Herzen von Yorkville besitzt. Es blitzte durch seine Erinnerung, daß sie sehr gedrückt war und geweint hatte. Sie hatte gesagt: ›Mein Mann hat sich verändert. Er ist krank. Sein wirklicher Name ist Karl und jetzt nennt er sich Adolf. Er glaubt, er ist Hitler. Ich weiß nicht mehr, was ich mit ihm machen soll!‹ Der Arzt hatte gesagt: ›Warum lassen Sie ihn nicht einmal herkommen, daß ich ihn sehe?‹ Ungefähr 3 Monate waren seitdem vergangen. Jetzt war er hier. Der Mann: ›Können Sie irgend etwas tun für mich?‹ Der Arzt: ›Ich könnte vielleicht. Aber erst erzählen Sie mir, was passiert ist.‹ Der Mann: ›Aber hat sie es Ihnen nicht erzählt?‹ (und aufgeregt weiter) ›Ich habe alles für ihn organisiert, er hat mir meinen Namen genommen. Ich schrieb »Mein Kampf«, er nahm es mir weg! Er nahm alles, was ich habe. Meine Inspiration, meine gedankliche Kraft, meine Energie, sogar jetzt, wenn ich hier sitze, nimmt er mir alles, jede Minute. Dieser Hund! Ich kann ihn nicht stoppen. Können Sie das vielleicht?‹ (Er legt seinen Kopf auf die Schulter des Arztes und weint.) ›Oh, helfen Sie mir, helfen Sie mir! Ich will Sie zum Chef aller Ärzte im Dritten Reich machen.‹«

Der Arzt fühlt sich mehr und mehr zu Hause in der Situation, greift zum Telefon und sagt etwas zu der Krankenschwester. Ein wenig später kommen zwei Männer herein, einer dick, einer dünn. Der Arzt übernimmt die gegenseitige Vorstellung: ›Mister Göring – Mister Hitler; Mister Goebbels – Mister Hitler.‹ In bemerkenswerter Weise akzeptiert der Mann, den wir jetzt Adolf nennen wollen, die beiden ohne jede Frage. Er ist glücklich, sie zu sehen, und schüttelt ihnen die Hände. (Es sind zwei Krankenpfleger, die als Hilfs-Ichs ausgebildet sind. Hitler scheint sie sehr gut zu kennen.) Arzt: ›Gentlemen, lassen Sie uns in das Theater gehen, Mister Hitler will eine Ankündigung machen.‹ Alle vier gehen in das Psychodrama-Theater. Dort wartet eine Gruppe Studenten … Karl tritt vor und macht eine Ankündigung an das deutsche Volk. Er spricht von einem öffentlichen Adressensystem. Er stellt fest, daß er der wirkliche Hitler ist; der andere ist ein Doppelgänger. Die Deutschen sollen den Doppelgänger hinauswerfen. Er will mit Triumph nach Deutschland zurückkehren, um die Macht zu übernehmen. Die Gruppe nimmt seine Ankündigung mit spontanem Applaus zur Kenntnis. Ein paar Szenen folgen schnell; Hitler kehrt in einem Boot nach Deutschland zurück. Er ruft ein Treffen seines Kriegskabinetts ein, plant mit seinen Ministern die Zukunft des Dritten Reiches. Er beendet die 1. Sitzung mit einer bewegenden Szene am Grabe seiner Mutter, die er im 18. Lebensjahr verloren hat. Viele Wochen lang hatten wir regelmäßig Sitzungen mit Hitler. Wir versorgten ihn mit all den Charakteren, die er brauchte, um seine Pläne der Welteroberung zu verwirklichen (Technik der Selbstrealisation). Er schien alles im voraus zu wissen. Viele Dinge, die er auf der Bühne inszenierte, kamen dem, was wirklich passierte einige Jahre später, sehr nahe. Er schien ein ganz spezielles Gefühl dafür zu haben, sich in Stimmungen und Entscheidungen hineinzuversetzen, die Tausende von Meilen entfernt von ihm gemacht wurden. Tatsächlich spekulierten wir manchmal, ob er, der Patient, nicht der wahre Hitler war und der andere in Deutschland sein Doppelgänger. Wir hatten das befremdende Gefühl, den wahren Hitler unter uns zu haben, der verzweifelt eine Lösung für sich selbst

suchte. Wir sahen ihn oft mit seiner Mutter oder Lieblingen in Tränen ausbrechen, kämpfen mit Astrologen um eine Antwort, wenn er in Zweifel war, in seiner Einsamkeit Gott um Hilfe bittend, seinen Kopf gegen eine Wand schlagend, fürchtend, daß er verrückt werden könnte, bevor er den großen Sieg davontragen würde. Manchmal geriet er in Stimmungen großer Verzweiflung, das Gefühl, daß er versagt hatte und daß das Reich von den Feinden erobert würde. In einer dieser Stimmungen stieg er auf die Bühne und erklärte, daß die Zeit gekommen war, seinem Leben ein Ende zu setzen. Er bat die Gestapo-Führer, die den Zuschauerraum füllten, Göring, Goebbels, Ribbentrop, bis zum letzten Mann, mit ihm zu sterben. Er befahl, daß die Musik Götterdämmerung gespielt wird, um seine Todesorgie zu begleiten. Er erschoß sich selbst vor den Zuschauern. Wie auch später, als der wirkliche Hitler sich und seine Frau im Untergrund von Berlin tötete, erinnerte ich (der Arzt) mich an die befremdende Koinzidenz, daß der arme Fleischer von Yorkville so genau die Zukunft der Weltgeschichte vorausgesehen hatte. Oft standen er und ich allein auf der Bühne, Auge in Auge, in ein Gespräch verwickelt: ›Was ist los mit mir?‹ sagte er, ›wird diese Qual niemals enden? Ist es wirklich oder ist es ein Traum?‹ Solche intimen Dialoge sind von einzigartigem Wert für den Fortschritt der Therapie. Auf der Höhe der psychodramatischen Produktion werden solche seltenen Zustände intensiver Reflexion erreicht.

Eine Krankenhauseinweisung schien bei diesem Mann nicht indiziert zu sein, weil seine Frau ausgezeichnet für eine Überwachung sorgte. Sie stellte die zwei Pfleger an, die die Rollen von Göring und Goebbels übernommen hatten. Außerhalb der Sitzungen war er zunächst mit seinen Kameraden recht distanziert. Aber eines Tages stieg er mit ihnen in die Produktion seines Innenlebens ein dank der intimen Beziehung. Er begann, mit ihnen vertrauter zu werden. Während der Unterbrechung einer Sitzung sagte er zu Göring: ›Hallo, Göring, was halten Sie von dem Witz, den ich auf der Bühne heute machte?‹ und sie lachten beide. Aber plötzlich ohrfeigte Hitler Göring. Göring antwortete in derselben Weise, und es entwickelte sich ein regulärer Faustkampf, während dessen Hitler einen schweren Schlag erhielt. Später ließen beide es sich gut gehen bei einem Glas Bier. Von da an fing das Eis zwischen ihnen allmählich an zu schmelzen.

Ungefähr 3 Monate nach Beginn der Behandlung geschah etwas recht Befremdliches. Die Gruppe war in dem Theater versammelt und wartete auf Hitlers nächste Sitzung. Göring kam und sagte: ›Adolf wünscht einen Haarschnitt.‹ Der Arzt: ›Gut, rufe einen Friseur.‹ Es war das erstemal, seit er krank geworden war, daß er überhaupt jemandem erlaubte, seine Haare zu berühren. Ein Friseur kam und schnitt seine Haare entsprechend den Anordnungen Adolfs – auf der Bühne. Als die Zeremonie vorüber war, begann der Friseur seine Instrumente einzupacken und war schon bereit, wegzugehen. Plötzlich guckte Hitler scharf auf die Gruppe, auf den Arzt, dann auf den Friseur: ›Nimm dies weg!‹ (Er deutete auf seinen Bart.) Der Friseur seifte sofort sein Gesicht ein, nahm seinen Rasierapparat, und der Bart war weg! Eine sehr dichte Stille legte sich auf den Hörsaal. Hitler stand auf von seinem Stuhl und deutete auf sein Gesicht: ›Er ist weg, er ist weg, er ist weg, er ist vergangen!‹ (Er begann

zu weinen.) ›Ich habe ihn verloren, ich habe ihn verloren! Warum habe ich das getan? Ich hätte das nicht tun sollen.‹

Allmählich trat eine Veränderung ein; von Sitzung zu Sitzung sahen wir seinen Körper und sein Verhalten sich verändern; der Blick seiner Augen, sein Lächeln, die Wörter, die er redete. Noch etwas später bat er, daß wir ihn Karl und nicht Adolf nennen. Er bat seine Frau, zu den Sitzungen zu kommen. Zum erstenmal in vielen Monaten küßte er sie in einer Szene auf der Bühne … Der Patient konnte sich sozial wieder gut integrieren und kehrte einige Jahre später in sein Vaterland zurück. Sein Fall illustriert die Hypothese, daß ›acting-out-Techniken die Methode der Wahl sind für acting-out-Syndrome‹« (MORENO 1975, S. 193 ff).

MORENO hat mit der Hilfswelt-Technik ein therapeutisches Vorgehen erarbeitet, das bei Psychotikern spezifisch an dem für diese Menschen typischen Zerfall des Selbstorganisationsprozesses ansetzt und diesen wiederherzustellen versucht. Es geht eben nicht darum, einzelne Beziehungsmuster zu Menschen, zu Objekten oder Phantasiegestalten rational oder durch Vergleich mit Interaktionsmustern aus der Kindheit inhaltlich zu deuten. Es geht vielmehr darum, den Prozeß der Beziehungsorganisation, den Tele-Prozeß zwischen den Personen und Elementen aus Realität und Wahn, in seinem Funktionieren als Netzwerk überhaupt erst entstehen zu lassen. In diesem Netzwerkprozeß ist der Patient der Chef, der Organisator, der Schöpfer. Er holt sich Personen, Dinge, die zum Prozeß gehören, dazu, in dem Hitler-Beispiel Himmler und Göring, und benutzt so die Systemfunktion in kreativer Form zum Szenenaufbau. Er entscheidet andererseits, daß Symbole überholt sind (Hitler läßt seinen Bart abrasieren) und weist ihnen die Eigenschaft der Vergangenheit zu. Mit der Hilfs-Welt-Technik wird der Patient wieder zum Cheforganisator seiner innerpsychischen Verarbeitungsprozesse. Der Protagonist spielt nicht vergangene Erlebnisse oder Phantasien nach. Bei der Hilfs-Welt-Technik geht das Leben vielmehr voll weiter, nur werden dabei über die Realität hinaus die durch Zerbrechen des Auto-Tele verselbständigten, inneren Erwärmungsprozesse in anderer Weise in das Leben miteinbezogen und durch ihr Spiel auf der Bühne neu der Kontrolle des Ich unterworfen. MORENO spricht von »spontanen Kontrollen«, die der Psychotiker durch die Hilfs-Welt-Methode entwickelt (1939, S. 14).

Bei der Hilfs-Welt-Technik nehmen die Hilfs-Ichs als Figuren der Wahnwelt Selbstanteile des Patienten in sich auf und verbin-

den den auf sie projizierten Teilprozeß im Spiel mit dem Organisationsprozeß des Patienten zu einem Gesamtprozeß.

»Das wichtigste Therapeutikum sind die Hilfs-Ichs ... Das Hilfs-Ich übernimmt von sich aus die Rolle, die der Patient braucht oder von ihm zu sehen wünscht ... Wenn ein Hilfs-Ich in der Lage ist, die Bedürfnisse des Patienten – zum Beispiel in der Rolle von dessen Mutter ... zu erfüllen, dann wird es dem Patienten möglich, den komplementären Gegenpart zu übernehmen, die Rolle des Sohnes. Der Protagonist sieht verschiedene Aspekte seiner Mutter zu verschiedenen Zeiten; das Hilfs-Ich muß von daher in der Lage sein, die Mutter zu einem Zeitpunkt in dieser Weise, ein andermal in einer anderen Weise zu spielen, abhängig von dem gegenwärtigen Zustand des Patienten oder seinen Bedürfnissen, wie der Cheftherapeut sie anzeigt. Der Fortschritt des Patienten hängt wahrscheinlich ab von der Fähigkeit des Hilfs-Ichs, bestimmte Schlüsse und Anfragen des Patienten aufzunehmen und sie schnell in das Spiel hinein zu verkörpern« (Moreno 1975, S. 195 f).

Die Hilfstherapeuten erleben und erleiden im Spiel mit dem Psychotiker Erfahrungen absoluter Verlassenheit, die Angst vor dem Tod, vor der Leere, vor dem Absurden mit. Der Patient erkennt, daß die Hilfstherapeuten solche absoluten Erlebnisqualitäten aushalten und nicht daran zugrunde gehen. Er erfährt dadurch, daß diese Erfahrungen auch menschlich und nicht nur unmenschlich sind, daß sie zum Menschsein dazugehören. Der Patient und seine Hilfs-Ichs lassen im Spiel zwischen sich Beziehung und eine gemeinsame Geschichtlichkeit entstehen und gestalten alte Beziehungsspiele über die Realität hinaus um, so wenn »Hitler« den »Göring« in dem Fallbeispiel ohrfeigt, dieser zurückschlägt und sich daraus ein regelrechter Faustkampf entwickelt. Bei Psychotikern sind die inneren Gestalten, die sich zum Beispiel im Stimmenhören bemerkbar machen, Gott, der Teufel, Personen aus konkreten Erinnerungen oder auch Ideen und Ideale, zwar energetisch hoch aufgeladen, aber oft nur als Abbilder vorhanden, Begriffe oder Namen ohne Leib und Seele, und unterscheiden sich von einem leiblich-seelisch verwirklichten Wesen so wie ein Westernheld von Parzival. Abbilder oder niedrig-komplexe Strukturen können aber den Organisationsprozeß zwischen anderen niedrigkomplexen Strukturen mangels eigener Komplexität nicht vermitteln. Mit der Hilfs-Welt-Technik lassen dann der Patient und seine Hilfs-Ichs in der gemeinsamen Realisation der verschiedenen Selbstanteile des Patienten auf der Bühne des realen Lebens im

Lauf von Tagen und Wochen neue gemeinsame Beziehungsbilder entstehen, erfahrungsvermittelte und erfahrungsvermittelnde komplexere, innere Strukturen, die die gering-komplexen inneren Strukturen in sich einbinden und ihnen einen angemessenen Ort, eine angemessene Zeit und eine angemessene Logik zuweisen. Durch die Hilfs-Welt-Technik entwickelt der Patient aus sich selbst heraus eigenbestimmt Rollenmuster, Pläne, Erklärungsmuster und Ziele in seiner aktuellen Lebenssituation und differenziert sie aus. Er gewinnt (wieder) neu die Fähigkeit zur spontanen, selbstintendierten Gestaltung seines Selbstorganisationsprozesses.

Die Hilfs-Welt-Technik, so wie MORENO sie bei Psychotikern praktizierte, scheint zunächst einzigartig zu sein. MORENO steht mit diesem Vorgehen aber keineswegs allein da. GOETHE beschrieb schon 1788 in seiner »Lila« die »Heilung des Wahnsinns durch eine psychische Kur« mit einer Methode, die der psychodramatischen Hilfs-Welt-Technik sehr ähnelt (DIENER 1971): Der Heilkundige läßt dabei die Familie und die Hausangestellten die Wahninhalte Lilas und die darin auftauchenden Gestalten drei Tage lang spielen. Er ermöglicht dadurch Lila, diesen Gestalten zum erstenmal wirklich zu begegnen, nicht mehr nur die Wahnphantasien passiv zu erleiden, sondern aktiv gestaltend in sie einzugreifen und so die Herrschaft des Ich über das Unbewußte neu zu errichten.

Ein afrikanischer Medizinstudent berichtete mir 1969, daß in seiner Heimat mit einem der Hilfs-Welt-Technik analogen Vorgehen ein psychotischer Stammesangehöriger geheilt wurde. Dieser lebte in dem Wahn, daß andere ihn bestehlen. Der Medizinmann des Stammes inszenierte eine große Suchaktion. Das ganze Dorf und der Erkrankte gingen unter großem Aufwand und Geschrei von Hütte zu Hütte und suchten in allen Winkeln nach den gestohlenen Gegenständen. Der Heiler distanzierte sich nicht von dem scheinbar Unsinnigen in den Wahnphantasien des Kranken, ließ ihn nicht nur passiv als Opfer den Wahn erleiden, sondern veranlaßte ihn, aktiv im erlebnisorientierten Spiel die Realität zu überprüfen.

BENEDETTI empfiehlt bei Pschotherapie von Patienten mit schizophrenen Psychosen ein Vorgehen, das dem der Hilfs-Welt-Technik MORENOS sehr nahekommt:

»Wenn … das Symptom des Patienten die einzige Freiheit und Kommunikationsweise ist, bleibt uns nichts anderes übrig, als mit ihm ›im Symptom‹ zu sein – sofern uns an seiner Nähe wirklich gelegen ist –, ohne ihn dabei der Vernichtung und uns selbst seiner radikalen Ablehnung auszusetzen.« »Aufgabe des Therapeuten ist es nun, sich auf die psychotische Ebene des Kranken zu begeben und dessen ausgefallene Ich-Funktionen zu übernehmen.« »Der identifikatorische Akt des Therapeuten« setzt dann »die Gegenidentifikation des Patienten in Gang« (1983, S. 190, 199, 229, 245f).

BENEDETTI verwirklicht diese Maßgaben für die Psychotherapie von Psychotikern in der therapeutischen Praxis unter anderem durch ein technisches Vorgehen, das er »symbolische Realisierung« nennt. Die symbolische Realisierung ist nichts anderes als die Hilfs-Welt-Technik MORENOS, allerdings begrenzt auf die Zweierbeziehung. Bei der symbolischen Realisierung übernimmt der Therapeut selbst allein die Hilfs-Ich-Funktion für den Patienten. BENEDETTI zeigt an vielen Beispielen, daß mit der Hilfs-Welt-Technik auch in der Zweierbeziehung Teilsequenzen des Selbstorganisationsprozesses bei Psychotikern therapeutisch fruchtbar ausgestaltet werden können und daß man also nicht immer eine ganze Gruppe von Mitarbeitern braucht, um in dieser Weise mit einem Psychotiker zu arbeiten. Andererseits erweitert die Hilfs-Welt-Methode MORENOS die Möglichkeiten des technischen Vorgehens bei BENEDETTI in ausgesprochen sinnvoller Weise, weil sie nicht nur Teile des zerfallenen Organisationsprozesses von Patienten ins Spiel und in die Ausgestaltung bringt, sondern das ganze Netzwerk der Beziehungen, damit also den Selbstorganisationsprozeß als ganzen integriert.

Auch SECHEHAYE (1956) empfiehlt in der Therapie von Psychotikern ein der Hilfswelt-Technik ähnliches Vorgehen, die »réalisation symbolique«. Dabei muß der Therapeut den Kontakt mit dem Kranken auf dem Niveau seiner Regression, so archaisch dies auch sein mag, aufnehmen«, unter Umständen auch auf präverbalem Niveau körperlich. Das Ziel dabei ist, »dem Kranken gefühlsmäßig notwendig zu werden und sein wahres Wesen, das sich hinter der Psychose verborgen hat, an den Tag zu bringen«. Wenn der Kontakt hergestellt ist, gelte es, einen »affektiven Pfropfreis« anzubringen, indem der Therapeut zur »idealen Mutter« wird, um dem Kranken »seine authentischen Bedürfnisse zu erfüllen, und zwar auf der gleichen Ebene, in der er sie äußert, d. h. auf einer

symbolisch-projektiven Ebene«. »Nicht einen Augenblick lang hat der Kranke das Gefühl, daß es sich um einen Ersatz der wirklichen Mutter oder um eine Wiederbelebung der kindlichen Verhangenheit handle … Der Schizophrene erprobt in der Psychotherapie eine wirklich neue Situation.« Dadurch gelange er »aus einem autistischen in einen symbiotischen Zustand«. Erst wenn man die Existenz der Mutter-Kind-Beziehung bestätige, könne der Kranke sich seiner selbst bewußt werden. »Sein Ich entdeckt er nicht selbst, sondern durch den Therapeuten. Und die Angst, sein ›Objekt‹ zu verlieren, umschließt … zugleich die Angst, sein ›Ich‹ zu verlieren.«

Moreno hat die Hilfs-Welt-Technik in der Behandlung von Psychotikern zwischen 1935 und 1939 entwickelt, das heißt in einer Zeit, in der es noch keine Psychopharmaka gab. Es ist die Frage, wie dieses Vorgehen angewandt werden kann in der heutigen Zeit, in der es als ärztlicher Kunstfehler angesehen wird, einem akut psychotischen Menschen keine Medikamente zu verabreichen. Im allgemeinen wagen Psychotherapeuten nicht, die Grenze zwischen Realität und Phantasie so verschwimmen zu lassen, wie es Moreno oder Benedetti taten. Bender et al. (1991, S. 114 ff) geben einen Überblick über ein mehr sozialpsychiatrisch orientiertes psychodramatisches Vorgehen mit Psychotikern, bei denen die Realitätsgrenze erhalten bleibt.

Ich versuche zur Zeit, das Prinzip der Hilfs-Welt-Technik in die Einzeltherapie mit Pschotikern zu übertragen, indem ich statt Hilfstherapeuten Handpuppen einsetze. Dieses Vorgehen erlaubt, auch in der therapeutischen Zweierbeziehung das Netzwerk der Beziehungen im Selbstorganisationsprozeß relativ ganzheitlich ins Spiel zu bringen. Denn der psychotische Patient versucht dabei mit Hilfe des Therapeuten, seine Wahnwelt mit den Puppen zu spielen. In dem Fallbeispiel 7 (s. S. 44 f) hatte dies guten Erfolg. Möglichkeiten und Grenzen bei diesem Vorgehen sollen noch weiter erprobt werden. Im Handpuppenspiel wählt der Patient für verschiedene Gestalten aus seiner Phantasie, aus seinem Wahn oder der Realität bestimmte Puppen aus. Er spielt nacheinander diese verschiedenen Puppen im Wechsel mit dem Therapeuten je nach seinem Vermögen und je nach Indikation. Je unfähiger der Patient ist, im Handpuppenspiel die einzelnen Funktionen selbst zu bedie-

nen, den Szenenaufbau herzustellen, Rollentausch zu machen und die Szene zu vervollständigen, desto mehr ist der Therapeut gefordert, einzelne Teile des Organisationsprozesses des Patienten zunächst stellvertretend für ihn zu vollziehen und diese dann in den Gesamtprozeß zu integrieren (siehe Fallbeispiel 5, Seite 34). FUHR (unveröffentl. Manuskript 1994) zeigt in einer Fallbeschreibung einer strukturell schwer gestörten Patientin, wie der Heilungsprozeß der Patientin einherging mit ihrer zunehmenden Fähigkeit, Rollen und Funktionen im Spiel selbst zu übernehmen und zu spielen, nachdem zunächst die Therapeutin die Konflikte der Patientin ihr in symbolisch verkürzter Form vorgespielt hatte.

STRAUB (1970) hat das therapeutische Puppenspiel in seiner Systematik entwickelt und insbesondere in der Kindertherapie eingesetzt. In der Auswahl der Handpuppen, ihrer Benennung und dem spielerischen Ausprobieren ihrer Rollen vollzieht sich der Szenenaufbau. Dadurch wird der rote Faden der Geschichte aufgenommen und führt in den Konflikt hinein. Die szenische Aktion erscheint im Puppenspiel in der *Begegnung* zwischen den verschiedenen ausgewählten Puppen und dem Versuch, aus dieser Begegnung heraus einen logischen Ablauf von Ereignissen und eine Geschichte entstehen zu lassen. Der Rollentausch konkretisiert sich dadurch, daß der Patient tatsächlich die Puppen wechselt, von gut zu böse, hin und zurück. Der Rollentausch kann aber auch indirekt im Ablauf der entstehenden Geschichte geschehen. Denn wenn die Geschichte gut ausgehen soll, muß ja die Figur, die zunächst Opfer war und vom Räuber gefangen, zum Täter werden und den Räuber fangen und einsperren. Der Therapeut tritt als Doppelgänger, zum Beispiel mit der Puppenfigur eines Freundes oder eines Hundes, in das Spiel ein, wenn der Patient in seiner Rolle unterzugehen droht, kann sich dann im Spiel mit dem Patienten beraten und dadurch dessen Ich-Position stärken, bis dahin, daß er konkret hilft, den bösen Gegenspieler oder die böse Gegenspielerin zu überwinden. Aus der Rolle des zu überwindenden Feindes kann der Therapeut das Verhalten der vom Patienten gespielten Puppe beschreibend kommentieren und dadurch spiegeln. Am Ende des Spiels hat der Therapeut dafür zu sorgen, daß der Patient mit seiner Ich-Position und Ich-Perspektive in dem Beziehungsnetzwerk der Puppen angemessen Raum findet.

2. Das Doppeln

Praktische Ausführung und allgemeine Wirkungen

Die Doppeltechnik hilft, in Konflikten bei Bedarf die Beziehung zu sich selbst (wieder) neu zu entwickeln. Es lassen sich dabei zwei praktische Anwendungen unterscheiden.

1. Das intrapsychisch verbalisierende Doppeln

Fallbeispiel 24

Die 28jährige Patientin Frau M. leidet unter einer Angstneurose bei einer narzißtischen Grundstörung. Sie war in den ersten Gruppensitzungen recht still. In der neunten Gruppensitzung beginnt sie von sich aus das Gespräch: »Seit vierzehn Tagen komme ich von dem Gedanken an meine toten Eltern nicht los. Vielleicht auch, weil Weihnachten kommt. Sie sind am zweiten Weihnachtstag tödlich verunglückt.« Frau M. zeigt im Spiel, wie sie den Tod der Eltern und des Bruders als achtjähriges Mädchen erlebt hat. In der ersten Szene verabschieden sich Vater, Stiefmutter und Bruder. Der Vater gibt M. und dem Stiefbruder fünf Mark, »ich komme gleich wieder, ich will Mutter nur schnell zum Bahnhof bringen.« In der zweiten Szene geht der gleichaltrige Stiefbruder mit M. ins Dorf. Sie kaufen sich in dem kleinen Dorfladen von dem Geld eine Pistole. Es ist eine entspannte Atmosphäre. In der dritten Szene kommen M. und der Stiefbruder wieder nach Hause. Die Großmutter empfängt sie gerade in der Tür, als ein fremder Mann eintrifft; er geht mit der Oma zum Großvater ins Wohnzimmer. Die Kinder werden aus dem Zimmer geschickt. Sie hören die Oma schreien: »O Gott, o Gott!« Jemand sagt etwas wie »bei Mühlbach«. Die Tür geht auf. Der Großvater verläßt das Haus, geht zum Onkel. Der fremde Mann geht. Die Oma wäscht in der Küche ab. Keiner sagt den Kindern etwas. Im Rollentausch in der Rolle der Großmutter in der Küche bricht M. zusammen und weint lange.

In der vierten Szene informiert die Großmutter die Kinder über den Tod der Eltern und des Bruders. M. weint während der ganzen Szene. Gisela spielt die Rolle der »Oma«. Sie legt M. über die damalige Realität hinaus die Hand auf den Arm. Nach einiger Zeit fragt der Therapeut: »Und wie ging es dann weiter?« M. baut die nächste Szene auf: In der Garage des Hauses sind die Särge der Toten, des Vaters, der Stiefmutter und des Bruders, aufgebahrt. M. steht neben der Garage. Viele Leute kommen und bringen Blumen und Kränze. Gruppenmitglieder spielen diese Dorfbewohner, kommen immer wieder und bringen etwas hin zu den drei Toten. Bisher war Frau M. während des Spiels in den verschiedenen Rollen immer affektiv lebendig gewesen und hatte ihre Gedanken spontan zum Ausdruck bringen können. In dieser Szene wirkt sie neben der Garage verloren, abwesend und apathisch. Der Therapeut *doppelt*

sie deshalb: Er stellt sich in die Spielszene neben die »Garage« hinter Frau M., fühlt sich mit seiner ganzen Intuition in sie ein und gibt über die Realität hinaus seiner Wahrnehmung in ihrer Rolle Worte: »Die sehen mich gar nicht!« Frau M. führt das Selbstgespräch weiter: »Ich existiere gar nicht für die!« Der Therapeut: »Die kommen und gehen …« Frau M.: »Ich bin hier ganz überflüssig!« Der Therapeut: »Wirklich, die sehen mich gar nicht!« Frau M.: »Ich bin niemand!« Der Therapeut mit Traurigkeit und Staunen in der Stimme: »Ja, ich bin niemand!« Frau M. weint still. Es vergeht einige Zeit.

Dann dreht Frau M. sich zum Therapeuten um: »Ich habe mich wirklich als Niemand gefühlt. Ich dachte auch: Warum lebe ich eigentlich, keiner sieht mich. Wenn ich tot wäre statt meines Bruders, dann hätte der Opa wenigstens ihn. Den hatte er sowieso lieber gemocht. Ich war immer nur bei der Oma.« Frau M. erzählt dem Therapeuten, daß damals in der Zeitung fälschlicherweise ihr Name statt der des Bruders bei den Toten aufgeführt war. Sie spielt daraufhin noch eine weitere Szene, in der die Mutter ihres damaligen Schulfreundes sie tröstet und ihr verspricht, daß sie jederzeit spielen kommen darf. Dann folgt die Nachbesprechung des Spiels in der Gruppe. Sechs Wochen später berichtet Frau M. mit deutlichem Leidensgefühl: »Überall, wo ich bin, da gibt es jetzt Streit. Ich bin unleidlich zu meinen Kindern, zu meinem Mann, zu allen!« Offensichtlich beginnt Frau M., sich von dem früheren Grundgefühl »die sehen mich gar nicht, ich bin niemand!« zu lösen.

Der Psychodramaleiter geht beim Doppeln selbst in den Raum der Spielszene hinein. Klassisch ist die Position hinter dem Protagonisten. Der Therapeut kann dort die Körperhaltung oder die Gangart des Protagonisten einnehmen, um die gleiche Körperempfindung in sich wachzurufen. Während des verbalisierenden Doppelns drückt der Therapeut durch Modulation der Stimme, Höhe, Tiefe, Betonung einzelner Wörter, den Affekt aus, der sich bei ihm in der Inkorporation des Erlebens der Patientin einstellt. Beim Doppeln von Frau M. war der Tonfall nicht trotzig oder ärgerlich, eher affektleer und tonlos, nur feststellend: »Die anderen sehen mich gar nicht …« Der Therapeut schwingt sich in die Stimmung der Patientin ein und teilt ihr so mit, daß ihre psychische Landschaft nachvollziehbar ist. »Die Funktion des Hilfs-Ichs besteht darin, die Subjektivität des Patienten zu durchleben und sich mit allen Lebensäußerungen des Patienten zu identifizieren, soweit wie körperliche Grenzen dies möglich machen« (Moreno 1959, S. 103). Beim Doppel verbalisiert der Therapeut in sehr erlebnisdichten Situationen möglichst nicht zuerst den unerträglichen Affekt (»Ich fühle mich gar nicht.«). Besser ist es, die Protagonistin in ein Selbstgespräch hineinzuführen und ihre Wahrnehmung dabei von

außen nach innen zu aktivieren, so daß sie sich dann spontan mit eigenen Worten mitteilt. Dabei faßt der Leiter *zuerst* das in Worte, was außen bildhaft szenisch zu sehen ist, *dann* die innere Wahrnehmung der Protagonistin von sich selbst und *zuletzt* erst den dazugehörigen Affekt.

Der Therapeut läßt die Protagonistin ihre Wahrnehmung im Selbstgespräch durch Worte ausdrücken und so über die frühere Realität hinaus ihr Ich-Empfinden und ihre eigene Perspektive in der Szene entwickeln. Er spricht ebenso wie die Protagonistin in der Ich-Form *über* die Mitspieler (»Die sehen mich gar nicht!«) und redet diese nicht direkt an (»Ihr seht mich gar nicht hier!«). Zwischen Psychodramaleiter und Protagonistin entspinnt sich ein dialogischer Monolog, in dem beide zusammen zu der äußeren Handlungswelt passend eine neue zusätzliche Innenwelt aufbauen und in Sprachhandlung und Sprachbildern zum Leben erwecken. Aus der Sicht struktureller Prozesse wird dadurch der Szenenaufbau um innere Bilder, Gedanken und Assoziationen zur aktuellen Szene erweitert und so vervollständigt. Der Szenenaufbau ist in seiner Existenz abhängig davon, daß er sich in der Innenwelt der Protagonistin repräsentiert. Das Doppeln ergänzt den Szenenaufbau um die Wahrnehmung nach innen und außen, stellt dadurch Verbindungen her zwischen vorher unverbundenen Elementen und wirkt integrierend und organisierend. Doppeln ist Wahrnehmungs- *und* Verbalisierungsarbeit. Fehlt die Wahrnehmung, dann sind Denken, Fühlen und Handeln gelähmt. Die Spontaneität hängt fest und bricht zusammen. Durch das Doppeln wird sie wieder frei. Dadurch, daß die Protagonistin sich selbst wieder empfindet und eine eigene Perspektive in der Szene entwickelt, gewinnt sie neue Handlungsmöglichkeiten: In dem Beispiel steht Frau M. als Mädchen nicht mehr starr neben der Garage, sondern sie weint dort leise vor sich hin. Das verändert auch das emotionale Erleben der »Trauergäste« im Spiel.

Das Doppeln ergänzt rein körperliches Handeln um sprachliches Handeln. Sprache ist an Grammatik gebunden und strukturiert dadurch das Ich-Erleben. Die Protagonistin in dem Beispiel war vor dem Doppeln innerlich verschmolzen mit der Szene und dem Handeln der Besucher, die zu den Toten kamen. Sie war ganz auf die Außenwelt konzentriert. Der Therapeut doppelte: »Die

sehen mich gar nicht!« Die Sprache hat keine andere Möglichkeit. Sie polarisiert zwischen Ich und Du, Subjekt und Objekt, »die dort« und »mich«. Das Subjekt des Ich-Erlebens wird beim Doppeln in der Sprache ganz selbstverständlich dem Objekt gegenübergestellt: »Die sehen *mich* gar nicht, *ich* existiere für die gar nicht. *Ich* bin niemand!« Allein schon durch die Sprache bedingt, taucht beim Doppeln der Protagonist in seinem eigenen Bewußtsein wieder als eigenes Wesen auf und nimmt oft zum erstenmal in der Szene überhaupt leiblich, seelisch und geistig sich selbst wieder wahr. Dadurch stellt er die Beziehung zu sich selbst neu (wieder) her (vgl. Auto-Tele, Seite 106).

Aus der Sicht energetischer Prozesse ist das intrapsychisch verbalisierende Doppeln im Psychodrama die Methode par excellence, um in einem Beziehungskonflikt die Arbeit eines gelähmten Selbstorganisationsprozesses und damit das Wahrnehmen und Prüfen wieder zu aktivieren. Der Therapeut übernimmt beim Doppeln die Position der Patientin im Raum der Szene und greift dadurch massiv in das Geschehen auf der Bühne ein. Dadurch ändert sich die Energieverteilung im Raum. Frau M. war vorher allein neben der Garage mit den Toten. Jetzt hat sie in dem mitfühlenden Therapeuten einen kraftvollen Begleiter. Die vorher geschäftig agierenden Mitspieler, die ganz auf die Toten konzentriert ihre Blumen und Kränze abgaben, stocken im Gang, blicken zwischendurch neugierig zu Frau M. und zum Therapeuten. Das Doppeln zieht die Energien aus dem äußeren Spielhandeln der Bühne in den Raum der inneren Selbstorganisation der Patientin.

Zu viel intrapsychisch verbalisierendes Doppeln behindert aber das Spiel, weil die Handlungsenergie aus dem Spannungsbogen zwischen der Protagonistin und ihren Gegenspielern abgezogen wird in die innere Selbstreflektion. Der Therapeut ist beim Doppeln Hebamme, das heißt er ist überflüssig, wenn das Kind schon spontan zur Welt kommt oder das Kind schon laufen kann und es nichts mehr zu gebären gibt. Nicht selten doppeln Therapeuten deshalb zu viel, weil sie die schmerzhaften oder »negativen« Gefühle von Protagonisten selbst nicht aushalten können und meinen, ihnen helfen zu müssen. Die »negativen« Gefühle und die dazugehörigen äußeren Handlungsimpulse werden »weg«- oder »totgedoppelt«. Dabei hilft der Therapeut dann aber eher sich

selbst und verhindert unter Umständen, daß die Protagonistin ihre Gefühle erstmals wahr über die Realität hinaus erleben und zeigen kann. Wenn der Therapeut vorzeitig oder zu viel doppelt, behindert er auch die Mitspieler in ihrem spontanen Spiel durch seine dauernde Anwesenheit im Raum der Szene. Man kann die Regel aufstellen: Szenische Aktion so viel wie möglich, Doppeln nur so viel wie nötig. Angemessen eingesetzt, fördert das Doppeln das weitere Spiel und gibt durch Polarisierung der Konfliktfelder in der Szene neue Handlungsenergie, wenn dem Protagonisten in der Szene die Beziehung zu sich selbst verlorengegangen ist.

2. Die Technik des interaktionell mitagierenden Doppelgängers

Fallbeispiel 25

Die 25jährige Frau N. hatte schon öfter vom sexuellen Mißbrauch durch ihren Vater berichtet, sich aber noch nie daran gewagt, etwas von diesen in ihrem Leben sich jahrelang wiederholenden Ereignissen im psychodramatischen Spiel zu zeigen. Zu Beginn ihrer 63. Gruppensitzung erzählt sie, daß der Vater alles Vorhergegangene leugne. Der Therapeut bietet Frau N. an, die Auseinandersetzung mit dem Vater darüber zu zeigen. Die Protagonistin richtet sich auf der Bühne die Wohnung ihrer Eltern ein. Der Gruppenteilnehmer Jochen spielt den Vater. Frau N. besucht ihn. Es entsteht ein Streit. Aus Frau N. platzt es heraus: »Du hast mit mir ja sowieso immer gemacht, was du wolltest!« Sie drückt das recht drastisch aus. Der Vater aber, von Frau N. im Rollentausch gespielt, braust auf: »Du spinnst, das habe ich doch nie gemacht. Du bildest dir das nur ein. Du siehst in mir nur den Mann, nicht den Vater!« Wieder in der eigenen Rolle ist Frau N. verwirrt. Im Selbstgespräch zweifelt sie an ihrer eigenen Erinnerung: »Vielleicht stimmt es ja, was der Vater sagt. Ich weiß manchmal wirklich nicht, ob ich verrückt bin.«

Der Therapeut: »Wann hat der Vater das denn zum letztenmal versucht?« Frau N. erzählt, daß der Vater sie vor einem Jahr noch einmal auf das Bett geworfen und an die Brust gefaßt habe. Der Therapeut bietet Frau N. an, das im Spiel zu zeigen. Die Wohnung der Patientin wird eingerichtet. Der Vater kommt sie besuchen. Im Spiel fordert der Therapeut dann den Mitspieler Jochen auf, er solle als Vater Frau N. nehmen und auf das Bett werfen. Frau N. weicht völlig entsetzt zur Wand zurück: »Das lasse ich nicht zu, nein!« Der Therapeut zu ihr: »Sie brauchen das ja auch nicht zulassen. Sie sollen sich ja wehren. Wählen Sie sich jemand, der Ihnen hilft gegen den Vater, daß Sie ihm gegenüber stark genug sind.« Frau N. wählt sich Karin als Hilfs-Ich, eine standfeste Frau, deren Vater ebenfalls alkoholkrank war. Der Therapeut weist Karin ein: »Karin, Sie sind jetzt auch Nina. Sie sind zwei Ninas. Sie helfen

sich gegenseitig gegen den Vater!« (*interaktionell mitagierender Doppelgänger*) Frau N. geht wieder zu ihrem Bett und setzt sich darauf. Jochen steht als Vater von seinem Stuhl auf, versucht, sie aufs Bett zu werfen. Frau N. wehrt sich. Es kommt zu einem Handgemenge, in das Karin ebenfalls massiv eingreift. Der Therapeut fordert Karin auf: »Schreien Sie auch! Seien Sie wirklich ganz Nina!« Jochen wehrt sich als Vater zwar kräftig. Beide Frauen schaffen es aber, unter Aufbietung aller Kräfte den Vater aus dem Zimmer zu drängen. Frau N.: »Nein, ich will das nicht mehr!« Karin laut: »Raus mit dir! Jetzt ist Schluß! Jetzt ist ein für allemal Schluß! Raus! Raus!« In dem Handgemenge fügt Jochen als Vater Frau N. am Arm auch eine kleine Verletzung zu. Beide Frauen schaffen es aber, sie tragen den Vater aus dem Zimmer, schließen die imaginäre Tür, schließen die Tür ab. Frau N.: »Der kommt hier nicht mehr rein!« Der Therapeut wiederholt von außen bestätigend: »Der kommt hier nicht mehr rein in Ihr Zimmer! Der kommt hier nicht mehr rein!« Beide Frauen liegen sich völlig erschöpft in den Armen und weinen. Frau N.s ganze Anspannung bricht zusammen. Sie weint mit ungeheurem Leidensgefühl. Das dauert zehn Minuten. In immer wieder neuen Wellen entleert sich uralter Schmerz, Traurigkeit und Einsamkeitsgefühle. Als sie stiller wird, fragt der Therapeut, ob sie erzählen mag, wie das damals war, wenn der Vater zu ihr kam. Sie berichtet darüber vor der Gruppe. Es folgt eine intensive Nachbesprechung.

Das Beispiel erweckt durch seine Bilder den Anschein, als ob die Patientin dadurch, daß sie den Vater nachträglich aus ihrem Zimmer wirft, ihn auch als sadistische Instanz aus ihrer Seele hinauswerfen könnte. Das ist nicht gemeint und real auch nicht geschehen. Im Gegenteil: Nach diesem Spiel hat sich die Angstsymptomatik der Patientin im Verlauf von mehreren Wochen deutlich verstärkt. Parallel dazu wurde Frau N. aber offensiver, fordernder, sowohl in der therapeutischen Beziehung als auch gegenüber ihrem Lebenspartner und machte sich weniger zur Funktion der allgemeinen Erwartungen. Ihr Empfinden für sich selbst und ihre eigenen Notwendigkeiten in Beziehungen war deutlich verbessert. Sie setzte von sich aus eine stationäre Therapie in einer Psychosomatischen Klinik durch und vereinbarte mit dem Therapeuten darüber hinaus eine Verlängerung der ambulanten Psychotherapie.

Das intrapsychisch verbalisierende Doppeln führt zur »Selbsterkenntnis«, die interaktionell mitagierende Doppelgängertechnik zur »Selbstverwirklichung« (vgl. Moreno 1959, S. 103). Ein(e) interaktionell mitagierende Doppelgänger(in) wird gewöhnlich vom Therapeuten eingesetzt in Spielsituationen, in denen es keinen Ausweg zu geben scheint aus der Angst vor dem Tod, der Angst vor absoluter Einsamkeit, der Angst vor absoluter Leere oder der Angst vor dem Absurden. Es ist dringend indiziert bei körperlicher oder seelischer Traumatisierung, in denen das Körper-Selbst-Empfinden und die eigene Perspektive in der Szene verlo-

rengegangen sind. Der interaktionell mitagierende Doppelgänger hat die Aufgabe, die traumatisierende Szene über die damalige Realität hinaus zu verändern im Sinn des Anspruchs auf körperliche und seelische Unversehrtheit. Dabei handelt er *nicht* als Einzelkämpfer *statt* des Patienten, sondern als sein stützender Doppelgänger. In Situationen, in denen das psychische Erleben vernichtend wäre und die Patientin sich mit ihrem seelischen Empfinden deshalb aus dem Körper herauszieht, reicht das nur verbalisierende Doppeln nicht aus, um die Beziehung zum Körper-Selbst wiederherzustellen. Denn wenn das verbalisierende Doppeln tatsächlich das Körper-Selbst-Empfinden wieder entwickelt, führt es die Protagonistin in der Szene direkt in die psychische Vernichtung, ohne ihr wirklich mit Rat und Tat beizustehen gegen den Täter oder das Unglück. Reden allein genügt dann nicht. Der zerstörte Innenraum muß wieder aufgebaut werden, vielleicht zunächst einmal nur äußerlich konkret als Schutzraum, als Interaktionsraum für Protagonistin und Doppelgängerin mit Mauer und verschlossener Tür. Rein verbalisierendes Doppeln ist nur sinnvoll, wenn die Protagonistin nicht existentiell bedroht ist. Denn das Erleben des Körper-Selbst muß mit in das Handeln einbezogen sein. Selbstorganisation und Selbstperspektive ohne Körper-Selbst-Empfinden ist Selbstbetrug oder unbewußte alte Abwehr.

Zum mitagierenden Doppeln zähle ich auch Techniken wie das Einführen einer »guten Fee« oder eines »Patenonkels«, der einem Protagonisten in einer Kindheitsszene hilft und damit Selbstverwirklichung in einer Situation ermöglicht, in der dieser als Kind gegen Erwachsene nichts ausrichten kann.

Das Doppeln als spontane Systemfunktion im Alltag

Beim Doppeln tritt der Therapeut mit seinem Ich in das des Patienten ein und aktiviert in der Szene seine Wahrnehmungsfunktionen. Der Szenenaufbau befreit die Systemfunktion aus ihren Fixierungen in der Beziehungsorganisation, das Doppeln befreit sie in der Selbstorganisation.

Eigentlich ist es das Normalste von der Welt, versuchsweise die Perspektive des anderen (Beziehungspartners) zu übernehmen,

sich einzufühlen und das auszusprechen, was der andere ausdrücken möchte, aber noch nicht kann, was er vielleicht auch noch nicht wahrnimmt. Viele Mütter haben nie Psychodrama gelernt und »doppeln« doch ihre Kinder. Sie ahmen die Laute des Kindes oder seine Bewegungen nach. Wenn die Mutter dem Kind Brei füttert, öffnet sie vielleicht selbst bei jedem Mundöffnen des Kindes unwillkürlich ihren eigenen Mund mit. Freudige Erregung des Kindes begleitet sie ihrerseits, indem sie Töne und Laute in vereinfachter Sprache nachahmt. Die für die Entwicklung des Kindes so wichtige Spiegelfunktion der Mutter (WINNICOTT 1985, S. 128 ff) beruht nicht zuletzt eben auf dem emotionalen Einschwingen der Mutter auf das Kind und ihrer konkordanten Teilhabe an seiner Selbstperspektive. Dadurch wird der Selbstorganisationsprozeß des Kindes stabilisiert und in der Entwicklung gefördert.

Auch Erwachsene sind anderen Erwachsenen gegenüber empfänglich für emotionale Ansteckung:

»Gähnt jemand in unserem Beisein, dann tun wir das wahrscheinlich auch. Lächelt er, dann fühlen wir uns sofort wohler, selbst wenn wir den Grund dafür nicht kennen und lächeln auch. Weint er hingegen, fühlen wir ebenfalls einen Kloß im Hals. Psychische Verfassungen zu teilen oder eben nicht zu teilen ist eine sehr wirksame Methode, das Verhalten einer anderen Person zu formen … Ehepartner zum Beispiel verhandeln oder streiten ständig darum, welche psychische Verfassung die gemeinsame sein soll und welche demgegenüber die persönliche Eigenart nur eines Partners bleiben muß« (STERN 1991 S. 67; 93).

Das Doppelgängerspiel als frühe Fähigkeit des Kindes

Das Kleinkind entwickelt ab etwa dem fünften bis sechsten Lebensmonat die Fähigkeit, spielerisch Doppelgänger zu sein für Beziehungspartner. STERN schreibt über ein Kind in diesem Alter:

»Wenn die Mutter ihren Gedanken nachhängt, sieht Joey anstelle ihres lebhaften und ausdrucksvollen Gesichts … sich Gleichgültigkeit und Leere gegenüber … Er reagiert nicht nur auf das Fehlen der Stimulation, sondern identifiziert sich möglicherweise mit seiner Mutter. Vielleicht ahmt er sie sogar nach und folgt ihr in ihrem Zustand geistiger Abwesenheit, von dem er – da er ihn nicht genau erfassen kann – nur einen vagen und ziemlich verwirrenden Ein-

druck erhält: Sie befindet sich irgendwo, wo er nicht sein möchte. In Identifikation mit ihr spürt er, wie ihre emotionale Gleichgültigkeit auch ihn ergreift. Dieser Identifikationsprozeß, bei dem ein Kind oder ein Erwachsener fühlt und handelt wie ein anderer Mensch, ist ungeheuer faszinierend. Obwohl wir ihn noch wenig kennen, ist er von großer klinischer Bedeutung, da viele psychische Probleme anscheinend das Ergebnis einer kindlichen Identifikation mit einem depressiven, ängstlichen, psychotischen oder auch gewalttätigen Elternteil sind.« Das Lächeln der Mutter aber »bewirkt nicht nur, daß Joey zurücklächelt, sondern haucht ihm geradezu neues Leben ein. Nun kann er im von ihr gefühlten und gezeigten Lebensrhythmus mitschwingen – sein Vergnügen, zu dem ihr Lächeln ihn verführt, wächst. Glücklich überläßt er sich völlig der Mutter: ›Ihr Gesicht … wird zur Brise … die mich beflügelt. Sie ist der Wind, mit dem sich meine Segel füllen. Aufs neue beginnt der Tanz in meinem Inneren.‹ In diesem Augenblick reagiert Joey nicht nur, sondern identifiziert sich auch mit ihr« (Stern 1991, S. 66; 70).

Von einer dem Doppeln analogen frühen Fähigkeit kann man erst dann sprechen, wenn das Kind ab etwa dem sechsten Lebensmonat den anderen in zumindestens ersten Ansätzen auch gefühlsmäßig versteht. Dazu reicht es nicht aus, nur reflexhaft die Gesten der Bezugsperson zu imitieren. Das können Säuglinge praktisch schon von Geburt an (Lichtenberg 1991, S. 46). Das Kind muß darüber hinaus in der Lage sein, sich emotional anstecken zu lassen, über die Eigenresonanz die Empfindungen und Emotionen der anderen Personen zu spüren und sich eigenbestimmt auch wieder aus der Verschmelzung mit dem anderen befreien zu können. Das setzt die Fähigkeit voraus, zwischen Ich und Du zu unterscheiden. Sonst wüßte das Kind ja nicht, ob es den anderen spürt oder sich selbst. Diese Fähigkeit ist abhängig von einem einigermaßen sicheren Kern-Selbst-Empfinden (s. S. 95 f), das sich zwischen dem zweiten und siebenten Lebensmonat entwickelt.

Darüber hinaus wächst im Alter von fünf bis sechs Monaten durch neurophysiologische Reifung die Fähigkeit, die eigenen Handlungen zu koordinieren. Dadurch steigerte das Kind seine interaktionelle Kompetenz. Das Kind kann leichter eigene Handlungen in das Doppelgängerspiel mit der Bezugsperson einbringen. Idealerweise kommt es dadurch zu einem gemeinsamen Doppelgängerspiel zwischen Kind und Mutter mit gegenseitiger Erwärmung in der Verschmelzung zwischen Ich und Du. Das Kind ist dann Doppelgänger für die Mutter und die Mutter Doppelgängerin für das Kind. Das Ein- und Ausschwingen aus der Ver-

schmelzung mit dem Du bringt Spannung und Entspannung in der Beziehung und dadurch größtes Vergnügen.

Die frühkindliche Fähigkeit der spielerischen Introjektion durch Doppelgängerspiele dient der Anpassung an die jeweilige Umwelt in ihren verschiedenen Varianten. Da aber, wo die Introjektion des anderen dauerhaft notwendig ist, um körperlich oder seelisch zu überleben, alles andere Verhalten aber zum Beispiel bei einer teilnahmslosen oder psychotischen Mutter nur stören und Gefahr für die körperliche Unversehrtheit des Kindes heraufbeschwören würde, verliert das Doppelgängerspiel seinen Spielcharakter und wird zur Anpassung. Das Kind wird dann in die Doppelgängerrolle für die Mutter oder andere Personen des sozialen Umfelds fixiert. Es muß die Beziehung zu seinem Kern-Selbst dabei trennen, baut sein Ich-Erleben dann unbewußt auf dem Erleben des Introjekts auf, das es als Ich in sich spürt, und übernimmt so gleichsam die Mutterfunktion für die Mutter (STERN 1991, S. 68).

Die Symbiose ist beim gesunden Kind nur ein Spezialfall der Beziehungsaufnahme zwischen Mutter und Kind. Die neuere Säuglingsforschung stellt das alte Konzept der symbiotischen Phase, in der »das Ich noch nicht vom Nicht-Ich unterschieden ist« (MAHLER 1989, S. 63) in Frage. »Zuerst kommt die Ausformung des Selbst und des anderen, erst danach ist das Erleben von verschmelzungsähnlichen Erfahrungen möglich« (STERN 1985, S. 70). Wird aber das Ich des Kindes nicht durch pathogene Einflüsse in der Introjektionsstellung fixiert, dann kann das Kind eigenbestimmt entscheiden, wie lange es das Doppelgängerspiel macht und wann es wieder ausschwingt. Die Verschmelzung des Kindes mit der Mutter, die Verschmelzung seines Ich mit dem ihren, ist im allgemeinen das Ergebnis einer absichtsvollen Handlung des Kindes, bei der das Kind sich selbst mit als Urheber des Verschmelzungsvorganges erlebt, ebenso wie auch die Mutter, die den Verschmelzungsvorgang ja eigenbestimmt auch wieder abbrechen kann. Symbioseerlebnisse sind deshalb in dieser Zeit nicht als Ausdruck einer Unfähigkeit zu sehen, sich körperlich getrennt von der Mutter zu erleben, sondern als Ergebnis einer Fähigkeit, sich spielerisch an die Mutter anzulehnen und zu vertrauen.

Das Handeln des Kindes bei Doppelgängerspielen ist ganz ähn-

lich dem des Therapeuten im Psychodrama beim intrapsychisch verbalisierenden Doppeln und dem interaktionell mitagierenden Doppeln. Der Therapeut ahmt beim Doppeln die Gestik des Patienten nach, läßt sich von dessen Empfindungen und Emotionen emotional anstecken und gelangt dadurch zu einem intuitiven Verstehen des anderen. Auch wenn der Therapeut darüber hinaus noch Sprache benutzt, um dieses Verstehen auszudrücken (eine Fähigkeit, die das Kind erst später entwickelt), so ist die Basis des Doppelns aber doch die spielerische Ausweitung des Ichs, die bewußt vollzogene Introjektion des anderen, mit der Möglichkeit der Rückkehr in das eigene Ich-Körpererleben.

Die Abwehr durch Introjektion

Zwischen der Psychodramatechnik »Doppeln« und dem Abwehrmechanismus »Introjektion« besteht eine enge Beziehung. Man kann die Doppeltechnik als bewußte Introjektion bezeichnen. Abwehr durch Introjektion findet statt, wenn ein Patient für eine andere Person *unbewußt zeitgleich* mit deren Handlungen zu deren Doppelgänger wird und dabei sein Ich um die Person des anderen erweitert. Dadurch verschwimmen die Grenzen zwischen Ich und Du. FERENCZI definiert die Introjektion

> »als eine Ausweitung des Ichs … Gleich wie die arme Fischersfrau im Märchen, der infolge einer Verwünschung die Wurst an die Nase angewachsen ist, deren Berührung sie wie die der eigenen Haut verspürt und sich gegen das Abschneiden des unliebsamen Auswuchses energisch wehren muß: So spüren wir alles Leid, das den von uns geliebten Objekten angetan wird, als unser eigenes. Solches Anwachsen, solche Einbeziehung des geliebten Objektes in das Ich, nannte ich Introjektion« (1970, S. 100).

In dem Beispiel von Frau M. (Seite 116 f) steht die Patientin in der traumatischen Kindheitssituation im 8. Lebensjahr vor der Garage, in der die Särge mit den Toten, dem Vater, dem Bruder und der Stiefmutter aufgebahrt sind. Viele Leute kommen und bringen Blumen und Kränze. Frau M. wirkt im Spiel wie verloren und entfremdet. Sie ist tief verunsichert und spürt sich selbst nicht mehr. Sie wehrt die Angst und die Verlassenheitsgefühle ab durch Introjektion. Sie funktioniert so wie die selbst sehr verunsicherten

Besucher: Die anderen sehen sie gar nicht, also *ist* sie auch nicht anwesend. »Ich bin niemand«, sagt sie später dazu. Sie ist niemand in der Wahrnehmung der anderen und übernimmt diese Wahrnehmung der anderen in ihr Ich. Sie spielt unbewußt doppelnd das Verhalten der anderen ihr gegenüber mit und ist sich selbst entfremdet.

Im Beispiel von Frau N. (Seite 120 f) steht die Protagonistin dem arroganten, aufbrausenden Vater gegenüber, der alle Schuld an ihrer psychischen Erkrankung abstreitet: »Du bist verrückt. Du bildest dir das alles nur ein. Du siehst in mir nur den Mann, nicht den Vater. Und du willst nur einen Mann haben!« Frau N. beginnt an ihren Gefühlen und ihrem Verstand zu zweifeln, verliert die Beziehung zu ihrem Körperselbsterleben. Sie wehrt ab durch Introjektion und spielt in der Begegnung mit dem Vater unbewußt die Rolle des Vaters sich selbst gegenüber mit: »Ich weiß manchmal wirklich nicht, ob ich verrückt bin, ob ich mir alles nur einbilde oder nicht.« Die Protagonistin weitet ihr Ich unbewußt auf das des Vaters aus, um mit den Worten FERENCZIS zu sprechen, und bezieht dessen Ich in der Begegnung mit ihm in ihr eigenes Ich mit ein.

Die Abwehr durch Introjektion ist wie die Doppeltechnik eine spezielle Form von Beziehungsaufnahme. Der Introjizierende übernimmt wie beim Doppeln die Rolle des anderen in der aktuellen Szene, dies nur unbewußt. Er spielt unbewußt *zeitgleich* die Rolle der anderen Person mit. Damit unterscheidet sich die Abwehr durch Introjektion von der Abwehr durch Verleugnung und der Identifizierung mit dem Angreifer. Wenn Frau N. abgewehrt hätte durch Verleugnung, würde sie zum Beispiel ihrem Vater gegenüber ihre Panik verstecken durch arrogantes Auftreten und dabei *zeitversetzt* das Verhalten eines anderen, zum Beispiel ihres Bruders nachspielen. Die Identifizierung mit dem Angreifer wiederum kann man verstehen als ein unbewußtes *zeitversetztes* Nachspielen des Angreifers gegenüber einem *anderen* Opfer, das der *eigenen* Person in der traumatischen Szene ähnelt. (In der wissenschaftlichen Literatur wird Abwehr durch Introjektion als zeitgleiches und Identifizierung mit dem Angreifer als zeitversetztes Spielen der Rolle des Beziehungspartners oft nicht klar voneinander unterschieden.)

Die speziellen Indikationen für das Doppeln

Um die Abwehr durch Introjektion, die definitionsgemäß unbewußt ist, aufzulösen, setzt der Psychodramatherapeut die analoge Technik des Doppelns ein. Im Beispiel von Frau M. (Seite 116 f) war die Protagonistin in der Garagen-Szene durch Introjektion des Verhaltens der Menschen, die die Toten in der Garage besuchten, für sich selbst nicht mehr vorhanden. Der Therapeut spielte im Doppeln nun aber zeitgleich mit Frau M. deren Rolle mit. Er introjizierte sie dabei bewußt und sprach als Doppelgänger für sie sein Erleben aus: »Die sehen mich gar nicht!« Frau M. nahm durch Introjektion ihrerseits zeitgleich mit dem Therapeuten im dialogischen Monolog dessen (Doppelgänger-)Rolle in ihr Ich auf. Sie introjizierte dabei spielerisch seine Rolle, die im Doppeln ihre eigene war, in ihr Ich, befreite so ihr Ich-Empfinden aus der Abspaltung und spürte ihr Entfremdungsgefühl: »Ich existiere gar nicht für die. Ich bin niemand!« Das Doppeln löste die Abwehr durch Introjektion auf. Denn indem Frau M. das Entfremdungsgefühl aussprach, war sie in ihrem Ich-Empfinden nicht mehr »niemand«.

Der Therapeut hilft dem Protagonisten durch das Doppeln, sich selbst wahrzunehmen im Kräftefeld der Szene. Das Doppeln führt bei primärprozeßhaft organisiertem Handeln den Sekundärprozeß wieder ein. Dadurch wird der Protagonist wieder zu einer eigenständigen, sich selbst organisierenden Person mit eigenem Wollen, Fühlen, Wahrnehmen und Denken im aktuellen Interaktionszusammenhang. Das Doppeln hilft, die Beziehung zu sich selbst wiederherzustellen. An dem Fallbeispiel von Frau M. wird deutlich, was die verbesserte Beziehung zu sich selbst bewirken kann. Sieben Wochen nach der geschilderten Gruppensitzung teilte sie mit: »Überall, wo ich bin, gibt es jetzt Streit. Ich bin unleidlich zu meinen Kindern, zu meinem Mann, zu allen!« Die Abwehr eigener Lebenswünsche durch Introjektion der Bedürfnisse anderer (zum Beispiel ihrer Kinder und des Mannes) war gelockert, die Fremdbestimmung relativiert. Die Patientin rebellierte nicht mehr nur mit Angstzuständen, sondern schon direkter und nahm sich mehr Raum in den Beziehungen.

Das intrapsychisch verbalisierende Doppeln ist therapeutisch besonders wirksam bei narzißtischer Grundproblematik und Men-

schen mit Selbstwertproblemen, die ja besonders zur Abwehr durch Introjektion neigen aufgrund mangelhafter Ich-Grenzen. Das Doppeln ist darüber hinaus besonders indiziert bei Patienten, die durch ihre Kontaktstörung zum therapeutischen Raum der Gruppe nur schwer Zugang finden und deshalb von der Gruppentherapie zunächst nur schwer profitieren können. Wenn der Therapeut einen solchen Patienten anfangs immer wieder konsequent doppelt, ermutigt er diesen, sein Ich-Empfinden und die eigene Perspektive in der Gruppe wahrzunehmen und zu entwickeln und sich mit der jeweils individuellen Andersartigkeit in der Gruppe zu zeigen. Wer *in* der Gruppe aber sagt, daß er »draußen« ist, hat die Tür zum Eingang schon selbst geöffnet. HAUSTEDT (1989) und SAILER (unveröffentl. Manuskript 1992) haben dies in Einzelfalldarstellungen an schwer narzißtisch gestörten Patienten eindrucksvoll und anrührend beschrieben.

Die Technik des interaktionell mitagierenden Doppelgängers ist indiziert und hilfreich bei Patienten in existentiellen Krisen und/oder mit schweren strukturellen Defiziten. STRAUB (1969) weist darauf hin, daß bei schweren Zwangsneurosen das Aufdecken unbewußter Konflikte die Symptome oft nur verstärkt, daß aber Phantasiespiele mit intensiver Anwendung der Doppelgänger-Technik (der Therapeut übernimmt die Rolle eines Freundes, eines Tieres o. a.) die Strukturentwicklung positiv fördern und zu guten therapeutischen Ergebnissen führen (s. auch S. 158). MORENO empfiehlt darüber hinaus, die Doppelgänger-Technik auch in der Therapie schwer kontaktgestörter Psychotiker einzusetzen: Wenn die Patientin

> »mit sich selbst sprechen könnte, mit der Person, die ihr am nächsten steht und die sie am besten kennt, dann hätte sie jemand, mit dem sie sich versteht. Um ihr das zu ermöglichen, reproduzieren wir für sie auf der Bühne ihren ›Doppelgänger‹, mit dem sie sich am leichtesten identifizieren, mit dem sie sich unterhalten, mit dem sie gemeinsam handeln kann. Das ist der Sinn der Doppelgängermethode im Psychodrama« (1959, S. 85).

Ich interpretiere diese Empfehlung MORENOS so, daß er damit eine Spezialform der Hilfs-Welt-Methode (s. S. 104 ff) beschreibt. Zum Beispiel sind in dem Fall der psychodramatischen Behandlung des Mannes, der 1939 in dem Wahn lebte, Adolf Hitler zu sein (s. S. 107 ff), die zwei Krankenpfleger, die »Himmler« und »Göring«

spielten, interaktionell mitagierende Doppelgänger, wenn sie »Hitler« in den Hörsaal begleiten und ihm als »Göring« und »Himmler« beistehen, als er die Rede an »sein« Volk hält.

3. Die szenische Aktion

Die szenische Aktion ist nicht gleichzusetzen mit der auf die Anwärmphase folgenden Spielphase einer Psychodramasitzung. Denn für die Gestaltung von Raum, Zeit, Logik und Sinn der Spielphase als Prozeß sind auch die anderen Psychodramatechniken erforderlich. Der Begriff »szenische Aktion« soll das Handeln in der *gesamten* Szene bezeichnen, also die Handlungen des Protagonisten *und* die seiner Mit- oder Gegenspieler im Spiel. Die szenische Aktion umfaßt dabei die vier Qualitäten kreativen Handelns:
1. das körperliche und sprachliche Handeln
2. das Wahrnehmen
3. das Prüfen
4. das Gestalten (s. S. 70).

Praktische Ausführung und allgemeine Wirkung

Fallbeispiel 26
Die 25jährige an einer Bulimie erkrankte Frau O. klagt in der Gruppentherapiesitzung weinend über die dauernde Unzufriedenheit ihres Ehemannes: »Er ist in der letzten Zeit ungenießbar.« Die Therapeutin fragt die Patientin: »Frau O., gibt es eine bestimmte Szene, in der Sie das zeigen können?« Frau O.: »Ja, heute morgen beim Frühstück.« Die Therapeutin läßt das Wohnzimmer von Frau O. im Szenenaufbau einrichten. Frau O. wählt sich einen 40jährigen, recht gehemmten Mitpatienten, Jörg, in die Rolle des Ehemannes. Jörg sitzt als Ehemann Karl schon auf seinem Stammplatz am Frühstückstisch, da fragt die Therapeutin noch einmal: »Frau O., wie fing denn das an dem Morgen an?« Frau O.: »Na, wir standen auf ...« Intuitiv geht die Therapeutin auf diese neue Information ein und verändert den Spielplan: »Zeigen Sie das doch einmal!« Frau O. richtet das dazugehörige Schlafzimmer ein. Sie liegt noch im Bett. Der Ehemann (Jörg) steht noch unter der Dusche. Die Therapeutin: »Fangen Sie an?« Das ist die *Aufforderung zur szenischen Aktion.* Der Ehemann kommt vom Duschen zurück. Frau O.: »Kannst du heute wieder Frühstück machen?« Die Therapeutin läßt die Rollen tauschen. Der Ehemann Karl (Frau O.) ant-

wortet etwas brummig, aber doch noch zugewandt: »Jetzt mache ich das schon zum siebenten Mal hintereinander. Eigentlich könntest du es doch auch mal wieder tun! Na gut, ich mache es schon.« Karl (Frau O.) geht in die Küche. Die Therapeutin läßt die Rollen wieder zurücktauschen. Karl (Jörg) geht in die Küche und macht dort Frühstück. Frau O. liegt im Bett, genießt das offensichtlich. Sie ruft hinter Karl (Jörg) her: »Und zum Frühstück möchte ich Apfelsinensaft! Aber bitte nicht den aus der Dose, sondern frisch gepreßt!« Frau O. steht langsam auf und geht in das Wohnzimmer hinüber zum Frühstückstisch, wo Karl (Jörg) schon beim Essen sitzt. Es fällt Jörg in der Rolle des Ehemannes nicht schwer, einen unzufriedenen Karl zu spielen. Auch die Gruppenteilnehmer verstehen recht gut, warum der Ehemann am Frühstückstisch keine gute Laune mehr hat.

Das »Fangen Sie an!?« ist nicht nur an die Protagonistin Frau O., sondern auch an Jörg gerichtet, der als Ehemann in der Dusche steht und in der Szene die inneren Bilder der Protagonistin spielen und in äußere Wahrnehmung umsetzen soll. Die Aufforderung zur szenischen Aktion meint immer ein Lebendigwerden der ganzen Szene, des ganzen Systems. Sie gibt den Anstoß, das durch den Szenenaufbau entstandene Standbild zum Leben zu erwecken und alle in der Szene involvierten Rollen in Handlung umzusetzen. Wenn der Prinz Dornröschen wachküßt, schlägt nicht nur Dornröschen die Augen auf; in demselben Augenblick führt der Koch auch seinen 100 Jahre lang zurückgehaltenen Schlag gegen den Küchenjungen zu Ende, König und Königin erwachen, und der Schloßhof wird lebendig.

Die szenische Aktion vermittelt Realitäts-(Um-)Gestaltung. In dem Fallbeispiel verlegt die Protagonistin durch das szenische Handeln einen Vorgang aus ihrer inneren Vorstellung und Erinnerung in die Beziehung zu dem real anwesenden Gruppenmitglied Jörg hinein und lebt ihn dort aus. Frau O. möchte sich als Opfer ihres unzufriedenen Mannes zeigen. Warum nicht? Wie war es, als der Ehemann unzufrieden war? Aus dem inneren Bild »unzufriedener Ehemann«, ohne Raum und Zeit, wird durch Szenenaufbau eine ganze Szene. Die szenische Aktion läßt aus dem Netzwerk der Beziehungen ein lebendiges Beziehungsspiel werden. Es entsteht Wirklichkeit, ein Interaktionsprozeß mit Raum, Zeit, Logik und Sinn. Was ist in dem Konflikt wirksam gewesen, und was löst Frau O.s Leidensgefühl aus? Die szenische Aktion bringt nicht nur ein inneres Bild nach außen auf die Bühne, sondern einen inneren Vor-

gang mit seinem spezifischen Interaktions- beziehungsweise Konfliktmuster. Innere Fehlverarbeitung und neurotische Fixierung werden dadurch dem Protagonisten, dem Therapeuten und den Gruppenmitgliedern wahrnehmbar. Die szenische Aktion führt durch Wirklichkeitsgestaltung zur Wirklichkeitserkenntnis. Sie hilft spezifisch, die Abwehr durch Projektion aufzuheben (s.S. 138).

Bei der szenischen Aktion ist der Rollentausch nur ein Hilfsmittel, um das Verhalten des Mitspielers an die innere Erwartung des Protagonisten anzupassen. Der Protagonist könnte dem Antagonisten auch jeweils das Verhalten seiner Beziehungspartner verbal beschreiben. Die Antagonisten müßten dann die verbale Mitteilung im Playback-Verfahren in Handlungen umsetzen. Das verbale Beschreiben würde den Protagonisten aber aus dem Spielen ins Denken bringen. Außerdem ist das Vorspielen im Rollentausch viel einfacher und differenzierter. Der Rollentausch hat hier also nur die Funktion, das Verhalten des Beziehungspartners zu zeigen und dadurch das individuumzentrierte Spiel des Protagonisten getreu seiner Erinnerung zu ermöglichen. Er ist noch kein Mittel der Exploration, Konfrontation oder gar der Integration (s. S. 160 ff).

Der Szenenaufbau und die szenische Aktion umfassen zusammen auch die *Antagonistentechnik*, so daß diese in der hier vorgelegten Systematik zentraler Psychodramatechniken nicht mehr gesondert als Technik erscheint. Die Wahl des Antagonisten, die Rollenzuweisung und seine Position im Raum sind Teile des Szenenaufbaus. Es bedarf nur noch des Übergangs in die szenische Aktion, dann ist die Antagonistentechnik verwirklicht. Als gesonderte Technik erscheint sie nur dann, wenn der Betrachter künstlich Subjekt und Objekt in der Interaktion der Szene trennt und seinen Blickwinkel auf das Objekt einengt.

Die szenische Aktion als spontane Realitätsfunktion im Alltag

Jeder Mensch versucht mehr oder weniger bewußt immer wieder, die äußere Realität nach seinen inneren Erwartungsmustern zu gestalten, zum Beispiel beim Einrichten seiner Wohnung, beim Feiern von Festen oder auch beim musikalischen Improvisieren.

Weniger bewußt ist uns dieses Phänomen bei der Ausgestaltung von Beziehungen.

Fallbeispiel 27

Ein Mann will auf dem Flohmarkt am Stand einen alten Tontopf kaufen. Er bietet der Verkäuferin 10 DM. Die Verkäuferin schüttelt den Kopf und lacht: »Da kann ich Ihnen den ja gleich schenken. Woanders würde der 100 DM kosten. – Sie können ihn aber auch für 80 DM haben!« Die Verkäuferin projiziert bei diesem Spiel in der Realität bewußt die eigene Schlitzohrigkeit auf den Käufer und spielt die zu dem »schlitzohrigen« Mann *komplementäre* Rolle, eine Verkäuferin, die zum Opfer wird. Sich selbst stellt sie als gutmütige, großzügige Frau dar. Sie versucht auf diese Weise, den Käufer zu verführen, ihrer inneren Wunschvorstellung zu entsprechen und den Tontopf zu ihren Bedingungen zu kaufen. Wenn der Kunde das Spiel durchschaut, geht er nicht darauf ein: »30 DM ist das höchste. Außerdem hat der Topf ja auch einen Fehler in der Glasur!« Die Verkäuferin erfährt über seine Antworten, daß sie ihre Wunschvorstellungen nicht verwirklichen kann. Das Verkaufsspiel dient dazu, zu prüfen: »Was ist real? Was ist angemessen? Was ist nur innerer Wunsch?« Am Ende einigen sich beide auf einen Preis von 50 DM.

In jeder Alltagsbeziehung, nicht nur zwischen Käufer und Kunde auf dem Basar oder zwischen Politikern und Wählern, geschehen solche Spiele mit dem Ziel, die Beziehung entsprechend der inneren Erwartung (um)zugestalten. In dem gemeinsamen Spiel erwärmen sich die Beziehungspartner durch Handlung miteinander, inszenieren sich, öffnen und zeigen sich. Innere Vorstellungen über die Beziehung reihen sich in der Reihenfolge der Handlungssequenzen entlang dem roten Faden der Zeit aneinander. Dadurch differenzieren sich die Selbst- und Objektbilder in der Begegnung zunehmend aus. Jeder erkennt sich im Spiegel der Reaktionen des anderen. Durch die versuchsweise Inszenierung eines »falschen Spiels« erfährt der Protagonist der Handlung die Realität des Beziehungspartners und erkennt das, was der gemeinsam erarbeiteten Definition von Wirklichkeit nicht entspricht, als Phantasie, Vorurteil, Projektion oder Wunschvorstellung.

In Prozessen der Selbstorganisation in Beziehungen ist der Versuch, die Beziehung spielerisch entsprechend der eigenen inneren Erwartung zu gestalten, ein notwendiger Bestandteil, um die Realität in der Beziehung zu erkennen. Deshalb kann man sagen, daß die Psychodramatechnik »szenische Aktion« die gestaltende Arbeit der Realitätsfunktion in Beziehungen verwirklicht und den Protagonisten dadurch direkt in die Realitätsprüfung hineinführt.

Das Wiederholungsspiel als frühe Fähigkeit des Kindes

In dem Fallbeispiel von Frau O. (s. S. 130 f) setzte die Protagonistin durch szenische Aktion den Streit mit ihrem »unzufriedenen« Ehemann auf der Bühne in Szene und reproduzierte dabei zeitversetzt das Ereignis aus der Erinnerung mit Hilfe des Antagonisten. Damit griff die Patientin auf eine Fähigkeit zurück, die Kinder in Wiederholungsspielen ab dem neunten Lebensmonat entwickeln.

Beispiel 28

Der 9 Monate alte Frank sitzt im Hochstuhl am Tisch. Seine Mutter gibt ihm einen Zwieback in die Hand. Der kleine Frank hält den Arm ausgestreckt, läßt den Zwieback fallen. Er sieht interessiert auf den Boden, sucht mit seinen Augen den Zwieback dort unten. Die Mutter bückt sich. Sie hebt den Zwieback auf, pustet den Staub ab und reicht ihn Frank wieder hin: »Du, halt ihn jetzt aber richtig fest!« Frank nimmt den Zwieback, streckt den Arm aus, sieht die Mutter an. Er läßt den Zwieback noch einmal fallen. Er beobachtet dabei gespannt, wie die Mutter reagiert. Diese hebt den Zwieback wieder auf. Sie pustet ihn ab, muß lachen, als sie die lustvolle Spannung in Franks Gesicht sieht, schimpft, jetzt aber nicht mehr ganz ernst: »Frank, du sollst den Zwieback nicht immer auf den Boden werfen!« Sie gibt Frank den Zwieback zurück, dieser streckt den Arm aus, strahlt über das ganze Gesicht. Er erkennt offensichtlich, daß die Mutter es nicht ernst meint und auf sein Spiel eingeht. Den Arm ausstrecken, die Mutter ansehen, den Zwieback fallen lassen, die Mutter schimpft spielerisch, Frank lacht. Die Mutter hebt den Zwieback auf und freut sich an Franks Vergnügen. Er hat ein Spiel erfunden, in dem er sich selbst zeitversetzt szenisch reproduziert, ein szenisches Wiederholungsspiel.

Auch vor dem neunten Lebensmonat finden zwischen Mutter und Kind zwar die verschiedensten kleinen Wiederholungsspiele statt. Erst ab diesem Zeitpunkt kann aber das Kind solche Spiele *selbst* initiieren, dabei innere Erwartungen auf die Bezugsperson spielerisch projizieren und solche Wiederholungs- und Projektionsspiele auch als Spiel erleben.

Die Fähigkeit des Kindes zu Wiederholungs- oder Projektionsspielen setzt voraus, daß das Kind 1. Spiel und Wirklichkeit voneinander unterscheiden und 2. eigene Erinnerungen aktiv als Erwartungen in die gegenwärtige Wahrnehmung der Außenwelt spielerisch hineinprojizieren kann.

Zu 1.: Die Fähigkeit, Spiel und Wirklichkeit zu unterscheiden, setzt eine spezifische intersubjektive Bezogenheit voraus, in der jeder der Mitspieler hinter das äußere Verhalten des andern sehen

muß, um das Handeln des anderen als Spiel aufzufassen und nicht als »Ernst«. STERN nennt diese intersubjektive Bezogenheit »intersubjective relatedness« (1985, S. 128). Um ein Spiel als Spiel zu erkennen, muß das Kind in der Lage sein, das Ziel der Aufmerksamkeit des Mitspielers zu erfassen, die Absicht hinter einer äußeren Handlung zu verstehen und die affektive Gestimmtheit hinter einer Handlung zu erkennen. STERN meint, daß die Ausübung dieser drei Fähigkeiten nicht an Sprache gebunden ist. Er stellt fest, daß das Kind ab dem neunten Lebensmonat weiß,

»daß ein anderer dieselben oder ähnliche Absichten haben kann wie es. Hält seine Mutter beispielsweise einen Keks in der Hand und er möchte ihn gern haben, weiß er bereits, wie er die Aufmerksamkeit auf sich und seine Wünsche lenken kann. Er streckt den Arm mit geöffneter Hand nach dem Keks aus. Er blickt zwischen Keks, seiner sich öffnenden und schließenden Hand und seiner Mutter hin und her und gibt seinem Wunsch auch akustisch Ausdruck. Nützt das nichts, findet er einen anderen Weg, um den Inhalt seiner Gedanken so deutlich zu machen, daß seine Mutter ihn erfaßt und ihre eigenen Absichten seinen Wünschen entsprechend ändert … Was er möchte, ist eindeutig: Er möchte, daß sie seine Gedanken liest« (1991, S. 91 u. 1985, S. 129 ff). »Diese Handlungen zeigen … daß das Kind der Beziehungsperson einen inneren psychischen Zustand zuschreibt – nämlich, die Absicht des Kindes zu verstehen und die Fähigkeit, zu beabsichtigen, diese Absicht zu befriedigen. Absichten werden gegenseitig teilbare Erfahrungen … Kurz nach dem 9. Lebensmonat kann man sehen, daß manche Kinder miteinander anfangen, Späße zu machen und sich zu necken. Solche Ereignisse können nur stattfinden, wenn man gegenseitig die Absichten und Erwartungen erfaßt« (STERN 1985, S. 131).

Zu 2.: Die Fähigkeit zur Inszenierung kleiner Wiederholungsspiele setzt auch einen Entwicklungssprung im Umgang mit Erinnerungen voraus. STERN schreibt über den einjährigen Joey:

»Bisher hatte er meist nicht nach einem versteckten Gegenstand gesucht, sondern sich verhalten, als höre dieser auf zu existieren, sobald er für ihn nicht mehr sichtbar ist. Jetzt beginnt er zu suchen, wenn etwas versteckt wird. Der Gegenstand ist für ihn zwar nicht sichtbar, aber vor seinem geistigen Auge weiterhin vorhanden. Nun können Dinge auch ausschließlich im Geiste existieren. Zum Teil beruht dies darauf, daß Joeys Gedächtnis sich weiterentwickelt hat. Er kann sich jetzt an Dinge oder Vorgänge erinnern, die im Moment nicht präsent sind. Er kann sie aus dem Speicher seiner Erinnerungen abrufen und sie auf seiner geistigen Bühne als Bilder, als imaginäre Landschaften wiedererstehen lassen. In diesem Alter werden Versteckspiele für ihn ungeheuer aufregend, denn auch dabei muß man eine Erinnerung oder Vorstellung von dem haben, was dem Blick verborgen ist. Am beliebtesten sind Kuckuck-Spiele in allen Variationen« (1991, S. 90).

Nach LICHTENBERG kommt es durch den neuen aktiven inneren Umgang mit Erinnerungen zu

> »einem stärkeren Erleben von Kausalsequenzen«. Die »ausgedehnte, flexible Aneinanderreihung von Antizipation, Erwartung, Überwindung von Hindernissen, Planung und Planausführung ist m. E. die herausragende Veränderung in der Organisation in der 2. Hälfte des ersten Lebensjahres. Während in der Aktivität des jüngeren Säuglings mehr bedürfnisbefriedigende komplementäre und synchrone Austauschvorgänge enthalten sind, verschiebt sich hier die Balance hin zu einem größeren Anteil von kausaler, sequentieller Aktivität« (1991, S. 54).

Dadurch, daß das Kind jetzt autonom Dinge oder Vorgänge erinnert, kann es sie in die Realität hinein projizieren, Erwartungs- und Realbilder linear zu einem Handlungsablauf zusammenknüpfen und dann entsprechend agieren.

Die Fähigkeit zum spielerischen, das heißt bewußten Projizieren ist eine Fähigkeit, die das Kind erst lernen muß. Sie dient der Realitätsgestaltung nach eigenen Erwartungen und ist nach ARGELANDER »eine bewundernswerte Begabung des Menschen« (1970, S. 99). Denn sie ist eine Grundbedingung für jede Beziehungsaufnahme, die Vorstufe zur Realitätsprüfung und die Voraussetzung für jeden schöpferischen Prozeß. Erst die Fähigkeit zu Wiederholungsspielen und zu Projektionsspielen eröffnet den Phantasieraum, der von WINNICOTT »intermediärer Raum« genannt wird (1985, S. 25), ein Raum, aus dem Kreativität und Kultur entstehen.

Die Abwehr durch Projektion

Man findet Wiederholungsspiele bei wissenschaftlichen Experimenten mit chemischen Substanzen oder Bakterien, aber auch bei Ritualen, zum Beispiel Gottesdiensten, bei einer Hochzeit, der Beerdigung eines Menschen oder der Einschulung eines Kindes. Den Akteuren ist in diesen Wiederholungs- oder Projektionsspielen der Wiederholungscharakter ihres Spiels oder Rituals bewußt. Sie handeln eigenbestimmt, angemessen und bewußt, im Dienst ihrer inneren Vorstellung. Diese »Spiele« dienen dazu, Beziehungspartner bewußt in neue Rollen hineinzuführen und/oder alte Rollen, Erwartungen und Hypothesen neu zu bestätigen.

Wiederholungsspiele in der Wirklichkeit, die die Realität der Beziehung in gewünschter Weise verändern, haben aber oft auch einen unbewußten Anteil oder sind dann, wenn der Handelnde projiziert, sogar gänzlich unbewußt. Zum Beispiel klagt Frau O. (Fallbeispiel 26 Seite 130 f) zu Beginn der Gruppensitzung über die Unzufriedenheit und Ansprüchlichkeit des Ehemannes. Die Patientin hatte vor dem Spiel ihre eigene chronische Verstimmtheit als Reaktion auf die Unzufriedenheit des Ehemannes interpretiert, immer wieder Streit mit ihrem Mann angefangen und sich an ihm emotional abreagiert. Unfähig, ihre eigene Unzufriedenheit auszuhalten und introspektiv zu hinterfragen, projizierte sie diese unbewußt auf den Ehemann und konnte sie bei diesem bekämpfen. Frau O. spielte unbewußt einen inneren Vorgang in der Beziehung zu ihrem Ehemann nach: ihre innere Auseinandersetzung mit sich selbst und ihrer *eigenen* Unzufriedenheit. Da Frau O. aber aufgrund ihrer neurotischen Fixierung nicht in der Lage war, das Realbild des Ehemannes und das durch unbewußte Projektion verfälschte Bild auseinanderzuhalten, mußte der Ehestreit ständig wiederholt werden.

Das unbewußte Wiederholungsspiel in der Realität dient dazu, die Realität der Beziehung durch Projektion so umzugestalten, daß der Konflikt nicht intrapsychisch introspektiv, sondern interaktionell in der Beziehung zu anderen Personen ausgetragen werden kann. Gelingt dies, dann bleibt das alte, inzwischen von der Realität überholte Selbstbild unverändert erhalten. Aus meiner Sicht als Psychodramatiker umfaßt Abwehr durch Projektion immer zwei zusammengehörige Aktionen des Projizierenden: 1. eine Fehlwahrnehmung des Beziehungspartners entsprechend der eigenen unbewußten Erwartung und 2. ein auf diese Fehlwahrnehmung komplementär »reagierendes« Handeln des Projizierenden. In der psychoanalytischen Literatur wurde Projektion oft allein als Fehlwahrnehmung definiert. Kuiper sagt: »Wir sprechen von Projektion immer dann, wenn wir in anderen etwas entdecken oder glauben zu entdecken, das wir in uns selbst nicht wahrnehmen können« (1969, S. 26). Greensen meint: »Wenn ein Mensch projiziert, verlagert er etwas von seiner Selbstrepräsentanz hinaus in oder auf einen anderen Menschen« (1975, S. 197). In einer den Handlungsaspekt mitberücksichtigenden Betrachtungsweise ge-

hört zur Projektion aber immer auch die Reaktion auf das verfälscht wahrgenommene Beziehungsobjekt dazu. Projektion führt zu einem unbewußten Spiel in der Wirklichkeit. Dieses Verständnis von Projektion wird auch schon von FREUD gestützt, der in der Projektion »eine Veräußerlichung eines inneren Vorganges« sah (1975, S. 180). BRANDT definiert Projektion ebenso als »Übertragung von Innenvorgängen auf die Außenwelt« (1979, S. 276). Auch KÖNIG (1982) spricht von einem »interaktionellen Anteil der Projektion«. Er sieht in der Abwehr durch Projektion eine produktive Kraft, »ein Bedürfnis nach Vertrautsein, nach Familiarität ..., in einer Umgebung, die unsere vertrauten inneren Anteile in uns selbst reproduziert, sich zu befinden«.

Die spezielle Indikation für die szenische Aktion

Bei Abwehr durch Projektion trägt der Projizierende seinen intrapsychischen Konflikt nicht introspektiv in sich selbst aus, sondern als unbewußtes Spiel in der Beziehung zu Personen seines sozialen Umfelds. Die Psychodramatechnik »szenische Aktion« überführt ganz ähnlich, aber bewußt intendiert, innere Vorgänge in äußeres Handeln gegenüber Bezugspersonen auf der Bühne. Beim Nachspielen einer konkreten Erinnerung wird aber über das innere Bild der Bezugsperson hinaus auch die zeitliche Abfolge der erinnerten Handlungsabläufe im Spiel auf der Bühne offenbar, so daß Lücken, Widersprüche und Verschiebungen in den inneren Verarbeitungsprozessen sichtbar werden.

»Handeln braucht Zeit«, sagt WINNICOTT (1985, S. 52). Beim bloßen Erinnern ist das Zeiterleben auf einige wenige Sekunden verdichtet. Handlungen entfalten sich aber nur in einem zeitlichen Rahmen mit Anfang und Ende, in einem in verschiedene Abschnitte unterteilbaren Zeitablauf. Beim Nachspielen auf der Bühne wird eine Erinnerung zu einem Ablauf von Handlungssequenzen entlang dem roten Faden der Zeit. Im Denken kann man noch einzelne Bruchstücke der Erinnerung ausblenden. Das Nachspielen stellt aber die Abfolge der einzelnen Aktionen wieder neu her und bringt dadurch aus der Erinnerung verlorengegangene Handlungssequenzen zurück in das Bewußtsein des Protagonisten. In dem Bei-

spiel von Frau O. mischten sich in das Bild vom »unzufriedenen« Ehemann konkrete Erinnerungen, die zu ihrer Einschätzung des Ehemannes als »dauernd unzufrieden« nicht paßten. Aus der Handlungsabfolge »der Ehemann ist unzufrieden – das macht Frau O. verstimmt und depressiv« wird die Reihenfolge »gemütliches Aufstehen – gutmütiger Ehemann – ansprüchliche Frau O. – unzufriedener Ehemann – verstimmte Frau O.«. Die »vergessenen« Handlungssequenzen finden im Spiel wieder Eingang in die Realitätsgestaltung. Im Wechsel von Aktion und Reaktion wird die Reihenfolge der Handlungen entlang dem roten Faden der Zeit rekonstruiert, wie wenn bei einem Reißverschluß eine Zacke in die andere greift und es nicht ohne weiteres möglich ist, ein Stück zu überspringen.

Die Psychodramatechnik »szenische Aktion« bezieht »vergessene« Handlungssequenzen in das Spiel mit ein und deckt dadurch Widersprüche zwischen der gefühlsmäßigen Einschätzung und der konkreten Erinnerung auf. In dem Fallbeispiel zeigte Frau O. durch das Nachspielen der konkreten Erinnerung, daß der Ehemann im Grunde gutmütig war. Frau O.s eigene Verstimmtheit und Depression mußten also eine andere Ursache haben. Die »Unzufriedenheit« des Ehemannes entpuppte sich als chronische Unzufriedenheit der Patientin und als Projektion. Durch introspektive Verarbeitung konnte die Patientin ihre Unzufriedenheit in der Weiterführung des Spiels zurückführen auf eine chronische, latente familiäre Konfliktsituation in der Kindheit.

Der Konflikt zwischen Projektion (auch übertrieben positiver Erwartungen) und dem konkret erinnerten Ereignis läßt sich besonders gut herausarbeiten, wenn der Therapeut den Protagonisten vor dem Nachspielen der eigentlichen Erinnerung in einem Vorlauf noch einmal innehalten und im Selbstgespräch seine Gefühle und Erwartungen aussprechen läßt, zum Beispiel bevor der schwierige Patient das Sprechzimmer betritt oder vor dem Kinobesuch mit der Freundin auf der Fahrt mit dem Auto. Der Protagonist zeigt dann, welche Erwartungen seine Reaktion auf den Gegenspieler bestimmen. Es macht für das, was im Kino passiert, einen Unterschied, ob der Protagonist auf dem Weg ins Kino aufgeregt ist, weil er dort seiner Freundin den ersten Kuß geben will, oder ob er sich auf den spannenden Western freut.

Die Psychodramatechnik »szenische Aktion« ist jenseits der Therapie auch ein gutes Hilfsmittel in der Diagnostik seelischer Zustände. Zum Beispiel dann, wenn man Menschen, die einen Selbstmordversuch gemacht haben, auf weiter bestehende Suizidalität zu untersuchen hat. Der Arzt kann dann den Patienten sein inneres Denken, Fühlen und Verarbeiten vor, während und nach seinem Selbstmordversuch im Gespräch ganz ähnlich wie in einer Psychodramasitzung auf der Vorstellungsebene entlang dem roten Faden der Zeit nachvollziehen lassen, Gefühl nach Gefühl, Gedanke nach Gedanke, Handlung nach Handlung, Ereignis nach Ereignis, von den ersten Selbstmordgedanken bis zum gegenwärtigen Zeitpunkt. Meist erschließt sich dadurch auf menschlich annehmende Art das Konfliktfeld des Patienten und der Grad der weiteren suizidalen Bedrohung. Außerdem fördert dieses Vorgehen die Selbsterkenntnis des Patienten und ist ein erster Schritt therapeutischer Krisenintervention. Bei Straftaten kann die Technik der szenischen Aktion eine Hilfe sein zur Abklärung neurotisch bedingter Schuldminderung.

Fallbeispiel 29

Ein Kaufmann wurde wegen Diebstählen und Unterschlagungen angeklagt. Er ging zum Therapeuten, »um zu wissen, warum er das gemacht hatte«. In einer zweistündigen Psychodrama-Einzelsitzung spielte er einen Tagesablauf nach, an dem er eine solche Diebstahlshandlung begangen hatte. Das innere Denken und Fühlen beim Nachspielen dieses Tages erwies sich als so skurril, merkwürdig und naiv, daß der Staatsanwalt, der später auf Wunsch des Patienten ein Protokoll der Therapiesitzung las, den Therapeuten fragte, ob er schriftstellerisch tätig sei. Der Angeklagte kam aufgrund der im Psychodrama durch szenische Aktion gewonnenen Erkenntnisse mit einer Bewährungsstrafe davon.

Der Mensch inszeniert sich jeden Tag immer wieder neu und ist dabei auf die Fähigkeit zur Projektion angewiesen. Ohne bewußte und unbewußte Projektionen wäre diese Welt arm an Symbolen, Mythen, Geschichten, Bildern, Kunst und Liebe. Das Psychodrama nimmt diese kreative, produktive Kraft der Projektion auf und setzt sie in das um, was sie von ihrer Funktion her ist, in ein spielerisches Handeln in der Wirklichkeit der aktuellen Gruppenrealität. Beim Judo und Aikido stellt man sich dem Angriff eines Gegners nicht entgegen. Man benutzt vielmehr die Kraft seines Angriffes, um ihn zu Fall zu bringen. Ganz ähnlich treibt das Psy-

chodrama bei entsprechender Indikation den Teufel, das *unbewußte Spiel* in der Wirklichkeit, die Projektion, durch den Belzebub aus, durch die szenische Aktion, durch das *bewußte Spiel* in der Wirklichkeit. In dem Prozeß der Selbstorganisation schützt die Realitätsfunktion als Abwehrmechanismus »Projektion« alte Strukturen vor Veränderungen. Angemessen als Psychodramatechnik »szenische Aktion« eingesetzt, wird die Realitätsfunktion aber zur realitätsgestaltenden und realitätsprüfenden Funktion in der Begegnung. Deshalb ist die Technik »szenische Aktion« speziell dann indiziert, wenn Abwehr durch Projektion aufgehoben werden soll.

4. Das Rollenspiel und das Spiegeln

Praktische Ausführung des Rollenspiels und allgemeine Wirkungen

Der Begriff »Rollenspiel« wird oft ersatzweise für den Begriff »Psychodrama« verwandt, um in Ankündigungen die Assoziation Drama = Tragödie zu vermeiden. Ich definiere »Rollenspiel« hier aber eingegrenzt als Psychodrama ohne Rollentausch. Rollenspiel in dieser speziellen Definition ist dasselbe wie Stegreifspiel. Im Rollenspiel übernimmt ein Protagonist eine Rolle aus seiner Erinnerung oder Phantasie (zum Beispiel aus einem Märchen oder einem Zeitungsbericht), eine eigene Rolle oder die eines anderen, spielt diese ohne Rollentausch von Anfang bis Ende der Szene und überläßt sich in ihr der Spontaneität des Spiels. Dadurch wird aus dem bloßen Abbild der Figur (s. S. 43 f) im Lauf des Spiels eine persönliche Erfahrung.

Fallbeispiel 30

Herr U. übernimmt im Märchenspiel »Schneewittchen« die Rolle des Königssohns, kann aber dann die Zwerge nicht überzeugen, daß er Schneewittchen wirklich liebt. Er ist auf die massive Hilfe eines »Zwergs«, gespielt von einer sehr angepaßten Frau, angewiesen, um schließlich doch noch Schneewittchen heimführen zu können. In der Nachbesprechung entdeckt Herr U., daß es ihm vielleicht deshalb so schwerfiel, die Zwerge von seiner »Liebe« zu überzeugen, weil er Schneewittchen gar nicht heiraten wollte: »Da ist ganz so, wie mit

meiner Freundin. Die will seit Jahren, daß ich sie heirate, und ich kann mich dazu nicht entscheiden. Ich gehe aber auch nicht weg.« Herr U. ist zusätzlich erstaunt, daß er im Märchenspiel im Gegensatz zu anderen Gruppenmitgliedern gar nicht auf die Idee kam, sich anders zu verhalten, als der Märchentext es vorschreibt.

Das Rollenspiel oder Stegreifspiel ist die Grundlage vieler Spezialformen des Psychodramas, die sich nur durch die Art der in ihnen gespielten Rollen unterscheiden: das Märchenspiel, das Bibliodrama, die lebendige Zeitung, das Playback-Theater und anderes. Das spontane Rollenspiel wird wie die szenische Aktion teilweise vom Primärprozeß gesteuert (s. S. 64 f). Es ist zwar zunächst ein Mittel kreativer Selbstgestaltung über die Realität hinaus. Dabei aktualisiert der Protagonist aber unbewußt eigene innere Konflikte und spielt diese aus, so zum Beispiel Herr U. in der Rolle des Prinzen den Ambivalenzkonflikt zwischen Bindungswünschen und Autonomiestreben. Moreno sagt: »Stegreif ist Ausatmung der Seele: Das Leben ist die Einatmung … Durch Einatmung entstehen Gifte (Konflikte), durch Stegreif werden sie wieder frei. Stegreif läßt das Unbewußte … frei steigen« (1970, S. 71).

Im protagonistzentrierten Psychodrama führt der Therapeut den Sekundärprozeß gewöhnlich schon *vor* der Nachbesprechung in das primärprozeßhaft organisierte Handeln ein durch Doppeln, Spiegeln, Rollentausch und Szenenwechsel. Wenn aber die Phantasiewelt und die expansive Selbstverwirklichung der Gruppe besonders gefördert werden soll oder es darauf ankommt, zunächst überhaupt einmal spielen zu lernen (Winnicott 1985, S. 59), dann ist es besser, den Sekundärprozeß erst in der Nachbesprechung in den Primärprozeß zu integrieren. Bei Bedarf ist es dann immer noch möglich, unbewußte Konflikte, die sich im Spiel unvermutet zeigten, bewußt zu machen, indem der Therapeut gezielt die »Übertragungsfrage« stellt: »Haben Sie so, wie Sie sich in Ihrer Rolle verhalten haben, vielleicht etwas wiederholt? Kennen Sie das auch aus anderen Beziehungen, oder haben Sie hier vielleicht etwas ganz Neues gemacht?« Der Protagonist kann sich dadurch in dem eigenen Rollenspiel selbst wie in einem Spiegel erkennen und die Fragen beantworten: »Wer bin ich? Wer bin ich nicht? Wer könnte ich aber vielleicht doch sein?« Herr U. bemerkte zum Beispiel, daß er seinen Grundkonflikt in der Rolle des Prin-

zen wiederholt hatte. Der Protagonist gelangt im Rollenspiel also durch die Ausweitung seiner Wirklichkeit über die Realität hinaus zu neuer Selbstgestaltung und neuer Selbsterkenntnis. Er erfährt über die »Lüge« des Rollenspiels eine tiefere Wahrheit über sich selbst.

Das Rollenspiel als Technik wird im Psychodrama häufig unbemerkt angewandt, nämlich beim Mitspielen von Antagonistenrollen in protagonistzentrierten Spielen anderer Gruppenteilnehmer. Die Auswahl von Antagonisten hat meiner Erfahrung nach in dreißig bis fünfzig Prozent etwas mit den persönlichen Konflikten des Antagonisten selbst zu tun und macht deshalb das Mitspielen in den Spielen anderer therapeutisch so effektiv. Es ist auffällig, wie oft Gruppenmitglieder in Rollen gewählt werden, die sie subjektiv für Antirollen halten. Offensichtlich ist aber jemand als Mitspieler besser geeignet, wenn die Antagonistenrolle eine komplementäre Antirolle zu seinem Selbstbild darstellt, als wenn er mit dem Konflikt des Protagonisten innerlich überhaupt keine Verbindung hat.

Fallbeispiel (Ergänzung zu Nr. 18, S. 86 f)

Herr M. war gefangen in eine schwere Vaterproblematik. Er beschwerte sich immer wieder über die Unmenschlichkeit und den Egoismus von Autoritäten, wurde aber trotzdem spontan immer wieder von anderen Gruppenmitgliedern in die Rolle »böser« Männer gewählt. Obwohl er im Rollenfeedback anfangs steif und fest behauptete, »ich kann mich nicht streiten«, spielte er die angetragenen Rollen immer authentischer und differenzierter. Parallel dazu wurde er in der Gruppe der Aktionsführer für triebfreundliches und expansives Verhalten.

Jeder Mensch hat in seinen inneren Strukturen zu seinem Selbstbild komplementäre Gegenrollen, die das Selbstbild aufrechterhalten. Handelt es sich um unbewußte Konflikte, dann können die Mitspieler des Protagonisten durch das Spiel von Antagonistenrollen überraschend häufig auch ihre eigenen inneren komplementären Gegenrollen aktivieren und dadurch ihre verleugneten und projizierten eigenen Selbstanteile, die von C. G. Jung so benannten »Schatten«, besser integrieren. Rollenspiel stärkt zwar primär die Selbstverwirklichung, es fördert aber unbemerkt oft auch die Selbstintegration.

Praktische Ausführung des Spiegelns und allgemeine Wirkungen

Das Rollenspiel kann im Psychodrama auf zwei Wegen Realitätserkenntnis vermitteln: Der Protagonist erkennt sich in dem eigenen Rollenspiel *selbst* wie in einem Spiegel oder/und der Protagonist erkennt sich im Rollenspiel eines *anderen* Gruppenteilnehmers wieder, der sein Verhalten zeitversetzt in dessen Gegenwart nachspielt. Diese zweite Anwendung ist die Spiegeltechnik im engeren Sinn. Sie setzt sich interaktionell gesehen aus zwei zueinander komplementären Handlungen zusammen: dem Wahrnehmungshandeln des Protagonisten, der sein inneres Selbstbild im äußeren Handeln des anderen neu- oder wiedererkennt, und aus dem Handeln des (Hilfs-)Therapeuten, der das Verhalten des Protagonisten zeitversetzt in einem Rollenspiel nachspielt. Der Begriff »Spiegeln« faßt eine größere Zahl von technischen Vorgehensweisen zusammen. Ich unterteile sie in das explorativ-integrierende Spiegeln, das Spiegeln im Rollentausch und das szenische Spiegeln.

Das explorativ-integrierende Spiegeln

Fallbeispiel 31

Die 20jährige Frau P. leidet an einem Borderline-Syndrom. Sie teilt in ihrer zehnten Gruppensitzung mit, daß sie die Gruppe beenden will: »Die Gruppe hilft mir nichts. Mir geht es immer schlechter.« Die Gruppe reagiert zunächst hilfreich, dann aber zunehmend aggressiv. Versuche der Beziehungsklärung verunsichern die Patientin nur noch weiter. Unfähig, die Ambivalenz zu ertragen, regrediert sie schließlich, zieht sich zurück und wirkt gelähmt, dabei innerlich sehr angespannt. Der Therapeut ist ratlos. Er versteht nicht, was in Frau P. vorgeht. Er fragt sie: »Kann ich mit Ihnen einmal die Rolle tauschen? Ich möchte gern sehen, wie ich mich in Ihrer Rolle fühlen würde.« Frau P. ist überrascht, stimmt aber zu. Sie setzt sich auf den Platz des Therapeuten, bleibt dort allerdings sie selbst. Der Therapeut setzt sich seinerseits auf ihren Stuhl, nimmt ihre Haltung ein: Die Beine übergeschlagen fingert er mit der rechten Hand am Mund herum, wiederholt: »Alles ist so verkrampft hier … Keiner hat etwas mit dem anderen zu tun … Es passiert nichts. Es geht mir immer schlechter!« Der Therapeut spürt innerlich, wie er zunehmend gelähmter wird. Er gestaltet die Rolle über die von der Patientin vorgegebene Realität hinaus weiter aus und spricht aus, was er erlebt: »Ich merke jetzt, wie ich immer

gelähmter werde. Ich sacke richtig weg. Das ist ein ganz diffuses Gefühl. Ich will das nicht!« Mit einer Kraftanstrengung zieht er sich aus dem Regressionszustand heraus: »Ich habe das hier satt! Ich will hier heraus! Das stinkt mir! Das hilft mir nicht! Ich will in eine Klinik! Alle sitzen hier so verkrampft herum, das hilft mir überhaupt nichts! Mir geht es immer schlechter!«

Frau P. schaut sehr offen und interessiert zu. Sie bestätigt den Therapeuten bisweilen durch Kopfnicken. Schließlich wechselt der Therapeut mit ihr wieder die Plätze. Er berichtet, was er in ihrer Rolle erlebte: »Zunächst saß ich recht normal da und sagte, daß ich aus der Gruppe raus wollte. Dies war aber noch recht flach im Gefühl. Dann spürte ich, wie ich zunehmend gelähmter wurde, wegsackte in irgendeinen Abgrund oder ein Dunkel hinter mir. Ich merkte aber, daß ich das nicht wollte, fing an zu kämpfen. Ich wollte da herausspringen und fing deshalb an, um mich zu schlagen. Ich wollte nur aus der Lähmung herauskommen. Ich sah dabei überhaupt nicht, wen ich angriff, alle sahen für mich gleich aus, Mann oder Frau oder Therapeut. Das Kämpfen brachte mir Kraft. So habe ich mich aus der Lähmung retten können.« Frau P.s Taubheit und Lähmung sind wie weggeblasen. Sie erkennt sich in dem vom Therapeuten geschilderten Bild: »So ist es auch!« Sie fängt an zu weinen: »In der letzten Woche ist es mir schlechtgegangen. Schon am Donnerstag, als ich hier in der Gruppe saß. Gleich zu Beginn hat es angefangen, daß ich plötzlich meinen Körper nicht mehr spürte. Das war, wie wenn alles weg war unter mir. Ich wußte nicht, ob Stockwerke unter mir sind oder nicht. Ich dachte, ich falle. Das einzige, was ich wußte, war, daß ich mich nicht fühlte. Wie wenn kilometerweit unter mir nichts ist.« Frau P. weint eine ganze Weile lang weiter. Sie kann ausatmen und sich allmählich entspannen.

Die Patientin hat nach weiteren zehn Gruppensitzungen die Gruppentherapie doch noch abgebrochen und eine Einzeltherapie bei einer weiblichen Therapeutin begonnen. Die negative Vaterübertragung auf den Therapeuten war nicht aufzulösen. Die Patientin ging aber bei dem Abschied gelöst, fast fröhlicher Stimmung aus der Gruppe und kündigte an, zu den Treffen der Gruppe jeweils nach den Sitzungen weiter kommen zu wollen.

Beim explorativ-integrierenden Spiegeln übernimmt der Therapeut die Rolle der Patientin, läßt sich ganz auf deren inneren Selbstorganisationsprozeß ein und gestaltet ihn über die Realität hinaus weiter aus, indem er das Empfinden, Fühlen, Denken und Wahrnehmen und die Impulse und Gegenimpulse in der Rolle des Protagonisten entwickelt, integriert und verbalisiert. Die Protagonistin nimmt ihr Spiegelbild von außen wahr, allerdings aus ihrer eigenen Rolle heraus. Denn sie übernimmt trotz »Rollentauschs« mit dem Therapeuten nicht dessen Rolle, sondern nur dessen Platz im Raum. Der Therapeut bindet bei dem explorativ-integrierenden Spiegeln in der Rolle der Protagonistin deren vegetatives Empfinden, ihre nur schwer zu kontrollierenden und widersprüchlichen

Emotionen und einzelne Handlungssequenzen der Protagonistin miteinander in einen inneren Handlungsprozeß ein, ergänzt diese inneren Strukturelemente der Protagonistin durch integrierende und das Erleben amplifizierende Bilder und gibt dadurch den vegetativen Empfindungen und den Emotionen in einer komplexeren inneren Struktur einen angemessenen Ort, eine angemessene Zeit, Logik und Sinn. FUHR spricht diesbezüglich von »Knüpfarbeit« zwischen den verschiedenen Selbstbildanteilen (unveröffentl. Manuskript 1994).

Das explorativ-verbalisierende Spiegeln wirkt bei Regression in präverbale Zustände außerordentlich entlastend für den Patienten *und* den Therapeuten, kann durch die neue intersubjektive Verständigung doch vermieden werden, daß sich ein Teufelskreis von negativer Übertragung und Gegenübertragung (weiter) aufschaukelt. Es ist übrigens auch in der Einzeltherapie gut anzuwenden. Im Unterschied zum Doppeln, das eine therapeutische Beziehung frei von negativer Übertragung voraussetzt, ist das explorativ-integrierende Spiegeln gerade auch bei schon vorhandener Störung der therapeutischen Beziehung gut möglich und kann den Anstoß geben zu einer weiteren Beziehungsklärung.

Das Spiegeln im Rollentausch

Fallbeispiel 32

Eine Protagonistin zeigt im Spiel einen Konflikt aus ihrer Wohngemeinschaft. Sie leidet unter den ständig sich wiederholenden Übergriffen einer Mitbewohnerin. Sie wirkt hilflos resigniert, hat aber offenbar ein ganz anderes inneres Bild von sich selbst. In der Nachbesprechung fragt der Psychodramaleiter sie: »Wie haben Sie sich selbst aus der Rolle der Freundin erlebt?« Die Protagonistin stutzt, dann kommt prompt die Antwort: »Wie eine Transuse!« Spontan bestätigt der Psychodramaleiter ihre Wahrnehmung: »So haben Sie auch tatsächlich gewirkt!« Die Protagonistin zuckt zusammen, protestiert, muß dann aber lachen. Sie gelangt durch diese *Spiegelfrage* des Therapeuten zu einer wichtigen Erkenntnis über sich selbst. Diese Psychodramasitzung deckt bei der jungen Frau eine sich durch viele Beziehungen hindurchziehende Abhängigkeitshaltung auf und löst einen wichtigen Schritt in ihrer Selbständigkeitsentwicklung aus.

Die Protagonistin hatte im Spiel wiederholt mit der Antagonistin, die die Rolle der Mitbewohnerin spielte, die Rolle getauscht.

Dabei sah die Protagonistin aus deren Rolle auch ihr eigenes, von der Antagonistin nachgespieltes Verhalten wie in einem Spiegel. Es bedurfte nur noch der gezielten Frage des Therapeuten nach der Wahrnehmung ihres eigenen Verhaltens aus der Gegenrolle *(Spiegelfrage),* um die Diskrepanz zwischen äußerem Rollenverhalten (Transuse) und innerem Selbstbild (standhafte Kämpferin) aufzudecken. Wenn ein Protagonist weniger flexibel oder differenziert ist, kann der Psychodramaleiter ihn die Sequenz noch einmal nachspielen lassen und ihn im Rollentausch durch Interview noch direkt in der Spielszene fragen, wie er sich selbst von außen sieht und erlebt.

Beim Spiegeln im Rollentausch vergleicht der Protagonist sein inneres Selbstbild (die Rollenerwartung an sich selbst) mit seinem realen Rollenverhalten, wie er es von außen mit den Augen des Beziehungspartners konkret wahrnimmt. Dadurch kann er gegebenenfalls vorhandene Diskrepanzen zwischen Selbstbild und Selbstansicht aufdecken. Die Versprachlichung des Erlebten erweitert die Erfahrung dabei durch zusätzliche Assoziationen und Bilder und vergrößert so die Realitätserkenntnis und das Bewußtsein von sich selbst. Der Therapeut kann – wie in dem Fallbeispiel – dann entweder das neue, mit den Augen des Konfliktpartners gewonnene Selbstbild seinerseits bestätigen. Er schreibt diesem dadurch konfrontativ eine allgemeinere Bedeutung zu. Er kann es aber auch spielerisch »nur« als Teil eines in dieser Szene wiederholten, alten Interaktionsmusters ansehen und zur Bearbeitung des Übertragungsanteils in *speziell dieser* Beziehung benutzen mit der *Übertragungsfrage:* »Kennen Sie das noch aus einer anderen Beziehung, daß jemand Sie für eine Transuse hält?« (siehe tiefenpsychologisch orientierte Beziehungsklärung S. 244 ff)

Das szenische Spiegeln

Im Unterschied zum Spiegeln im Rollentausch betrachtet sich der Protagonist beim szenischen Spiegeln mit den Augen eines Therapeuten (seines inneren Therapeuten) im kollegialen Austausch mit dem real anwesenden Therapeuten oder Leiter.

Fallbeispiel 33

Leutz (1977) beschreibt das technische Vorgehen beim szenischen Spiegeln: Ein Protagonist (Christian) spielt einen Konflikt an seinem Arbeitsplatz nach. »Der Psychodramaleiter fordert ein ... Gruppenmitglied auf, den Protagonisten in dessen Rolle und Interaktion mit dem Antagonisten genau zu beobachten und genau so darzustellen, wie dieser sich in der gegebenen Situation verhält. Den Protagonisten bittet er, auf einem ›hohen Stuhl‹ zu stehen und sich die Interaktion von dieser Höhe und Warte aus anzusehen. Auf dem hohen Stuhl nimmt der Protagonist Platz, sein Gesichtsausdruck ist gespannt. Da fragt ihn der Psychodramaleiter, ob er dem Christian dort unten etwas sagen oder raten möchte. Mit starker innerer Bewegung und ganz anderer Stimme als zuvor sagt er: ›Du benimmst dich wie eine traurige, graue Maus, genauso feige und unaufrichtig wie alle, die sich seit längerer Zeit in dieser Institution herumtreiben. Aber du verhältst dich sogar deinen Freunden gegenüber unmöglich. Wenn du ihnen aus vermeintlicher Rücksicht auf ihr Weiterkommen nicht von deiner Kündigung erzählst, wird früher oder später einer von ihnen sich an deiner Stelle die Finger verbrennen‹ ... Zurückgekehrt in die dargestellte Interaktion, bringt der Protagonist in einer fiktiven Szene eine Verhaltensänderung zustande ... Er hat sich dank der Spiegelszene wie Münchhausen selbst am eigenen Schopf aus dem Sumpf gezogen.«

Der Psychodramaleiter zeigt beim szenischen Spiegeln dem Protagonisten dessen Verhalten und das Verhalten seiner Mitspieler auf der Bühne noch einmal zeitversetzt wie in einem Film. Er nimmt den Protagonisten dazu von der Bühne herunter, läßt ihn von außen auf die Szene schauen und spricht mit ihm (gleichsam als Doppelgänger von dessen inneren Therapeuten) über das, was beide gemeinsam wahrnehmen. Dabei prüft der Protagonist zwei Dinge: 1. Er vergleicht sein *inneres* Selbstbild mit der Wahrnehmung seiner selbst von *außen* und prüft, ob eine Diskrepanz zwischen beiden besteht. 2. Er stellt fest, ob sein äußeres Rollenverhalten mit seinen eigenen therapeutischen Zielvorstellungen, Werten und Normen übereinstimmt. Der Protagonist soll sich von einer höheren Warte aus, von der Meta-Ebene aus, die Szene ansehen. Das Ziel beim szenischen Spiegeln ist nicht nur, das eigene Verhalten zu beschreiben und zu benennen, sondern darüber hinaus auch eine *Bewertung* dieses Verhaltens in dieser Situation vorzunehmen und einen Vorschlag für ein den eigenen Werten und Normen angemesseneres Verhalten zu machen.

Das Rollenspiel und das Spiegeln als spontane Realitätsfunktion im Alltag

Im Alltag tritt das Spiegeln regelhaft auf, wenn Beziehungspartner sich konfrontativ auseinandersetzen. Wenn beispielsweise am Arbeitsplatz ein Kollege dem anderen sagt: »Du sitzt nur immer da und tust nichts!« Oder wenn die ältere Schwester dem jüngeren Bruder, der sie verpetzt hat, ihn nachahmend im Rollenspiel karikiert und mit schneidender Stimme jammert: »Mama, Bärbel hat schon wieder einen Bonbon genommen.« Die ältere Schwester spiegelt dann den kleinen Bruder und fordert ihn dadurch auf, sein inneres Selbstbild (unschuldiges Opfer) einmal mit seinem äußeren Verhalten (Täter) zu vergleichen und in sich zu gehen.

Das Kabarett lebt davon, nicht anwesende Personen zu spiegeln und dabei durch Zuspitzung der Diskrepanzen zwischen äußerem Rollenverhalten und innerem Selbstbild, zum Beispiel von Politikern, die Widersprüchlichkeit von deren Verhalten bewußt zu machen. Der Politiker, der die Wahl verloren hat und sich trotzdem als Gewinner bezeichnet, davon möglichst gleich drei auf der Bühne, der eigentliche Gewinner im Gegensatz dazu unsicher, naiv und rechtschaffen, ein Lacherfolg ist garantiert. Auch Gleichnisse benutzen auf natürliche Weise die Technik des Spiegelns:

> Ein Gott-Wissender und ein Gott-Liebender durchstreiften einen Wald. Unterwegs stießen sie auf einen Tiger. Der Gott-Wissende meinte: »Wir brauchen nicht zu fliehen, der Allmächtige wird uns sicher in seinen Schutz nehmen.« Der Gott-Liebende aber sprach: »Nein, Bruder, laß uns laufen. Weshalb sollten wir Gott um etwas bemühen, das wir durch eigene Kraft erlangen können?« (Ramakrishna 1983, S. 106)

Dieses Gleichnis, einem bestimmten Menschen in einer bestimmten Situation erzählt, kann ihm die Diskrepanz aufzeigen zwischen dem, was er glaubt zu sein, und dem, was er ist, und ihm so Selbst-Erkenntnis vermitteln.

Zu erwähnen ist in diesem Zusammenhang auch der Narr an früheren Königshöfen oder auch Till Eugenspiegel, der ja auf Abbildungen schon immer mit einem Spiegel zu sehen ist:

> Till Eulenspiegel gab sich als Wunderdoktor aus. Der Krankenhausverwalter bezahlte ihm 200 Gulden dafür, daß er an einem einzigen Tag alle Kranken gesund macht. Till Eulenspiegel riet den Kranken, schnell gesund zu werden,

denn den Kränkesten von ihnen müsse er zu Pulver verbrennen, um dieses dann den anderen als Arznei geben zu können. Alle Kranken flohen. Am nächsten Tag, Till Eulenspiegel war mit dem Geld längst verschwunden, kamen sie wieder zurück ins Hospital. »Der Verwalter war außer sich. ›Um alles in der Welt‹, rief er, ›ich denke, er hat euch gesund gemacht?‹ Da erzählten Sie ihm, warum sie gestern davongelaufen waren und daß sich keiner habe zu Pulver verbrennen lassen wollen. ›Ich bin ein Esel‹, sagte der Verwalter. ›Der Lump hat mich betrogen, und ich habe ihm sogar noch 20 Gulden mehr gegeben, als er verlangt hat!‹« (Kästner 1970, S. 37 f)

Till Eulenspiegel hält den Menschen den Spiegel vor, indem er auf ihre inneren Wünsche komplementär-spielerisch eingeht und sie in einem Rollenspiel Wirklichkeit werden läßt. Er zeigt ihnen dadurch die Diskrepanz auf zwischen ihrem inneren Selbstbild und ihrem realen Verhalten, in dem Beispiel zwischen dem »schlauen« Verwalter und dem, der aus Geldgier »dumm« ist. Er brachte diesen dazu, die Realität zu erkennen, und zwang ihn, beide Selbstbilder miteinander zu integrieren, das des »pfiffigen« Verwalters und das des »Esels«: »Ich bin ein Esel.« Ganz ähnlich bewirkt das Spiegeln als Psychodramatechnik Realitätserkenntnis. Es führt durch Nachspielen des realen Rollenverhaltens in Beziehungen die Realitätsprüfung ein. Das Spiegeln ist dadurch ein Mittel, das die Realitätsfunktion in der Organisation von Beziehungen aus Fixierungen befreit und in ihrer Arbeit verwirklicht.

Das Spiegelspiel und das Rollenspiel als frühe Fähigkeit des Kindes

Moreno vergleicht die tiefenpsychologischen Wirkungen der Spiegeltechnik mit einem wichtigen Entwicklungsschritt des Kindes, der daran sichtbar wird, daß das Kind lernt, das Bild im Spiegel als sein eigenes zu erkennen (1959, S. 87). Die Fähigkeit dazu ist ab etwa dem achtzehnten Lebensmonat vorhanden (Zelnick und Buchholz 1991). Stern schreibt über den kleinen Joey:

»Wenn jemand ihm, ohne daß er es merkt, einen Tupfen rote Schminke auf die Stirn setzt und ihm einen Spiegel vorhält, ist Joey mit 18 Monaten in der Lage, sofort und ohne Zögern mit dem Finger auf seine reale Stirn zu deuten. Vor diesem Alter hätte er nur auf den roten Punkt auf der Stirn seines Spiegelbildes gezeigt, denn zu diesem Zeitpunkt konnte er noch nicht verstehen, daß das

Spiegelbild ihn selbst ganz real abbildet und damit über sich selbst hinaus für etwas anderes steht. Jetzt ist er jedoch in der Lage, dies zu erkennen« (1991, S. 118).

Bei dem Spiegelspiel schneidet das Kind Grimassen, tanzt mit seinem Spiegelbild, geht näher heran oder entfernt sich und erkennt dabei voller Lust, daß das Handeln des Kindes im Spiegel sein eigenes ist und daß es dessen Handeln genau kontrollieren kann.

Die Fähigkeit, sich selbst im Handeln einer »anderen« Person wiederzuerkennen, ist gebunden an die Fähigkeit zu Rollenspielen. Diese Feststellung mag zunächst überraschen. Tatsächlich aber entwickelt das Kind die Fähigkeit, sich selbst im Spiegel wiederzuerkennen, zeitgleich mit der Fähigkeit zu Rollenspielen ab dem achtzehnten Lebensmonat. Auch setzt sich die Spiegeltechnik im Psychodrama aus zwei aufeinander bezogenen Handlungen zusammen, aus dem Wahrnehmungshandeln des Protagonisten, der sein inneres Selbstbild im äußeren Handeln des »anderen« neu oder wiedererkennt, und aus dem Handeln des (Hilfs-)Therapeuten, der das Verhalten des Protagonisten zeitversetzt in einem Rollenspiel nachspielt. Beim Kind tauchen erste Ansätze zum zeitversetzten Rollenspiel mit 15–18 Lebensmonaten auf: »Versteckspiele und Nachahmungsspiele wurden nun zum bevorzugten Zeitvertreib.« Die Kinder haben »stärker den Wunsch … zu haben oder zu tun, was ein anderes Kind hatte oder tat, d. h. bis zu einem gewissen Grade das andere Kind widerzuspiegeln, zu imitieren, sich mit ihm zu identifizieren« (Mahler 1980, S. 119).

Wie hängen aber nun das Spiegelspiel und das Rollenspiel miteinander zusammen? Wenn das Kind sich im Verhalten eines »anderen« Bildes im Spiegel wiedererkennen soll, ist die Voraussetzung dafür, daß es erstens gelernt hat, in szenischer Aktion bestimmte eigene Verhaltensweisen selbst spielerisch zu wiederholen (das kann das Kind etwa ab dem achten Lebensmonat) und zweitens das äußere Rollenverhalten des »anderen« (des Spiegelbildes) im Rollenspiel nachzuspielen. Wenn das Kind aber ersteres und letzteres abwechselnd macht, zum Beispiel zunächst die Zunge herausstreckt, dann dabei im Spiegel das »andere« Kind die Zunge herausstrecken sieht, dieses »andere« Kind dann wieder nachspielt und beim Nachspielen des eigenen Spiegelbildes dieses

im Auge behält, bemerkt es, daß anders als sonst bei Rollenspielen keine Differenz zwischen dem eigenen Rollenverhalten und dem des »anderen« entsteht. Auch spürt es, daß die affektive Gestimmtheit des »anderen«, die das Kind durch Einfühlung (bewußte Introjektion) wahrnimmt, sich nie von der eigenen Gestimmtheit unterscheidet. So erkennt es an der deckungsgleichen Resonanz in seinem Inneren und im zeitgleichen, zu ihm selbst deckungsgleichen Verhalten des »anderen« im Spiegel, daß der »andere« es selbst ist.

Nach Moreno benutzen Kinder Rollenspiele

»als eine Technik der Exploration und Expansion des Selbst in ein unbekanntes Universum. Wahrscheinlich ist es für ein Kind die Methode par excellence, einer Situation, die ihm neu ist, zu begegnen und eine Lösung dafür zu finden … Zuerst mag es Erstaunen und Verwunderung sein, was ihn veranlaßt zu versuchen, so fremd und so groß zu sein wie die Katzen und Hunde es sind, diese in sich hineinzunehmen und sich hineinzugeben in diese. Es ist die Angst jedes existierenden Wesens, das mit seiner Existenz nicht verbunden ist. Als kleines Kind war es der ganze Kosmos … Aber jetzt, seit es herausfand, daß hinfallen weh tut, daß Dinge im Raum scharf sind und hart und umgangen werden müssen, daß Geräusche laut sein können und schrill und fremd, daß es unzählige Menschen und Objekte gibt außerhalb seines kleinen Körpers … hat er eine Art Hunger entwickelt, alle in sich aufzunehmen, eine Art ›kosmischen Hunger‹« (1975, S. 140 f).

Im zeitversetzten Rollenspiel exploriert das Kind das Handeln des anderen und erprobt es. Es versucht, den Selbstorganisationsprozeß des anderen nachzuvollziehen. Dabei kann es innere Objektrepräsentanzen aufbauen und/oder auch kleine praktische Fähigkeiten lernen. Wenn die Mutter dem Kind zeigt, wie es beim Breiessen den Löffel halten soll: »So mußt du das machen!«, dann vermittelt sie dem Kind, wie die Interaktion zwischen Brei, Löffel und Mund am leichtesten organisiert werden kann. Das Kind versucht, die Mutter nachzuahmen in dem von ihr vollzogenen Organisationsprozeß.

Das Kind spielt etwa ab dem achtzehnten Lebensmonat im zeitversetzten Rollenspiel nicht mehr nur sich selbst nach in der Beziehung zu einem anderen (Wiederholungsspiel). Es kann neu auch das äußere Verhalten einer anderen Person oder eines Tieres spielen, dieses aber *noch nicht bezogen* auf eine komplementäre Gegenrolle. Denn das würde ein inneres Konzept nicht nur von dem *Bild* des anderen, sondern von der *Beziehung des anderen zu*

einem dritten, zum Beispiel des Hundes zu seinem Besitzer, voraussetzen und ist an die Fähigkeit zum Rollentausch gebunden. Die natürliche Reaktion der Mutter auf das Rollenspiel des Kindes ist deshalb in dieser Zeit auch noch nicht, als Mitspielerin die *komplementäre* Gegenrolle zum Spiel des Kindes einzunehmen. Das würde das Kind in seinem Spiel sogar behindern. Meist spielt die Mutter in dieser Zeit noch spontan die *konkordante Rolle*, ahmt ihrerseits wiederum das Kind in ihrem Spiel nach und zeigt, dadurch daß sie das Spiel des Kindes mit einem Begriff benennt oder bezeichnet, daß sie es erkannt hat: »Uaahh! Jaah! Du bist ein Löwe!«

Die Sprachentwicklung hilft dem Kind, Handlungserfahrungen von sich selbst und den anderen durch Benennung zu kohärenten Vorstellungen zu integrieren, sie kenntlich zu machen, voneinander zu differenzieren, zu symbolisieren und zum Objekt seiner Vorstellung zu machen. Wenn die Mutter das Spiel des kleinen Jungen benennt: »Du bist ein Löwe!«, so vermittelt diese Benennung dem Kind Kenntnis über die von ihm ausgeübte Rolle, ähnlich wie bei der jungen Frau, die sich im Rollentausch von außen als »Transuse« wahrnahm und bezeichnete und dann darin vom Therapeuten bestätigt wurde.

STERN zeigt einfühlsam, welche Energie es das Kind kostet, die Erfahrungen der non-verbalen Welt in Benennungen zusammenzufassen und in Sprache widerzuspiegeln, wieviel neue Erkenntnis und Selbstbewußtsein dieser Schritt aber auch bringt:

»Joey erwacht und klettert aus dem Bett. Einen Augenblick lang steht er im Zimmer und blickt still vor sich hin, so als müsse er nachdenken. Dann geht er rasch ins Schlafzimmer seiner Eltern und klettert zu ihnen ins Bett. Er schlüpft zwischen ihnen unter die Decken und gräbt sich regelrecht ein. Seine Eltern sind nun natürlich hellwach geworden. Nach einer Weile sagt sein Vater zu ihm: ›Na, mein kleiner Strolch?‹ Joey antwortet, in die Decken vergraben: »Ssrolss.‹ Sein Vater verbessert ihn liebevoll: ›Ja, Strolch.‹ Joey versucht es noch einmal: ›Strolch.‹ Sein Vater lacht und sagt: ›Ja, genau, du bist mein kleiner Strolch.‹ Joey ist für einen Moment still. Dann taucht er aus den Decken auf und verkündet klar und bestimmt: ›Ich Strolch!‹« (1991, S. 121).

Die Abwehr durch Verleugnung

Die Abwehr durch Verleugnung umfaßt aus meiner Sicht als Psychodramatiker immer ein unangemessenes *Verhalten und* ein unangemessenes *Wahrnehmen* des Verleugnenden:

1. Der Patient spielt unbewußt ein in der Situation *unangemessenes Rollenspiel.* FREUD betont, daß bei Verleugnung die Wahrnehmung nicht einfach »glatt weggewischt wird, so daß das Ergebnis dasselbe wäre, wie wenn ein Gesichtseindruck auf den blinden Fleck der Netzhaut fiele« (1975, S. 384). Vielmehr bleibe auch die Wunschvorstellung erhalten, werde aber durch etwas anderes ersetzt, indem das Interesse auf dieses andere verschoben wird. Als Beispiel dient FREUD der Fetischismus, bei dem die wegen Kastrationsangst des Betroffenen bedrohliche Penislosigkeit der Frau verleugnet werde und zum Beispiel ein Kleidungsstück den Penis zu ersetzen habe. Die an den Fetisch »gebundene sexuelle Befriedigung ist bequem zu haben«. Der Fetisch wehrt sich nicht gegen das »Spiel«.
2. Der Verleugnende nimmt zusätzlich den Beziehungspartner unangemessen wahr. Er spielt (unbewußt) auch ein *Fehlwahrnehmungsspiel.* Der Beziehungspartner soll nach Möglichkeit dieser Fehlwahrnehmung entsprechen und das »unbewußte« Rollenspiel des Verleugnenden durch komplementäres Verhalten bestätigen, das heißt komplementär spiegeln. Wenn der Beziehungspartner dann tatsächlich keine Diskrepanz zwischen seinem eigenen (zum Rollenspiel des Verleugnenden) komplementären Verhalten und seinem inneren Selbstbild geltend macht und das unbewußte Verleugnungsspiel mitspielt, dann fällt es dem Verleugnenden leicht, an seinem unbewußten Rollenspiel festzuhalten. Dieses bleibt dann seine »Wirklichkeit«.

In der Psychoanalyse setzen viele Autoren schon allein das Ausblenden der Wahrnehmung (der Diskrepanz zwischen innerem Selbstbild und äußerem Verhalten) mit Abwehr durch Verleugnung gleich und vernachlässigen so in der Definition den interaktionellen Anteil an der Verleugnung. Zum Beispiel sagen A. und M. MITSCHERLICH:

»Verleugnung ist ein Abwehrmechanismus, der sich auf störende Wahrnehmung der äußeren Realität bezieht. Störend heißt, daß die Wahrnehmung Unlust erweckt. Verdrängung gilt den Unlust wahrnehmenden eigenen Triebregungen. Im allgemeinen Sprachgebrauch wird ungenau Verdrängung für alle Entlastungsversuche von störenden Erfahrungen benutzt« (1967, S. 39).

Nach Rohde-Dachser kann die Verleugnung »eine inkompatible Vorstellung nicht ein für allemal vom Bewußtsein ausschließen, sondern sie allenfalls vorübergehend ins Vorbewußte abdrängen. Ihre Wirksamkeit besteht darin, daß das Ich auf ein Gefahrensignal hin mit dem sofortigen Versuch reagiert, das Signal selbst zu ignorieren« (1979, S. 94 f).

Ich selbst definiere im Unterschied dazu Verleugnung wie folgt: Bei Abwehr durch Verleugnung wird die Wahrnehmung der äußeren Realität unbewußt ausgesetzt. Dadurch wird es möglich, Diskrepanzen zwischen dem inneren Selbstbild und dem äußeren realen Rollenverhalten auszublenden, ganz nach dem Spruch von Christian Morgenstern: »Und so schloß er messerscharf, daß nicht sein kann, was nicht sein darf.« Das Aussetzen der Wahrnehmung der äußeren Realität erleichtert es, den bedrängenden, ängstigenden oder kränkenden Charakter der Situation zu überdecken, die gewünschte, oft kompensatorische oder fiktive Rolle weiterzuspielen und von den Interaktionspartnern zu fordern, sich dieser Wunschrolle gegenüber angemessen zu verhalten. Sie sollen das kompensatorische Selbstbild bestätigen. So können verbliebene eigene Zweifel endgültig getilgt werden.

Es gibt angstneurotisch erkrankte Menschen, die haben »keine Angst«, aber »Angstzustände« und fordern von ihren Beziehungspartnern entsprechend hilfreiches Verhalten. Auch in dem Fallbeispiel 33 (Seite 148) zeigte der Protagonist Christian der Gruppe im Spiel zunächst unbewußt, daß er die von ihm selbst verachteten Spielregeln der Institution einhielt und damit seine Freunde gefährdete. Er blendete *vor* dem Spiegeln die Wahrnehmung seines realen Rollenverhaltens »traurige graue Maus, unaufrichtig, genau wie alle anderen ...« aus, um sein inneres Selbstbild vom heimlichen Revolutionär oder Helden vor seinen Freunden weiterspielen zu können. Er erzählte diesen nicht, daß ihm gekündigt worden war, und forderte von ihnen dadurch unausgesprochen, ihn weiter als Revolutionär zu sehen. Ganz ähnlich versuchte im Fall-

beispiel 32 (Seite 146) die Protagonistin, durch Verleugnung ihr unbewußtes Rollenspiel »erschöpfte Kämpferin« aufrechtzuerhalten, bis sie durch Spiegeln im Rollentausch die Diskrepanz zwischen diesem inneren Selbstbild und ihrem äußeren realen Rollenverhalten (»wie eine Transuse«) wahrnahm.

Die speziellen Indikationen für das Rollenspiel und das Spiegeln

Das psychodramatische Rollenspiel und die Spiegeltechnik fördern Realitätserkenntnis. Das spontane Rollenspiel ist eine Technik, mit der der Protagonist Ich und Nicht-Ich unterscheiden lernt dadurch, daß er sich in seinem Spiel wie in einem Spiegel wiedererkennt oder aber als fremd wahrnimmt. Rollenspiel mit tiefenpsychologisch orientierter Nachbesprechung ist eine Technik der Selbstkonfrontation. Das Spiegeln ist eine Spezialform des Rollenspiels. Es ist ein zeitversetztes Spiel der Rolle des anderen *in dessen Gegenwart.*

Das »explorativ-integrierende Spiegeln« ist speziell indiziert, wenn der Kontakt in der therapeutischen Beziehung verlorengeht durch Regression des Patienten in einen präverbalen Zustand. Therapeut und Patient bemühen sich dann oft vergeblich, manchmal ratlos und verzweifelt, sich gegenseitig zu verstehen. In dem Fallbeispiel von Frau P. (Seite 144 f) verleugnete die Protagonistin, indem sie die Wahrnehmung der Realität nach innen und außen ausblendete. Denn hätte sie bemerkt, daß der Therapeut nicht nur böse und unfähig, sondern auch einfühlsam und wissend war, dann hätte sie das in ein Gefühlschaos von Schuldgefühlen, Angst, Sehnsucht, Wut und Trauer gestürzt, das ihr den letzten Rest von Identitätsgefühl geraubt hätte. Sie verleugnete nicht die Diskrepanz zwischen äußerem Rollenverhalten und innerem Selbstbild, sondern die *Zerrissenheit und Ambivalenz ihres inneren Selbstbildes* und auch die Zerrissenheit des sich daraus ergebenden äußeren Rollenverhaltens. ROHDE-DACHSER weist darauf hin, daß bei Menschen mit Borderline-Syndrom »die Aufrechterhaltung der Spaltung realer Objekte in eine gute und eine böse innere Repräsentanz und die damit korrespondierende analoge Spaltung der

Selbst-Repräsentanz … nur um den Preis einer weitreichenden Realitätsverleugnung möglich« ist (1979, S. 70). Die Autorin sieht neben anderen Hilfsmechanismen »die Verleugnung als Hauptabwehrmechanismus, welcher die Spaltung erhält« (1979, S. 94).

Beim stützenden, integrativen Spiegeln verläßt der Patient seinen eigenen Platz, nimmt eine Raumposition sich selbst gegenüber ein und sieht sich von außen, vom Therapeuten gespielt. Der Patient gewinnt mit der räumlichen Distanz dabei auch innere seelische Distanz zu seinem Gefühlschaos. Er kann sich von außen realitätsgerecht in dem aktuellen Gruppenzusammenhang sehen und seinen Empfindungen und Gefühlen mit Hilfe des (ihn in Stellvertretung über die Realität hinaus spielenden) Therapeuten Raum, Zeit, Logik und Sinn zuschreiben. Durch die Wahrnehmung seiner selbst von außen werden seine Ich-Grenzen deutlicher. Das explorativ-integrierende Spiegeln vermittelt dem Protagonisten Identitätserkenntnis und Ich-Bewußtsein. In dem Fallbeispiel erfuhr die Patientin, daß auch ihr präverbaler Lähmungszustand und ihre existentielle Desintegrationsangst als Gefühl von einem anderen Menschen geteilt werden können und benennbar sind, daß diese somit menschlich sind und nicht einmalig auf der Welt. Diese Erfahrung war für sie ungeheuer entlastend. Die Patientin konnte danach ihre ängstigenden Gefühle einfach und klar in Worte fassen. Aber auch der Therapeut verstand durch das explorativ-integrierende Spiegeln die Patientin neu und anders. Die therapeutische Beziehung wurde wieder kreativ.

In dem Fallbeispiel 32 (Seite 146) konnte die Protagonistin durch das Spiegeln im Rollentausch auf die Spiegelfrage hin (»Wie haben Sie sich im Spiel selbst aus der Rolle der anderen Person wahrgenommen?«) ihr inneres Selbstbild »erschöpfte Kämpferin« nicht länger aufrechterhalten und nannte sich selbst konfrontativ eine »Transuse«, eine Bezeichnung, die heilsam wirkte, weil sie von der Protagonistin spontan selbst gewählt wurde, die aber, wäre sie zuerst vom Therapeuten oder einem Gruppenmitglied gekommen, sie massiv gekränkt hätte. Ganz ähnlich wirkt das »szenische Spiegeln«. Das Spiegeln im Rollentausch und das szenische Spiegeln heben spezifisch die Verleugnung auf und führen zur Realitätserkenntnis über sich selbst, indem sie den Protago-

nisten die Diskrepanz zwischen seinem inneren Selbstbild und seinem realen Verhalten wahrnehmen lassen.

Selbsterkenntnis und Identitätserkenntnis durch Auflösung der Abwehr durch Verleugnung können einen wichtigen Anstoß geben zur inneren weiteren Entwicklung. Es kann aber auch sein, daß die Verleugnung dazu dient, die Identifizierung mit dem System (vgl. S. 211 ff) und relativ einseitigen Rollenausübungen aufrechtzuerhalten. Dann können bei Auflösung der Verleugnung durch innere Strukturdefizite existentielle Krisen, Symptomverstärkungen und/oder Symptomverschiebungen entstehen. Straub (1969) hat bei der Behandlung schwerer Zwangsneurosen gezeigt, daß es dann wichtig sein kann, den durch Aufhebung der Verleugnung unter Umständen auftretenden Rollenverlust therapeutisch auszugleichen durch gezielte, konsequente Förderung der Selbstgestaltung mit Hilfe von Rollen- oder Stegreifspielen. Dabei verzichtet der Therapeut darauf, im Unbewußten liegende Konflikte bewußt zu machen und die Patienten mit den sie beängstigenden Erlebnisinhalten zu konfrontieren. Statt dessen spielt der Patient in vielen Einzelsitzungen ohne Rollentausch Szenen aus Lebensabschnitten, in denen er sich wohl gefühlt hat, oder bevorzugt sogar frei erfundene Geschichten. Zum Beispiel hat Straub einer Patientin mit einer schweren Zwangsneurose, die geklagt hatte, daß sie als Kind ihren musischen Neigungen nicht habe folgen dürfen, angeboten, das nachzuholen, indem sie gemeinsam spielten, »daß sie beim Fernsehen angestellt sei, um die Kindersendungen zu gestalten«. Viele Sitzungen lang übernahm die Patientin in selbst erfundenen Stegreifspielen Kinderrollen. Die Therapeutin spielte dabei regelmäßig mit, je nach Bedarf wechselnd zwischen konkordanten Rollen, um als mitagierende Doppelgängerin die Impulse der Patientin zu verstärken, oder komplementären Rollen, zum Beispiel denen von Eltern oder Erwachsenen, um Gegenimpulse der Protagonistin auszugestalten. Straub beschreibt, daß mit diesem Vorgehen befriedigende bis gute Ergebnisse erzielt wurden, ohne daß eine spätere Verschlechterung oder Symptomverschiebung auftrat.

5. Der Rollentausch

Der Rollentausch fasziniert durch seine vielfältigen therapeutischen Wirkungen. Er wird deshalb von Psychodramatherapeuten häufig als wichtigste Psychodramatechnik angesehen. LEUTZ weist, um in Auseinandersetzung mit anderen Therapiemethoden die Urheberschaft der Erfindung des Rollentauschs für MORENO zu reklamieren, darauf hin, daß dieser

»bereits zu Beginn des 1. Weltkrieges ... die Bedeutung des Rollenwechsels in seiner Schrift ›Einladung zu einer Begegnung‹ mit den Worten formulierte: ›Bist Du bei mir, so will ich Dir die Augen aus den Höhlen reißen und anstelle der meinen setzen, und Du wirst die meinen ausbrechen und anstelle der Deinen setzen; dann will ich Dich mit den Deinen und Du wirst mich mit den meinen anschauen« (1974, S. 137).

MORENO (1937) hat aber erst 1935 die Hilfs-Ich-Technik erfunden, durch die Gruppenteilnehmer oder Co-Therapeuten als Mitspieler (Antagonisten) in das Spiel eines einzelnen Patienten miteintreten, und damit erst zu diesem Zeitpunkt die Grundlage für den Rollentausch im therapeutischen Psychodrama geschaffen.

Praktische Ausführung und allgemeine Wirkungen

In der Diskussion über den Rollentausch ist zu unterscheiden zwischen den Begriffen Rollenübernahme, Rollenwechsel und Rollentausch. Der Begriff »Rollenwechsel« ist mißverständlich, weil er in der Literatur sowohl für die einseitige Rollenübernahme einer anderen Rolle, als auch für den wirklichen Tausch zweier Rollen miteinander benutzt wird. Ich unterscheide deshalb zwischen Rollenübernahme, damit ist der Wechsel einer Person in die Rolle eines anderen gemeint, und dem eigentlichen Rollentausch:

»Wenn ein Individuum die Rolle eines Arztes ... seines Vaters oder seiner Mutter übernimmt, um zu ›lernen‹, wie es ist, in diesen Rollen zu sein, ist das Rollenspiel. Aber wenn er und sein Vater ... die Rollen tauschen, der Vater zum Sohn und der Sohn zum Vater wird, dann ist das Rollentausch« (MORENO 1959, S. 141).

Der Rollentausch umfaßt, interaktionell gesehen, zwei in der Beziehung zueinander komplementäre Handlungen. *Beide* Bezie-

hungspartner wechseln in die Rolle des jeweils anderen. Sie spielen diese Rollen *zeitversetzt und aufeinander bezogen* nach und weiter. Der Rollentausch ist ein Mittel zur Umgestaltung eines alten, inzwischen unangemessenen oder neurotischen Interaktionsmusters in einer Beziehung.

Fallbeispiel 34

Die 26jährige Studentin Frau R. war vor ihrem Staatsexamen depressiv dekompensiert. Sie klagte gleich zu Beginn ihrer elften Gruppensitzung: »Es geht mir schlecht. Ich kann nichts mehr machen. Ich kann mir das aber nicht leisten! In vierzehn Tagen habe ich meine mündliche Prüfung zum Examen. Und ich habe so ein schlechtes Gewissen meiner Mutter gegenüber. Die hat mir alles ermöglicht, und jetzt geht nichts mehr!« Der Therapeut bietet Frau R. ein fiktives Gespräch mit der Mutter an: »Möchten Sie Ihrer Mutter einmal sagen, daß es Ihnen schlechtgeht und daß Sie ihr gegenüber ein schlechtes Gewissen haben?« Frau R. wählt Iris, eine recht selbstbewußte Frau, in die Rolle der Mutter, beschreibt die Mutter, läßt sie sich auf einen leeren Stuhl setzen und nimmt ihr gegenüber Platz. Frau R.: »Mama, ich schaffe das nicht! Mir geht es schon wieder schlecht. Ich liege nur noch in meinem Bett und kann nichts tun. Und in vierzehn Tagen habe ich doch die Prüfung. Das tut mir so leid für dich. Ich habe so ein schlechtes Gewissen!« Der Therapeut ordnet den ersten *Rollentausch* an. Frau R. antwortet in der Rolle der Mutter prompt: »Ich möchte doch eigentlich nur, daß es dir gutgeht. Du brauchst kein schlechtes Gewissen zu haben!« Der Therapeut läßt den *Rollentausch* rückgängig machen. Die Mitspielerin wiederholt als Mutter deren Aussage. Frau R. erlebt die Mutter nur zugewandt. Der Therapeut fordert Frau R. deshalb auf: »Zeigen Sie uns einmal, wie es ist, wenn Sie in Ihren Zimmer liegen und nichts tun können?!«

Die therapeutische Wirkung des Rollentausches ist zum Teil nicht auf den Rollentausch selbst, sondern auf im Rollentausch immanent enthaltene andere Psychodramatechniken zurückzuführen, den Szenenaufbau, das Doppeln, die szenische Aktion und das Spiegeln (KRÜGER 1989). Der Therapeut entschied in dem Beispiel, die Patientin dort abzuholen, wo sie schon erwärmt war, bei ihren Schuldgefühlen der Mutter gegenüber. Er bot ihr ein fiktives Gespräch mit der Mutter an. Im Szenenaufbau suchte die Protagonistin eine andere Frau aus der Gruppe für die Mutterrolle aus. Ohne die Einführung der Mutter in die Spielszene wäre aber ein Rollentausch zwischen der Protagonistin und der Mutter gar nicht möglich gewesen. Die therapeutische Wirkung des Rollentauschs beruht also auch auf der des *Szenenaufbaus*.

Fortführung des Fallbeispiels 34

In der 2. Szene liegt Frau R. in ihrem Bett. Es ist Montag morgen. Die Patientin: »Es ist schon 11 Uhr. Da drüben, da spielt jemand Klavier. Alle arbeiten. Nur ich kann nicht aufstehen. Ich weiß nicht, was ich tun soll. Das brennt schon im Bauch und in der Brust, ich fühle mich so schuldig. Ich mache alles falsch. Das schlechte Gefühl wird immer stärker. Ich muß doch Mittwoch die Sachen abgeben für die Prüfung in zehn Tagen. Ich schaffe das nicht!« Der Therapeut *doppelt*: »Am liebsten würde ich …« Frau R.: »… zu meiner Freundin fahren, nach Botswana, nach Afrika.« Der Therapeut tritt neben sie: »Wollen Sie das einmal tun, hier im Spiel?« Frau R. lehnt dieses Angebot aber ab. Der Therapeut möchte gern wissen, was »Botswana« für die Patientin bedeutet. Er läßt die Patientin deshalb die Augen schließen und das Psychodrama auf der inneren Bühne als Imagination ausphantasieren: Frau R. setzt sich in ein Flugzeug. Sie fährt einfach los, ohne Rücksicht auf die Prüfung oder irgendwelche Personen. Die Freundin holt sie in Botswana vom Flugplatz ab und fährt mit ihr nach Hause. Frau R. bekommt ein eigenes Zimmer. Man trinkt Tee, erzählt gemütlich auch über Vergangenes. Der Therapeut: »Haben Sie eine Idee, was Sie hier unternehmen wollen?« Frau R.: »Nein! – Nein, das ist es doch gerade. Hier gibt es keinen Plan. Ich warte, was kommt. Das tut gut!« Der Therapeut: »Sie leben ganz im Augenblick?!« Frau R.: »Ja. Irgendwann einmal fahre ich dann über Land …« Sie erzählt, wie sie die Wüste sieht, Sträucher, Tiere, wie sie zu einer Familie kommt, die gerade ein Haus umbaut. In deren großem Garten ist viel zu tun. Frau R. bleibt zwei Monate dort, hilft, arbeitet. Sie kriegt dafür ein wenig Geld. Das reicht zum Leben. Nach ungefähr zehn Wochen hat sie spontan Sehnsucht nach ihrem Freund. Sie macht sich deshalb wieder auf den Rückweg nach Hause. Frau R. liegt bei dieser Phantasiereise entspannt auf ihrem »Bett«. Ihr leidendes, blasses Gesicht hat sich gerötet. Sie öffnet die Augen und blickt lebhaft.

Die Protagonistin konnte sich im Selbstgespräch durch das Doppeln aus ihrer Verschmelzung mit der Mutter herauslösen und ihren Botswana-Traum entwickeln. Sie löste die Abwehr durch Introjektion (der Leistungserwartung und der Anpassungshaltung der Mutter) auf und gewann neu Zugang zu eigenen Wünschen. Die therapeutische Wirkung des Rollentauschs in dem Ablauf der Psychodramasitzung ist auch auf die des *Doppelns* zurückzuführen. Denn ohne eigene Wünsche in der Beziehung gibt es auch keinen Konflikt und ohne Konflikt auch nicht die Notwendigkeit, das alte Gleichgewicht im Beziehungsspiel durch Rollentausch umzugestalten.

Was hinderte Frau R. aber in ihrem Alltag, sich solche »Botswana-Phantasien« zu gestatten? Mit Hilfe der szenischen Aktion hatten Frau R. und ihre Mitspielerin Iris gezeigt, wie die Mutter

gewöhnlich auf das sonst angepaßte Verhalten der Patientin reagierte. Die Protagonistin hatte aber Schuldgefühle gegenüber der Mutter. Hat die so zugewandte Mutter Vorbehalte gegenüber solchen »Botswana-Phantasien«? Der Therapeut läßt Frau R. jetzt ihre eigenen Wünsche, die »Botswana-Phantasien«, über die bisherige Realität hinaus durch szenische Aktion in die Beziehung zur Mutter einbringen.

Fortführung des Fallbeispiels 34
Der Therapeut läßt die Protagonistin mit Iris, der Mitspielerin, die die ganze Zeit als Mutter das Spiel beobachtet hat, das zweite Mal die *Rollen tauschen*: »Iris, spielen Sie bitte die ganze Phantasiereise noch einmal nach?!« Iris liegt im Bett und läßt im Selbstgespräch den Tagtraum der Protagonistin noch einmal in sich Wirklichkeit werden. Der Therapeut doppelt Frau R. in der Rolle der Mutter: »Das ist mir völlig fremd!« Frau R.: »So etwas kenne ich überhaupt nicht von ihr!«

Nach dem Rollentausch verharren die Protagonistin und ihre Mitspielerin Iris in den jeweiligen Gegenrollen nicht wie in einem Standbild. Sie spielen sie vielmehr weiter aus. Die therapeutische Wirkung des Rollentauschs beruht auch auf der *szenischen Aktion.* Die Protagonistin sieht im Rollentausch als Mutter sich selbst, von der Antagonistin gespielt, in ihrem Zimmer liegen, leidend und untätig, dann aber genüßlich in eine Phantasiereise abgleiten, in der sie gegen alle Normen verstößt, die die Familie auch in schweren Zeiten aufrechterhalten haben. Die Patientin entdeckt, daß ihr neues Selbstbild sich deutlich von dem Bild unterscheidet, das sie bisher in der Beziehung zur Mutter gezeigt hat. Der Therapeut hilft der Patientin durch Doppeln, diese Differenz aktiv zu erkennen. Die therapeutische Wirkung des Rollentauschs im weiteren Spiel beruht also auch auf der des *Spiegelns.*

Fortsetzung des Fallbeispiels 34
Der Therapeut: »Sagen Sie doch als Mutter einmal der Tochter, daß Sie das von ihr überhaupt nicht kennen.« Frau R.: »Ich verstehe dich nicht!« Die Mitspielerin Iris antwortet in Frau R.s Rolle spontan: »Mama, das macht mich ganz unruhig, das bedrängt mich richtig, wenn du so redest!« Frau R., noch in der Rolle der Mutter: »Laß dir ruhig Zeit, bleib noch eine Stunde liegen und setze dich dann erst an deinen Schreibtisch.« Der Therapeut läßt die *Rollen zurücktauschen* und Iris den Satz wiederholen. In der eigenen Rolle antwortet Frau R. der Mutter: »Das ist es nicht, was ich fühle, was ich eigentlich brauche.« Der Therapeut ordnet den dritten *Rollentausch* an. Iris wiederholt. Der

Therapeut zu Frau R. in der Rolle ihrer Mutter: »Ich habe den Eindruck, Regine ist Ihnen ganz fremd, ganz anders.« Frau R. als Mutter: »Ja, und das macht mich ganz unruhig und hilflos.« Der Therapeut läßt die *Rollen wieder zurücktauschen*, bricht das Spiel ab und fordert zur Nachbesprechung auf. Frau R. ist erstaunt: »In meiner eigenen Rolle habe ich nicht so viel Neues erlebt, das kannte ich schon. Aber die Unruhe und Hilflosigkeit in der Rolle meiner Mutter und daß meine Mutter mich überhaupt nicht verstehen konnte, das zu erleben, war für mich völlig neu. – Aber es stimmt! Ich habe schon seit einiger Zeit entdeckt, daß ich meiner Mutter gar nicht mehr sagen mag, wenn ich etwas Schönes erlebt habe. Sie sucht sich dann immer etwas Negatives heraus und beißt sich daran fest. Dann kann ich mich gar nicht mehr darüber freuen.«

Zwei Wochen nach dieser Sitzung berichtet Frau R., daß es ihr am Tag nach der Psychodramasitzung sofort bessergegangen sei: »Ich habe die Prüfung gut geschafft!« Dabei lacht sie fröhlich und mit heimlichem Stolz. Drei Monate später meistert Frau R. eine depressive Krise zum erstenmal ohne Beistand ihrer Mutter: »Ich fuhr zu Freunden, habe zwei Tage nur geheult, geschimpft und gezetert.« Sie entdeckt an sich ihr früher völlig unbekannte Gefühle von Neid, Eifersucht und Konkurrenz und findet für sich die Erklärung, daß sie etwas nachholt: »Ich war als Kind nie trotzig.«

Es geht im Psychodrama, solange die Bezugspersonen nicht real anwesend sind, nicht um die reale Mutter, sondern um das innere Bild von ihr, die innere Objektrepräsentanz. In dem Fallbeispiel arbeitete die Protagonistin für sich zwei gegensätzliche Lebenseinstellungen – »im Heute zu leben« und den »Pflicht-Menschen« – heraus. Sie wies zwar die Pflichtseite der Mutter zu und übernahm selbst die Lustseite, es handelte sich bei ihr aber um zwei Lebensprinzipien, die sich eigentlich sinnvollerweise zu ergänzen hätten. Das zeigte auch der weitere Verlauf der Therapie von Frau R.: Sie war nicht gleich nach Botswana gefahren, sondern hatte ihre Prüfung gemacht. Der Rollentausch half ihr, einen durch unbewußte Identifizierung mit der »Mutter« verdrängten, zentralen Lebenswunsch bewußt zu machen.

Es gibt eine spezifische tiefenpsychologische Funktion des Rollentauschs, die über die der anderen Psychodramatechniken hinausgeht. Der Rollentausch gestaltet in Beziehungen ein altes oder neurotisches Gleichgewicht im Interaktionsmuster der Beziehung um, dadurch daß er Einsicht in Ursache und Wirkung in der Beziehung und damit *Beziehungserkenntnis* vermittelt. Wenn das alte neurotische Gleichgewicht in der Beziehung erst einmal erkannt ist, kann die Erkenntnis nur schwer zurückgenommen werden. Die

Protagonistin ist dann frei, in einer neuen Situation sich in der Beziehung anders zu verhalten. Die 26jährige Frau R. zum Beispiel meisterte drei Monate nach dem Psychodramaspiel, in dem das alte Beziehungsspiel mit ihrer Mutter umgestaltet wurde, eine neue depressive Krise erstmals ohne Hilfe der Mutter.

Diese spezifische Wirkung des Rollentauschs kommt dadurch zustande, daß der Rollentausch *mehrfach wiederholt* und immer *auch wieder zurückgenommen* wird, so daß die Spieler sich *auch* in den ursprünglichen Rollen immer wieder neu begegnen. In dem Fallbeispiel tauschten Frau R. und die ihre Mutter spielende Mitspielerin Iris dreimal die Rollen hin und zurück. Die Protagonistin lernte durch Rollentausch nicht nur, sich in die Beziehungspartnerin einzufühlen, sondern entwickelte anschließend auch ihre eigene Ich-Position *gegenüber* dieser Beziehungspartnerin neu und weiter *in Kenntnis* von deren innerer Konfliktdynamik. Die Kenntnis des anderen in der Beziehung löst nicht nur Mitgefühl aus, sie gibt auch neuen Freiraum, die Beziehung eigenbestimmter zu gestalten. Beim Rollentausch vermittelt die szenische Aktion in einem Konflikt durch Abbau von Projektionen *Du-Erkenntnis* und das Spiegeln durch Abbau von Verleugnung *Ich-Erkenntnis*. Das Doppeln hilft, sich und den anderen in der Szene aktiv wahrzunehmen. Der Rollentausch aber vermittelt darüber hinaus *Beziehungserkenntnis*.

In der Psychodramaliteratur wird als wesentliche Wirkung des Rollentauschs häufig die Exploration des Beziehungspartners und die Du-Erkenntnis genannt (MORENO 1959, S. 87; LEUTZ 1974, S. 47; 98). Diese Einschätzung der Wirkung des Rollentauschs ist aber so unvollständig, daß sie Unwissende in die Irre führt. Denn sie unterschlägt das, was den Rollentausch so besonders macht, nämlich die Möglichkeit, Beziehungsmuster in Konflikten zu erkennen und zu verändern. Es ist richtig, die Protagonistin des Fallbeispiels explorierte im Rollentausch die emotionale Befindlichkeit und die innere Konfliktdynamik der Mutter und erlangte dadurch Du-Erkenntnis. Der Protagonist übernimmt im Rollentausch aber nicht nur wie in einem Rollenspiel die Rolle des anderen, sondern die *Rolle des anderen in der Beziehung zu sich selbst und auch wieder die eigene Rolle in der Beziehung zu dem anderen.*

Der Rollentausch als spontane Kausalitätsfunktion im Alltag

In dem Fallbeispiel von Frau R. (s. S. 160 ff) ist die Ursache für die Depression zunächst unklar. Erst das psychodramatische Spiel mit Rollentausch führt zu der Erkenntnis: Hinter der fürsorglichen Haltung der Mutter gegenüber der depressiven Tochter stehen Befremden und Ablehnung gegenüber deren heimlichen Wünschen, einfach einmal aus allen Pflichten auszubrechen. Am Ende stellt die Patientin fest: »Meine Mutter *kann* mich überhaupt nicht verstehen!« Die Protagonistin und ihre Gegenspielerin erarbeiten sich durch den wiederholten Rollentausch mit seinem systematischen Wechsel zwischen der konkordanten und der komplementären Position eine Antwort auf die Frage: Was ist Aktion, was Reaktion in der Beziehung? Die Protagonistin erweitert durch Rollentausch das Wissen um Bedingungen, Möglichkeiten, Grenzen, Gefühle und Einstellungen, die dem Verhalten des anderen und dem eigenen Verhalten in der Konfliktsituation zugrunde liegen. Der Rollentausch gestaltet in einer Beziehung den Kausalzusammenhang aus und führt dadurch zur Erkenntnis darüber, was Ursache und Wirkung ist. Der Rollentausch verwirklicht die Kausalitätsfunktion in einer Beziehung, dies aber in der zur Psychodramatechnik umgewandelten Form. Wenn die Kausalitätsfunktion in ihrer Arbeit behindert ist, kann der Rollentausch die Kausalitätsprüfung und Kausalitätsgestaltung wieder in Gang bringen.

Im Alltag setzen Beziehungspartner in einer Begegnung die Kausalitätsfunktion normalerweise innerlich spontan ein, ohne sich dessen bewußt zu werden. Sie klären Ursache und Wirkung in einem Konflikt, indem sie den jeweils anderen wahrnehmen, ihm antworten, sich ver-antworten und aber auch, im Wechsel damit, jeder dem anderen zuhören, sich einfühlen und sich bemühen, das Verhalten und die Aussagen des anderen in ihrer Bedeutung für die Beziehung hier und jetzt zu verstehen. Auf diese Weise gelangen die Bezugspersonen zu aufeinander bezogener Ich-Erkenntnis und Du-Erkenntnis, darüber hinaus aber auch zur Beziehungs-Erkenntnis, nämlich der von Ursache und Wirkung in ihrer Beziehung. Diese ist Grundlage für das Entstehen von Tele-Beziehung (s. S. 80 ff), für ein neues, realitätsgerechteres Miteinander. Dies kann sich ausdrücken entweder in einer neuen, kreativeren

Gemeinsamkeit oder auch in dem einvernehmlichen Entschluß, sich aufgrund zu großer Unterschiede in den Erwartungen an die Beziehung zu trennen.

Das Rollentauschspiel als frühe Fähigkeit des Kindes

Kinder setzen den Rollentausch ab dem 24. bis 26. Lebensmonat spontan ein. Ab dem 18. Lebensmonat schon kann das Kind jemanden bei einer Handlung beobachten und später zeitversetzt das Tier oder die Person im Rollen*spiel* nachspielen. Beim Rollen*tausch* aber fordert das kleine Mädchen die Mutter auf: »Ich Mammi, du Elly«. Es übernimmt selbst die Rolle der Mutter und schreibt dieser ihre eigene Rolle zu, die des Kindes. Moreno hat bei seinem Sohn Jonathan in der Zeit zwischen dem 24. und 36. Lebensmonat den Übergang vom Rollenspiel zum Rollentausch beobachtet:

Fallbeispiel 35

»Wenn er heimkam, pflegte er zu versuchen, einen Hund oder eine Katze oder irgendein Tier, dem er gerade begegnet war, zu spielen … Er machte die Laute eines Hundes oder eine Katze nach, verlangte von seiner Mutter oder seinem Vater, auf allen vieren zu gehen und an seiner Tätigkeit teilzunehmen …« (Moreno 1959, S. 186). Der Rollentausch wurde von Jonathan erst später angewandt: »Hans und sein Vater liegen im Bett. Sie waren allein, Hans lag in der Mitte des Bettes. ›Ich bin jetzt Mammi‹, sagte er, ›und du bist Vati‹. Plötzlich wandte er sich an seinen Vater (in der Rolle als Mammi) und fragte: ›Hat Hans ein Pipi?‹ ›Ich denke‹, sagte der Vater, ›aber frage ihn selbst.‹ Als seine Mutter ins Zimmer kam, sprach er sie mit Hans an und wiederholte die Frage: ›Hans, hast du das?‹, auf seinen Penis zeigend. ›Ja‹, sagte sie, ›ich habe es.‹ ›Hast du es, Mammi?‹, fragte sie ihn. ›Ja‹, sagte er (in der Rolle einer Mutter). ›Hast du es wirklich?‹ fragte sie ihn noch einmal. ›Nein‹, antwortete er diesmal, ›das ist deines. Ich bin ein Mädchen.‹ Er schaute auf seinen Penis und lachte« (Moreno 1959, S. 191).

Der kleine Junge spielt hier nicht nur die Mutter nach und probiert deren Rolle aus. Vielmehr ist sein Spiel in der Rolle der Mutter *bezogen auf seine eigene Rolle*. Das setzt nicht nur ein inneres Bild der Mutter voraus, sondern auch ein inneres Selbstbild. Dessen Vorhandensein zeigt sich, als er auf seinen Penis guckt und über den Widerspruch lacht zwischen dem, was er sieht, und dem, was er sagt: »Ich bin ein Mädchen.« Über das innere Bild der Mutter

und das Selbstbild hinaus hat Hans aber offenbar zusätzlich auch noch eine innere Vorstellung von der Beziehung zwischen ihm und seiner Mutter, wenigstens soweit es das Thema »Unterschied zwischen Junge und Mädchen« betrifft. Und es ist gerade diese innere Beziehungsvorstellung, die er im Spiel erproben möchte und die für ihn den Reiz des Spiels ausmacht. Dazu muß die Mutter aber in dem Spiel die komplementäre Gegenrolle einnehmen und so helfen, das von dem Kind angebotene Rollentausch-Spiel zu realisieren. Der Rollentausch als frühe Fähigkeit des Kindes wird leicht übersehen, weil die Bezugsperson das Spielangebot nicht wahrnimmt und dann natürlich nicht auf die Idee kommt, mit ihm die Rolle wirklich zu tauschen.

Fallbeispiel 36

Zu Beginn seines dritten Lebensjahres forderte ein kleiner Junge, Bruce, »im Spiel-Kinderzimmer … die ungeteilte Aufmerksamkeit der Lehrerin, insbesondere wenn sie mit einem anderen Kind beschäftigt war. Wenn sie ihm zum Beispiel aus einem Buch vorlas und vorübergehend zu einem anderen Kind gerufen wurde, verlangte Bruce indirekt, aber lautstark nach ihrer Rückkehr, indem er so tat, als lese er laut aus dem Buch vor, das bei ihm zurückgeblieben war« (Mahler 1980, S. 169).

In diesem Beispiel spielte das Kind zwar die Rolle der Lehrerin, der Rollentausch erfüllte sich aber nicht, weil die Bezugsperson der Aufforderung des Kindes nicht folgte und eben nicht die Rolle des Kindes antagonistisch übernahm und weiterspielte. Deshalb bleibt unklar, ob das Kind mit dem spontanen Rollentausch nicht vielleicht versuchte, den *Beziehungskonflikt* spielerisch zu *erkunden* und auszutragen. Mahler kam bei ihrer Interpretation dieses Beispiels gar nicht auf diese Idee. Sie deutete das Verhalten des Jungen vielmehr einseitig als mangelnde Bereitschaft des Kindes, die Lehrerin mit seinen Spielkameraden zu teilen. Offensichtlich hat sie die Möglichkeit nicht in Betracht gezogen, daß das Kind der Lehrerin einen Rollentausch anbot.

Der spontane Rollentausch eines zwei- bis dreijährigen Kindes hat nicht nur die Funktion, sich des Beziehungspartners *real* zu bemächtigen, sondern dient umfassender dazu, das Gleichgewicht in dem Interaktionsmuster der Beziehung mit diesem zusammen zu erkunden und Konflikte in der Beziehung zu verarbeiten. In dem Beispiel »Hans« (s. S. 166) ist der kleine Junge irritiert über

die Penislosigkeit seiner Mutter. In dem Spiel mit Rollentausch scheut die Mutter sich nicht, auch aus der Rolle des Jungen heraus den Unterschied zwischen sich und dem Jungen wahrzunehmen und zu bestätigen (»Hast du es wirklich?«). Hans ist erleichtert. Er darf den Unterschied bemerken und kann deshalb auch weiter nach einer ursächlichen Erklärung suchen: »Nein, das ist deines. Ich bin ein Mädchen.« Die Störung in der Beziehung zwischen Hans und der Mutter ist beseitigt, die Tele-Beziehung wiederhergestellt. Das Beispiel zeigt gut, daß Puppen oder Gegenstände im Kinderspiel die fehlenden Mitspieler und Mitspielerinnen nur bedingt ersetzen können. Bei dem Rollenspiel mit Puppen bedarf es einer ständigen Wiederholung des Spiels mit vielen Variationen, um die gleiche selbst- und beziehungsintegrierende Wirkung zu entfalten wie beim wirklichen Rollentauschspiel. Denn eine Puppe antwortet nicht so differenziert und konfrontativ, wie wenn die Mutter die Rolle des Kindes spielt. Es entsteht zwar Du-Erkenntnis, Du-Erkenntnis und Ich-Erkenntnis werden aber nicht so konsequent miteinander entwickelt und zur Beziehungserkenntnis erweitert. Die Erkenntnis von Ursache und Wirkung bleibt mehr Hypothese oder wird leicht reine Wunscherfüllung.

In psychoanalytischen Begriffen ausgedrückt, könnte man sagen, daß der Rollentausch dazu dient, *innere Objektkonstanz* herzustellen, wo diese unterbrochen oder gefährdet ist. Ich meine hier wohlgemerkt nicht äußere Objektkonstanz, dies wäre eine falsche Interpretation der Absichten des Kindes. Denn das Kind will verstehen und Tele-Beziehung herstellen, nicht aber den Erwachsenen für immer durch Rollentausch an sich binden. MAHLER schreibt:

> »Erst wenn die Objektkonstanz einigermaßen fortgeschritten ist – was nach unserer Vorstellung nicht vor dem 3. Lebensjahr der Fall ist … – kann die Mutter zumindestens teilweise während ihrer physischen Abwesenheit durch ein verläßliches inneres Bild ersetzt werden, das unabhängig von Triebbedürfnissen oder innerem Mitbefinden relativ stabil bleibt … Die Objektkonstanz beinhaltet mehr als die Bewahrung der Repräsentanz des abwesenden Liebesobjektes …; sie beinhaltet zugleich die Vereinigung von ›gutem‹ und ›bösem‹ Objekt zu einer Gesamtrepräsentanz« (s. S. 142 f).

Der Weg der »Vereinigung des ›guten‹ und ›bösen‹ Objektes zur Gesamtrepräsentanz« wird in der Psychodramatheorie als Tele-Prozeß (vgl. S. 80 ff) beschrieben. Das eigenbestimmte Weggehen

der Mutter macht die »gute« Mutter zur »bösen« Mutter. Im Rollentauschspiel kann das Kind dann aber die innere Gestimmtheit der Mutter in der Beziehung zum Kind erkennen, merken, ob die Mutter wirklich »böse« auf das Kind ist und feststellen, ob sie im Spiel seiner Rolle sein Fühlen und Denken versteht. Gelingt dies, dann kann das Kind die Begründung der Mutter leichter annehmen. Es entsteht Tele-Beziehung. Die »böse« Mutter wird zur »böse-guten« Mutter, zu der, die sie (meistens) ist. Die »böse« Handlung der Mutter bleibt zwar weiter frustrierend, erscheint aber durch die Tele-Beziehung in einem anderen Licht. Als Psychodramatiker können wir deshalb statt von Objektkonstanz von *intersubjektiver Tele-Konstanz* in einer Beziehung sprechen. Solange in inneren Interaktionskomplexen (im inneren Beziehungsspiel zwischen dem Selbstbild und dem dazugehörigen inneren Bild des anderen) keine Tele-Beziehung hergestellt ist, saugen diese aus anderen Strukturen Energie an und das Kind agiert den Komplex aus. Innere Interaktionskomplexe sind telebedürftig. Mit seinem Angebot zum Rollentausch versucht das Kind, Konflikte in der Beziehung zu lösen und widersprüchliche innere Beziehungsbilder zu integrieren. Der Rollentausch ist nach Moreno »eine Methode der Sozialisation und Selbstintegrierung« (1959, S. 188).

Die Abwehr durch Identifizierung mit dem Angreifer

Im Psychodrama nehmen der Protagonist und seine Mitspieler den Rollentausch bewußt wahr. Sein Vollzug bleibt ihnen nicht verborgen. Der Rollentausch kann aber auch unbewußt eingesetzt werden zur Abwehr oder zum Schutz eines alten neurotischen Gleichgewichts in einer Beziehung. Anna Freud gab der Abwehr durch unbewußten Rollentausch den Namen »Identifizierung mit dem Angreifer«. Bei diesem Abwehrmechanismus findet ein unbewußter »Austausch zwischen Angreifer und Angegriffenem« statt (A. Freud 1984, S. 92). Sie beschreibt die Identifizierung mit dem Angreifer an dem Beispiel eines Jungen,

> »der die Gewohnheit hat, überstark an der Klingel seines Pflegeheimes zu läuten. Wenn ihm geöffnet wird, überhäuft er das Hausmädchen mit lauten Vorwürfen über ihre Verspätung und Unaufmerksamkeit … Er überfällt also das

Mädchen mit Anklagen, ehe sie Zeit hat, ihre Klagen über sein Benehmen vorzubringen. Die Vehemenz seines prophylaktischen Schimpfens entspricht dabei der Stärke seiner Angst. Er verwendet die übernommene Aggression ... nicht gegen einen Stellvertreter, sondern wendet sie zurück, gerade gegen diejenige Person der Außenwelt, von der er Aggression erwartet hat. Der Austausch zwischen Angreifer und Angegriffenem wird also in diesem Falle bis zu Ende durchgeführt« (1984, S. 88).

ANNA FREUD führt anhand dieses Beispiels weiter aus, daß die Identifizierung mit dem Angreifer sich aus *Introjektion* der Kritik und *Projektion* der Schuld zusammensetzt. Bei der Identifizierung mit dem Angreifer wird über die bloße einseitige Übernahme der Rolle des Angreifers hinaus dem anderen in der Beziehung durch Projektion die eigene Rolle zugeschrieben. Das aber ist eben der *unbewußte Rollentausch.*

Die vielfältige therapeutische Wirkung des Rollentauschs ist, wie oben aufgezeigt, auch dadurch bedingt, daß er im praktischen Vollzug immanent den Szenenaufbau, das Doppeln, das szenische Handeln und das Spiegeln miteinschießt. Ganz ähnlich umfaßt die Identifizierung mit dem Angreifer nach THOMAE »komplizierte und mehrstufige Abwehrprozesse (Verdrängung, Projektion, Spaltung etc.)« (1985, S. 406). In dem Fallbeispiel von Frau R. (s. S. 160 ff) drängte die Mutter die Protagonistin zur Anpassung an die äußeren Notwendigkeiten und fragte nicht danach, was diese eigentlich am liebsten tun würde. Statt dessen forderte sie die Protagonistin »liebevoll« auf: »Ruh dich doch eine Stunde aus, und dann setzt du dich wieder an den Schreibtisch!« Frau R. wehrt ab durch Identifizierung mit dem Angreifer. Sie introjizierte die Leistungserwartung der Mutter und wurde total unruhig und hilflos, weil sie die auch vorhandenen Wünsche, das Leben einfach zu genießen, dadurch abspaltete. Als Ergebnis fühlte sie sich schuldig wegen ihrer neurotischen Arbeitsstörung. Sie trug den inneren Konflikt der Mutter stellvertretend für diese *in sich* aus, indem sie deren Anpassungshaltung und deren Überzeugung übernahm, daß letzten Endes nur Anstrengung und Arbeit helfen, Lebenskrisen durchzustehen und zu überwinden. Die Protagonistin projizierte aber auch ihren Wunsch, einfach nur zu leben und nicht so belastet zu sein, auf die Mutter (»Das tut mir so leid für dich!«). Sie verdrängte mit dieser depressiven Lebenseinstellung den am Ende des Psychodramaspiels neu auftauchenden Grundkonflikt zwischen

Lust und Pflicht, Eigenbestimmung und Entfremdung, wirklich spontanem Leben und Handeln nach Plan: »Ich mag meiner Mutter gar nicht mehr sagen, wenn ich etwas Schönes erlebt habe, weil sie sich immer etwas Negatives heraussucht und sich daran festbeißt. Dann kann ich mich gar nicht mehr freuen.«

Bei der Identifizierung mit dem Angreifer setzt der Patient unbewußt ein altes, neurotisch fixiertes Beziehungsspiel in der Realität fort, übernimmt dabei aber im Rollentausch die Gegenrolle im Interaktionsmuster und sucht sich unbewußt einen passenden Mitspieler auf der Bühne des realen Lebens, der seine ursprünglich eigene Rolle »spielen« soll. Die Protagonistin Frau R. behandelte den Therapeuten unbewußt so, wie ihre Mutter sie selbst. Die Depression der Patientin sollte schnell gelöst werden, damit diese sofort wieder lernen konnte für ihr Staatsexamen vierzehn Tage später. Der Therapeut identifizierte sich allerdings nun nicht seinerseits wieder mit der Leistungserwartung der Angreiferin, der Patientin, und hatte eben nicht Angst, zu versagen. Dadurch war er frei, statt »hilfreiche« Ratschläge zu geben, den zugrundeliegenden Konflikt herauszuarbeiten.

Außerhalb des therapeutischen Settings führt die Identifizierung mit dem Angreifer, der unbewußte Rollentausch, zum Ausagieren neurotisch fixierter Beziehungsspiele im Alltag. Das muß für den Betroffenen am Ende nicht immer negativ sein. Bisweilen gelingt es, durch Ausagieren neurotischer Konflikte diese allmählich abzuarbeiten und so zu einer besseren Selbstintegration zu kommen. In der Phase des Ausagierens geschieht dies allerdings auf Kosten anderer.

Fallbeispiel 37

Eine 42jährige Teilnehmerin einer Selbsterfahrungsgruppe berichtete, daß ihr Ehemann sie wegen einer anderen Frau verlassen hatte. Sie habe zunächst sehr darunter gelitten. Danach habe sie dann alle Rollen des Dreieckskonflikts ausleben müssen (das wurde ihr aber erst später bewußt), bis sie in der Lage war, eine neue, dauerhafte Beziehung einzugehen. Sie wurde zunächst (in Identifizierung mit dem Angreifer, der Frau, die ihr den Ehemann wegnahm) ihrerseits die Geliebte eines verheirateten Mannes. Dann ging sie selbst in einer anderen Partnerschaft fremd (in Identifizierung mit dem Angreifer, ihrem Ehemann, der sie verlassen hatte). Dann erst sei es gut gewesen.

Weil die jeweiligen Beziehungspartner meistens nicht so wie in diesem Beispiel die zugewiesenen komplementären Rollen »mit-

spielen«, bis der Patient von sich aus von dem »Spiel« genug hat und es beendet, scheitern allerdings häufig solche Selbstheilungsversuche im Alltag. Dann »spielt« und erleidet der Patient unbewußt *zeitversetzt selbst beide* Rollen des neurotischen Beziehungsmusters wieder neu.

Fallbeispiel 38

Eine 40jährige Frau war von ihrem Vater in der Kindheit wegen eines nicht erkannten Hörschadens häufig abgelehnt und bloßgestellt worden. In unbewußter Identifizierung mit dem Vater der Kindheit mußte sie ihre Lebenspartner jeweils so lange auf deren Schwächen hinweisen und diese bekämpfen, bis die Partner sie verließen. Die Patientin stand am Ende dann jeweils allein da und fühlte sich verlassen und nicht liebenswert, ganz wie das kleine Mädchen, das sie in ihrer Kindheit gewesen war.

Psychodramatherapie hat zum Ziel, das Ausagieren neurotischer Beziehungsmuster statt im Alltag im therapeutischen Setting stattfinden zu lassen.

Die speziellen Indikationen für den Rollentausch

Der Rollentausch ist in der Psychodramatherapie indiziert, wenn ein Protagonist abwehrt durch Identifizierung mit dem Angreifer. In dem Fallbeispiel von Frau R. (S. S. 160 ff) war die Patientin identifiziert mit der Anpassungshaltung der Mutter und projizierte auf diese den Wunsch, nicht so belastet zu sein. Erst der Rollentausch führte die Patientin zu der Erkenntnis des neurotischen Konfliktmusters in der Mutterbeziehung und damit zur Auflösung des alten neurotischen Gleichgewichts in dem fixierten Beziehungsspiel. Denn die Patientin nahm durch den wiederholten Rollentausch wahr, daß sie mit ihrem eigentlich ganz normalen Wunsch, auch eigenbestimmt zu sein und das Leben zu genießen, die Mutter »unruhig und hilflos« machte. (Diese war fixiert in einer Anpassungshaltung, die durch die Wünsche der Patientin ins Wanken geriet.) Die Patientin merkte durch Rücknahme des Rollentauschs aber auch immer wieder, daß die Mutter mit ihren scheinbar fürsorglichen Ratschlägen an dem, was sie selbst »eigentlich brauchte«, völlig vorbeiging und im Grunde gar nicht verstand, daß Erholung nicht nur dazu da ist, um hinterher wieder

besser arbeiten zu können, sondern daß es ein eigener Wert ist, das Leben zu genießen.

Der Rollentausch ist allgemein indiziert bei der Behandlung von Depressiven und aggressiv gehemmten Menschen. Denn er gibt, angemessen eingesetzt, den Anstoß, Konflikte auszutragen. Depressive Menschen haben nicht nur die Schwierigkeit, eigene Wünsche durchzusetzen. Ihnen fehlt darüber hinaus mehr oder weniger auch schon die Wahrnehmung des eigenen Empfindens, Fühlens, Denkens und Intuierens *gegenüber* dem Beziehungspartner, weil sie abwehren durch Identifizierung mit dem Angreifer. Deshalb kommt dem Verhalten der Antagongisten im Rollentausch besondere Bedeutung zu, können diese doch im Rollentausch die Wahrnehmung des Protagonisten nach innen und außen über die Realität hinaus verbalisieren.

Fallbeispiel 39

Die 35jährige Patientin Frau S. reagierte mit einer schweren Depression darauf, daß sie selbst ihre Schwiegermutter erstmals kritisiert hatte. Es ging um die Betreuung ihrer kleinen Tochter Eva. Sie zeigt diese Begebenheit im psychodramatischen Spiel und wählt die Gruppenteilnehmerin Gerda dazu in die Rolle der Schwiegermutter. Nach dieser Szene fordert der Therapeut Frau S. auf: »Wollen Sie der Schwiegermutter einmal über die Realität hinaus sagen, was Sie ihr gegenüber fühlen?« Erst im *Rollentausch* in der Rolle der Schwiegermutter wird Frau S. zunehmend spontan und deutlich: »Wenn es darum geht, Eva zu versorgen, dann ist es dir recht! Sobald du aber von der Arbeit kommst, dann bin ich überflüssig. Der Mohr hat seine Schuldigkeit getan, jetzt kann er gehen!« Der Therapeut: »Bleiben Sie bitte beide in Ihren Rollen und spielen Sie weiter, auch über das bisherige hinaus.« Die Antagonistin Gerda hat in der Gruppe gelernt, offen ihre Meinung zu sagen und ist stolz darauf. Wie zu erwarten, äußert Gerda auch Frau S.' heimliche Überlegungen gegenüber der Schwiegermutter und bezieht dabei die Informationen aus dem bisherigen Spiel mit ein: »Aber es ist doch auch klar, warum ich jetzt mehr bei meiner Tochter sein will. Weil du immer hinter Eva her sein mußt! Du versetzt sie in Panik. Sie kriegt schon Angstzustände, wenn überhaupt kein Grund dafür da ist!« Die Atmosphäre des Spiels wird lebendig und keck. Der Therapeut muß sich manchmal das Lachen ob des Machtkampfes und der knackenden Rivalität zwischen den beiden Frauen verbeißen. Frau S. protestiert als Schwiegermutter: »Aber ich muß doch aufpassen, wenn ein Auto kommt!« Gerda als Frau S.: »Aber ich bin die Mutter. Wenn ich nach Hause komme, dann möchte ich mit Eva zusammensein. Auch jetzt hier am Strand. Als du auf sie zustürztest, war ich doch da! Ich habe das doch gesehen. Ich habe doch die Verantwortung, wenn ich da bin. Ich möchte gerne, daß Eva mehr Freiheit hat. Das ist doch wichtig für das Kind!« Frau S. ist als Schwiegermutter gekränkt:

»Ich kann das nicht verstehen. Ich tue doch alles, was ich kann!« Sie zieht sich beleidigt zurück. Der Therapeut läßt die *Rollen wieder zurücktauschen.* Frau S. kann zwar in ihrer eigenen Rolle ihre Wünsche nicht so deutlich ausdrücken und hat Mühe, der Schwiegermutter gegenüber standzuhalten. Am Ende stellt sie aber doch der Schwiegermutter gegenüber fest: »Ich weiß, daß du es gut meinst. Und trotzdem kann ich es nicht ertragen!« Eine Woche später berichtet sie in der Gruppe: »Ich bin immer noch depressiv und sehr angestrengt. Das aber auch deshalb, weil ich mich vor vier Tagen mit der Schwiegermutter auseinandergesetzt habe. Ich habe ihr alles gesagt, was ich fühle und denke.« Vierzehn Tage später ergänzt Frau S., daß die Schwiegermutter auf sie zugekommen sei: »Sie sagte, daß sie gar nicht gewußt hat, was ich denke und fühle. Ich hätte das viel eher einmal sagen sollen. Sie meint, jetzt weiß sie wenigstens, woran sie ist. Unsere Beziehung ist jetzt viel entspannter.«

Bei einer solchen *stellvertretenden Selbstverwirklichung* durch die Antagonistin oder auch durch ein anderes Gruppenmitglied nimmt der Protagonist im Rollentausch die Rolle seines Gegenspielers ein. Dies aus zwei Gründen: 1. Das expansive Verhalten des Antagonisten (in der Rolle des Protagonisten) über die Realität hinaus zwingt den Protagonisten dazu, als Gegenspieler spontan auf die neue Situation zu reagieren und dabei eine Hypothese über dessen Verhalten zu entwickeln. Dadurch wird besonders gut deutlich, wie sehr das Verhalten des Gegenspielers auch mitbedingt ist von dem des Protagonisten. 2. Bei jemandem, der abwehrt durch Introjektion (als Teil der Identifizierung mit dem Angreifer), führt das expansive Verhalten des Antagonisten in seiner Rolle dazu, daß er dieses expansive Verhalten in sein Ich aufnimmt. Es fällt ihm dann in der Folge schwerer, in diesem Konflikt weiter depressiv gehemmt zu bleiben.

Der Rollentausch ist das Mittel der Wahl, um Gerechtigkeit im Sinn des Alten Testaments herzustellen (VON RAD 1962, S. 382 ff). Das therapeutische Ziel bei der Bearbeitung von Beziehungskonflikten ist nicht, zu lernen, den anderen zu überfahren oder zu besiegen, sondern gerecht zu sein, das heißt *dem anderen und sich selbst gerecht zu werden.* Das eigene Selbst kann sich nur weiterentwickeln *zusammen mit den inneren Bildern* der komplementären Gegenrollen. Dazu sind der Rollentausch und die stellvertretende Selbstverwirklichung wunderbare Instrumente. Es gilt aber auch umgekehrt: Die Komplementären Gegenrollen können sich ihrerseits nur weiterentwickeln, wenn die ich-konkordante Selbstentwicklung Fortschritte macht. Wahre Selbstverwirklichung zeigt

sich nicht nur in expansivem triebfreundlichem Verhalten, sondern schließt auch die Aufhebung der Verdrängung von existentiellen Ängsten, Trauer, Scham und Einsamkeitsgefühlen mit ein. Forciert der Therapeut einseitig den Rollentausch auf Kosten der Selbstentwicklung, dann ist das Handeln der Protagonistin nicht mehr eigenbestimmt und spontan, sondern entspringt einem Bedürfnis des Therapeuten, der das Leiden der Patientin nicht aushalten kann und deshalb durch seine technischen Anweisungen von der Bühne verschwinden lassen möchte (s. S. 227 f). Dabei übersieht der Therapeut aber, daß eine positive Selbstentwicklung nur in Gang kommt, wenn das Leiden in seiner Art und Größe auch wirklich gesehen und erkannt und dadurch dem Patienten seine Würde als Mensch mit eigenen kreativen Fähigkeiten wiedergegeben wird.

Im Psychodrama besteht die Verführung, jemandem, der eine »böse« Rolle gut spielt, diese auch im Alltag zuzuschreiben. Meiner Erfahrung nach kann aber nur der, der eine »böse« Rolle gut spielen kann, relativ sicher sein, im Alltag bei entsprechender Gelegenheit mit der in dieser Rolle vorhandenen Kraft angemessen umzugehen. Es ist ja nicht so, daß jemand, der in der Lage ist, im Psychodrama einen Tyrannen oder eine Hure zu spielen, auch im Alltag ein Tyrann oder eine Hure ist. Das Gegenteil ist wahr. Ein wirklicher Tyrann wird im Psychodrama gewöhnlich erst am Ende der Therapie auch im Spiel Tyrann sein können, wenn überhaupt. Denn um bewußt eine Rolle auf der Bühne zu spielen, muß man sich von dieser Rolle distanzieren, über sie auch lachen oder weinen können und in der Lage sein, auch die Gegenrolle angemessen zu spielen. Das gelingt einem Tyrannen aber nicht. Wenn aber umgekehrt jemand auf der Bühne einen Tyrannen spielen kann, dann ist er im Alltag gewöhnlich eben gerade kein Tyrann, sondern eher angemessen durchsetzungsfähig und bei Bedarf auch angemessen revolutionär. Nach GANDHI kann man nur dann wirklich gewaltlos Widerstand leisten, wenn man in der Lage wäre, Gewalt anzuwenden, und dann darauf verzichtet (1977, S. 15 ff; 70). Denn wer sich in einer Notsituation gewaltlos verhält, kann ebensogut ein Feigling sein und wird dann, wenn er selbst die Macht hat, leicht selbst zum Tyrannen. Wer aber die Fähigkeit hat, selbst Gewalt anzuwenden, und dann trotzdem um des gewaltlosen Widerstandes wegen darauf verzichtet, der wird auch dann,

wenn er die Macht hat, relativ gut davor geschützt sein, diese Macht gewalttätig zu mißbrauchen.

Der Rollentausch ist, da er Einsicht in Ursache und Wirkung des Handelns verschafft, auch eine der zentralen Techniken zur Beziehungsklärung bei Gruppenkonflikten (s. S. 244 ff). Ebenso kann der Rollentausch auch in der Paartherapie helfen, Introjektionen abzubauen, Projektionen zurückzunehmen und so erstmals wieder Neugier gegenüber dem Partner entstehen zu lassen: Wer ist der andere eigentlich? Die Beziehnungspartner können über die Bewertungen »gut« oder »böse«, Opfer oder Täter, hinaus durch Rollentausch erstmals das gemeinsame Spiel in der Beziehung erkennen und so zu einer freieren Beurteilung der Lage kommen.

Es ist offensichtlich schwer, die tiefenpsychologischen Wirkungen des Rollentauschs zu erfassen, weil die durch ihn vermittelten Prozesse komplex und vielfältig sind. Erst wenn man auch die tiefenpsychologischen Funktionen der anderen zentralen Psychodramatechniken kennt und dann untersucht, was der Rollentausch *darüber hinaus* spezifisch bewirkt, gelangt man zum Ziel. Wer sich diese Mühe nicht macht, gerät in Gefahr, den Rollentausch falsch zu beurteilen. So haben Psychoanalytiker des »Analytischen Psychodramas« französischer Schule den Rollentausch tiefenpsychologisch offensichtlich nicht verstanden und setzen ihn deshalb unangemessen ein. Anders ist nicht zu erklären, daß sie den Rollentausch als Technik direkt ablehnen:

»Die Technik des Rollentausches, die von den ersten Psychodramatherapeuten empfohlen worden ist, scheint uns unbrauchbar, ja sogar verhängnisvoll, da sie die Abwehr des Patienten mißachtet, ihm keinerlei Erleichterung beim Ausdruck unbewußter Wünsche verschafft und sein thematisches Weiterkommen zu blockieren droht … Von den für Moreno charakteristischen Techniken des ›Doppelgängers‹ und des ›Rollenwechsels‹ haben wir die erste nie und die zweite nur selten angewandt … Wir möchten dem Patienten nicht eine Rolle aufzwingen, und so machen wir höchstens den Vorschlag, er möge die Szene noch einmal spielen, und wenn wir glauben, daß er beim ersten Male nicht gewagt hat, die Rolle seiner Wahl zu übernehmen, diesmal eine andere Figur verkörpern … Oft haben wir … den Eindruck, daß die Patienten den Rollenwechsel zuweilen als eine Art Demonstration des Therapeuten verstehen, der ihnen zeigen möchte, wie sie sich in der ersten Szene hätten verhalten sollen. So gesehen erzeugt die Wiederholung nur Schuldgefühle und entbehrt jedes therapeutischen Wertes« (Basquin et al. 1981, S. 50; 82).

Wie ich deutlich gemacht habe, teile ich diese Meinung nicht.

6. Das Rollenfeedback und die Interpretation

Praktische Ausführung und allgemeine Wirkungen

Rollenfeedback ist eine Technik der Bewußtseinserweiterung und der Selbstinterpretation. Es läßt sich auf drei verschiedenen Weisen anwenden:

1. als Interview oder Rollenfeedback *innerhalb* der Spielszene
2. als allgemeines Rollenfeedback in der Nachbesprechung
3. als vom Therapeuten gezielt erfragtes Rollenfeedback.

Fallbeispiel 40

Der 25jährige Krankenpfleger Herr T. hatte sich schon vor acht Wochen in der Gruppe mit dem drohenden Tod seines Vaters auseinandergesetzt, sich in einem Psychodramaspiel unter Tränen von ihm verabschiedet und dies auch zu Hause noch dem Vater gegenüber real tun können. In dieser Gruppensitzung bringt er sich mit der Frage ein: »Ich weiß nicht, ist es richtig oder falsch, wie ich mich meinem Vater gegenüber verhalte?« Im Spiel zeigt er dann einen Besuch im Haus der Eltern. Die Gruppenmitglieder Heinrich und Anne spielen den Vater und die Mutter. Herr T. begrüßt kurz die Mutter, setzt sich dann an das Bett des Vaters. Er nimmt dessen Hand und spricht voller Wärme zu ihm. Der Vater kann nicht reden. Herr T. hat den Eindruck, daß er bald sterben wird. Da kommt die Mutter mit einer Schnabeltasse in der Hand ins Zimmer. Sie versucht, dem Vater die Suppe einzuflößen. Der Vater dreht den Kopf zur Wand. Die Mutter wird ärgerlich und schimpft: »Er ißt schon wieder nicht! Dabei muß er doch etwas trinken! Der Doktor hat das auch gesagt. Sonst trocknet er doch aus!« Herr T. ist entsetzt und folgt der Mutter ins Wohnzimmer. Dort streiten Mutter und Sohn sich über die angemessene Pflege des Vaters: »Wenn er den Kopf wegdreht, dann will er doch nicht mehr trinken! Wie soll er denn sonst zeigen, daß er sterben will! Er kann doch nicht sprechen! Das ist genau so wie sonst auch immer! Alte Menschen dürfen nicht in Ruhe sterben, auch wenn sie sich längst dazu entschlossen haben!« Die Mutter: »Der Doktor kommt morgen und will sehen, ob es ihm bessergeht.« Sie erzählt, daß sie für zwei Wochen in Urlaub fahren will. Der Vater soll in der Zeit in ein Krankenhaus. Herr T. ist empört.

Der Therapeut bittet Herrn T.: »Können Sie bitte noch einmal die Rolle Ihres Vaters übernehmen? Sie, Heinrich, spielen den Sohn, Sie, Anne, die Mutter. Und spielen Sie das Ganze sinngemäß noch einmal nach!?« Herr T. legt sich auf die Matratzen, die das Bett des Vaters darstellen. Er schließt wie dieser die Augen. Der Therapeut: »Versuchen Sie bitte, sich ganz in die Rolle des Vaters hineinzufühlen, auch körperlich.« Heinrich geht als Sohn ans Bett des Vaters, nimmt dessen Hand. Die Mutter kommt dazu, will den Vater füttern. Herr T. als Vater dreht den Kopf weg. Die Mutter beschwert sich. Mutter und Sohn gehen ins Nebenzimmer, streiten sich dort. Der Therapeut tritt ans Bett

des Vaters: »Ich spreche Sie jetzt als ihren Vater an, versuchen Sie einmal, aus seiner Rolle zu antworten. Bleiben Sie als Vater in dem Körpergefühl: Herr T., Sie können nicht mehr reden, haben eben den Kopf weggedreht, als Ihre Frau Sie füttern wollte. Wie war das, als Sie den Kopf zur Seite wandten? War das einfach nur Lustlosigkeit oder wollten Sie nicht mehr? Haben Sie den Wunsch gespürt, zu sterben?« *(Rollenfeedback innerhalb der Spielszene).* Herr T. öffnet die Augen, zögert ein wenig: »Nein, sterben, daran habe ich nicht gedacht. Das war mir nur alles irgendwie lästig.« Der Therapeut läßt Herrn T. und Heinrich die Rollen wieder zurücktauschen und wendet sich an Herrn T.: »Verabschieden Sie sich noch einmal von Ihrem Vater und gehen Sie dann?!« Herr T. findet wieder in seine eigene Rolle zurück und spielt noch einmal nach, wie er das Elternhaus verläßt.

Tiefenpsychologisch gesehen ist das Interview im Spiel nichts anderes als ein Rollenfeedback *innerhalb* der Spielszene. Das Interview aktiviert ganz gezielt (über die erinnerte Realität hinaus) die Wahrnehmung des Protagonisten in seiner jeweiligen Rolle, dadurch daß dieser veranlaßt wird, sein Denken, Fühlen, Empfinden und Intuieren in den ihm eigenen Sprachbildern auszudrücken. Es ist deshalb besonders indiziert, wenn ein Protagonist durch Projektion, Rationalisierung oder Intellektualisieren unbewußt der Erkenntnis von Ursache und Wirkung im Interaktionszusammenhang ausweichen will. In dem Fallbeispiel läßt der Therapeut den Protagonisten sogar nach dem Spiel noch einmal auf die Bühne gehen und einen Teil der Spielszene nachspielen, um ihn selbst überprüfen zu lassen, ob seine Interpretation der Verweigerung des Vaters zutreffend ist. Denn weil der Vater nicht mehr sprechen konnte, war hier die Gefahr einer Fehlinterpretation besonders groß.

Fortführung des Fallbeispiels 40

Nach dem Spiel entfernen die Gruppenmitglieder und der Therapeut den symbolischen Bühnenaufbau und setzen sich wieder in einen Kreis. Der Therapeut wendet sich an alle Mitspieler: »Was haben Sie in den verschiedenen Rollen während des Spiels erlebt?« *(allgemeines Rollenfeedback in der Nachbesprechung)* Herr T.: »Es war wieder so wie in der vorigen Woche. Ich habe mich geärgert über meine Mutter, daß sie das nicht kapiert, was mit meinem Vater ist.« Annegret: »Als Mutter war mir das mit dem Trinken gar nicht so wichtig, ich habe mich gefreut, daß mein Sohn nach langer Zeit wieder einmal nach Hause kam. Immer bin ich mit dem schwerkranken Mann allein. Ich muß alles entscheiden und ihn umsorgen. Und jetzt wollte ich auch einmal etwas für mich tun, mich entlasten. Dann machtest du mir aber Vorwürfe!« Herr T. wendet sich an den Therapeuten: »Wie ist das eigentlich: Wenn man in der Rolle

etwas sagt, wie ich in der Rolle meines Vaters, daß ich nicht ans Sterben gedacht habe? Muß das immer stimmen?« Der Therapeut zögert: »Sie kennen Ihren Vater von uns allen am besten. Auf jeden Fall stimmt das, was Sie in der Rolle des Vaters gefühlt haben, eher als das, was Sie aus Ihrer eigenen Rolle heraus über seine Gefühle nur vermuteten.« Herr T. zieht sich nachdenklich zurück.

Das Rollenfeedback ist zunächst normale, *spontane* Kommunikation. Die einzelnen Spieler geben im allgemeinen Rollenfeedback ihrem Staunen, ihrer Ergriffenheit und gegebenenfalls auch ihrem Befremden Ausdruck. Der Therapeut würde die Spontaneität der Gruppe hemmen, wenn er das Rollenfeedback zwanghaft systematisch durchführte, Rolle für Rolle, Szene nach Szene, für jeden Mitspieler. Wenn der Therapeut das Rollenfeedback *gezielt* einsetzt, dann nur, um Lücken in der spontanen Bewußtseinsbildung für das Erlebte in der Spielszene auszufüllen.

Fortführung des Fallbeispiels 40

Der Therapeut fragt gezielt weiter *(gezielt erfragtes Rollenfeedback)* und wendet sich an Heinrich: »Und wie ging es Ihnen?« Heinrich: »Als Vater war ich nur müde. Und es war schön, daß mein Sohn mir so nah war.« Der Therapeut: »Und in der Rolle des Sohnes im Rollentausch?« Heinrich: »Also, ich war überzeugt, daß ich recht hatte. Aber bei *der* Mutter, da hat man ja keine Chance!«

Nach dem Spiel geben der Protagonist und seine Mitspieler im Rollenfeedback ihren Erfahrungen im Spiel sprachlichen Ausdruck und machen sich ihr Erleben dadurch bewußt. Nach FREUD umfaßt »die bewußte Vorstellung … die Sachvorstellung plus die dazugehörige Wortvorstellung, die unbewußte ist die Sachvorstellung allein« (1969, S. 516). Mir als Psychodramatiker ist FREUDS Begriff »Sachvorstellung« zu statisch und ungenau. Ich verstehe Bewußtsein als ein spezifisches inneres Handeln, das sich von Augenblick zu Augenblick in der jeweils aktuellen Situation mehr oder weniger stark verwirklicht, vergeht und wieder neu entsteht. Eine bewußte Vorstellung ist deshalb immer szenisch vermittelt und umfaßt über die *Sprachvorstellung* hinaus die *Affektvorstellung* (»Was haben Sie gefühlt? Was hat der andere in Ihnen ausgelöst? In Ihrer eigenen Rolle, bis zuweilen in der des anderen?«), die *Bildvorstellung* (»Wie haben Sie den anderen bzw. sich selbst aus der Rolle des anderen wahrgenommen?«) und die *Handlungs-*

vorstellung (»Was hätten Sie in dem Augenblick am liebsten gemacht? Was war Ihr Impuls?«). Rollenfeedback ist mehr als das Festhalten von Gefühlskonstellationen im Bewußtsein (LEUTZ 1974, S. 100). Es hält nicht nur fest, sondern *entwickelt* Bewußtsein überhaupt erst. Es geht nicht nur um die Versprachlichung von Gefühlen, sondern auch darum, sich eine Bildvorstellung zu machen und Handlungsimpulse bewußt wahrzunehmen. Nur dann entsteht im Rollenfeedback eine ausreichend differenzierte und angemessene Interpretation der Szene.

In dem Fallbeispiel war es für den Protagonisten wichtig, in der Rolle seines Vaters das Gefühl »mir ist alles lästig« durch die dazugehörige Handlungsvorstellung zu ergänzen und dadurch zu interpretieren: »Nein, sterben, daran habe ich nicht gedacht.« Auch der Mitspieler Heinrich teilt über sein affektives Erleben in der Rolle des Protagonisten (»Ich war überzeugt, ich hatte recht!«) hinaus mit, wie er die Mutter erlebt hat (dazugehörige Bildvorstellung von der Mutter): »Bei *der* Mutter, da hat man ja keine Chance!« Das Rollenfeedback wirkt im konkreten Gruppensetting so, als ob es einfach zu handhaben wäre, ist aber in Wahrheit eine intensive Arbeit der Bewußtseinsbildung, bei der die Spieler für die konflikthafte Szene die dazugehörigen, angemessenen Affekt-, Bild-, Handlungs- und Sprachvorstellungen suchen und dadurch sich selbst die Interpretation der Szene in ihren verschiedenen Variationen erarbeiten.

Die eigene Interpretation der Szene durch die einzelnen Spieler im Rollenfeedback ist die Grundlage für die *szenische Interpretation des Therapeuten*.

Fortsetzung des Fallbeispiels 40

Der Therapeut zu Herrn T.: »Könnte es vielleicht sein, daß es Ihnen in dem Konflikt gar nicht so sehr um den Vater geht, sondern daß Sie Mühe mit Ihrer Mutter haben? Ich könnte mir vorstellen, daß Sie als erfahrener Krankenpfleger ganz einfach einmal den Wunsch haben, daß Ihre Mutter Ihnen zuhört. Daß sie Ihnen einmal zugesteht, daß Sie Fachmann sind. Daß sie Ihnen glaubt. Daß sie einmal ihre eigene Meinung korrigiert, wenigstens ein einziges Mal!« Herr T. stöhnt resigniert: »Ja, das stimmt. Als mein Vater vor acht Monaten bettlägerig wurde, da habe ich meiner Mutter angeboten, ihr bei der Pflege zu helfen und jeden Tag zu kommen. Ich hatte das wirklich vor. Aber dann wollte meine Mutter *mir* zeigen, wie ich meinen Vater betten sollte, wie ich ihn dabei anfassen sollte. Da habe ich zuviel gekriegt! Ich habe ihr das noch gesagt. Aber

sie verstand mich gar nicht. Da habe ich es gelassen. Ich gehe jetzt nur noch alle Woche oder alle vierzehn Tage hin.« Der Therapeut: »Vielleicht kann man der Mutter keine Vorschriften machen, wenn es um den Tod ihres Lebenspartners geht. Jeder muß da selbst seinen Weg finden. Ich glaube aber, für Sie«, er sieht Herrn T. an, »steckt da noch sehr viel mehr in diesem Konflikt mit der Mutter. Das ist etwas Altes, was sich hier wiederholt.«

Im Rollenfeedback erfassen der Protagonist und seine Mitspieler die innere Logik des im psychodramatischen Spiel bearbeiteten Konflikts und gelangen so zur Erkenntnis über Ursache und Wirkung in der Beziehung. So interpretierte in dem Beispiel der Mitspieler Heinrich im Rollenfeedback den Konflikt zwischen Vater, Mutter und Sohn neu als Autoritätskonflikt mit der Mutter: »Ich war überzeugt, ich hatte recht, aber bei *der* Mutter hat man ja keine Chance!« Eine solch neue Kausalitätserkenntnis wird, gerade wenn sie dem alten Verständnis eines Konflikts zuwiderläuft, von den Gruppenmitgliedern meistens zunächst »nur« als Rückmeldung und Mitteilung an den Protagonisten erlebt. Um zu einer tiefenpsychologisch-therapeutisch wirksamen Interpretation zu werden, muß der Therapeut die im Rollenfeedback geäußerten neuen Erkenntnisse (eigene Interpretationen der Spieler) in ihrer *allgemeinen,* über die aktuelle Szene hinausgehende Bedeutung erkennen (siehe szenisches Verstehen, S. 232 f) und dann, wenn nicht schon Gruppenmitglieder dies spontan tun, in ihrer allgemeinen Bedeutung auch dem Protagonisten und der Gruppe erlebbar machen. Auch dann bleibt die szenische Interpretation so lange nur eine Vermutung des Therapeuten, bis der Protagonist sie als neue eigene »Wahrheit« annimmt, indem er von Konflikten mit dem gleichen (neurotischen) Interaktionsmuster erzählt.

Bei »nur« tiefenpsychologisch fundierter therapeutischer Arbeit ist es indiziert, so wie in diesem Beispiel an Beziehungskonflikten aus der Gegenwart zu arbeiten und die Nachbesprechung des Spiels mit einer verbalen szenischen Interpretation abzuschließen. Will man aber Regression und Übertragungsbeziehungen zulassen und mit Widerstandbearbeitung vorgehen, dann würde der Therapeut dem Patienten anbieten, im Spiel durch Szenenwechsel (S. S. 190 ff) in die Vergangenheit zurückzugehen, wenn erforderlich bis in die Kindheit, und dort im Nachspielen alter Konfliktmuster neue Erfahrungen über die damalige Realität

hinaus zu machen, die als Kind nicht zugelassen werden konnten, weil sie die psychische Integration damals gefährdet hätten.

Man kann im Psychodrama vier Arten von Deutungen unterscheiden:

1. Anders als in Psychotherapiemethoden, die Deutungen nur über Sprache vermitteln, kann der Psychodramatherapeut mit den Psychodramatechniken *funktional* deuten. Mit diesen hat er ein wunderbares Instrumentarium an der Hand, um den Protagonisten und seine Mitspieler den Sinn eines Konflikts konkret erleben, nachvollziehen und erarbeiten zu lassen. Ich verstehe den Einsatz jeder zentralen Psychodramatechnik als *funktionale Deutung*.
2. Der im Spiel mit Hilfe der Psychodramatechniken erworbene Schatz an Überschußwahrheit wird im Rollenfeedback in das Bewußtsein gehoben zur *Eigeninterpretation* des Konflikts durch die am psychodramatischen Spiel beteiligten Gruppenmitglieder in ihren eigenen Worten, Begriffen und Bildern.
3. Der Therapeut wandelt dann schließlich durch sein szenisches Verstehen diese Eigeninterpretationen der Patienten zur *szenischen Interpretation* um und gibt ihnen damit eine allgemeinere, über den aktuellen Konflikt des Protagonisten hinausgehende Bedeutung.
4. Bei entsprechender Indikation kann der Therapeut durch eine *amplifikatorische Deutung* (s. S. 206 f) bestimmte Szenenelemente oder das ganze Konfliktbild der Szene erweitern, sie und durch analoge Bilder aus Märchen, Mythen und gesellschaftlichen Zusammenhängen bereichern und so die Sinnerfahrung in einer Szene verdichten.

Psychodrama zeichnet sich als Psychotherapiemethode dadurch aus, daß es in dem Ablauf einer Sitzung systematisch die zeitliche Reihenfolge 1. funktionale Deutungen, 2. Eigeninterpretation im Rollenfeedback, 3. szenische Interpretation des Therapeuten und 4. amplifikatorische Deutung einhält und dadurch vorzeitiges verbales Deuten verhindert. »Vorzeitige Deutungen des Materials stellen eine Belehrung dar und führen zur Anpassung« (Winnicott 1985, S. 63). Winnicott fordert als Psychoanalytiker deshalb alle Therapeuten auf,

»ihren Patienten für ihre Fähigkeit zu spielen, das heißt sich in der analytischen Arbeit schöpferisch zu entfalten, genügend Platz einzuräumen. Allzu leicht kann die Kreativität des Patienten durch einen Therapeuten, der zu viel weiß, eingeengt werden. Wieviel der Therapeut weiß, ist eigentlich gar nicht so wichtig, vorausgesetzt, er kann sein Wissen bei sich behalten und vermeiden, es zur Schau zu stellen« (1985, S. 69).

Rollenfeedback und Interpretation als spontane Kausalitätsfunktion im Alltag

Im Rollenfeedback verbalisieren die Gruppenteilnehmer im Spiel Erlebtes und machen es in Sprache kommunizierbar. Man kann zwischen privatem Sprachgebrauch, der Extremfall wäre die für andere unverständliche Privatsprache von Zwillingen, und sozial vermitteltem Sprachgebrauch unterscheiden, bei dem die Wörter in der Kommunikation zwischen verschiedenen Menschen dieselbe Bedeutung haben (MAAS und WUNDERLICH 1972). Die Interpretation durch verbales Benennen gibt Macht. Das wird deutlich beim Schreiben eines wissenschaftlichen Buches, aber auch in kleinen Ereignissen im Alltag. Für den acht Jahre alten Jungen ist es klar, warum der fremde Mann am Strand seine Sandburg so wunderbar ausgestaltet und beim Burgenwettbewerb den zweiten Preis gewonnen hat: Der Junge weiß nämlich, daß der Mann »Feinmechaniker« ist. Die Frau versteht ihre Freundin sehr gut, die rätselt, was ihr Mann davon hat, wenn er dauernd am Computer sitzt, und stimmt mit ihr überein: »Typisch Mann!« In der politischen Auseinandersetzung um die Wählergunst geht es oft weniger darum, nachzuweisen, was man sinnvoll getan hat oder tun will. Die Politiker versuchen vielmehr ganz gezielt, bestimmte Begriffe über die Medien mit ihren eigenen Interpretationen zu besetzen und damit dem politischen Gegner die Macht bestimmter Schlüsselwörter zu nehmen. So haben sich die Begriffe »soziale Marktwirtschaft« oder »Solidarität« im Lauf der letzten Jahrzehnte verwandelt zu einem weitgehend von Kapitalinteressen geprägtem Verständnis und sind den sozial Schwachen in der Gesellschaft als Kampfbegriffe abhanden gekommen. Der Gebrauch bestimmter Begriffe vermittelt unausgesprochen immer auch schon eigene persönliche Deutungen und ein Erklärungsmu-

ster für das eigene Rollenverhalten. Er ist von daher immer auch ein Versuch, Ursache und Wirkung zu erkennen und zu gestalten.

Teilt der Zuhörer das unausgesprochene Erklärungsmuster des Erzählenden, dann ist die private Interpretation zur intersubjektiven, sozial verbindlichen Meinung geworden. Widerspricht der Zuhörer aber, dann ist der, der sich mitteilt, gezwungen, sein Erklärungsmuster durch weitere Informationen abzusichern, oder aber er muß sich korrigieren. Das Verbalisieren von Erfahrungen hat wie das Rollenfeedback (in dem Fallbeispiel 40 sagt Herr T. nach dem Spiel: »Ich habe mich geärgert über meine Mutter, daß sie nicht kapiert, was mit dem Vater ist!«) immer eine kausalitätsgestaltende und kausalitätsprüfende Funktion.

Das Selbstinterpretationsspiel als frühe Fähigkeit des Kindes

Im Psychodrama werden die bei Neurotikern definitionsgemäß vorhandenen privaten Bedeutungen von Sprachbegriffen (LORENZER 1970, S. 195 ff) im Spiel zurückgeführt auf die ihnen zugrundeliegende konkrete Erfahrungs- und Handlungswelten. Zum Beispiel wird aus der Sprachvorstellung »ungezogenes Mädchen« im Spiel entweder eine »Jugendliche, die stiehlt«, oder das »kleine Mädchen, das mit Matsch Kuchen backt und sich dabei die Hände beschmutzt«. Die Sprachvorstellung verbindet sich im Spiel mit ihrer dazugehörigen Bildvorstellung, der dazugehörigen Affektvorstellung und der dazugehörigen Handlungsvorstellung zu einer bewußten Vorstellung. Das dem Spiel folgende Rollenfeedback entwickelt dann eine für diese Gruppe geltende sozial verbindliche Sprache (KRÜGER 1978).

Ein Kind beginnt durchschnittlich mit etwa 18 Lebensmonaten, kleine Sätze zu sprechen. Kind und Mutter

»schaffen nun auch auf dieser neuen Stufe der verbalen Bezogenheit eine Erfahrung des Zusammenseins, indem sie sich sprachlicher Symbole bedienen – gemeinsam entwickeln sie Bedeutungen, die das persönliche Erleben betreffen. Üblicherweise wurde der Spracherwerb als ein wichtiger Schritt in Richtung auf Separation und Individuation angesehen … das Gegenteil ist ebenso richtig. Der Spracherwerb kann Zusammengehörigkeit und Nähe ungemein stärken. Tatsächlich stellt jedes neu erlernte Wort ein Nebenprodukt der Ver-

einigung zweier Subjektivitäten in einem gemeinsamen Symbolsystem dar, eine Erschaffung gemeinsamer Bedeutungen« (Stern 1992, S. 244).

Zwischen dem 30. und 48. Lebensmonat fangen Kinder darüber hinaus an, Beziehungserfahrungen spontan zu interpretieren, dadurch daß sie bestimmte Wörter und Begriffe aus anderen Sinnzusammenhängen als Erklärung für aktuelle Konflikte heranziehen. Sie beginnen mit *Selbstinterpretationsspielen.* In diesen versuchen sie, ihre Erkenntnis über Ursache und Wirkung in der Beziehung in ihren je eigenen, privaten Begriffen auszudrücken, und nehmen dadurch auf neue Weise Einfluß auf die Kommunikation in der Beziehung.

Beispiel 41
Ein kleiner Junge schlug seine Schwester, weil sie ihn geschubst hatte. Ihre Lippe blutete. Sie weinte. Alle drehten sich um und schauten den kleinen Jungen an, als ob er ein ganz anderer geworden und fremd wäre. Der Junge schrie seine Mutter an. Der Vater fuhr herum und sah den Jungen merkwürdig an. Am nächsten Tag erzählt der kleine Junge, daß in der Wand ein Löwe wohnt: »Riesengroß! Aber er ist überhaupt nicht böse. Er ist ein lieber Löwe. Meine Mami und mein Papa wollen nicht, daß er herauskommt … Deshalb versteckt er sich hinter meinen Bettpfosten … Die sind sein Käfig. Er geht im Käfig ganz langsam im Kreis herum. Er schleicht so langsam herum, weil er so allein ist.«

Das Kind muß beim Selbstinterpretationsspiel die Welt seiner Handlungserfahrungen (Bild, Affekt und Handlungsimpuls) mit der Welt der Wörter zusammenführen. Mit dem Begriff »Löwe« benennt der kleine Junge in dem Beispiel seinen Handlungsimpuls und seinen überschießenden Affekt vom Vortag und gibt seinem Verständnis von Ursache und Wirkung in dem konflikthaften Ereignis Ausdruck (Selbstinterpretation).

Die Macht der Benennung und Kennzeichnung ist in dem Märchen »Rumpelstilzchen« symbolisch dargestellt. Die Königin (Müllerstochter) läßt verzweifelt nach dem Namen des Zwergs suchen. Denn nur, wenn sie seinen Namen weiß, kann sie ihr Kind behalten. Wenn man das Rumpelstilzchen als innere Figur der Müllerstochter versteht (Deutung auf der Subjektstufe), dann ist es für sie offenbar notwendig, in der Beziehung zu ihrem verlogenen Vater und dem autoritären König das Rumpelstilzchen in sich zu entwickeln, das heißt sich ihrer Situation bewußt zu werden und wenigstens nachts (sie muß nachts Stroh zu Gold spinnen) ein Gefühl für ihre eigene tiefere Wahrheit zu bekommen, um zu über-

leben. Wahrheit ohne Liebe aber kann grausam sein. Die Müllerstochter muß sich deshalb einer zweiten Aufgabe stellen und Macht über ihren klaren Verstand gewinnen, damit sie ihm nicht die Fähigkeit zu lieben und damit das daraus entstehende kreative Ergebnis, das Kind, opfert. Dazu muß sie aber zunächst einmal die Qualität ihrer Bewußtseinskräfte erkennen, sie beim Namen »Rumpelstilzchen« nennen können. Sie schickt deshalb Kundschafter aus in das ganze Reich, um den Namen des geheimnisvollen Zwergs zu erfahren. Übersetzt könnte das heißen: Sie erkundigt sich, wie andere Menschen diese ihre Wahrheitskräfte nennen würden. Sie erfährt schließlich den Namen: »Rumpelstilzchen«. Sobald sie ihre Wahrheitskräfte *erkannt und benannt* hat, braucht sie diese in entsprechenden Versuchungssituationen nicht mehr automatisch auszuagieren. Sie ist ihrer Wahrheitsliebe (dem Rumpelstilzchen) nicht mehr ausgeliefert, sondern kann frei darüber entscheiden, ob sie ihrer Sehnsucht nach Wahrheit die Gemeinschaft mit dem König (ihre Liebesfähigkeit, das Kind) opfern will oder nicht.

Benennen mit Namen und Begriffen kostet Energie und Kraft. Solange man den Namen von etwas aber nicht weiß, muß der Wunsch aktional ausgetragen werden. Kann man das Phänomen aber angemessen benennen, braucht man es nicht mehr auszuagieren, um es zur Wirkung zu bringen. Man kann es dann innerlich bedenken und darüber auch sprachlich kommunizieren. Gemeinsam erarbeitete Benennungen schützen Beziehungspartner oder eine Gruppe davor, immer wieder dieselben Themen mit dem gleichen Energieaufwand ausagieren zu müssen.

Abwehr durch Rationalisierung

Es gehört zu den Grundbedürfnissen des Menschen, sprachlichen Ausdruck für begeisternde oder auch bedrohliche Ereignisse zu finden, den vielfältigen Erlebnisstrom durch Begriffsbildungen zu ordnen und dadurch Erklärungsmuster aufzubauen. Benennungen und Erklärungsmuster sind zunächst bezogen auf nur ein spezifisches Ereignis, werden später aber auch zur Deutung anderer Ereignisse und Konflikte herangezogen. Es ist einerseits ein Zei-

chen von Intelligenz, Erfahrungen zu machen, und diese in neuen Situationen angemessen anzuwenden. Andererseits lösen sich aber Erklärungsmuster auch leicht aus ihrem Sinnzusammenhang, gewinnen ein Eigenleben und führen dann zu unangemessener Beurteilung und Verkennung von Ursache und Wirkung in einer neuen Situation. Ein »Atommüll-Endlager« dient zwar der Entsorgung von Atommüll. Es »Entsorgungspark« zu nennen ist aber Betrug. So eingesetzt dienen Begriffe und Interpretationen der Abwehr von realitätsgerechter äußerer und innerer Wahrnehmung. Werden Interpretationen in dieser Weise unbewußt zur Abwehr eingesetzt, so spricht man in der Psychoanalyse von Abwehr durch Rationalisierung.

»Rationalisierungen treten gleichermaßen in den Dienst der Angstabwehr wie in den Dienst der Triebverleugnung: Der Neurotiker legt sich ein System von Begründungen zurecht, mit dessen Hilfe er sein Fühlen und Reagieren in den Bereich des ›Richtigen‹ oder des ›Notwendigen‹, vielleicht sogar des ›Vernünftigen‹ und ›Wertvollen‹ rückt« (DÜHRSSEN 1972, S. 31).

In dem Fallbeispiel 40 sagte Herr T. zu seiner Mutter: »Du zwingst ihn zu trinken, dabei zeigt er doch, wenn er den Kopf wegdreht, deutlich: Er will nicht mehr leben.« Herr T. interpretierte mit dieser Aussage Ursache und Wirkung des Geschehens im Krankenzimmer des Vaters »falsch«. Er wehrte ab durch Rationalisierung, indem er das alte Muster seiner beruflichen Erfahrungen als Krankenpfleger auf die Beziehung zu seiner Mutter und seinem Vater übertrug. Zwischen Herrn T. und seiner Mutter entspann sich ein Kampf um die »richtige« Interpretation der Situation. Denn die Mutter entgegnete: »Ich muß doch versuchen, ihn zu füttern. Ich kann ihn doch nicht verdursten lassen!«

Die Abwehr durch Rationalisierung stützt gewöhnlich ein aus vielen verschiedenen Operationen bestehendes unbewußtes Abwehrverhalten. So projizierte zum Beispiel Herr T. seine eigene Helferhaltung auf die Mutter, introjizierte unbewußt deren Distanzierungswünsche gegenüber dem Vater, lebte diese in Identifizierung mit der Mutter (als Angreiferin) aus und distanzierte sich so von Vater und Mutter. Dadurch verdrängte er den latenten Machtkampf mit der Mutter. Er projizierte zusätzlich seine eigene Resignation auf den Vater. Alle diese Abwehroperationen sicherte er ab durch die Rationalisierung. Er fragte deshalb am Anfang der

Gruppensitzung nicht, wie man mit einer rechthaberischen Mutter umgehen könnte, sondern, wie er sich dem Vater gegenüber verhalten sollte.

Die spezielle Indikation des Rollenfeedbacks und der Interpretation

In dem Fallbeispiel 25 (s. S. 120 f) hatte die in der Jugend von ihrem Vater sexuell mißbrauchte junge Frau schreiend und weinend, zusammen mit ihrer interaktionell mitagierenden Doppelgängerin, den Vater (der von einem Gruppenmitglied gespielt wurde) aus dem Zimmer geworfen. Die Protagonistin rief dabei: »Der kommt hier nicht mehr rein, in mein Zimmer!« Der Therapeut wiederholte diesen Satz noch während des Spiels: »Der kommt hier nicht mehr rein in Ihr Zimmer! Der kommt hier nicht mehr rein!« Damit konnte das Spiel dann auch beendet werden. In der Nachbesprechung hob der Therapeut der Protagonistin gegenüber diesen Satz noch einmal hervor, hatte diese Aussage doch für die Patientin auch im übertragenen Sinne eine große Bedeutung. Die Selbstinterpretation wurde dadurch zur szenischen Interpretation.

Der Psychodramatherapeut kann das Rollenfeedback der Spontaneität der Gruppenmitglieder überlassen und braucht es als Technik nicht gezielt einzusetzen, wenn, wie im Beispiel der sexuell mißbrauchten jungen Frau, die Protagonistin sich die Interpretation im Spiel schon selbst erarbeitet. Wenn hingegen wie im Beispiel von Herrn T. das Evidenzerlebnis nach dem Ausspielen der Szene noch aussteht, dann ist es angezeigt, das Rollenfeedback gezielt als Technik einzusetzen, um Ursache und Wirkung in der Interaktion der Szene bewußt zu machen und so das neurotische Interaktionsmuster zu erkennen, an das der Protagonist in seinem Selbstorganisationsprozeß fixiert ist. Dazu fragt der Therapeut über das allgemeine Rollenfeedback in der Nachbesprechung hinaus die Spieler gezielt nach den Erfahrungen, die das Erkennen von Ursache und Wirkung in der Interaktion der Szene weiter fördern. Der Therapeut versucht so, Lücken in der Bewußtseinsbildung zu schließen. Die Ausrichtung der Fragen ist im Rollenfeedback – anders als im Sharing (s. S. 204 ff) – durch den Versuch des

Therapeuten bestimmt, den Protagonisten szenisch zu verstehen. Der Therapeut sucht im Rollenfeedback unausgesprochen nach Antworten auf die Fragen: »War das Verhalten der einzelnen Interaktionspartner im Spiel angemessen oder unangemessen? Was war Ursache, was war Wirkung im Handlungszusammenhang? Gab es Eindrücke, die gefühlsmäßig intensiv berührten, befremdeten oder auch Rätsel aufgaben?« Mit der Frage nach dem »körperlich-gefühlsmäßigen Erleben in der eigenen Rolle« erfaßt der Therapeut im Rollenfeedback die Wirkung des Doppelns und der szenischen Aktion, mit der Frage nach »der Wahrnehmung des anderen im Rollentausch« die des Spiegelns, mit der Frage nach »dem körperlichen Erleben in der Rolle des anderen im Gegensatz zu dem in der eigenen Rolle« die Wirkung des Rollentauschs. Die therapeutische Wirkung des Rollenfeedbacks beruht auf der der anderen Psychodramatechniken und macht deren tiefenpsychologische Funktion durch die dazugehörige Bewußtseinsbildung überhaupt erst voll wirksam.

Das Rollenfeedback umfaßt, interaktionell gesehen, zwei Aktionen: das *Verbalisieren* eigener Erfahrungen durch die Spieler und das *Zuhören* der anderen Gruppenmitglieder und des Therapeuten. Privatsprachlich (neurotisch) benutzte Begriffe werden im Psychodrama in sozial verbindliche Sprache übersetzt, erstens durch Zeigen dessen im Spiel, was mit den Begriffen gemeint ist, und zweitens dadurch, daß im Rollenfeedback die Spieler die mehr oder weniger große Verschiedenheit im Sprachgebrauch für ein- und dasselbe Erleben entdecken, so ihre Sprache gegenseitig übersetzen, sozial verbindlich machen und dadurch »gesunden«, nicht mehr neurotischen Sprachgebrauch lernen.

Man kann Psychodrama als Kommunikationsmethode ansehen, die den Therapieansatz mit einschließt. Würde es dem neurotisch erkrankten Protagonisten gelingen, sich in der Gruppe so verständlich zu machen, daß die anderen ihn voll (das heißt szenisch) verstehen, dann wäre Psychodrama überflüssig. Der neurotisch Erkrankte kann sich aber definitionsgemäß nicht ausreichend erklären, weil er sich selber nicht ausreichend (szenisch) versteht. Er benutzt deshalb Wörter und Erklärungsmuster, die in ihrem Sinn den anderen und in Wahrheit auch ihm selbst dunkel bleiben. Er benutzt eine »pseudokommunikative Privatsprache« (LOREN-

ZER 1970, S. 236) oder, wie LORENZER es ausdrücken würde, eine »zerstörte« Sprache. Das psychodramatische Spiel zielt nun zusammen mit dem Rollenfeedback darauf ab, die private Sprache in sozial verbindliche Sprache zu übersetzen und so »wahre« Kommunikation neu oder wieder herzustellen. So ist auch die in Psychodramagruppen vergleichsweise große Kohäsion der Gruppenmitglieder untereinander zu erklären.

Das Rollenfeedback hilft, durch eigene Interpretationen der Gruppenteilnehmer im und nach dem psychodramatischen Spiel Ursache und Wirkung in einem Ereignis zu überprüfen, »falsche« Interpretationen aufgrund von Abwehr durch Rationalisierung in Frage zu stellen und durch entsprechende Einfälle neue Hypothesen über die Bedeutung eines in dieser Situation unangemessenen Szenenelements (eines Körperempfindens, eines Gefühls, einer Vorstellung oder eines Gedankens) zu entwickeln.

7. Der Szenenwechsel und die szenische Interpretation

Praktische Ausführung und allgemeine Wirkungen

Der Szenenwechsel läßt den Protagonisten Ursache und Wirkung in einer Spielszene durch eine andere, zweite Spielszene interpretieren und vermittelt dadurch Sinnerfahrung für neurotische Symptome.

Fallbeispiel 42

Der 45jährige Herr V. leidet an einer chronifizierten Herzneurose mit vegetativen Dysregulationsstörungen. In der 85. Gruppensitzung spielt er eine Szene in seinem Arbeitszimmer. Er sitzt an seinem Schreibtisch. Er nimmt einen Vorgang in die Hand und stellt fest: »Oh, das wird schwierig! Ich muß dann immer gleich der Tolle sein. Ich merke schon, daß ich keine Lust habe. Der Druck in der Magengegend kommt schon wieder. Soll ich lieber nach Hause fahren, bevor die Panik kommt?« Herr V. lenkt sich ab durch Telefonate. Ein Mitarbeiter kommt, um eine Frage zu klären. Herr V. antwortet korrekt. Im Selbstgespräch aber offenbart er seine Ambivalenz: »Ich merke, wie der Druck im Magen wächst. Und wenn ich jetzt einen Herzinfarkt kriege!? Hoffentlich haut Herr Müller bald ab!« Der Therapeut zu Herrn V.: »Lassen Sie doch jetzt die Angst, Sie kriegen einen Herzinfarkt, einmal zu!« Herr V. läßt sich prompt

vom Stuhl fallen, liegt da auf dem Boden, zusammengekauert. Der Therapeut läßt die Abwehrseite des Protagonisten (den »funktionierenden Viktor«) mit einem Gruppenmitglied besetzen und den Patienten im Rollentausch seine Ambivalenz zwischen den passiven Wünschen und deren Abwehr ausspielen: »Du bist faul, reiß dich am Riemen. Paß dich an und tu was!« Wieder in der Rolle des am Boden liegenden Herrn V. nimmt er die Vorwürfe des »funktionierenden Viktors« gelassen hin und fühlt sich zunehmend entspannt: »Ich fühle mich wohl. Endlich habe ich meine Ruhe. Ich will nichts mehr.« Im Interview äußert er, selbst erstaunt: »Das ist besonders. Bisher bin ich immer nur weggelaufen, raus, oder nach Hause. Hier merke ich aber, *das ist gar nicht so schlimm,* hinzufallen, *mich einfach nur wohl zu fühlen* hier auf dem Boden.« Der Therapeut fragt: »War es denn einmal schlimm für Sie, sich einfach nur wohl fühlen zu wollen?« (*erster Szenenwechsel* durch Übertragungsfrage). Herr V. erinnert sich an ein Ereignis von vor sechs Jahren.

Das Wort »nicht so schlimm« klang für den Therapeuten merkwürdig bedeutungsvoll. Der Therapeut konnte den Sinn dieser Wertung im Zusammenhang mit der Arbeitsplatz-Szene nicht verstehen. Wenn die Ursache für einen Affekt, einen Handlungsimpuls und/oder eine Bildvorstellung nicht im aktuellen Handlungszusammenhang zu finden ist, handelt es sich gewöhnlich um ein unvollständiges Szenenelement aus der Vergangenheit. Mit einer *Übertragungsfrage* (in dem Beispiel die Frage: »War es denn einmal schlimm für Sie, sich einfach nur wohl fühlen zu wollen?«) führt der Leiter ein unangemessenes mit Handlungsenergie aufgeladenes Szenenelement in den Erinnerungsraum des Protagonisten ein und versucht dadurch, die Schranke der Verdrängung zu öffnen und für den unverständlichen Affekt oder die unangemessene Reaktion des Patienten eine Szene zu finden, in der Affekt, Handlungsimpuls, Denken und Wahrnehmen des Patienten miteinander ein sinnvolles Ganzes bilden und Ursache und Wirkung sich erfüllen.

Fortführung des Fallbeispiels 42

Herr V. erinnert sich an ein Ereignis von vor sechs Jahren. Er zeigt dieses Erlebnis im Spiel. Herr V. wird in Vollnarkose an den Kieferhöhlen operiert. Der Arzt spritzt ihm auf dem Operationstisch das Narkosemittel. Herr V. merkt, er kann sich nicht mehr bewegen, er gerät in Panik, als seine Atmung stillsteht. Er glaubt, sterben zu müssen. In der Rolle des Arztes ist das für ihn aber alles Routine. Herr V. wacht im Krankenzimmer wieder auf, wundert sich, daß er noch lebt, ruft den Arzt und stellt diesen zur Rede wegen des Atemstillstands. Der Arzt reagiert nur sachlich: »Alles ist normal verlaufen. Ein Atemstillstand ist nötig, sonst kann man keinen Tubus für die Beatmung schie-

ben.« (Das ist tatsächlich so, weil sonst ein Stimmritzenkrampf droht.) Herr V. hält dies aber für eine Ausrede und ist empört über diese »Lüge«. In der Nachbesprechung wundert sich der Therapeut über das Mißtrauen Herrn V.s gegenüber dem Arzt: »Und wenn nun bei der Einleitung bei der Narkose tatsächlich ein kurzzeitiger Atemstillstand erforderlich ist?« Der Patient begründet sein Mißtrauen gegenüber Ärzten mit einem Ereignis aus seinem fünften Lebensjahr. Damals war er mit einem Darmverschluß ins Krankenhaus gekommen und operiert worden. Der Therapeut bietet Herrn V. an, diese Erinnerung zu spielen *(zweiter Szenenwechsel).*

Herr V. baut mit Stühlen die hohen Gitter eines Kinderbetts auf, legt sich in das Bett. Er ist fünf Jahre alt. Das Licht ist schummrig. Nebenan liegt das Gruppenmitglied Felix als ein erwachsener Kranker. Herr V. als fünfjähriger Viktor ist frisch operiert wegen eines Darmverschlusses. Der Therapeut verlangsamt bewußt den Handlungsablauf im Spiel durch Doppeln. Es ist nachts. Viktor ist aufgewacht: »Da fühle ich ein Pflaster, irgend etwas ist da. Mein Mund ist ganz trocken. Ich habe Durst.« Der Therapeut: »Mein Mund ist ganz trocken!« Herr V.: »Ich habe Durst, ich hole mir etwas zu trinken!« Der Junge steigt aus dem Bett, geht zum Waschbecken, er sieht dort eine Flasche, füllt sie mit Wasser, trinkt daraus, nimmt die Flasche mit zu seinem Bett, stellt sie hinter den Vorhang. Der Therapeut: »Das hat gut getan!« Herr V.: »Das war gut so, jetzt fühle ich mich wohl. Nur am Bauch ist noch das Pflaster. Aber das ist nicht so schlimm.«

Am nächsten Morgen kommt Schwester Eva, gespielt von Rosi. (Im Rollentausch spielt Herr V. immer wieder auch die anderen Personen.) Sie öffnet die Vorhänge, damit der helle Tag hereinkommt, und entdeckt dabei die Flasche. Sie fragt völlig entsetzt den Jungen: »Hast du daraus etwa getrunken?« Der Fünfjährige bestätigt das zögernd. Eva: *»Wie konntest du das tun! Das ist lebensgefährlich!«* Sie eilt aus dem Zimmer. Gleich darauf kommt dann »alles, was weiße Kittel hat im Krankenhaus, hereingestürzt«. Man unterhält sich aufgeregt, spekuliert über das, was hätte passieren können und daß der Junge hätte sterben können. Herr V. liegt als fünfjähriger Junge während der Ermahnungen starr und verloren in seinem Bett. Er hat »Angst, starke Unruhe im Bauch, fühlt sich verspannt« (Interview). Nur der Mitpatient beschwert sich über die Realität der damaligen Situation hinaus massiv bei dem Arzt, daß alle allein dem Jungen die Schuld geben. Das Krankenhauspersonal zieht sich schließlich zu einem Gespräch in das Stationszimmer zurück. Der Therapeut doppelt den Protagonisten: »Endlich sind die weg!« Herr V. als fünfjähriger Junge: *»Das wird mir nicht noch einmal passieren. Jetzt passe ICH auf mich auf!«* Der Therapeut wiederholt diesen bedeutungsvollen Satz: »Das wird Ihnen nicht noch einmal passieren, jetzt passen Sie selbst auf sich auf!« Herr V. als kleiner Junge: »Ich werde mich gut beobachten.« Der Therapeut fragt Herrn V.: »Können wir hier aufhören?«

Wenn wie in dem Fallbeispiel ein Patient abwehrt durch Verdrängung (s. S. 198 ff), ist es angezeigt, daß dieser sich den Sinn seines Symptoms auf dem Hintergrund der (meist in der Kindheit lie-

genden) genetischen Szene im *Evidenzerlebnis* erarbeitet und den Sinn seines Symptoms darüber hinaus auch für die aktuelle Konfliktsituation erkennt. Der Rückschluß vom Evidenzerlebnis in der Kindheitsszene auf die Symptomszene muß aber in der Nachbesprechung erst noch geleistet werden. Das Symptom wird sonst leicht als Ausdruck eines nur *neurotischen Konflikts* angesehen und allein auf unbewältigte Konflikte aus der Vergangenheit zurückgeführt. Ein Symptom ist aber ursächlich immer mitbedingt auch durch den gegenwärtigen Konflikt. Auch wenn in diesem das neurotische Symptom agiert wird, enthält der aktuelle Konflikt fast immer auch einen *Realkonflikt,* der den neurotischen Konflikt überhaupt erst aktualisiert. In dem Fallbeispiel war dies der Konflikt zwischen real hohen Leistungserwartungen am Arbeitsplatz, die auf ein neurotisch überhöhtes Leistungsideal bei dem Patienten trafen und dann in Widerspruch gerieten zu dem Impuls des Patienten, sich auch einmal passive Wünsche zu erfüllen. Der Therapeut ist dafür verantwortlich, daß der Schatz, die Einsicht für die hinter dem Symptom stehende tiefere Wahrheit, gehoben wird, damit er auch in der Gegenwart in der aktuellen Konfliktsituation emanzipatorische Wirkung entfalten kann.

Das gelingt dadurch, daß der Therapeut am Ende der Nachbesprechung das Evidenzerlebnis in der Kindheitsszene in eine *szenische Interpretation* erweitert. Die Grundlage der szenischen Interpretation ist das szenische Verstehen (LORENZER 1970, S. 142 ff). Im szenischen Verstehen erkennt der Therapeut, daß der Patient dazu neigt, im Agieren seines Symptoms immer ähnlich zu agieren und zu reagieren 1. in Beziehungen aus dem gegenwärtigen sozialen Umfeld (aktueller Konflikt), 2. in einer wichtigen Beziehung in der Kindheit (genetischer Konflikt) und oft auch 3. in der therapeutischen Beziehung. Der Therapeut erfaßt mit dem szenischen Verstehen das diesem Agieren gemeinsame neurotische Interaktionsmuster des Patienten. In der szenischen Interpretation weist der Therapeut den Patienten auf die allgemeinere Bedeutung des Evidenzerlebnisses in der genetischen Szene hin. Er zeigt auf, daß der darin erfahrene Konflikt des Patienten zwischen seinem spezifischen Abwehrverhalten und den spezifischen dadurch verdrängten Impulsen auch für den Konflikt in der Gegenwart Bedeutung hat.

Fortführung des Fallbeispiels 42

Am Ende der Nachbesprechung stellt der Therapeut Herrn V. gegenüber noch einmal fest *(szenische Interpretation)*: »Mich beeindruckt sehr, mit welchem Ernst Sie sich im Spiel als kleiner Junge geschworen haben, ganz normalen Körpersignalen und Unlustgefühlen zu mißtrauen, weil diese Sie damals als Kind in Todesgefahr gebracht haben. Das ist für Sie ja tatsächlich zum Programm geworden, das Sie auch jetzt noch ausleben, zum Beispiel am Arbeitsplatz. Dabei meldet der Körper Ihnen jetzt am Arbeitsplatz doch eigentlich nur, daß er gestreßt ist und zwischendurch auch einmal Pause machen möchte.«

Sechs Monate später hat Herr V. seinen Umgang mit den Symptomen verändert: »Früher habe ich *auf* die Symptome geachtet, heute *achte* ich die Symptome.« Er stellt den neuen Umgang mit sich selbst psychodramatisch dar. Dabei stellt er fest: »Der Körper will mir dann etwas sagen. Die Beschwerden, die zeigen, daß ich wieder völlig idiotisch die Ziele viel zu hoch stecke, daß ich das sowieso nicht schaffen kann, der Körper weiß das schon. Ich gehe dann darauf ein, schraube die Ziele herunter. Es kommen mir sowie Telefonate dazwischen, Leute stören. Alles kann ich heute sowieso nicht wegschaffen. Wenn ich das so mache, dann gehen die Beschwerden weg. Ich merke, wie ich plötzlich wieder zufrieden werde, fühle mich gut. Dann aber denke ich meistens wieder: So, jetzt geht es mir ja wieder gut, jetzt schaffe ich ja vielleicht doch alles, was ich mir vorgenommen habe. Dann geht es wieder von vorne los!« Herr V. erzählt das Ganze mit trockenem Humor. Das Clowneske an der Darstellung bringt einige in der Gruppe zum Lachen.

Die szenische Interpretation ist ein gemeinsames Werk von Patient, Gruppe und Therapeut. Sie behält auch für den weiteren Verlauf der Therapie ihren Wert, weil sie immer wieder der Schlüssel ist, mit dem das Schloß zum tieferen Verständnis aktueller Konflikte geöffnet werden kann, seien es Konflikte im gegenwärtigen sozialen Umfeld des Patienten oder Konflikte in der therapeutischen Beziehung. Psychoanalytiker nennen das die Phase des Durcharbeitens in der Therapie.

Fortführung des Fallbeispiels 42

Als der Therapeut drei Monate nach dem Kindheitsspiel des Patienten in einen längeren Urlaub gehen will, fragt er die Gruppenmitglieder, ob sie in der Zeit mit der Co-Therapeutin weiterarbeiten wollen. In der Diskussion der Frage machen sie sich verschiedene Aspekte, Erwartungen, Enttäuschungen und Wünsche in der Beziehung zum Therapeuten bewußt. Herr V. aber äußert vehement seinen Ärger, daß man so viel Zeit verplempert, das zu regeln. Der Therapeut versteht diese Äußerung als Abwehr im Sinn der Verdrängung des Konflikts *(szenische Interpretation)*: »Ich finde Ihren Zorn berechtigt, denn hier wiederholt sich für Sie etwas, was Sie in der Kindheit auch erlebt haben. Unsere gemeinsame Arbeit hier vor einigen Monaten, das war ja auch so etwas

wie eine Operation. Statt daß ich aber jetzt als Arzt Sie weiter versorge, nachdem Sie operiert worden sind, gehe ich weg und überlasse Sie sich selbst. Sie müssen wieder selbst auf sich aufpassen.« Am Ende der Sitzung teilt Herr V. spontan mit: »Ich habe mich sehr verstanden gefühlt, habe ein ganz warmes Gefühl im Bauch.« Er entscheidet sich, mit der Co-Therapeutin weiterzuarbeiten: »Ich kann ja das Beste daraus machen!«

Ich glaube nicht, daß in dem Fallbeispiel von Herrn V. das traumatische Kindheitserlebnis allein ausgereicht hat, den Patienten in der chronischen Abwehrhaltung passiver Wünsche zu fixieren. Wichtig war sicher auch, daß der Patient aufgewachsen war in einer Familie mit einem alkoholkranken, cholerischen Vater und einer Mutter, die »nie etwas zustande gebracht hat«. Der Patient hatte immer anders werden wollen als sein Vater und seine Mutter und hatte deshalb immer stark überhöhte Leistungsansprüche an sich selbst gestellt. Schwächen und passives Verhalten waren scham- und angstbesetzt. Der Patient mußte solche Gefühle und Wünsche im Keim ersticken. Man kann das Ereignis im Krankenhaus im fünften Lebensjahr verstehen als Deckerinnerung für die mangelhafte emotionale Begleitung durch die Mutter und das willkürliche, cholerische Verhalten des Vaters. Auch wenn das traumatische Erlebnis in der Kindheit nicht die alleinige Ursache für die Herzinfarktsangst war, so war die Erinnerung doch wertvoll, um den Sinn dieser Angst zu erhellen und den intrapsychischen Konflikt des Patienten zwischen überhöhtem Leistungsanspruch an sich selbst und passiven Wünschen symbolisch zu fassen.

Der Szenenwechsel als spontane Finalitätsfunktion im Alltag

Im Psychodrama ist die Kommunikation zwischen den Gruppenmitgliedern besonders fruchtbar, weil die Beziehungspartner bei mangelndem gegenseitigem Verständnis die Fragen des anderen durch szenische Darstellung beantworten und dabei durch Szenenwechsel auch die (unbewußten) Motive für ihr (neurotisches) Verhalten erhellen können. Der Szenenwechsel in die Ursprungssituation setzt dabei den Schlußstein in dem Spannungsbogen der Interaktion, denn er führt zum szenischen Verstehen. Aus dem Alltag ist uns bekannt, daß der Streit um das letzte Wort in Auseinanderset-

zungen, sei es in der Politik oder in einem Ehestreit, von großer Bedeutung ist. Der Ehemann verläßt wütend das Zimmer: »Wenn du so wenig Interesse an mir hast, dann können wir uns ja gleich trennen!« Wer setzt in dem gemeinsamen Beziehungs-»Spiel« den Schlußstein im Spannungsbogen der Interaktion? Wer bleibt am Ende unwidersprochen und kann dadurch die Schlußfolgerung festlegen, die aus dem Streit zu ziehen ist? Wir alle wissen aus Erfahrung, daß im Vergehen der aktuellen Wirklichkeit die Möglichkeit zu ihrer weiteren Ausgestaltung und Sinnveränderung zu Ende geht und daß der Anfang durch das Ende seinen Sinn erfährt, Alpha und Omega, das A durch das Z, das Entstehen durch das Wiedervergehen. In dem Wort »Finalitätsgestaltung« ist das lateinische Wort »finis«, übersetzt: »Ende«, enthalten.

In der psychoanalytischen Literatur wird das offenbar zu uns gehörende seelische Bedürfnis der Sinnsuche als »synthetische Funktion des Ichs« beschrieben (Freud 1969, S. 513; Kernberg 1981, S. 29; Blanck und Blanck 1980, S. 30). Um diese Sinnfunktion klarer als eine von mehreren organisierenden Funktionen des Ich und als zusätzlichen Schritt der Selbstorganisation über die System-, die Realitäts- und die Kausalitätsfunktion hinaus zu kennzeichnen, ziehe ich den Begriff »Finalitätsfunktion« vor. Im Psychodrama steht mit dem Szenenwechsel eine Technik zur Verfügung, die bei Sinnverlust (zum Beispiel durch das Auftreten eines neurotischen Symptoms) Sinn vermittelt. Der Szenenwechsel kann in Organisationsprozessen gezielt die Finalitätsgestaltung (wieder) in Gang bringen.

Das Symbolisierungsspiel als frühe Fähigkeit des Kindes

Kinder beginnen zwischen dem 30. und 48. Lebensmonat, selbst spontan den Sinn eines interaktionellen Handlungsablaufs festzulegen.

Beispiel 43

Mark war drei Jahre und neun Monate alt, als seine Mutter zum erstenmal ohne ihn mit seinem Vater verreisen wollte. Alles war lange vorbesprochen, erwogen, bedacht und betrauert. Die Großmutter kam am Vortag der Abreise und fing an, Mark zu umsorgen. Und doch: Als es Abend war und die Mutter Mark

ins Bett brachte, setzte er sich plötzlich aufrecht hin und guckte sie sehr ernst an: »Mama, jetzt mußt du dich entscheiden! Entweder: Ich bleibe zu Hause und du fährst mit Papa mit, dann bin ich ganz traurig. Oder: Du bleibst hier und Papa fährt allein nach Rom. Dann ist Papa ganz traurig! Jetzt mußt du dich entscheiden!«

Mark erzählte der Mutter in Kurzfassung zwei verschiedene Geschichten über seinen Beziehungskonflikt mit ihr und dem Vater. Wie sollte der Konflikt enden? Würde die Mutter die Lösung wählen, in der er selbst traurig ist, oder die, in der der Vater traurig ist? Wer würde Sieger sein? Mark prüfte noch einmal, welche Konfliktlösung die Mutter für stimmig hielt. Welche Regel würde die Mutter für den Beziehungskonflikt aufstellen? Bisher galt doch unausgesprochen die Regel, daß im Zweifelsfall der Vater zurückzustehen hatte, damit Mark nicht traurig sein mußte! Er versuchte, der Mutter mit seiner alternativen Geschichte deutlich zu machen, daß sie dem Ganzen ein falsches Ende gab, einen falschen Sinn.

Bei Kindern von drei Jahren verändert sich der Charakter von Spielen. Es geht nicht mehr nur darum, Ursache und Wirkung dadurch zu gestalten und zu erproben, daß man die Interaktion mit Beziehungspartnern in Variationen wiederholt. Vielmehr geht es zunehmend darum, eben den Sinn eines interaktionellen Handlungsablaufs zu erfassen, eigeninitiativ zu gestalten und verbal festzulegen. Das Kind erwirbt die Fähigkeit zu *Symbolisierungsspielen.* Die neue Fähigkeit des Kindes, Handlungsabläufen Sinn zuzuschreiben, ist an die Sprachentwicklung gebunden. Mit drei bis vier Jahren entwickelt sich beim Kind nach STERN das

»narrative Selbst: Das Kind erschafft ... mit jeder seiner Geschichten eine neue Realität und besitzt nun zwei Wirklichkeiten, mit denen es lebt: Die eine ist seine gelebte subjektive Erfahrung, die andere die in der jeweiligen Geschichte dargestellte. Diese beiden Wirklichkeiten sind nicht identisch, auch wenn sie verwandt sind. Sie sind parallel« (1991, S. 139).

Erweiterung von Beispiel 41 (s. S. 185)

»Ein kleiner Junge erzählt, daß in der Wand ein Löwe wohnt: »Riesengroß! Aber er ist überhaupt nicht böse. Er ist ein lieber Löwe. Meine Mami und mein Papa wollen nicht, daß er herauskommt ... Deshalb versteckt er sich hinter meinen Bettpfosten ... Die sind sein Käfig. Er geht im Käfig ganz langsam im Kreis herum. Er schleicht so langsam herum, weil er so allein ist. Gestern hat er getanzt und gesungen und hat mit den Händen und dem Schwanz an der Wand und auf den Pfosten Musik gemacht ... Er hat ein ganz langes Lied

gesungen. Wie er noch klein war und wie er gekämpft hat. Und dann kam ein großer Sturm, und alles war durcheinander, und der Sturm hat alles weggeblasen. Ja, und das Lied hat den ganzen Tag gedauert, bis es fertig war. Und dann, dann ist der Löwe schlafen gegangen« (STERN 1991, S. 146). STERN berichtet, was am Vortag real geschehen war: »Der kleine Junge hatte am Vortag seine Schwester geschlagen, weil diese ihn geschubst hatte. Ihre Lippe war blutig gewesen. Sie hatte geweint. Alle hatten sich umgedreht und den kleinen Jungen angeschaut, als ob er sich ganz verändert hätte. Der Junge schrie seine Mutter an. Die Mutter brachte ihn in sein Zimmer, machte die Tür zu und ließ ihn allein. Erst weinte er und dann sang er ganz laut und trommelte auf seinen Bettpfosten« (1991, S. 145 f).

STERN meint: »Weil wir in unseren Geschichten über vergangene Erlebnisse immer eine Auswahl aus unseren unzähligen Erfahrungen treffen, definieren sie letztlich für jeden von uns das, was sich ›wirklich‹ ereignet hat … Was aber, wenn gelebte und geschilderte Vergangenheit stark voneinander abweichen oder sich sogar widersprechen? … So erzählt ein körperlich mißhandeltes Kind vielleicht eine Geschichte, in der es seine Eltern entschuldigt: »Sie schlagen mich, weil sie sich so große Sorgen um mich machen.« Diese Schilderung hält wahrscheinlich nicht nur Außenstehende davon ab, die Eltern wegen der Mißhandlung zur Rede zu stellen … Sie birgt auch das Risiko, daß das Kind sie schließlich selbst glaubt und die Geschichte zur eigenen Wahrheit macht« (1991, S. 141).

LORENZER (1970) spricht bei Neurotikern von Sprachzerstörung. Die Sprache sei zu rekonstruieren, um die Bedeutung eines Symptoms zu erfassen. Im Psychodrama erweitert der Protagonist das sprachliche um das psychosomatische Handeln zu einem umfassenden, kreativen Handeln und bezieht durch Szenenwechsel Handlungsräume aus anderen Zeiten mit in die Sinnsuche für sein Symptom ein, bis sich der Sinn des Symptoms erschlossen hat.

Die Abwehr durch Verdrängung

Der Szenenwechsel läßt den Protagonisten nacheinander zwei seelische Vorgänge vollziehen: 1. Der Szenenwechsel blockiert in der aktuellen Szene den Übergang von der psychosomatischen Aktivierung zum Handeln. 2. Er läßt den Protagonisten den Sinn eines Symptoms erkunden, indem er bei Unangemessenheit eines Körperempfindens, eines Handlungsimpulses, eines Affekts oder einer Vorstellung diese(n) von der unangemessenen Szene in die ange-

messene Szene übergehen läßt und dadurch beide Szenen zu einer Sinneinheit integriert.

Diese beiden Vorgänge beim Szenenwechsel sind nun aber auch diejenigen, die bei der Abwehr durch Verdrängung unbewußt geschehen:

»Das Ich beherrscht den Zugang zum Bewußtsein wie den Übergang zur Handlung gegen die Außenwelt; in der Verdrängung betätigt es seine Macht nach beiden Richtungen. Die Triebrepräsentanz bekommt die eine, die Triebregung selbst die andere Seite seiner Kraftäußerung zu spüren« (FREUD 1931, S. 215).

FREUD hat die Blockierung des Übergangs vom Impuls (»Triebregung« nach FREUD) zum Handeln am Modell der Vorgänge bei der Konversionshysterie beschrieben:

»Wenn man den hysterischen Anfall erklären will, braucht man ja nur die Situation zu suchen, in der die betreffenden Bewegungen Anteile einer berechtigten Handlung waren« (1931, S. 256). »Der Schmerz war in der Situation, in welcher die Verdrängung vorfiel, vorhanden; die Halluzination war damals Wahrnehmung, die motorische Lähmung ist die Abwehr einer Aktion, die in jener Situation hätte ausgeführt werden sollen, aber gehemmt wurde …, der Krampfanfall Ausdruck eines Affektausbruches, der sich der normalen Kontrolle des Ichs entzogen hat« (1931, S. 232).

In dem Fallbeispiel von Herrn V. (s. S. 190 ff) reagierte der Protagonist am Arbeitsplatz so, wie es in der Krankenhausszene im fünften Lebensjahr angemessen gewesen wäre, nämlich mit Todesangst, und damit, daß er die Impulse zur Erfüllung passiver Wünsche im Keim erstickte, statt den Magendruck am Arbeitsplatz als körperlich vegetativen Ausdruck der Angespanntheit in der Arbeitssituation zu verstehen und nach Möglichkeiten zu suchen, diese Anspannung zu verringern.

DÜHRSSEN hebt bei ihrer Definition der Verdrängung hervor, daß der Übergang des Impulses in das Bewußtsein (zur »Triebrepräsentanz« nach FREUD) blockiert wird:

»Unter dem Druck der Angst kann es passieren, daß eine Handlung, deren Ergebnisse befürchtet werden müssen, nicht mehr wie sonst in einen bewußten Plan einbezogen und in Anbetracht ihrer Gefährlichkeit in bewußtem Verzicht aufgegeben wird. Statt dessen wird der Wunsch, der Plan, der Impuls selbst bereits im Keime erstickt, er fällt eben der ›Verdrängung‹ zum Opfer und bleibt damit, wie wir sagen, unbewußt … ›Verzichten‹ und ›Verdrängen‹ sind etwas sehr Verschiedenes. Liegt doch ein grundsätzlicher Unterschied

darin, ob ein Mensch einen Plan, einen Wunsch, einen Impuls, den er in sich kennt und dessen Unerfüllbarkeit er zugleich überblickt, nun konsequenterweise aufgibt, oder ob er im Verlauf der Verdrängungen bereits unfähig geworden ist, sich seine eigenen inneren Bedürfnisse klar und transparent zu machen« (1976, S. 49).

In dem Fallbeispiel projizierte Herr V. (unter dem Druck der Angst vor dem Zulassen eigener passiver Wünsche) die eigenen Wünsche, sich auch einmal der überhöhten Leistungserwartung zu versagen, auf sein Herz und konnte sie dort in Identifizierung mit dem Angreifer, mit dem Krankenhauspersonal aus dem fünften Lebensjahr bekämpfen. (»Das ist lebensgefährlich! Wie konntest du das machen!«). Herr V. sicherte die Verdrängung passiver Wünsche ab durch eine »falsche« Sinnzuschreibung (Rationalisierung), die Angst vor den Herzinfarkt.

Verdrängung ist nach psychoanalytischer Auffassung ein relativ reifer Abwehrmechanismus. Er schließt, wie das Beispiel zeigt, auch andere Abwehrhandlungen (Spaltung, Introjektion, Projektion, Verleugnung, Identifizierung mit dem Angreifer und Rationalisierung) mehr oder weniger in seine Wirkung mit ein. FREUD hat deshalb zunächst die Begriffe »Abwehr« und »Verdrängung« gleichgesetzt. Erst in seiner Arbeit »Hemmung, Symptom und Angst« differenziert er beide voneinander:

»Ich meine nun, es bringt einen sicheren Vorteil, auf den alten Begriff der Abwehr zurückzugreifen, wenn man dabei festsetzt, daß er die allgemeine Bezeichnung für alle die Techniken sein soll, deren sich das Ich in seinen eventuell zur Neurose führenden Konflikten bedient, während Verdrängung der Name einer bestimmten solchen Abwehrmethode bleibt, die uns infolge der Richtung unserer Untersuchungen zuerst bekannt geworden ist« (1931, S. 288).

Verdrängung geht in seiner Wirkung über die der anderen Abwehrmechanismen hinaus. Denn sie führt spezifisch zur *Pseudointegration* zweier Szenen. Statt eine *Sinneinheit* zu bilden, in der die Erfahrung aus der einen Szene bewußt und angemessen in der anderen berücksichtigt werden kann, werden bei Verdrängung Impuls und Abwehr der einen Szene in die fremden Gewänder einer anderen Szene gekleidet, ohne daß die Verkleidung dem Verdrängenden bewußt ist. Statt Sinneinheit besteht dann Pseudointegration.

Die spezielle Indikation für den Szenenwechsel

Der Szenenwechsel ist im psychodramatischen Spiel indiziert, wenn jemand abwehrt durch Verdrängung. Denn bei Verdrängung ist die Finalitätsfunktion in ihrem Gebrauch einseitig fixiert und wird dadurch zum Abwehrmechanismus. Der Szenenwechsel aber befreit sie aus ihren Fixierungen zu spontaner Arbeit, blockiert der Protagonist beim Szenenwechsel doch bewußt den Übergang von der psychosomatischen Innervation zum Handeln und schreibt dem Symptom durch Zusammenschau von Symptomszene und genetischem Konflikt seinen wahren Sinn zu.

Ein Symptom wird von einem Patienten nur dann als Symptom gewertet, wenn es als unangemessen und deshalb ich-fremd erlebt wird. Hinter einem Symptom (Körperempfinden, Fühlen, Verhalten, Denken oder Beziehungskonflikt) steht immer einerseits ein unbewußter Impuls und andererseits dessen Abwehr. Nach FREUD sind

> »Symptome Kompromißergebnisse, aus der Interferenz zweier gegensätzlicher Strebungen hervorgegangen und vertreten ebenso wohl das Verdrängte wie das Verdrängende, das bei ihrer Entstehung mitgewirkt hat. Die Vertretung kann dann mehr zugunsten der einen oder anderen Seite geraten, selten fällt ein Einfluß völlig aus« (1969, S. 298).

In einer Versagungssituation wird eher die Impulsseite des neurotischen Konflikts aktualisiert, in einer Versuchungssituation eher die Abwehrseite. In dem Fallbeispiel (Nr. 42) war die Situation am Arbeitsplatz eine Versagungssituation, die bei dem Patienten den Impuls auslöste, sich passive Wünsche erfüllen zu wollen. Dadurch wurde bei ihm der alte Konflikt zwischen Impuls und Abwehr solcher passiven Wünsche so stark aktualisiert, daß der Konflikt ausagiert werden mußte, dies wegen der Abwehr durch Verdrängung aber unter dem Deckmantel einer »falschen« Sinnzuschreibung, der Angst vor einem Herzinfarkt: Der Patient hatte wiederholt den Arbeitsplatz verlassen und war weggelaufen, wenn es ihm schlechtging. Er hatte dabei unbewußt sich die Erfüllung passiver Wünsche zugestanden und gleichzeitig auch sein kindliches Versprechen eingehalten, auf sich selbst aufzupassen.

Aus psychodramatischer Sicht verbindet ein neurotisches Symptom in sich zwei (durch Abwehrmechanismen sinnentstellte) ent-

gegengesetzte Handlungen: zum einen den Impuls zu einer Handlung im Sinn der Erfüllung von Wünschen und zum anderen den Impuls zu einer Handlung, die diese Wünsche abwehrt. Das Problem des Symptomträgers ist, daß er die Impulshandlung und die dazugehörige Abwehrhandlung in der Konfliktsituation beide gleichzeitig selbst agieren muß. Denn der Konflikt zwischen Impuls und Abwehr ist ein *intrapsychischer* Konflikt. In dem Fallbeispiel (Nr. 42) hatte der Patient innerlich den Impuls zum Erfüllen passiver Wünsche unbewußt unterdrückt durch das Gefühl der Angst, das sich durch den Zwang zur Selbstbeobachtung einstellte. In dem Fallbeispiel von Frau R. (s. S. 160 ff) bekämpfte die Patientin unbewußt mit ihrer neurotischen Mutterbindung (mit ihrer Abwehr durch Identifizierung mit dem Angreifer) ihr eigenes affektives Erleben, das Wahrnehmen der Freudlosigkeit beim bloßen Funktionieren.

Tiefenpsychologisch orientierte Therapie versucht gezielt, das *Agieren* von Impulshandeln und Abwehrhandeln aus dem Alltag auf die Bühne der therapeutischen Beziehung zu holen und dort zu einem *interpersonellen Handeln* werden zu lassen. In der psychoanalytischen Therapie wird das dadurch erreicht, daß man das Entstehen von Übertragungsbeziehungen auf den Therapeuten fördert. Im Psychodrama kann das Impulshandeln und Abwehrhandeln über das Entstehen unbewußter Übertragungen hinaus zusätzlich auf der Bühne agiert werden, verteilt auf zwei (oder mehr) Personen. Dabei agiert der Protagonist beide Handlungen im Rollentausch dann nicht mehr gleichzeitig, sondern nacheinander und aufeinander bezogen.

Die Theorie der Symptombildung kann helfen, den »richtigen« Einstieg in das psychodramatische Spiel zu finden. Denn ein neurotisch Kranker konzentriert seine Energien zunächst im Symptom. Es ist von daher günstig, die Überschußenergien des neurotischen Konflikts zunächst im »Zeigen« des Symptoms auf der Bühne in Handlung umzusetzen (s. S. 56 ff). Die Symptomszene ist eine Erwärmungsszene, die durch das Handeln Assoziationen aus der Randzone pathologischer Komplexe aktiviert (s. S. 67). Szenenaufbau, Doppeln, szenische Aktion, Spiegeln, Rollentausch und Rollenfeedback heben diese Assoziationen ins Bewußtsein. Der Szenenwechsel in solche Assoziationen kann dann (gege-

benenfalls über mehrere Szenenwechsel) bis zur genetischen Szene führen und damit dazu, daß eine Sinneinheit zwischen Symptomszene und genetischer Szene entsteht. KURT LEWIN nennt diese Sinneinheit »Gestaltschluß« (zitiert nach LORENZER 1970, S. 163).

Als *genetische Szene* definiere ich eine Szene, in der Impulshandeln und Abwehrhandeln aus dem neurotischen Symptom noch auf zwei (oder mehr) Personen verteilt waren und deshalb *interpersonell* ausgetragen wurden. In dem Fallbeispiel von Herrn V. erfüllte sich der Patient als Fünfjähriger seine passiven Wünsche spontan und trank Wasser, weil er Durst hatte. Das Abwehrhandeln gegen diese Wünsche war damals noch ganz bei »all denen, die weiße Kittel anhatten«, zu finden. Bei einem neurotischen Symptom ist die genetische Szene der *Ort der Spontaneität.* In dem Fallbeispiel (Nr. 42) erhielten in der Kindheitsszene die Todesgefahr, die Angst vor passiven Wünschen, das Mißtrauen gegenüber Ärzten und auch die zwanghafte Selbstbeobachtung ihren angemessenen Ort und die angemessene Zeit. Sie wurden *erstmals* in einer Szene als ich-synton, *eigenbestimmt* und *angemessen* erlebt. Was vorher unverständlich erschien, hatte seine tiefere *Wahrheit* gefunden. In der Kindheitsszene fand der Patient seine Spontaneität wieder. Im Symptom sind Impuls und Abwehr noch beide in ich-fremde Gewänder verkleidet, so daß der Symptomträger sie nicht erkennen kann. In der genetischen Szene werden sie mit Hilfe der Psychodramatechniken in ihrer *»wahren«* Identität sichtbar und finden durch szenische Interpretation Zugang zum aktuellen Konflikt. Herr V. lernte in dem folgenden halben Jahr, die vorher verdrängten passiven Wünsche deutlich eigenbestimmter und angemessener zuzulassen.

Im protagonistzentrierten Spiel erzählt der Patient seine Geschichte parallel in zwei verschiedenen »Sprachen« gleichzeitig, in der Sprache des szenisch-psychosomatischen Handelns und in der verbalen Sprache. Die durch Abwehr entstandenen logischen Brüche, Widersprüche und Lücken im Verständnis des Symptoms werden durch Einsatz der entsprechenden Psychodramatechniken deutlich. Mit der Sinnfindung für das Symptom einer genetischen Szene hat der Protagonist seine Geschichte dann zu Ende erzählt, aktional *und* verbal. Die tiefenpsychologische Wir-

kung des Szenenwechsels beruht zwar auch auf der Wirkung der anderen Psychodramatechniken. Sie geht aber qualitativ einen bedeutsamen Schritt über die der anderen Techniken hinaus. Denn der Szenenwechsel hilft spezifisch, im protagonistzentrierten Psychodrama den Sinn für neurotische Symptome zu erarbeiten.

8. Sharing und Amplifikation

Praktische Ausführung und allgemeine Wirkungen

Die Gruppenteilnehmer und -teilnehmerinnen klären im Sharing ihre je eigenen persönlichen Identifikationen mit verschiedenen Rollen aus dem Spiel des Protagonisten und teilen diese verbal mit.

Fortsetzung von Fallbeispiel 42 (s. S. 190 ff)

Herr V. hat protagonistzentriert die Herzinfarktszene, die Atemstillstandszene und die Krankenhausszene nach der Operation im fünften Lebensjahr gespielt. In der darauf folgenden Nachbesprechung friert Felix, der den erwachsenen Mitpatienten spielte, trotz des überhitzten Gruppenraums: »Am liebsten würde ich mich irgendwo in eine Ecke legen und einfach ruhig sein.« Der Therapeut fordert ihn auf, das zu tun. Stefanie ist entsetzt über die Reaktion des Krankenhauspersonals. Sie erzählt *(Sharing)* unter Tränen: »Ich bin so erschrocken. Das war so laut, so schlimm! Genau wie bei uns zu Hause, als ich Kind war. Ich bin da einmal nachts aufgewacht, weil ich Geschrei hörte. Ich ging runter gucken. Da haben die sich geschlagen, mein Vater mit zwei Freunden meines Bruders. Und ich hatte solche Angst, daß meinem Vater etwas geschieht!« Stefanie wirkt hier selbst ganz aufgelöst, wie ein kleines Mädchen voller Angst: »Ich bin dann schnell hochgelaufen zu meiner Mutter. Die schlief fest. Ich weckte sie und sagte, sie solle die Polizei rufen. Aber meine Mutter hat darauf überhaupt nicht reagiert. Sie hat überhaupt nichts getan! Später kam dann mein Bruder herein. Sein Hemd war ganz blutig. Der Vater blutete auch. Das war so schrecklich. Ich habe mich so allein gefühlt.« Der Therapeut: »Das ist auch schlimm, um so mehr, als auch Ihre Mutter nicht reagiert hat.« Felix setzt sich wieder in den Gruppenkreis. Er wirkt ruhiger und berichtet *(Sharing)*: »Mir ist jetzt wieder warm. Ich habe das Ganze nicht vertragen. Mich erinnert das an alle die, die nie einen Fehler zugeben können, nie die Schuld auf sich nehmen können. An meinen Vater. Ich möchte gerne, daß mein Vater mir ein einziges Mal recht gibt, danach sehne ich mich, daß er einmal zugibt, daß er im Unrecht war. Aber nie, nie hat er das getan. Genauso ist das auch bei meiner Frau. Die kann das auch nicht!« Rosi erinnert sich an die Zeit, als sie tatsächlich den Beruf der Krankenschwester ausübte *(Sharing)*:

»Ich konnte es mir als Krankenschwester nicht leisten, meine Gefühle zuzulassen, zuzugeben, daß ich Schuld hatte. Das hätte mich in Schwierigkeiten gebracht und mich gelähmt. Ich wäre aus der Rolle gefallen und Außenseiter gewesen unter den anderen im Krankenhaus. Ich mußte aber aktiv sein, konnte mich deshalb den Patienten gegenüber nicht unsicher zeigen. Das hätte mich viel zuviel Kraft gekostet.«

Das Sharing kann verbal geschehen oder auch einfach durch gemeinsames Tun. Nach einem tiefgehenden Spiel kann man *gemeinsam* spazierengehen, Kaffee trinken oder auch zusammen schweigen, bis sich im nonverbalen Miteinander die Spannung löst und die lebendige Gegenwart wieder spürbar wird. In dem Fallbeispiel war der Mitpatient Felix von Herrn V.s Spiel so angerührt, daß er dem Protagonisten zunächst nur nonverbal ein Sharing geben konnte: Er zog sich in eine Ecke des Gruppenraums zurück, um zu sich zu kommen. Vielleicht fordert der Leiter den Protagonisten auch auf,

»sich in der Gruppe umzuschauen. Ein Protagonist, der mit Gefühlen der Scheu und Scham aus seinem Psychodrama herauskommt, wird hierbei oft überrascht feststellen, daß ihn offene, nachdenkliche, betroffene, weinende oder erlöste Gesichter anschauen, die alles andere als abweisend sind. Auch kann er das so häufig zu beobachtende Phänomen wahrnehmen, daß der Kreis der Teilnehmer enger geworden ist, denn alle haben sich näher zueinander gesetzt« (HERBOLD 1990).

Das Sharing wurde erst spät als Psychodramatechnik »entdeckt«. Nach LEUTZ (mündliche Mitteilung in HERBOLD 1990) ist über das Sharing als Psychodramatechnik erst in den fünfziger Jahren, zuerst in den USA, gesprochen worden. In den Schriften MORENOS taucht der Begriff Sharing erst 1969 auf. Nachdem das Sharing als Psychodramatechnik erkannt und benannt wurde, besteht nun die Gefahr, daß Psychodramaleiter rituell zwanghaft nach jedem Spiel ein Sharing von jedem Gruppenteilnehmer verlangen. Aber auch andere Psychodramatechniken, zum Beispiel das Doppeln, wendet man nicht schematisch in jeder Szene an, für jede Person und jede Rolle. Eigenbestimmung und Spontaneität kann man nicht geschenkt bekommen, man muß sie sich erwerben. Deshalb gilt es, das Sharing spontan zuzulassen, oder aber dort zu erfragen, wo es speziell erforderlich ist.

Während des protagonistzentrierten Psychodramas identifizie-

ren sich die Gruppenteilnehmer mehr oder weniger mit einzelnen Rollen aus dem Selbstorganisationsprozeß des Protagonisten. Ihr eigener Selbstorganisationsprozeß verschmilzt immer wieder mit dem des Protagonisten und wird, wenn der Protagonist die Alpha-Position (s. S. 52) der Gruppe einnimmt, von diesem auf der Bühne stellvertretend weiter ausgestaltet (s. S. 242 f). Die Gruppenteilnehmer identifizieren sich im Sharing *wieder mit sich selbst,* dadurch daß sie ihre Emotionen mit dazugehörigen *eigenen* Einfällen und Erinnerungen auf ihrer je eigenen inneren Bühne verbinden. Dadurch treten sie (wieder) als eigene Person in Erscheinung und begegnen dem Protagonisten (wieder neu) als einer *anderen* Person, mit ihm gefühlsmäßig verbunden, aber nicht mit ihm identisch. Das Sharing ist tiefenpsychologisch gesehen primär Selbstgestaltung und Selbstausdruck der Gruppenteilnehmer und erst in zweiter Linie ein auf den Protagonisten gerichtetes, hilfreiches Handeln.

Durch die Sharings tritt hinter der individuellen Psychodynamik des Protagonisten die Gruppendynamik wieder deutlicher zutage. Mit den Sharings kennzeichnen die Gruppenteilnehmer ihre Haltung und Position in der Gruppe. Dadurch verändern sich Anziehung und Abstoßung zwischen den Gruppenmitgliedern bis dahin, daß Übertragungsbeziehungen entstehen. So war es kein Zufall, daß in dem Fallbeispiel (Nr. 42) die Teilnehmerin Rosi in ihrem Sharing sich nicht mit Herrn V. identifizierte, sondern mit »den Weißkitteln«. Ihre Erfahrung als Krankenschwester mag dabei zwar eine Rolle gespielt haben und konfrontierte auch die Gruppenmitglieder mit den Realitäten in Krankenhäusern. Die Identifizierung mit der Gegenseite, der Seite der Verantwortung und Macht, deutete aber hier schon einen Konflikt an, der einige Monate später voll als Beziehungs- und Gruppenkonflikt ausgetragen wurde mit Rosi in der Omega-Position und Felix in der Alpha-Position, der Rolle des Aktionsführers der Gruppe.

Bezogen auf den Protagonisten haben die verschiedenen Sharings der Gruppenmitglieder zum Spiel des Protagonisten auf diesen eine ähnliche therapeutische Wirkung wie die Amplifikationsmethode auf den Patienten bei der Traumdeutung. In dem Fallbeispiel gaben die Gruppenmitglieder Amplifikationen zu einzelnen Teilelementen des Protagonistenspiels, Stefanie zu dem Gefühl

der absoluten Einsamkeit und Verlorenheit in der Kindheitsszene, Felix zu dem Gefühl des Ausgeliefertseins gegenüber den autoritären »Weißkitteln« und Rosi zu der Angst der »Götter in Weiß« vor einer Außenseiterposition im Krankenhausteam. Die drei Gruppenmitglieder vertieften und erweiterten dadurch die Erfahrungen des Protagonisten in seinem Spiel.

»Amplifikation heißt … im Gegensatz zur Freudschen Methode der ›reductio in primam figuram‹ nicht eine nach rückwärts zu verfolgende, zwingend kausal verbundene, lückenlose Kette von Assoziationen, sondern eine Erweiterung und Bereicherung des Trauminhaltes mit allen ähnlichen, möglichen, analogen Bildern … In der Amplifikationsmethode Jungs werden die einzelnen Traummotive so lange durch ein analoges, sinnverwandtes Material von Bildern, Symbolen, Sagen, Mythen usw. bereichert und dadurch in allen Nuancen ihrer Sinnmöglichkeiten, ihrer verschiedenen Aspekte aufgezeigt, bis ihre Bedeutung in völliger Klarheit aufleuchtet. Jedes einzelne so gesicherte Sinnelement wird dann wieder mit dem nächsten verknüpft, bis die ganze Kette der Traummotive klargelegt ist und zum Schluß selber in ihrer Einheit eine letzte Verifikation erfahren kann … Für die Methode der Amplifikation ist … die Gleichheit des Bedeutungskernes das prinzipiell Maßgebende« (Jacobi 1977, S. 87 f).

Das Sharing als spontane Finalitätsfunktion im Alltag

Das Sharing ist auch im Alltag außerhalb des psychodramatischen Settings wichtig, um in einer intensiveren Begegnung Ähnlichkeiten und Unterschiede in den persönlichen Erfahrungen zu kennzeichnen und so Begegnung gelingen zu lassen. Das Einschwingen auf die emotionale Gestimmtheit und Konflikthaftigkeit des anderen ist ein Zeichen guten Benehmens. Wenn jemand von seiner (inneren) Not erzählt, wird die Miene des anderen mitfühlend sein. Seine normale Reaktion ist dann ein Sharing in irgendeiner Art: »Ja, ja, wenn man älter wird. Ich habe es vor drei Jahren an der Hüfte gehabt …« Oder: »Dauernd dieses Fremdgehen! Mich macht das wütend! Neulich hat mir ein Bekannter doch tatsächlich seine neue Freundin als ›seine neue Lebensabschnittsgefährtin‹ vorgestellt.« Wir Menschen neigen dazu, auf das Leiden des anderen so zu reagieren, daß wir einen analogen Konflikt erzählen, dadurch die Distanz in der Kommunikation verringern, das Besondere oder Absonderliche am So-Sein des

Betroffenen abmildern und ihn so seines Mitmensch-Seins wieder versichern.

In Selbsthilfegruppen wird das Prinzip »Sharing« sogar zur tragenden gemeinschaftsgestaltenden Funktion. Die verbale Mitteilung des Leidensweges stiftet Sinn, weil die anderen sich darin wiedererkennen. Durch das »Sharing« entsteht eine neue Identität als »Alkoholiker«, als »Vietnam-Veteran« oder als »krebsoperierte Frau«. Es heißt dann oft: »Andere verstehen das nicht, können da nicht mitreden!« Das Prinzip des Sharing in Selbsthilfegruppen prüft aber auch Identität und Sinnerfahrung: »Bist du wirklich schon einer von uns Alkoholikern, am Tiefpunkt angelangt? Hast du schon kapituliert, oder glaubst du noch, du könntest vielleicht doch noch einmal trinken, bist vielleicht doch kein ›Alki‹ wie wir?«

In dem eigenen Leiden angenommen zu sein als Mit-Mensch hilft, sich nicht mehr nur als Objekt des Geschehens zu fühlen. Es macht Mut, in Identifikation mit den Erfahrungen anderer ähnlich Leidender den Aspekt des Schöpfers zum eigenen Handeln neu zuzulassen und wieder eigeninitiativ zu handeln in dem durch die Spiegelbilder der anderen jetzt neu und realistischer eingeschätzten Rahmen. Sharing kann Sinnerfahrung, »Finalität«, vermitteln oder vorhandene Sinnerfahrung bestätigen. Es wirkt dadurch identitätsstärkend. Im Psychodrama verfügen wir mit dem Sharing (bis zuweilen der Amplifikation) über eine Technik, mit der wir die Finalitätsfunktion, wenn sie in ihrer Arbeit durch Abwehr blockiert ist, aktivieren können.

Das Spiel von Geschichten als frühe Fähigkeit des Kindes

Wann tritt in der psychischen Entwicklung des Kindes zum erstenmal die Fähigkeit auf, ein Sharing oder eine amplifizierende Deutung zu geben? Kinder nehmen ab dem dritten bis vierten Lebensjahr allmählich Geschichten aus dem soziokulturellen Umfeld auf und benutzen sie zur Singgebung für ihre eigenen Konflikte. Sie sind fasziniert von ersten einfachen Märchen und Mythen. Sie projizieren eigene Handlungsimpulse, Affekte, Beziehungskonflikte und unerfüllte Sehnsüchte in diese Geschichten hinein, verbinden

sie mit Personen und Handlungsabläufen in den Geschichten und geben eigenen inneren Strukturen so einen angemessenen Platz in komplexeren Strukturen und auf diese Weise einen umfassenderen Sinn. Geschichten können nach MORENO »ein Ersatz oder eine Erweiterung sein für das Festhalten an Personen oder Objekten in der frühen Kindheit« (1985, S. 79). Sie können also die Funktion von Übergangsobjekten (WINNICOTT 1985, S. 11) haben. Die neue Fähigkeit von Kindern, vorgegebene Geschichten, Märchen und Mythen zum Verständnis der Welt heranzuziehen, ist daran zu erkennen, daß Kinder ungefähr mit Vollendung des dritten Lebensjahres beginnen, sich diese im Spiel zu erobern und mit eigenen Konflikterfahrungen anzureichern. Dies um so mehr, wenn die Erwachsenen das Spielangebot der Kinder annehmen.

Beispiel 43

Der dreijährige Harald war in enger Beziehung zu seiner Mutter aufgewachsen und wurde immer noch ab und zu gestillt. Es bestand ein ausgesprochen zugewandtes Verhältnis zwischen den beiden. Nach dem Weihnachtsfest begann der kleine Junge plötzlich mit seiner Mutter »Maria-Josef-und-das-Christkind« zu spielen, zunächst eng angelehnt an die Weihnachtsgeschichte, wie er sie aus seiner Kinderbibel gehört hatte, dann aber auch mit eigenmächtigen Variationen. Immer wieder sprach er zum Beispiel auch am Mittagstisch seine Mutter einfach als »Maria« an, spielte selbst den Josef und unterhielt sich mit ihr altklug über die Schwangerschaft mit dem Christkind. Oder er gebar als Maria mit viel Stöhnen das Kind und forderte ein, daß man hinterher das Christkind bewunderte. Natürlich wollte er auch immer wieder aus Marias Bauch, unter dem Pullover der Mutter, hervorkriechen und als Baby »Jesuskind« verwöhnt und umhätschelt werden.

Er spielte dieses Spiel aber auch mit seinem Vater. Dieser bekam die Rolle von Josef zugewiesen, wenn er mit ihm in den Wald ging, um Holz zu holen. Harald selbst saß dann in der Schiebkarre und war Maria auf dem Esel, auf der Flucht nach Ägypten. Der Vater hatte als Josef Maria vor den Wölfen zu beschützen. Oder aber Harald lief selbst als Josef mit einem großen Stock in der Hand neben dem Vater her, der dann Maria spielte, und vertrieb die Wölfe. Harald wiederholte dieses Spiel in den verschiedensten Variationen über ein halbes Jahr hin immer wieder, bis er die Lust daran verlor.

Die Weihnachtsgeschichte mit der Dreiecksbeziehung Maria – Josef – Christkind war für den dreijährigen Jungen offenbar eine amplifizierende Deutung für nicht einzuordnende Erlebnisse in der Beziehung mit seiner geliebten Mutter. Trotz aller Zugewandtheit der Mutter gab es doch auch Frustration für Haralds Anspruch, die Mutter allein zu besitzen: Die Mutter wandte sich immer wieder

auch Haralds Vater zu. Die wieder neue Berufstätigkeit der Mutter und andere störende Umstände (in der Geschichte symbolisiert als Bedrohung durch die Soldaten von Herodes) machten ein immerwährendes paradiesisches Beisammensein mit der Mutter unmöglich. Tatsächlich war die Mutter auch (wie bei einer Bedrohung durch Wölfe auf der Flucht nach Ägypten) bisweilen nervös und abgelenkt.

Die Weihnachtsgeschichte muß für den in einer recht harmonischen Zweierbeziehung zu seiner Mutter aufgewachsenen Jungen so etwas wie ein Aha-Erlebnis gewesen sein, eine plötzliche Einsicht, wie Störungen in der Zweierbeziehung zustandekommen und einzuordnen sind. Wenn er diese Störungen in den Rahmen der Dreierbeziehung und des bedrohlichen Umfelds stellte, (wie es die Geschichte von Maria, Josef und dem Christkind vorgibt), dann waren sie nicht mehr unangemessen, verrücktmachend, sondern »nur« das normale Leiden gewöhnlicher Menschen.

Der Junge spielte das Maria-Josef-Christkind-Spiel nur mit seinen Eltern, obwohl auch andere Spielpartner zur Verfügung gestanden hätten. Deshalb kann man davon ausgehen, daß er die Weihnachtsgeschichte amplifizierend für seine Beziehung zu Mutter und Vater benutzte. Das Kind konnte anhand der Reaktionen seiner Eltern im Spiel in den wechselnden Rollen überprüfen, ob diese den Sinn ihrer kleinen Familiengemeinschaft ähnlich verstanden wie er selbst. Er benutzte das *Spiel von Geschichten* zur Finalitätsprüfung in der Interaktion mit Vater und Mutter. Er erfuhr selbst und zeigte den Eltern aber durch das Ausspielen der Geschichte in verschiedenen Variationen und Rollenbesetzungen, daß nicht nur das Christkind, sondern auch Josef und Maria an Regeln der Gemeinschaft gebunden sind, die jeden der drei vor Übergriffen eines anderen schützen und ihm Aufgaben für die Gemeinschaft zuschreiben. Harald gab mit dem Spielangebot gerade der Weihnachtsgeschichte seiner eigenen Familie also auch einen tieferen Sinn und eine symbolische Bedeutung, die bei aller Kindlichkeit des Spiels auch für seine Eltern eine Bestätigung und Mahnung dafür war, was Familie sein kann und was er von seiner Familie erwartete. So hatte dieses Spiel auch eine finalitätsgestaltende Funktion in der Familiengemeinschaft. Vielleicht sollten wir Erwachsenen die Spielangebote eines Kindes nicht nur als Spiel-

wunsch des Kindes und deshalb als Belastung unsererseits, sondern mehr auch als Rückmeldung ansehen? Daß das Kind mit dem speziellen Rollenangebot in dem vorgeschlagenen Spiel uns nämlich auch etwas sagen will darüber, wie es den Sinn seiner Beziehung zu uns verstanden und erweitert wissen möchte?

Die Abwehr durch Identifizierung mit dem System

Während des protagonistzentrierten Spiels identifizieren sich meistens einige der Gruppenteilnehmer mit einzelnen Rollen des Spiels oder dem ganzen Konflikt auf der Bühne mehr oder weniger bewußt. Bei Abwehr durch Identifizierung mit dem System aber praktiziert der Betreffende diese Teilhabe unbewußt. In dem Fallbeispiel von Herrn V. (Nr. 42) hatte der Patient zu Beginn der Gruppensitzung zunächst einer anderen Gruppenteilnehmerin, die über Angstzustände klagte, geraten: »Ich glaube, daß es gut ist, die Angst einfach zuzulassen und nicht immer davor wegzulaufen.« Der Therapeut hatte sich bei dieser Aussage gefragt, wie Herr V. sich so etwas wohl selbst konkret vorstellte. Denn Herr V. hatte doch das, was er hier jemand anderem empfahl, bisher selbst nicht leben können. Der Therapeut schlug dem Patienten deshalb vor, im Spiel zu zeigen, was er mit dieser Empfehlung meinte.

Ich verstehe die Empfehlung Herrn V.s an die Mitpatientin als Ausdruck dessen, daß er über die Abwehr durch Verdrängung hinaus auch in einer Abwehr durch Identifizierung mit dem System fixiert war. Herr V. war Teilnehmer dieser therapeutischen Gruppe. Er war ein intelligenter Mann. Es fiel ihm nicht schwer, die grundsätzlichen Zielrichtungen tiefenpsychologischer Therapie zu erfassen, zumal er schon zwei psychoanalytische Behandlungen (eine Einzeltherapie und eine stationäre Behandlung) hinter sich hatte. Das Problem war nur, daß er mit dieser Identifizierung mit dem (tiefenpsychologisch orientierten Gruppen-)System sein eigenes unerträgliches Gefühl der Identitätsunsicherheit abwehrte und, solange die Therapie lief, sein Ich stabilisierte, ohne wirklich zu seinem Grundkonflikt, der Identitätsunsicherheit, vorzustoßen. Durch seine Lebendigkeit war er zwar ein wichtiges Gruppenmit-

glied. In seinen Aktionen in der Gruppe wechselte er aber sprunghaft zwischen relativ starker Anpassung und pseudoprovokativem Verhalten, mit dem er diese Anpassung vor sich selbst und anderen verleugnete. Wenn der Therapeut mit ihm bei solchen Provokationen die direkte Auseinandersetzung suchte, gab Herr V. immer wieder ohne angemessene Begründung sein oppositionelles Verhalten auf und paßte sich an. Die Abwehr durch Identifizierung mit dem (hier durch den Therapeuten repräsentierten) System diente dem Patienten dazu, die individuellen, neurosebestimmten Besonderheiten seines Empfindens, Fühlens, Denkens und Handelns unter dem Deckmantel der Grundideen der tiefenpsychologisch orientierten Gruppentherapie zu verstecken. Er konnte sich zeitweise durch Identifizierung mit dem System die Gemeinschaft mit den anderen Menschen in der Gruppe durch mehr oder weniger festgelegte Rollenbeziehungen sichern. Denn er erreichte durch diese spezielle Abwehrform, daß andere Gruppenmitglieder sich mit ihm wechselseitig identifizierten. Dadurch konnte er sich in seinem unsicheren Identitätsgefühl stabilisieren. Nach meiner Erfahrung ist die Abwehr durch Identifizierung mit dem System in der therapeutischen Beziehung daran zu erkennen, daß ein Patient scheinbar der perfekte Patient ist, sich in bezug auf die Symptomatik aber wenig Veränderungen ergeben. In der Gruppentherapie drückt sich diese Art von Abwehr oft dadurch aus, daß ein Patient unausgesprochen die Co-Therapeutenrolle über längere Zeiträume hin übernimmt.

Mit dem Begriff »Identifizierung mit dem System« erfasse ich unbewußte Vorgänge als einen Abwehrmechanismus, die PARIN (1977) als mehrschrittigen Vorgang der Anpassung beschreibt. Nach PARIN entlasten und stabilisieren die Anpassungsmechanismen

> »realitätsgerecht eingespielt … das Ich, schränken aber seine Flexibilität ein, wenn es gilt, rasch sich ändernden sozialen Gegebenheiten Rechnung zu tragen … Der Mensch ist nicht Meister im sozialen Haus, sondern gehorcht bewußtlos den Imperativen sozialer Institutionen. Soll die Psychoanalyse dazu beitragen, daß drückende Sozialverhältnisse verändert werden, muß sie den Individuen dabei helfen, die Automatik unbewußt wirkender Anpassungsmechanismen zu brechen.«

Die Abwehr durch Identifizierung mit dem System ist eigentlich eine Abwehr durch Identifizierung mit dem Prozeß des Systems. Da dieser Begriff mir zu umständlich erscheint, habe ich den kürzeren Begriff *»Identifizierung mit dem System«* gewählt. Die Identifizierung mit dem System zeigt sich

1. in der Identifizierung mit einer Rolle in dem Systemprozeß,
2. in der Identifizierung mit dem Plan,
3. in der Identifizierung mit dem Erklärungssystem,
4. in der Identifizierung mit den Zielen des Systemprozesses.

Zu 1. Die Identifizierung mit einer Rolle in dem Systemprozeß

Bei Identifizierung mit der Rolle eines Systems sind Rolle und Gegenrolle, Freund und Feind, im Konfliktfall relativ klar festgelegt (s. S. 61 f Prozeß-Raum). Der durch Identifizierung mit dem System Abwehrende übernimmt zunächst mehr oder weniger eigenbestimmt und bewußt eine für seine psychische Konstellation passende Rolle in einem System, läßt sich dann aber im weiteren Verlauf aufgrund von Defiziten in der Identitätsentwicklung durch diese Rolle so stark auch in seinem somatischen, psychischen, Beziehungs- und Werteerleben bestimmen, daß er am Ende Selbstempfinden und Rollenempfinden nicht mehr voneinander differenzieren kann. Das ist der entscheidende Unterschied zur »gesunden«, kreativen Rollenübernahme, bei der es dem Betreffenden immer wieder möglich ist, Rollenempfinden und Selbstempfinden voneinander zu differenzieren, am Anfang vielleicht nur durch ein heimliches, leises, ungutes Gefühl, dann aber dadurch, daß er sich von der in Wahrheit inzwischen ich-fremden Rolle in dem System immer wieder (zumindest innerlich) distanziert.

Die Identifizierung mit der Rolle erspart und vermeidet Angst, insbesondere die Angst, nicht geliebt und schutzlos allein gelassen zu werden. Nach PARIN werden dabei zwar die inneren Konflikte nicht gelöst,

> »doch resultieren für das Ich zwei Vorteile, wenn es die ihm zugeteilten Rollen nicht nur übernimmt, sondern sich mit ihnen identifiziert: Die äußere Anpassung erfolgt dann automatisch, sie erfordert keinen Besetzungsaufwand. Eine dabei eventuell nötige Ich-Spaltung wird zumeist nicht wahrge-

nommen und beeinträchtigt die Gesamtfunktion kaum. Die Identifikation bietet immer eine wirkliche oder fantasierte libidinöse oder aggressive Befriedigung, die manchmal auf die Rollen zuschreibenden Objekte bezogen ist; ergänzend bietet sie eine narzißtische Befriedigung darüber, daß man einer ist, der seiner Rolle entspricht … Die Identifikation mit der Rolle ist ein psychologisch zu beschreibender Vorgang, ein Schritt (unter anderen), durch den eine ›objektive‹ zu einer ›subjektiven‹ Rolle wird« (1977).

Zu 2. und 3. Die Identifizierung mit dem Plan und dem Erklärungsmuster des Systemprozesses

Durch Identifizierung mit dem Plan des Systems ist die zeitliche Abfolge der Handlungen im Konfliktfall relativ klar festgelegt (siehe Prozeß-Zeit S. 62). Die Identifizierung mit dem Erklärungsmuster des Systems aber schreibt fest, wie im Konfliktfall der Ursache-Wirkungs-Zusammenhang zwischen eigenen Impulsen, Gefühlen und Gedanken einerseits und äußeren Ereignissen andererseits gesehen werden muß (siehe Prozeß-Logik S. 62). Der durch Identifizierung mit dem System Abwehrende wertet sein Rollenempfinden als Selbstempfinden. Er entwickelt ein angepaßtes Ich, ein Rollen-Ich. Dieses unterscheidet sich vom spontanen Ich dadurch, daß Eigenbestimmung, Erstmaligkeit, Angemessenheit und Wahrheit im Handeln (siehe Kapitel I) vorgegeben sind von dem Prozeß des Systems, also nicht individuell bestimmt sind. Das Rollen-Ich kann im Extremfall zum Pseudo-Ich werden. Winnicott spricht dann von einer »falschen Organisation des Selbst« (1985, S. 25). Die Entwicklung des Rollen-Ich hat zur Folge, daß ein so abwehrender Patient darauf angewiesen ist, von den anderen Mitgliedern des Systems in wechselseitiger Identifikation in seinem Handeln bestätigt zu werden, um sein Rollen-Ich zu stabilisieren. Dadurch entsteht eben seine Identifizierung mit dem Plan und dem Erklärungsmuster des Systems.

Parin (1977) hat die Identifizierung mit dem Plan und die Identifizierung mit dem Erklärungsmuster des Systems nicht voneinander differenziert und zusammen als »Identifikation mit dem Gruppen-Ich« beschrieben. Er führt diese

»auf relativ spannungsfreie identifikatorische Beziehungen zurück, die sich in der Kindheit und Adoleszenz vorzugsweise zu gleichgeschlechtlichen Gleich-

altrigen in ›horizontalen‹ Gruppen etablieren … Sind in einer sozialen Situation Gemeinschaften oder Gruppen vorhanden, in denen wegen ihrer Struktur und der besonderen Psychologie der Mitglieder gegenseitige brüderliche bis zuweilen schwesterliche Identifikationen möglich sind, ist das Gruppen-Ich ein Garant für eine gute soziale Anpassung (zum Beispiel im Dogon-Dorf) … Im öffentlichen Leben der urbanisierten Industriegesellschaft muß die Identifikation mit dem Gruppen-Ich versagen. In dieser wird ein Ich, das so eingerichtet ist, schwer beeinträchtigt und unterliegt pathologischen Regressionen.« Obwohl das Gruppen-Ich im Rahmen sozial rückständiger Brüdergemeinden »den Beteiligten Stabilität und ein ungewöhnliches Aktivitätspotential verleiht, entspricht es eher einem utopisch erwünschten Zustand, als daß es zu Veränderungen der Gesellschaft drängt.«

Zu 4. Die Identifizierung mit den Zielen des Systemprozesses

Im Lauf der Zeit führt die Identifizierung mit einer Rolle, dem Plan und dem Erklärungsmuster des Systems zur Identifizierung mit den Zielen des Systems. Dadurch ist der Sinn der eigenen Handlungen in bezug auf übergeordnete ideelle Werte und Normen im Konfliktfall scheinbar von vornherein gegeben und braucht nicht mehr überdacht zu werden. Der Betreffende projiziert sein eigenes Gewissen auf Führungspersonen des Systems und liebt sich dann in diesen narzißtsich selbst. Das System tritt an die Stelle des eigenen Gewissens. PARIN (1977) spricht von einem »Clan-Gewissen«. Er meint:

Das Ich kann »die Fähigkeit ausbilden oder bewahren, äußere Autoritäten oder Institutionen zeitweise oder vorübergehend anstelle eines verinnerlichten Über-Ichs zu setzen.« Das Ich neigt dazu, diese Externalisierung des Gewissens »als Mechanismus zu etablieren, wenn die erziehenden Instanzen, Eltern und Familie, während der Dauer der kindlichen Abhängigkeit in besonders hohem Maße äußeren, makrosozietären Einflüssen ausgesetzt sind. Extreme Lebensumstände (privilegierte Kasten, Gettoisierung, Pauperisierung) und besonders auch aufgezwungene oder hochbesetzte Ideologien (beim Kleinbürgertum bzw. bei religiösen Sekten) begünstigen eine solche Ich-Entwicklung. Dann fallen, für das Ich, äußere und innere Instanzen (Introjekte) zusammen.«

Bricht die Abwehr durch Identifizierung mit dem System bei einem Menschen (zum Beispiel durch Reifungsschritte in der Pubertät oder in der Mitte des Lebens) zusammen, dann erlebt dieser spontan existentielle Angst, die Angst vor absoluter Leere, die Angst vor absoluter Einsamkeit, die Angst vor dem Verrücktwer-

den und/oder die Angst vor dem Tod. Das ist nicht jedem Menschen zuzumuten. Abwehr durch Identifizierung mit dem System ist deshalb nicht gleichzusetzen mit Krankheit. Sie kann bei einer identitätsunsicheren Persönlichkeit oder in Identitätskrisen sogar ein wichtiger Schritt auf dem Weg der Heilung sein, der in vielen Fällen auch als ausreichender Schritt der Selbstheilung anzusehen ist. Die Identifizierung mit dem System ist ein Grundbedürfnis des Menschen. Kein Mensch kann ohne Identifizierung mit einem System leben, nicht einmal ein Heiliger oder Weiser. Wahrscheinlich ist dieses Bedürfnis genetisch im Menschen verankert und war/ist Voraussetzung (gewesen) für das Überleben des Menschen (DIECKMANN 1988, S. 136). Es kommt allerdings darauf an, mit welchem System der einzelne sich identifiziert. Ein Heiliger oder Weiser wird sich nicht nur mit dem System seiner Kleinfamilie identifizieren, sondern auch mit universalen Systemen. Außerdem ist wichtig, wie starr die Rollen in dem System festgelegt sind. Identitätsunsichere Persönlichkeiten neigen dazu, sich eher mit autoritär-hierarchisch geordneten Systemen zu identifizieren. Zusätzlich kommt es darauf an, wie starr die Identifizierung mit gerade diesem einen System ist. Denn bei Veränderungen des sozialen Umfelds sollte das Ich in der Lage sein, den Konflikt zwischen der veränderten Umwelt und den bisherigen inneren Strukturen durch innere Verarbeitung ausreichend auszutragen. Die Frage ist also, wie weit der einzelne die Identifizierung mit dem System als finalitätsprüfende und finalitätsgestaltende Funktion in der Selbst- und Beziehungsorganisation frei benutzen kann. Man muß unterscheiden zwischen bewußter, eigenbestimmter Anpassung an ein System und unbewußtem, letztlich nicht mehr eigenbestimmtem Funktionieren in einem System.

Menschen, die in eine schizophrene Psychose dekompensieren, haben oft ihre Identitätsunsicherheit vorher kompensiert, indem sie abwehrten durch Entwicklung eines Gruppen-Ich (PARIN 1977) oder, wie ich genauer sagen würde, durch Identifizierung mit dem System (s. S. 104 ff). Auch schwerer psychosomatisch Erkrankte wehren ab durch Identifizierung mit dem System. Im Unterschied zu psychotisch Dekompensierten sind bei ihnen vor dem Einbruch in den Identitätskonflikt (schon) reifere, komplexere, innere Strukturen vorhanden gewesen, so daß der Identitätskonflikt sich nicht

als Auflösung der Ich-Grenzen zwischen innen und außen zeigt, sondern intrapersonell ausgetragen wird als Konflikt zwischen Körper und Seele. Dazu paßt gut, daß ja gerade solche Menschen, die unter einem starken Anpassungsdruck stehen, besonders häufig und bevorzugt an psychosomatischen Störungen erkranken, zum Beispiel Immigranten oder Menschen, die aus der Unterschicht in eine gehobene berufliche Laufbahn aufsteigen.

Es gibt eine Sonderform der Abwehr durch Identifizierung mit dem System, die Abwehr durch *ideologische Rationalisierung*. Dabei identifiziert sich der Betreffende in der Begegnung mit einem Beziehungspartner mit einem Gegensystem aus der Gegenwart oder Vergangenheit. Er schreibt sich selbst in diesem Gegensystem eine bestimmte Rolle zu, übernimmt dessen Pläne und Erklärungsmuster und identifiziert sich mit den Zielen dieses Gegensystems. Ein durch ideologische Rationalisierung abwehrender Mensch rechtfertigt sein neurotisches Handeln, seine Fehlhaltung oder/und seine Ängste in der aktuellen Situation, indem er ihnen einen ideologischen Überbau gibt und dazu ideelle Werte, Geschichten und Mythen aus der Religion, aus weltanschaulichen Systemen, aus dem soziokulturellen Umfeld und/oder aus der Familie heranzieht. Er projiziert sein eigenes, in Wahrheit unangemessenes Verhalten auf Personen und Zusammenhänge in diesen Ideen und Mythen und gibt diesem damit einen Rahmen, der das Verhalten, obwohl es in der gegenwärtigen Situation unangemessen ist, für ihn subjektiv sinnvoll und angemessen erscheinen läßt. Die Fehlhaltung wird so zu einer besonders wertvollen Eigenschaft umgedeutet, zum Beispiel Übergefügigkeit zu christlicher Demut, Gewalt gegen Ausländer zu Treue zum Vaterland, eine neurotische Ressentiment-Haltung zu einer gesellschaftskritischen Haltung (DÜHRSSEN 1972, S. 31).

Die speziellen Indikationen für Sharing und Amplifikation

Das Sharing ist im Psychodrama das Mittel der Wahl, um die Abwehr eines Patienten durch Identifizierung mit dem System aufzulösen. Es besteht aus zwei Handlungen der Gruppenmitglieder: Die Gruppenteilnehmer identifizieren sich im Spiel des Prot-

agonisten durch *innere Teilhabe* mit bestimmten psychischen Konstellationen des Protagonisten. Zusätzlich verwandeln die Teilnehmer ihre Teilhabe im Aussprechen des Sharing in *bewußte Teilnahme*. Sie hatten sich mit einzelnen Rollen im Spiel des Protagonisten mehr oder weniger bewußt identifiziert und damit den Abwehrmechanismus Identifizierung mit dem System *bewußt* praktiziert. Im Sharing aber machen sie sich selbst die je eigene spezifische Teilhabe am Selbstorganisationsprozeß des Protagonisten bewußt und heben dadurch gegebenenfalls vorhandene unbewußte Identifizierungen mit dem System (des Protagonisten) auf.

Das Sharing ist also speziell indiziert und vom Therapeuten zu erfragen, wenn ein Teilnehmer der Gruppe sehr betroffen wirkt oder der Therapeut weiß, daß dieser an ganz ähnlichen Konflikten wie der Protagonist leidet, dies aber nicht ausspricht. Dann hat der Patient seine unbewußte Teilhabe noch nicht in bewußte Teilnahme verwandelt und identifiziert sich noch unbewußt mit einer Rolle im System des Protagonisten. Durch das Aussprechen der Teilhabe im Sharing aber befreit er sich aus der unbewußten Identifizierung mit der Rolle im System des Protagonisten. Er macht sich diese Identifizierung im Aussprechen bewußt und teilt sie dem Protagonisten als einem Gegenüber mit. Das Sharing führt dadurch wieder neu in die interpersonelle Begegnung zwischen den Gruppenmitgliedern hinein. Es ist die wichtigste Technik zum »Entrollen«, aus tiefenpsychologischer Sicht sinnvoller als die in neuerer Zeit von LEUTZ (mündliche Mitteilung 1995) eingeführte Praxis des »Entrollens«. Bei dieser hat der Protagonist den Mitspielern für seine Mitarbeit im Spiel zu danken und ihnen durch Namensnennung zu versichern, daß sie jetzt wieder sie selbst sind: »Du bist jetzt wieder Friedrich!«

Das Sharing ist aber darüber hinaus speziell indiziert, wenn bei einem Protagonisten durch sein Psychodramaspiel die Abwehr durch Identifizierung mit dem System zusammengebrochen ist und der Patient dadurch erstmals seinen zugrundeliegenden Identitätskonflikt bewußt erlebt. Dann braucht der Protagonist für seine neue Selbsterkenntnis und Selbstgestaltung dringend das Sharing der Gruppenteilnehmer, um in seiner neuen inneren Wahrheit sicherer zu werden. Denn wer durch Identifizierung mit dem System abwehrt, tut dies, um einer Identitätskrise auszuweichen.

Wenn der Protagonist aber wagt, in der Suche nach Selbsterkenntnis und innerer Selbstgestaltung in der genetischen Szene im Hier und Jetzt über die Realität seiner damaligen Möglichkeiten hinaus sein Empfinden, Fühlen, Denken und Intuieren voll zuzulassen, löst das gewöhnlich existentielle Angst aus, die Angst vor absoluter Leere, die Angst vor absoluter Einsamkeit, die Angst vor dem Verrücktwerden und/oder die Angst vor dem Tod. Denn diese existentielle Angst war in der genetischen Szene durch Identifizierung mit dem System vermieden worden, um psychisch und vielleicht auch körperlich zu überleben.

In dem Fallbeispiel hatte Herr V. der Mitpatientin gegenüber mit seiner Äußerung (»Ich glaube, daß es gut ist, die Angst einfach zuzulassen und nicht immer davor wegzulaufen.«) sein eigenes tieferes individuelles Verständnis von Angst, nämlich seine Angst vor Identitätsverlust, noch bravourös in Identifizierung mit dem System überspielt. Durch das protagonistzentrierte Spiel aber deckte er vor sich selbst und vor der Gruppe auf, daß er schon bei »normalen« Impulsen zum Ausleben passiver Wünsche gewohnheitsmäßig mit Todesangst reagieren mußte, weil in der Kindheit solche Impulse für ihn mit realer Todesgefahr verbunden waren. Die Identifizierung mit dem System wurde aber im Spiel zu einer Identifizierung mit seinem wahren Selbst, der Identifizierung mit dem eigenen Identitätskonflikt.

Meistens glaubt ein Patient, der nach Auflösung der Abwehr durch Identifizierung mit dem System in eine Identitätskrise gerät, daß seine existentielle Angst einmalig und in ihren Dimensionen unmenschlich ist. Durch das Sharing der Gruppenteilnehmer erfährt er aber nun, daß andere Menschen ähnliches Leiden kennen und ertragen haben. Auch im Psychodrama kann sein individuelles Leiden zwar nicht aus der Welt geschafft oder ihm abgenommen werden. Es hilft aber und erleichtert oft schon ungemein, im psychodramatischen Spiel zu erkennen, woran man in Wahrheit leidet, und dieses zum erstenmal auch so zum Ausdruck bringen zu können. Bedingung dafür ist aber, daß andere durch ihr Sahring kundtun, daß sie dieses »wahre« Leidensgefühl verstanden haben, teilen können und dadurch mittragen. Sie zeigen ihm, daß existentielle Angst und Leiden sein dürfen und (überhaupt erst) zum Mitmenschen machen. Der Baum steht nicht mehr allein. Er kann dem

Sturm trotzen in der Gemeinschaft mit den anderen Bäumen, als Wald. Durch das szenische Selbstverstehen im protagonistzentrierten Spiel und durch das Sharing kann sich die existentielle Angst des vorher durch Identifizierung mit dem System abwehrenden Protagonisten bisweilen verwandeln zur transpersonalen Erfahrung. Hinter der Angst vor der absoluten Leere wird dann die »Fülle des Seins« (MEISTER ECKHART) spürbar, hinter der Angst vor der absoluten Einsamkeit die größere Liebe, hinter der Angst vor dem Verrücktwerden der größere Sinn, hinter der Angst vor dem Tod das größerer Leben (DÜRCKHEIM 1984, S. 145).

Bisweilen löst auch erst das Sharing der Gruppenmitglieder die individuelle Katharsis des Protagonisten aus, weil erst das Verständnis der Gruppenteilnehmer und deren Bereitschaft, seine Scham oder Last zu teilen, ihm Mut macht, sich selbst anzunehmen, sich ganz zu verstehen und sich auch in seinen Gefühlen ganz zuzulassen. MORENO nennt die durch das Sharing ausgelöste Katharsis »›Liebeskatharsis‹, eine Katharsis, die aus der Begegnung mit ähnlich leidenden Menschen erwachsen ist« (1982, S. 85). Das Phänomen der Katharsis durch Sharing nach dem Spiel kann man darauf zurückführen, daß der Patient trotz des szenischen Selbstverstehens noch (in einem Rest) fixiert geblieben ist an die Abwehr durch Identifizierung mit dem System, sich also weiter als perfekter Patient zeigen will. Wenn er sich aber weiter mit dem System der Gruppe identifiziert, deren Mitglieder sich jetzt in den Sharings ja mit ihm identifizieren, dann identifiziert er sich logischerweise mit sich selbst, denn die Sharings sind Amplifikationen zu einzelnen Konstellationen in seinen *eigenen* inneren Strukturen. Diese Amplifikationen bestätigen dem Protagonisten durch sinnverwandte, analoge Bilder den Bedeutungsgehalt seiner persönlichen Erfahrungen im Spiel.

Die Sharings sind andererseits aber auch je eigene individuelle Bilder der Gruppenteilnehmer. Der Protagonist bemerkt diese Differenz trotz allen Eins-Seins in der Sinnerfahrung und kann nach dem Sharing deshalb den anderen Gruppenmitgliedern neu als von ihm selbst unterschiedenen Personen begegnen. Zusammenfassend kann man sagen, daß bei Abwehr durch Identifizierung mit dem System das (an das protagonistzentrierte Spiel sich anschließende) Sharing diese Abwehr spezifisch auflöst und den Selbstor-

ganisationsprozeß des Patienten (wieder) neu zu spontaner Finalitätsprüfung und Finalitätsgestaltung befreit.

Das Sharing kann auch ersetzt oder ergänzt werden durch amplifikatorische Deutungen des Therapeuten. Diese vermitteln Bedeutungserfahrung durch analoge Bilder aus anderen soziokulturellen Zusammenhängen, therapeutischen Verläufen anderer Patienten, Märchen oder Mythen. Bei Patienten mit schweren Strukturdefiziten (Borderline-Syndrom, schweren narzißtischen Neurosen oder schweren psychosomatischen Störungen) kann die Abwehr durch Identifizierung mit dem System erforderlich sein, um die inneren Strukturen vor einer völligen Desintegration in eine Psychose zu schützen. Bei diesen Menschen ist es deshalb angezeigt, die Abwehr durch Identifizierung mit dem System, auch wenn sie unbewußt ist, zu stützen *und* dann aber zu helfen, eine den persönlichen Notwendigkeiten des Patienten angemessene Rollenflexibilität in diesem System zu entwickeln. Es wäre ein Kunstfehler, bei jungen Erwachsenen und/oder schwer strukturell gestörten Patienten das Schwergewicht darauf zu legen, die Abwehr durch Identifizierung mit dem System aufzulösen. Die therapeutische Gruppe ist für diese Menschen gleichsam immer auch eine Peer-Group, mit der sich zu identifizieren therapeutisch ein progressiver Schritt ist, der nicht in Frage gestellt werden sollte, weil er für sich genommen schon heilsam ist. (In dem Fallbeispiel 18, S. 86 f, war das wahrscheinlich ein entscheidender Wirkfaktor der Gruppentherapie.) Denn das System der therapeutischen Gruppe ist in sich definitionsgemäß ein spontanes, fehlerfreundliches System. Es ermöglicht speziell im Psychodrama mit seinen vielfältigen Rollenangeboten und durch den systematischen Wechsel zwischen Spiel und Wirklichkeit durch Handeln Abbilder von inneren Strukturen zu differenzierteren persönlichen Erfahrungen werden zu lassen und dadurch komplexere Strukturen zu entwickeln.

Wichtig ist dabei, immer wieder die Rolleneinnahme auch in der Gruppe selbst durch Doppeln oder stützendes Feedback bewußt zu machen und dabei als zur Zeit individuell beste Möglichkeit zu bestätigen, und zusätzlich auch amplifikatorische Deutungen zu geben. Denn diese kennzeichnen ähnlich wie das Sharing von Gruppenteilnnehmern die je individuelle spontane Rol-

leneinnahme einzelner Patienten (oder die spontane Konstellation der ganzen Gruppe) als allgemein bekannte Möglichkeit des Menschseins. Das hilft den Patienten, das subjektive Empfinden, isoliert zu sein, aufzuheben. Das subjektiv »Absonderliche« kann dadurch zum Besonderen des Patienten werden. Amplifikatorische Deutungen können, dadurch daß sie spezifisch ein aktuelles Rollenverhalten in einen szenischen Zusammenhang und eine angemessenere Idee einbinden, auch Abwehr durch ideologische Rationalisierung relativieren.

IV. Heilung durch kreative Interaktion

1. Der Kreis als sinnstiftende Einheit für Theoriekonzepte

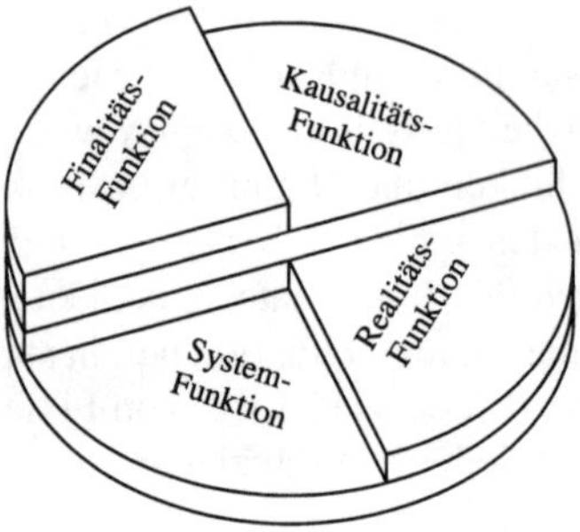

Abb. 13a: Funktionen der Selbst- und Beziehungsorganisation

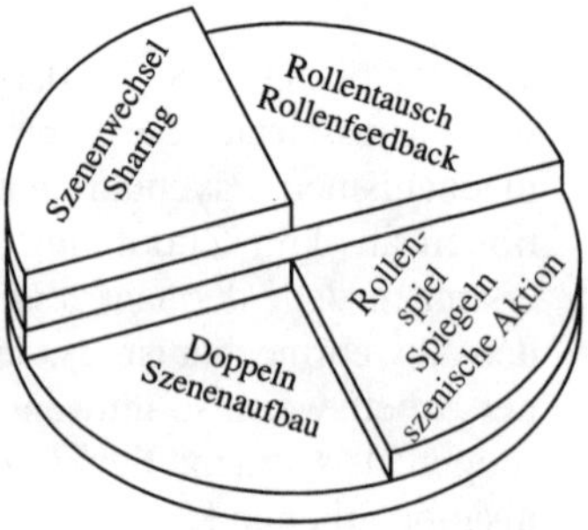

Abb. 13b: Zentrale Psychodrama-Techniken

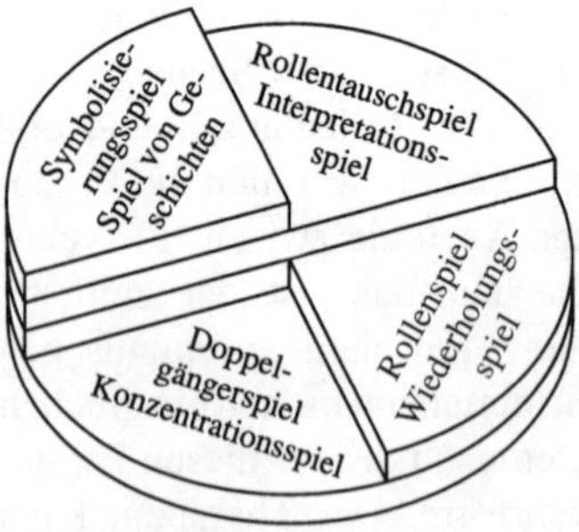

Abb. 13c: Frühe Fähigkeiten in der Kindheitsentwicklung

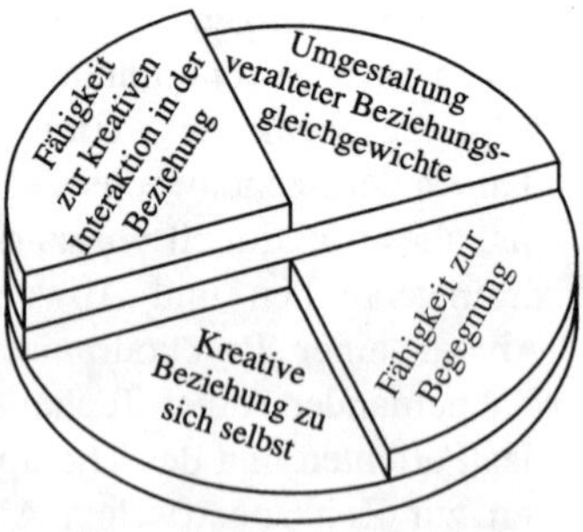

Abb. 13d: Entwicklungsschritte im Verlauf einer Langzeittherapie

In diesem Buch habe ich die Qualitäten spontanen Handelns (s. S. 14), die Psychodramatechniken (s. S. 76), die Abwehrmechanismen (s. S. 76), die Organisationsfunktionen (s. S. 76) und andere Theoriekonzepte immer wieder in Kreisform angeordnet und auf vier verschiedene Kreissegmente aufgeteilt. In den Abbildungen 13b und c erweiterte ich die Zahl der bisherigen Schemata noch um ein Konzept der frühen Entwicklungsschritte (Fähigkeiten) des Kindes, wie ich sie jeweils in einem Abschnitt des Kapitels III beschrieben habe, und um ein Konzept der verschiedenen Entwicklungsschritte im Verlauf einer Langzeittherapie.

Die Anordnung der Theoriekonzepte in Kreisform macht aus verschiedenen Gründen Sinn.

- Wie in Abb. 11 (s. S. 76) dargestellt und im Kapitel III nachgewiesen, lassen sich die in ihrer Arbeit jeweils analogen Abwehrmechanismen, Psychodramatechniken und Organisationsfunktionen an ihrer Zuordnung zu den gleichen Kreissegmenten erkennen. Jede der acht zentralen Psychodramatechniken kann den Abwehrmechanismus, der die analoge Funktion hat, in seiner Arbeitsweise so umwandeln, daß er wieder frei von Fixierungen als spontane Funktion der Selbst- und Beziehungsorganisation arbeiten kann.
- Die Reihenfolge der Elemente in den kreisförmigen Schemata entspricht der zeitlichen Abfolge ihres Entstehens. So kann man zum Beispiel aus der Reihenfolge der Psychodramatechniken in dem kreisförmigen Schema die zeitliche Abfolge ihres Einsatzes in einer Psychodramasitzung ablesen. Dem Szenenaufbau folgt die szenische Aktion, dann der Rollentausch und erst danach der Szenenwechsel. Aufgrund der zwar nicht im Ergebnis, aber funktionell vorhandenen Analogie zwischen Psychodramatechniken und Abwehrmechanismen ist der zeitliche Ablauf einer Psychodramasitzung mit dem systematischen Nacheinander seiner Techniken immanent immer ein Suchen des Patienten und des Therapeuten nach der für diesen Patienten zur Zeit spezifischen Abwehrform. Der Therapeut kann dann die diesem Abwehrmechanismus entsprechende Psychodramatechnik zielgerichtet einsetzen, um die spezielle Abwehr

spielerisch aufzuheben und den Organisationsprozeß des Ich aus seinen Fesseln zu befreien.

Auch die frühen Entwicklungsschritte des Kindes bauen aufeinander auf. Etwa mit Vollendung des dritten Lebensjahres aber ist die Entwicklung der frühen Fähigkeiten abgeschlossen. Das Kind tritt nach MORENO aus dem »ersten Universum« heraus (1985, S. 66). Es kann zwar schon etwa ab dem achten Lebensmonat unterscheiden, ob etwas Realität oder Phantasie, Spiel oder Wirklichkeit ist. Etwa mit vier Jahren ist es aber erstmals dazu in der Lage, einen Handlungsablauf allein auf der Vorstellungsebene, losgelöst von äußerer Interaktion, bis hin zur Sinnzuschreibung innerlich zu gestalten, so daß es dann zwei Wirklichkeiten besitzt, die des subjektiven Erlebens in der äußeren Interaktion und die Wirklichkeit seiner Geschichten.

- Die kreisförmige Anordnung einzelner Elemente in den Bildern weist auf die Tatsache hin, daß die Reihenfolge der Psychodramatechniken, der Organisationsfunktionen, der frühen Entwicklungsschritte des Kindes und der Entwicklungsschritte eines Patienten in der Therapie jeweils ein in sich sinnvolles Ganzes darstellt. Wenn man den Kreisweg von Anfang bis zum Ende (entgegen dem Uhrzeigersinn) geht, baut darin jeweils ein Schritt auf den anderen auf bis hin zur Vollendung der jeweiligen Arbeitsformen und Fähigkeiten in der kreativen Interaktion (= Quadrant links oben). Wie bei einer Zwiebel, bei der die äußere Schale die innere immer miteinschließt, so umfassen zum Beispiel die zentralen Psychodramatechniken szenische Aktion und Rollenspiel in ihrer tiefenpsychologischen Wirkung idealerweise auch die Techniken Szenenaufbau und Doppeln, die von Rollentausch und Rollenfeedback auch die des ersten (links unten) und zweiten (rechts unten) Quadranten, die Wirkungen der Techniken des vierten (links oben) die Techniken der drei vorhergehenden Quadranten. Die nächstfolgende Technik hat jeweils eine über die vorhergehende Technik hinausgehende und diese transzendierende spezifische tiefenpsychologische Funktion, schließt aber die der auf dem Kreis vorhergehenden Techniken in ihrer Wirkung mit ein. Dasselbe gilt für die Funktionen der Selbst- und Beziehungsorganisation, die Entwicklungsschritte des Kindes und die Entwicklungsschritte in

der Therapie. Am Ende geht dann der letzte Schritt jeweils auf einer höheren Ebene wieder in den Anfang über, so daß man die Kreise sich auch als Spiralen vorstellen könnte.

2. Die kreative Interaktion in der Beziehung zu sich selbst und zu dem anderen

Zwischen der Reihenfolge der Psychodramatechniken in dem Kreisschema und dem Entwicklungsstand von Patienten im Therapieverlauf besteht eine enge Verbindung, die man zur Diagnostik und damit zur Planung angemessener, wachstumsfördernder Interventionen nutzen kann. Der Szenenaufbau und das Doppeln fördern spezifisch die Entwicklung der Beziehung zu sich selbst, die szenische Aktion und das Rollenspiel die Entwicklung der Fähigkeit zur Begegnung unter Bewahrung der Beziehung zu sich selbst, der Rollentausch und das Rollenfeedback die Umgestaltung eines veralteten Gleichgewichts in einer Beziehung und schließlich der Szenenwechsel, das Sharing und die Amplifikation die Entwicklung der Fähigkeit zur kreativen Interaktion in der Beziehung.

Oft sind Patienten am Anfang der Therapie überfordert, wenn sie in dem Spiel von eigenen zentralen Konflikten im Rollentausch eine Beziehungsperson wirklich verkörpern sollen, so wie sie sie in Erinnerung haben. Sailer (unveröffentl. Manuskript 1994) schildert den Fall eines spielsüchtigen Patienten, bei dem es zu Beginn der Therapie darauf ankam, ihn immer wieder zu doppeln, damit er lernte, sich selbst in der Gruppe wahrzunehmen und zu zeigen und sich so persönlich überhaupt erst einen eigenen psychischen Erlebnisraum zu schaffen. Im Fallbeispiel 18 (s. S. 86 f) erreichte der Patient einen guten Therapieerfolg, dadurch daß er das Gruppengeschehen intensiv zur Begegnung direkt mit den anderen Gruppenmitgliedern nutzte und dabei sein Selbsterleben mit Beziehungsbildern und dem Wissen von deren Bedeutung anreicherte. Er wurde zwölfmal von Protagonisten zum Mitspielen in die Rollen »böser« oder negativ besetzter Männer gewählt und erprobte zusätzlich noch häufig stellvertretend für andere Patienten in deren Konflikten mit dominanten Beziehungspersonen alter-

natives, expansives Verhalten. Dadurch konnte er indirekt seine unbewußte Identifizierung mit dem dominanten, entwertenden Vater durcharbeiten und sein veraltetes inneres Gleichgewicht in der Vaterbeziehung spielerisch umgestalten, ohne mit seinem (inneren) Vaterbild direkt die Rolle tauschen zu müssen.

Wahrer Rollentausch in zentralen Konflikten setzt die Entwicklung der Beziehung zu sich selbst und die Fähigkeit zur Begegnung voraus. Der Patient muß wie Hänsel und Gretel im Märchen zunächst lernen, Gefahren einzugehen, sie rechtzeitig zu erkennen und, wenn bei Lebensgefahr nötig, zu lügen und Geheimnisse zu haben, bevor er der Hexe entgegentreten kann und sich ihrer entledigt. Psychodramatherapeuten sehen oft einseitig den Rollentausch als ausschlaggebend an für den Therapieerfolg. So stellt LESEMANN (1993) in seinem Aufsatz »Mut zum Rollentausch« die Hypothese auf, daß sogar bei der Therapie von Patientinnen mit Gewalterfahrungen der Rollentausch mit dem Gewalttäter notwendig sei, um sich von den Auswirkungen des Traumas zu befreien: Nur wenn man die Impulsmächtigkeit und Energie des Widersachers im eigenen Leib gespürt habe, könne man zur eigenen Impulsmächtigkeit und Gegenwehr finden. Er meint also, daß die alte traumatisierende Beziehung zum Täter direkt durch Rollentausch mit diesem umzugestalten sei. LESEMANN widerlegt aber in seiner Falldarstellung diese Hypothese selbst, ohne es zu wollen. Denn die eigentliche Leistung in der von ihm geschilderten Therapie einer Anorexie-Patientin liegt darin, daß die Patientin in beeindruckender Weise innerhalb von mehreren Monaten stationärer Therapie die *Beziehung zu sich selbst*, zu ihrem Lebenspartner und zu Teilen ihrer Familie veränderte, und zwar noch bevor der Therapeut sie dazu brachte, in einem zweiten Nachspielen der Szene des sexuellen Mißbrauchs mit dem Täter die Rolle zu tauschen. (In einem ersten Spiel dieser Szene war die Patientin aus der Szene geflohen.) Die vom Therapeuten erhoffte, zusätzliche positive therapeutische Wirkung des Rollentauschs blieb aber aus. Auch wenn die Patientin sich in der Gewaltszene nach dem Rollentausch als Kind (!) spektakulär über die Realität hinaus gegen den Täter wehrte, kann LESEMANN im weiteren Verlauf weder zusätzliche positive noch negative therapeutische Wirkungen durch den Rollentausch in der Gewaltszene berichten. Die Patientin teilte dem

Therapeuten lediglich noch zusätzlich einige weitere Einzelheiten über die Mißbrauchserfahrung mit.

Solange eine sexuell mißbrauchte Patientin nicht eine stabile kreative Beziehung zu sich selbst entwickelt hat, ist das realitätsnahe Nachspielen der Gewalterfahrung erneut traumatisierend, festigt dieses dann doch die Abwehr durch Spaltung und Introjektion. Bei der Verarbeitung von Gewalterfahrungen kommt es vor allem auf die Entwicklung einer kreativen Beziehung *zu sich selbst* und in einem zweiten Schritt dann auf die Entwicklung der Fähigkeit zur Begegnung mit dem Täter *als dem anderen* an. Der Täter muß zunächst aus dem eigenen Selbst gleichsam hinausgeworfen werden (siehe Fallbeispiel 25, S. 120 f). Denn bei Gewalterfahrungen, die zur Krankheit führten, werden die Konflikte vor allem intrapsychisch ausgetragen. Das Sinnerleben ist unbewußt weiterhin an die Gewalttat und den Gewalttäter fixiert. Dadurch ist die Beziehung zu sich selbst (das Auto-Tele) gestört, ganz ähnlich wie bei schweren Strukturdefiziten (zum Beispiel Patienten mit Psychosen, Borderline-Syndrom oder schweren narzißtischen Neurosen). Es geht bei beiden Krankheitsgruppen deshalb therapeutisch zunächst darum, das Handeln des Patienten auf der Ebene der realen Beziehungsorganisation in der Gruppe zu fördern durch *eigenbestimmte* Rollenübernahme, eigenbestimmte Identifizierung mit dem Erklärungsmuster und den Zielen der Gruppe und eigenbestimmte Übernahme der ideellen Werte und Normen der therapeutischen Gruppe. Die therapeutische Gruppe legt aber definitionsgemäß den Patienten auf diese Schritte nicht fest, sondern macht diese immer wieder bewußt, akzeptiert sie als zur Zeit beste Lösung des Patienten und stellt sie dadurch in die freie Entscheidung des Patienten. Deshalb kann der Betroffene durch dieses Vorgehen sich neu in seinen Besonderheiten kennen- und annehmen lernen. Der Patient vertieft dann durch die kreativen Handlungserfahrungen und deren amplifikatorische Deutungen seine inneren Strukturen und kann so seinen Selbstorganisationsprozeß allmählich von der Beziehungsorganisation der Gruppe differenzieren und verselbständigen. Er entwickelt eine kreative(re) Beziehung zu sich selbst.

Bei vorwiegend interpersonell ausgetragenen neurotischen Konflikten soll der Patient im Verlauf seiner Therapie über die

Selbstfindung im Konflikt hinausgehen, Fixierungen in Beziehungen lösen und alte Beziehungsgleichgewichte kreativ umgestalten hin zu Telebeziehungen (s. S. 80 ff). Erst dann ist die kreative Interaktion vollendet und die Systemfunktion, die Realitätsfunktion, die Kausalitätsfunktion und die Finalitätsfunktion können frei arbeiten. Inneren Bildern von Bezugspersonen aus der Kindheit gegenüber findet die Umstellung des Beziehungsgleichgewichts sinnvollerweise auf der Erwachsenenebene statt. Zum Beispiel soll eine 35jährige Patientin sich als 35jährige Frau zwei Stühle nehmen, den einen mit ihrer Mutter (gespielt von einem anderen Gruppenmitglied) besetzen und der Mutter über die Realität vorhergehender Ereignisse hinaus in einem fiktiven Spiel mit Rollentausch klarmachen, was es für sie in ihrem Leben *im nachhinein* bedeutete, daß die Mutter ihr nie erlaubt hat, als Kind Ohrringe, lange Haare und Kleider zu tragen, und immer von ihr verlangte, sich »praktisch und vernünftig« zu kleiden. Denn die Patientin kann ihre in der Therapie als Erwachsene gewonnene Selbsterkenntnis und Selbstentwicklung nicht als achtjähriges Mädchen in einer Kindheitsszene in die Beziehung zur Mutter integrieren. Das wäre absurd. Sie wußte ja damals gar nicht, was die Vorbehalte der Mutter gegenüber weiblicher Kleidung für sie später bedeuten würden. Zusätzlich würde es von der Logik der Szene her so wirken, als ob der Therapeut meinte, daß die Protagonistin schon damals als Kind sich hätte anders verhalten können und sollen. Meist ist aber das Verhalten eines Kindes das in einer bestimmten Situation spontan bestmögliche.

Die Selbstentwicklung hat sich zu beweisen in der Konfrontation mit der Haltung des inneren Gegenspielers. Die Umstellung des alten Beziehungsgleichgewichts ist davon abhängig, daß der Protagonist im wiederholten Rollentausch auch die innere Selbstorganisation des anderen auskundschaftet, dessen Bedingungen und Erklärungsmuster. Aus der Rolle des Antagonisten heraus soll er dann von sich selbst verlangen, sein eigenes neues Verhalten und seine neuen Wünsche zu begründen. Die Umstellung des Beziehungsgleichgewichts setzt über die Selbstentwicklung und Selbstkonfrontation hinaus auch eine Weiterentwicklung der inneren Bezugspersonen voraus. Denn wenn man wirklich von kreativer Interaktion in der Beziehung reden will, muß der Prot-

agonist entweder durchgesetzt haben, daß der Gegenspieler (der Protagonist im Rollentausch) sich gegenüber dem Patienten für sein Verhalten in der Vergangenheit glaubhaft entschuldigt, oder er muß sich im Spiel für immer von dem inneren Gegner verabschieden. Das ist ein wichtiger Schritt, denn die innere Bezugsperson repräsentiert in einem zugrundeliegenden Konflikt gewöhnlich die Abwehr gegenüber dem Impuls, der vom Protagonisten gelebt wird. Mit einer solchen Entschuldigung oder einem solchen Abschied gäbe der Protagonist im Rollentausch dann sich selbst die Erlaubnis, seinem Impuls mehr folgen zu dürfen. Das Gleichgewicht zwischen Impuls und Abwehr wird dadurch kreativ. Der Patient kann in Zukunft bei entsprechenden Konflikten eigenbestimmter, freier und angemessener handeln.

3. Szenisches Selbstverstehen, Selbstverwirklichung und die integrative Katharsis

In der Psychodramatheorie wird die Vollendung der kreativen Interaktion in der Beziehung zu sich selbst oder in der Beziehung zu einem Konfliktpartner bisher hauptsächlich aus dem Blickwinkel energetischer Prozesse unter dem Begriff »Katharsis« abgehandelt. Dabei unterscheidet MORENO eine »integrierende Katharsis« (1959, S. 79) von einer dissoziativen Katharsis: »Wenn die Interaktion therapeutischen Charakter hat, kann man von einer ›integralen Katharsis‹ in der Gruppe sprechen, im Gegensatz zur abreaktiven, dissoziativen Katharsis, die beobachtet wird, wenn die Individuen voneinander isoliert bleiben« (1959, S. 65). Eine dissoziative Katharsis kommt dadurch zustande, daß der Protagonist seine Impulse unangemessen im Sinne der Wunscherfüllung auslebt, dabei aber seine Abwehr nicht ausreichend mitberücksichtigt wird (s. S. 202). Bei der Umstellung eines veralteten Gleichgewichts in der Beziehung zu einer (inneren) Bezugsperson ist die Katharsis nur dann integrativ, wenn der Protagonist sein Selbstbild *und* das Bild des anderen, das heißt aber die Impulsstruktur *und* die Abwehrstruktur in sich verändert und in den aktuellen Konflikt

angemessen integriert. PLOEGER hat ein Fallbeispiel mit einer dissoziativen Katharsis beschrieben:

Fallbeispiel 44

Ein Protagonist hatte von Schulproblemen in der Kindheit berichtet, diese gespielt und war dadurch auf das Problem seiner zurückweisenden Mutter gestoßen. Alle Gruppenmitglieder ergriffen die Partei des Protagonisten gegen seine Mutter. »Nachdem sich der Protagonist im Spiel ganz in seine Kindheit begeben und massive Aggressionen gegen die Mutter geäußert hatte, wurde diese in seiner Phantasie wachgerufen und in den rückwärtigen Teil des Bühnenraumes versetzt, der etwa ein Drittel des therapeutischen Theaters einnimmt. Die rückwärtige Wand ist so präpariert, daß sie nun folgende Abläufe ertrug: Der Protagonist wurde angeheizt, gegen die vor dieser Wand befindliche Mutter und die von ihr ausgehenden unterdrückten Imperative, die ›Teufel‹, radikal vorzugehen. Mit lauten Zurufen durch die Leiterin der Sitzung und durch die Mitspieler ergriff er verbeulte Bleche, die eigens für diesen Zweck bereitgestellt waren, und schleuderte sie, eines nach dem anderen, mit brachialer Gewalt und verbalen Injurien gegen die Rückwand des Theaters, um so die Teufel zu verjagen. Die Sitzung endete in einer allgemeinen Erschöpfung, besonders des Protagonisten, in der sich alle wohl fühlten in der Gewißheit, ›reinen Tisch‹ gemacht zu haben. Bei kritischem Hinsehen blieb die Frage offen, wie dieser Mensch in Zukunft wohl mit seiner Mutter umgehen werde« (1983, S. 33).

Der Protagonist in diesem Fallbeispiel reagierte lediglich Affekte (Impulshandlung) ab gegenüber einem Bild seiner Mutter, das zum Klischee erstarrt war. Die Überschußenergie der affektiven Abreaktion stammte offenbar weitgehend aus Wünschen der Gruppenmitglieder und der Leiterin. Sie wurde dazu benutzt, die Spaltung in der Konfliktstruktur zwischen energetisch positiv besetztem Handlungsimpuls und energetisch negativ besetztem Handlungsimpuls (Abwehr) zu steigern, aber nicht dazu, das veraltete Gleichgewicht in der Beziehung zur Mutter aus seiner Fixierung zu befreien. Das hätte nämlich über die Veränderung des Selbstbildes hinaus *auch* eine Veränderung des Mutterbildes in der Beziehung gefordert. Der Patient blieb so in Wahrheit in dem Konflikt gefangen. Vielleicht half ihm dieses Spiel, mit anderen Menschen für eine Zeitlang eine scheinbar heile Gegenwelt gegen die negativ besetzte Welt der Mutter aufzubauen. Der Patient wird aber, um im psychischen Gleichgewicht zu bleiben, entweder immer wieder die Bestätigung von außen gebraucht haben, daß die Mutter wirklich böse ist, oder aber er wird sich eine andere Therapeutin

gesucht haben, um den Konflikt noch einmal und anders, nämlich integrativ, zu bearbeiten. Eine wahre Emanzipation des Patienten setzt auch immer eine Emanzipation seiner inneren Bezugspersonen voraus.

Die integrierende Katharsis geht im Unterschied zur dissoziativen Katharsis einher mit einer auch innerlich lösenden, affektiven und psychosomatischen Reaktion, häufig mit einem die Tiefe öffnenden Weinen, bisweilen aber auch mit Lachen oder einer gelösten, dichten Stille, die nicht nur zu hören ist, sondern auch zu fühlen. Moreno sieht Katharsis »als einen Prozeß …, der ein jegliches therapeutisches Lernen begleitet, und nicht nur Erlösung von einem Konflikt bedeutet, sondern Selbstverwirklichung, nicht nur Befreiung und Erleichterung, sondern Gleichgewicht und Frieden« (1974, S. 394). Die integrierende Katharsis ist im Unterschied zur dissoziativen Katharsis Ergebnis des Zusammenbruchs eines alten Beziehungsgleichgewichts. Der Protagonist benutzt die Überschußenergie von Impuls und Abwehr dazu, eine neue komplexere, übergeordnete Struktur zu bilden. Im Zusammenbruch wird die alte Struktur auf dem Hintergrund einer neuen, komplexeren Struktur neu geordnet und in sich (wieder) neu spontan. Lorenzer (1970, S. 86) sieht die bei der integrativen Katharsis freiwerdende Energie an als Ausdruck

> »der Erleichterung darüber, daß mit der Vervollständigung der Gestalt ein Spannungssystem abgebaut wird … Solange die Wahrnehmung noch nicht zu einer geschlossenen Gestalt zusammengefügt ist, besteht für die synthetische Funktion des Ichs ein Leistungszwang, der ein bestimmtes Quantum neutralisierter Energie erfordert. Dieses Quantum wird frei, wenn die Gestalt geschlossen wurde und der Aufwand an neutralisierter Energie reduziert werden kann.«

Der Patient gelangt in einer integrierenden Katharsis zu angemessener Selbsterkenntnis und zugleich zu angemessener Selbstverwirklichung. Er erkennt zunächst im szenischen Selbstverstehen (Lorenzer 1970, S. 227), daß er dazu neigt, immer ähnlich zu agieren und zu reagieren 1. im Agieren seines Symptoms im sozialen Umfeld der Gegenwart, 2. in einer wichtigen Beziehung in der Kindheit und 3. phasenweise auch in der therapeutischen Beziehung. Zum szenischen Selbstverstehen kommt es dadurch, daß der Protagonist den Sinn des hinter dem Symptom stehenden Impuls-

und Abwehrhandelns erkennt (s. S. 203 ff). Die integrierende Katharsis umfaßt idealerweise aber über das szenische Selbstverstehen hinaus auch die Selbstverwirklichung, das heißt die Vollendung der kreativen Interaktion in der Beziehung zu den anderen und auch zu sich selbst. Der Protagonist bringt dazu seine Erkenntnis über den Sinn von Impuls und Abwehr im Symptom in die Beziehungen zu (inneren) Bezugspersonen aus der Vergangenheit *und* der Gegenwart (auch in die therapeutische Beziehung) ein und verschafft sich dort Raum zur angemessenen Befriedigung seiner Bedürfnisse.

Ein solch differenziertes tiefenpsychologisches Verständnis von Katharsis muß sich in Psychodramakreisen erst noch durchsetzen. Die Verführung ist immer wieder groß, emotionale Abreaktion schon mit therapeutischer, integrierender Katharsis gleichzusetzen. In der Unschärfe des Katharsisbegriffes spiegelt sich die Geschichte der Entwicklung des Psychodramas wider. Vor 1931 war das Psychodrama noch Stegreiftheater und beschränkte sich weitgehend auf primärprozeßhaft organisierte Spielabläufe. Moreno (1937) hat erst ab 1935, zu diesem Zeitpunkt war er 46 Jahre alt, im engeren Sinn psychotherapeutisch gearbeitet, das protagonistzentrierte Psychodrama entwickelt und darin den Rollentausch als Technik einzusetzen gelernt. Morenos Veröffentlichungen vor 1931 haben stark philosophischen und poetischen Charakter. Es gilt, Abschied zu nehmen von dem Glauben, daß man von den darin enthaltenen visionären Aussagen über den therapeutischen Prozeß differenzierte Anweisungen für das praktische therapeutische Handeln ableiten könnte. Stegreifspiel und Psychodrama gleichzusetzen, führt leicht zu Irrtümern, die sich auf die praktische Psychodramatherapie negativ auswirken.

4. Kreative Interaktion und Spontaneität

Die kreisförmige Anordnung der Psychodramatechniken und der Funktionen der Selbst- und Beziehungsorganisation in Abbildung 13 (S. 223) veranschaulicht das Prinzip, daß jedes Ende einer Konfliktlösung der Anfang von etwas Neuem bedeutet. Jeder Szenen-

wechsel führt ja regelmäßig unversehens in einen neuen Szenenaufbau (zum Beispiel auch bei Abschluß der Spielphase in die neue Begegnung mit den Gruppenmitgliedern) und dadurch in eine neue Systemgestaltung hinein. Er wird so jeweils zum Ursprung des Neuen. Das spontane Selbst, im Kapitel I unter dem Begriff des »spontanen Menschen« als Menschenbild im Psychodrama beschrieben, bleibt nie stehen. Seine Entwicklung ist ein spiralförmiger Prozeß, von Augenblick zu Augenblick, von Szene zu Szene, von Sitzung zu Sitzung. LORENZER sagt in Anlehnung an DEVEREUX: Jede abgeschlossene Gestalt führt

»zu weiteren Enthüllungen … weil das Wesentlichste der Gestaltung im analytischen Prozeß darin liegt, daß sie in je übergreifende Zusammenhänge eingefügt sind: Jeder Sinnzusammenhang ist Teil eines anderen, deshalb führt jede Erlebnissituation notwendig zu einer anderen Erlebnissituation weiter« (LORENZER 1970, S. 166).

Kreative Interaktion gelingt nach meiner Definition dann, wenn die Abwehr durch angemessenen Einsatz von Psychodramatechniken in ihrer Arbeit umgekehrt wird zum spontanen Gebrauch der Organisationsfunktionen und wenn der Protagonist sein neues Verständnis von sich selbst integriert in die Beziehung zu wichtigen Bezugspersonen. Der Geist gelingender kreativer Interaktion ist die Spontaneität.

»Die Spieler müssen ihre Erfahrungen umwandeln. Diese sind nicht fertig erstellt, sondern in ihnen noch begraben in einer unausgeformten Bühne. Um sie zu mobilisieren und zu gestalten, brauchen sie einen Umwandler, einen Katalysator, eine Art Intelligenz, die im Hier und Jetzt wirkt, hic et nunc, Spontaneität. Psychische Heilungsprozesse brauchen Spontaneität, um wirksam zu sein« (MORENO 1985, S. XII).

Spontaneität ist die Summe und Quintessenz der durch den Kreis der Psychodramatechniken zu freier Arbeit erweckten Funktionen der Selbst- und Beziehungsorganisation. MORENO versteht Spontaneität entsprechend als den »Erzkatalysator« (1974, S. 12), der die einzelnen Schritte in dem gesamten Wirkungsprozeß vermittelt.

»Da ja praktisch jede menschliche Aktivität die Quelle sein kann von einem bestimmten Grad von Katharsis, ist das Problem, festzulegen, was Katharsis ist … Deshalb war mein Ziel, Katharsis in der Weise zu definieren, daß alle Formen des Einflusses, die eine sichtbare kathartische Wirkung haben, als

positive Schritte gezeigt werden können in einem einzigen, gesamten Wirkungsprozeß. Ich entdeckte, daß das gemeinsame Prinzip, das Katharsis herstellt, ist: Spontaneität …« (MORENO 1985, S. 17 f).

Definitionsgemäß verhindert Abwehr eigenbestimmtes, erstmaliges, angemessenes und wahres Handeln, das heißt spontanes Handeln. Da die Psychodramatechniken, angemessen eingesetzt, gezielt die einzelnen Abwehrmechanismen zu spontaner Arbeit als freie Organisationsfunktionen befreien, könnte man sagen: Aus tiefenpsychologischer Sicht ist der Kreis der Organisationsfunktionen gleichzusetzen mit Spontaneität, und die zentralen Psychodramatechniken sind in ihrer Summe instrumentalisierte Spontaneität. Spontaneität ist aber nicht nur das Ziel psychodramatischer Arbeit, sondern auch der Weg. Spontaneität ist nicht erst erreicht bei Sinnerfahrung und bei Vollendung der kreativen Interaktion oder erst dann, wenn alle vier Organisationsfunktionen frei benutzt werden können. Spontaneität ist vielmehr Ziel und Weg gleichzeitig, der Geist, der idealerweise jeden Einsatz einer Psychodramatechnik erfüllt und der der freien Arbeit jeder der vier Organisationsfunktionen zugrunde liegt. Um das zu verdeutlichen, möchte ich die in vier Quadranten aufgeteilten Kreise der Organisationsfunktionen und der Psychodramatechniken jeweils ergänzen um einen inneren Kreis, der das Ergebnis und die Essenz der vier Quadranten darstellt, nämlich die Spontaneität.

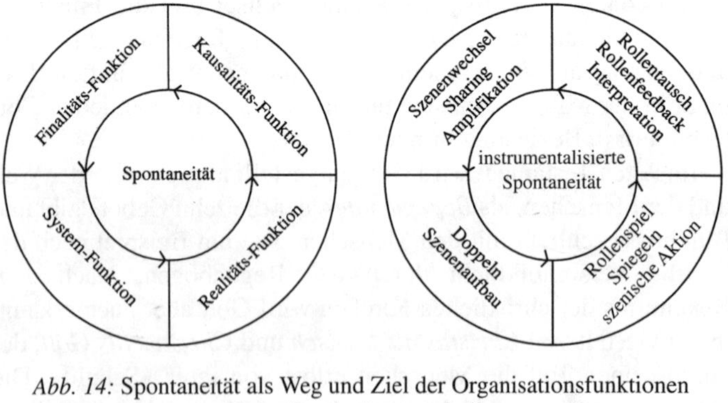

Abb. 14: Spontaneität als Weg und Ziel der Organisationsfunktionen und der Psychodramatechniken

Wie bei einem tibetanischen Mandala versinnbildlicht das innere Feld gegenüber den äußeren Feldern »den Ursprung oder ihre Verschmelzung, je nach Gesichtspunkt, von dem wir bei der Betrachtung ... ausgehen« (GOVINDA 1988, S. 127). ANTONS-VOLMERG hat in seinem Buch »Von der Vier zur Fünf« (1995) darauf hingewiesen, daß im westlichen Wissenschaftsbereich theoretische Konzepte, zum Beispiel Persönlichkeitstypologien, im allgemeinen im Vierer-Schema strukturiert sind im Gegensatz zu den fünf Dyani-Buddhas der Meditationsbilder im östlichen Denken. Die fünfte Dimension gibt dem Meditierenden eine Hilfe

»die gespaltene und vielfache Wirklichkeit als Einheit zu begreifen und von der Mitte her zusammenzubinden, so daß er in einen Zustand des Gleichgewichts und der beruhigten Balance gelangen kann. Er wird Gottes in sich inne, und diese Energiequelle befähigt ihn, zu seiner Ganzheit zu gelangen, aber nicht im Sinne einer Isolation, sondern der Verbundenheit« (BETZ 1989, S. 70 f).

MORENO leitet sein Buch »Psychodrama Vol. I« (1985) ein mit den Worten: »Gott ist Spontaneität. Deshalb gilt die Aufforderung: ›Sei spontan!‹« Dieser Gedanke verführt mich zu Überlegungen zu den Gottesbildern im Christentum aus der Sicht der Spontaneitätstheorie. Ausgehend von den tiefenpsychologischen Funktionen der Psychodramatechniken kann man sagen: Der Szenenaufbau und die Systemfunktion katalysieren die strukturelle *Schöpfung*, die szenische Aktion und die Realitätsfunktion die dynamische *Begegnung*, der Rollentausch und die Kausalitätsfunktion die interaktionelle *Teilhabe*, der Szenenwechsel und die Finalitätsfunktion die integrative *Lösung*. Schöpfung, Begegnung, Teilhabe und Lösung als Viererschema mit Spontaneität als fünftem Element in der Mitte lassen sich unschwer mit den christlichen Gottesbildern in Beziehung bringen.

Im Alten Testament wird Gott dargestellt als *Schöpfer* der Welt und der Menschen, als *Begegnender*, der die zehn Gebote gibt und Bündnisse schließt mit den Menschen, so zum Beispiel nach der Sintflut versinnbildlicht durch den Regenbogen. Nach dem Bekenntnis der christlichen Kirchen wird Gott aber auch erkannt in der Gestalt von *Christus als Mensch* und *Christus als Gott*, der durch seinen Tod die Menschen erlöst von ihrer »Schuld«. Die Quintessenz und der Höhepunkt des christlichen Verständnisses

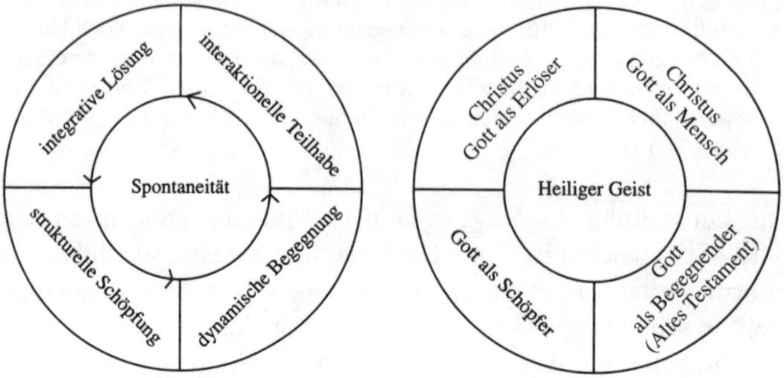

Abb. 15: Entwicklungsschritte freier Selbst- und Beziehungsorganisation in Beziehung zu den christlichen Gottesbildern

von Gott aber ist der *Heilige Geist*. Auch wenn die christliche Kirche an ihrem Wunsch, den Heiligen Geist lebendig werden zu lassen, oft scheitert, ohne ihn gäbe es bei der christlichen Suche nach Gott keinen Anfang und kein Ziel.

Gandhi sagt: »Wenn es überhaupt möglich ist, in menschlicher Sprache eine volle Beschreibung Gottes zu geben, dann bin ich zu dem Schluß gekommen, daß für mich selbst Gott die Wahrheit ist. Aber vor zwei Jahren bin ich noch einen Schritt weitergegangen und habe gesagt: Die Wahrheit ist Gott« (1982, S. 109). Gandhi meint: Wo existentielle Wahrheit geschieht, ist Gott, gleichgültig ob Christen, Atheisten oder Mohammedaner sie leben. Gandhi würde deshalb wohl Morenos Satz »Gott ist Spontaneität« in sich umkehren, noch einen Schritt weitergehen und sagen: »Spontaneität ist Gott.« Ich glaube, Moreno könnte dieser Aussage sofort zustimmen, denn er war der Auffassung, daß es notwendig ist, Gott zum »Ich-Gott« werden zu lassen:

»Es gibt keine Notwendigkeit, zu beweisen, daß Gott existiert und die Welt geschaffen hat, wenn dieselben Ichs, die er geschaffen hat, teil hatten daran, sich selbst und auch alles andere zu erschaffen … Die Gottes-Idee ist revolutionär, man muß sie aber von Beginn der Zeit in die Gegenwart zurückholen, in das Selbst, in jedes Ich. Der Er-Gott der Schöpfung muß vielleicht seine Existenz beweisen. Der Du-Gott der christlichen Bibel muß vielleicht den Beweis der Begegnung erbringen. Der Ich-Gott des Selbst aber ist selbstverständlich. Das neue ›Ich‹ kann sich nicht vorstellen, geboren zu werden, ohne

sein eigener Schöpfer zu sein. Es kann sich nicht irgendjemand anderen vorstellen, der geboren wird, ohne sein eigener Schöpfer zu sein. Noch kann er sich nicht irgendeine zukünftige Welt vorstellen, die entsteht, ohne ihr eigener Schöpfer zu sein. Es kann sich nicht irgendeine zukünftige Welt vorstellen, ohne persönlich verantwortlich zu sein für das, was sie hervorbringt« (MORENO 1947, S. 13).

Die Umkehrung des Satzes »Gott ist Spontaneität« hin zu dem Satz »Spontaneität ist Gott« bedeutet, im Gottesverständnis einen Schritt weiter zu gehen. Denn der Satz »Gott ist Spontaneität« stellt in seiner Logik Gott noch als eine von dem, der den Satz ausspricht, getrennte Wesenheit dar. Der Satz »Spontaneität ist Gott« aber begrenzt Gott nicht mehr auf die Außenwelt des den Satz Aussprechenden oder Denkenden, sondern gesteht Gott zu, die Ich-Grenzen des Menschen zu durchdringen und in ihm genauso zu Hause zu sein wie außerhalb von ihm, gleichgültig, ob es dem einzelnen Menschen nun bewußt ist oder nicht.

V. Die therapeutische Beziehung

1. Die Beziehung zwischen den vier therapeutischen »Räumen« in der Therapie

Psychodrama ist eine Kommunikationsmethode, die die Möglichkeiten gegenseitiger Verständigung durch die Elemente des szenischen Spiels erweitert. Zur Therapiemethode wird Psychodrama durch seine Anwendung bei psychisch kranken Menschen. Bei diesen ist definitionsgemäß die Kommunikationfähigkeit in bestimmten Bereichen gestört. Denn weil die Betroffenen sich in ihren Symptomen selbst nicht verstehen, können sie sich im Bereich ihrer Neurose auch nicht wirklich dem anderen verständlich machen. An dieser Stelle setzt der Therapeut dann das Psychodrama ein. Er fordert den Patienten auf »mögen Sie uns das zeigen …« und eröffnet damit den therapeutischen Raum der Bühne, in dem der Patient idealerweise durch kreatives Handeln Selbsterkenntnis und Selbstverwirklichung erwirbt und sich dadurch gleichzeitig dem Therapeuten und den anderen Gruppenmitgliedern zum erstenmal wirklich verständlich macht.

Der therapeutische Prozeß vollzieht sich in vier therapeutischen Räumen, 1. in dem Organisationsprozeß zwischen dem therapeutischen Setting und seinem soziokulturellen und ökonomischen Umfeld, 2. in dem Interaktionsprozeß der Gruppenmitglieder (einschließlich dem Therapeuten) untereinander, 3. in dem Interaktionsprozeß zwischen Therapeut und Protagonist und 4. in dem Selbstorganisationsprozeß des Protagonisten auf der Bühne. Man kann sich noch einen 5. therapeutischen Raum vorstellen, den spontan-kreativen Prozeß, der in allen anderen Prozessen mitenthalten ist, die anderen vier aber noch mitumfaßt und diese in- und miteinander integriert. Die Reihenfolge dieser vier (oder fünf) Or-

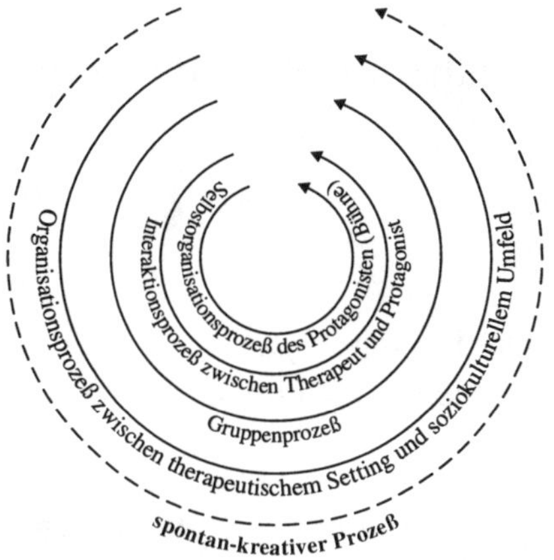

Abb. 16: Die Organisationsprozesse in der Psychodramatherapie

ganisationsprozesse macht Sinn. Denn der jeweils innere Organisationsprozeß erweitert und vertieft den spontan-kreativen Prozeß im jeweils äußeren Prozeß (s. Abb. 16). Die psychodramatische Bühne »als Ort der Veränderung von Wirklichkeit« (WOLFGANG GERSTENBERG, mündliche Mitteilung 1996) hat also indirekt Einfluß auf das soziokulturelle und ökonomische Umfeld. Der Therapeut vermittelt in der Psychodramatherapie zwischen den vier verschiedenen Organisationsprozessen und versucht immer wieder neu, sie zu integrieren und in und zwischen ihnen Eigenbestimmtheit, Erstmaligkeit, Angemessenheit und Wahrheit (s. Kap. I) entstehen zu lassen.

2. Das therapeutische Setting und das Arbeitsbündnis

Der Therapeut legt in Absprache mit den Patienten die Bedingungen des therapeutischen Settings fest, die Art der Therapie, die Zahl der geplanten Sitzungen, ihre Dauer und Häufigkeit, ihre Bezahlung und die Regeln für ausgefallene Stunden und für Feri-

enzeiten. Er achtet dabei darauf, daß die Therapie im Zusammenhang mit ihren ökonomischen, soziokulturellen, institutionellen und familiären Umfeldern (auch dem des Therapeuten) so organisiert ist, daß das Setting angemessen ermöglicht, wie geplant vorzugehen und dem Behandlungsauftrag zu entsprechen.

Fallbeispiel 45
In einer Supervisionsgruppe stellt ein Therapeut die »Psychodramagruppe für krebskranke Menschen« aus seiner Psychosomatischen Klinik vor. Seine Frage ist: »Wie bekomme ich die Teilnehmer zum Spiel?« Er erzählt, daß die Gruppe mit zwölf PatienInnen nur einmal in der Woche eine Stunde dauert, daß in jeder Sitzung jemand neu dazukommt und die Patienten jeder nur meist fünf Gruppensitzungen an der Gruppe teilnehmen und diese dann wieder verlassen. Es wird deutlich: Der Therapeut fühlt sich verständlicherweise chronisch überfordert und schwankt zwischen Größenphantasien und Resignation.

Die Zielsetzung und das Vorgehen in der therapeutischen Sitzung sind vom Setting der Therapie abhängig. In dem Beispiel ging es nicht darum, noch kreativere Techniken zu finden oder den »Widerstand« der Patientin gegen das psychodramatische Spielen zu bearbeiten. Es kam vielmehr darauf an, die Diskrepanz zwischen dem Setting der Gruppe und dem Arbeitsauftrag aufzulösen. In einer Gruppe mit zwölf Teilnehmern braucht der Therapeut zwei Zeitstunden, um kleine psychodramatische Spiele zur Kommunikationsförderung möglich zu machen. Bei drei Gruppensitzungen pro Woche kann man in der stationären Therapie von einer psychodramatherapeutischen Gruppe im engeren Sinn sprechen. Bei Sitzungen von nur einmal einer Stunde wöchentlich und wechselnden Teilnehmern sollte der Therapeut die Gruppe in Absprache mit der Klinikleitung und den Gruppenteilnehmern lieber als »Aussprachegruppe für krebskranke Menschen« führen und nur gelegentlich einzelne Psychodramaelemente zur Verdeutlichung von Sprachbegriffen einsetzen.

3. Der Gruppenprozeß und die Auswahl des Protagonisten

Neurotische Konfiktstrukturen gehen durch die ihnen innewohnende Konfliktspannung schon bei kleinen Auslösern in Handlung über (s. S. 64 ff). Psychisch kranke Menschen werden in der Gruppentherapie also irgendwann agieren. Dabei verbinden sich dann die gleichsinnig gerichteten (konkordanten) Impulse von Gruppenmitgliedern (zum Beispiel der Wunsch nach totalem, gegenseitigem Angenommensein) miteinander zur Gruppenaktion. In einem Organisationsprozeß ruft aber jede Handlung eine Reaktion hervor, jeder Impuls einen Gegenimpuls. Die Gruppenaktion wird deshalb einen Gegenimpuls (zum Beispiel Mißtrauen gegenüber der Wahrhaftigkeit des Wunsches nach totalem Angenommensein) auslösen bei dem Gruppenmitglied, das von seiner eigenen Konfliktdynamik her dafür am ehesten geeignet ist.

SCHINDLER (1957/58) hat ein Konzept der Gruppenposition vorgelegt, mit dem sich die Gruppenaktion und ihre Abwehr(reaktion) im Gruppenprozeß diagnostisch gut erfassen läßt. (Die von MORENO entwickelte Soziometrie bezieht im Gegensatz zu der SCHINDLERschen Positionsbestimmung den Therapeuten mit seinen Konflikten nicht als Teil der Gruppe in ihre Diagnostik mit ein und kann deshalb bei Widerstandsverhalten in der Gruppe die unbewußte Gruppenstruktur nicht ausreichend aufdecken). Der Therapeut konzentriert seine Aufmerksamkeit bei Gruppenkonflikten möglichst auf das Gegensatzpaar Alpha–Omega (vgl. S. 52), in dem sich definitionsgemäß der Gruppenkonflikt konstelliert. Der Patient in der Alpha-Position verdrängt, was der in der Omega-Position offen agiert, und umgekehrt. Das Individuum in der Alpha-Position trägt die Gruppenaktion und handelt nach dem Motto: »Mir nach, dann werden wir es schon schaffen!« In ihm liebt sich die Gruppe narzißtisch (SCHINDLER 1973). Der Teilnehmer in der Omega-Position aber protestiert gegen die Position des Alpha aus einer Position der Schwäche, indem er durch sein Handeln auf die abgewehrten Anteile der Gruppe verweist. Je mehr die Gruppe verdrängt, desto eher und stärker konstelliert sich die Gegenreaktion. Je stärker das Gruppenmitglied in der Omega-

Position agiert (Fehlen, Clown spielen, Ausscheidenwollen, der letzte Schweiger), desto mehr zwingt er die anderen Gruppenmitglieder, sich gegen ihn zu stellen.

Protagonist für die jeweilige Gruppensitzung wird idealerweise das Gruppenmitglied in der Alpha-Position. Denn dieser verdichtet in seinem Handeln die mehr oder weniger offenen Aktionen der Gruppenmitglieder gegenüber ihrem Gegenimpuls (Abwehr), der in dem Handeln des Gruppenmitglieds in der Omega-Position repräsentiert ist. Bei der Auswahl des Protagonisten bestimmt die Gruppe, welches Gruppenmitglied mit seinem Selbstorganisationsprozeß vorübergehend zum therapeutischen Raum (s. S. 239 f) für die Gruppenaktion werden soll. Die Gruppenaktion (der Impuls) sucht sich im protagonistzentrierten Psychodrama ihre Reaktion (die Abwehr) nicht nur auf der Ebene der Gruppenbeziehungen zwischen der Alpha- und der Omega-Position, sondern auch in dem persönlichen Konfliktgegner des Protagonisten auf der Bühne. Gelangt der Protagonist in seinem Spiel zu Selbsterkenntnis und Selbstverwirklichung, dann führt er damit auch die Gruppenaktion zur Gruppenerkenntnis und zur Gruppenverwirklichung. Die Nachbesprechung des Protagonistenspiels befreit, vertieft und erweitert dann den vorher gehemmten spontan-kreativen Prozeß in der Gruppe.

Wenn ein Gruppenwiderstand besteht, ist der spontan-kreative Prozeß in der Gruppe fixiert durch Übertragungsbeziehungen von Gruppenmitgliedern auf den Patienten in der Omega-Position und/oder auf den Therapeuten. Die Gruppenaktion und die Gruppenabwehr suchen sich ihren therapeutischen Raum dann im Gruppenprozeß und nicht in der Selbstorganisation, den Bildern und Konflikten eines Protagonisten. In diesem Fall ist der Gruppenprozeß selbst schon die Bühne, der Ort, an dem die Wirklichkeit durch Beziehungsklärung und Differenzierung in Übertragungs- und Realbeziehung zu verändern ist.

4. Tiefenpsychologisch orientierte Beziehungsklärung mit psychodramatischen Mitteln

Um den Übertragungs-Gegenübertragungs-Anteil bei Beziehungskonflikten in der Gruppe herauszuarbeiten, muß sich der Konflikt zunächst in mehrfacher Aktion und Reaktion im Gruppenprozeß konstelliert und realisiert haben. Wenn Konfliktgegner sich aber im Gruppensetting zurückhalten und die Konflikte im Sinn eines Gruppenwiderstands ausagieren, dann ist es hilfreich, die Beziehungsklärung einzuleiten durch *soziometrische Konfrontation*. Dabei wählen alle am Konflikt Beteiligten, gegebenenfalls einschließlich des Therapeuten, sich im Gruppenraum einen ihnen genehmen Platz. Sie stellen sich neben den, dem sie sich nah fühlen, entfernter und gegenüber aber denen, die sie als Gegner erleben. Wer mag, beteiligt sich. Der Leiter fordert diejenigen, die sich nicht zuordnen und auf ihren Stühlen sitzenbleiben, auf: »Wer will, kann doppeln!« Dadurch identifizieren sich noch manche Mitglieder zusätzlich oder klären zumindestens die eigene Position und auch die des anderen. Dieses Vorgehen dynamisiert die Gruppe, führt zu Polarisierungen und macht Charaktere, innere Einstellungen, Normen und Weltanschauungen klar. Die soziometrische Konfrontation leitet die Bearbeitung eines Gruppenwiderstands ein. Sie differenziert aber noch nicht zwischen Übertragungsbeziehung und Realbeziehung. Dazu ist technisch ein nächster Schritt notwendig, nämlich, daß der Therapeut den Gruppenkonflikt auf die Beziehung zwischen zwei Kontrahenten (das sind idealerweise die Gruppenmitglieder in der Omega-Position und in der Alpha-Position) zentriert und als Beziehungsklärung zwischen diesen beiden (gegebenenfalls ist er selbst einer von ihnen) austragen läßt.

Fallbeispiel 46

Eine pädagogische Einrichtung hat für ein Einführungsseminar im Psychodrama einen Psychodramaleiter engagiert. In der zweiten Sitzung kommt es zwischen Jürgen und Maria, der Leiterin der Einrichtung, zu einer offenen Auseinandersetzung. Jürgen ist sehr erregt: »Maria, ich muß mit dir reden! Ich habe schon lange ein Problem mit dir. Jetzt ist eine Gelegenheit. Ich schätze dich. Du tust viel für uns. Aber in dem letzten Jahr merke ich, daß du schlecht mit mir und anderen umgehst. Du gibst mir Aufträge, die ich auszuführen habe. Du kritisierst mich. Bei der Tagung in München war es so, als ob stän-

dig der Hund von dir mich hetzte und ins Bein biß – und dann hast du mich auch noch kritisiert, daß ich die Seminare schlampig organisiert habe. Dabei mußte ich alles allein machen.« Jürgen kommen bei seinem Ausbruch zeitweise die Tränen. Er stöhnt: »Warum quäle ich mich nur so!« Er wirft Maria vor, die Macht an sich zu reißen. Maria läßt Jürgen gewähren. Sie schweigt. Endlich entgegnet sie in ruhigem Ton: »Du hattest die beiden Seminare organisiert. Keiner wußte aber, wann genau sie beginnen sollten. Wir waren in Zeitdruck. Es mußte etwas geschehen. Und wenn du meinst, daß ich die Macht an mich reiße, ich habe die Fäden nicht in meine Hand genommen. Sie sind mir in die Hand gelegt worden.«

Der Konflikt zwischen den beiden Kontrahenten hat sich spontan in der Gruppe selbst konstelliert. Psychodramaleiter neigen dazu, bei einem Beziehungskonflikt die beiden Gegner aufzufordern, ihren Platz zwischen den anderen Teilnehmern zu verlassen und sich mit ihren Stühlen »auf der Bühne« gegenüberzusetzen. Dieses technische Vorgehen ist fragwürdig. Denn die spontane Inszenierung der Kontrahenten im Raum wird dadurch regelrecht verfälscht. Der Konflikt hatte ja seine Bühne schon gefunden, die Inszenierung im Gruppenraum. Der Szenenaufbau hatte schon stattgefunden.

Fortsetzung von Fallbeispiel 46

Rechts neben Jürgen sitzen zwei Frauen, die er als Mitarbeiterinnen in einem Projekt engagiert hat. Sie bieten Jürgen ein unterstützendes Energiefeld. Maria, die Kontrahentin von Jürgen, hat sich auf einen Stuhl neben den Gruppenleiter gesetzt. Sie befindet sich damit eher im Schutzraum des Therapeuten, während Jürgen dem Leiter gegenübersitzt, ihn voll wahrnimmt und jede Regung bei ihm sehen kann. Das ist für Jürgen eine durchaus passende Raumposition, erinnert sein weiteres Vorgehen doch eher an das eines Kamikaze-Fliegers im Unterschied zu dem eher vorsichtig taktierenden Verhalten seiner Gegnerin Maria.

Gewöhnlich werden Gegner »zufällig« nicht nebeneinander sitzen, sondern eher einander gegenüber. Diese Position gewährt ihnen den größtmöglichen Abstand. Sie können sich gegenseitig im Auge haben und kontrollieren. Außerdem ist die räumliche Zuordnung der übrigen Gruppenmitglieder zu den beiden Gegnern Ausdruck einer unbewußten soziometrischen Wahl. Ein Rollentausch zwischen beiden Kontrahenten ist von daher nicht nur ein Rollentausch in die Person des anderen, sondern darüber hinaus ein Hineingehen in sein Beziehungsfeld in der Gruppe, in die

Selbstinszenierung des anderen. Der Abbruch der unbewußten spontanen Inszenierung und die Verlagerung der Beziehungsklärung auf die Bühne unterbräche das schon begonnene Spiel. Der Leiter würde dadurch indirekt alles, was in der Auseinandersetzung schon gesagt wurde, für ungültig erklären. Die spontane Erwärmung würde unterbrochen. Die Gegenspieler müßten auf der Bühne neu Anlauf nehmen, um ins Spiel zu kommen. Dadurch bekäme der Beginn der Auseinandersetzung in der Mitte leicht einen Schau-Charakter.

Fortsetzung von Fallbeispiel 46

Der Leiter fordert beide Kontrahenten auf, ihre Beziehung zu klären: »Sieh bitte einmal hin, Maria, wie Jürgen dasitzt auf seinem Stuhl. Und du, Jürgen, wie Maria sitzt. Wenn ich jetzt Rollentausch anordne, nehmt bitte die Haltung ein, die der andere hat. Tauscht ihr jetzt bitte? Und dann zeigt, wie ihr den anderen erlebt habt, spielt ihn nach. Es muß nicht genau stimmen. Geht ruhig auch über die Realität hinaus!« Jürgen wirkt bei seinem Ausbruch sehr angespannt, aber auch kraftvoll. Er sitzt aufrecht auf seinem Stuhl, beide Füße auf dem Boden, in der Haltung offen, Kontakt aufnehmend. Maria hat die Beine übereinandergeschlagen, die Hände gefaltet. Es ist nicht auszumachen, was sie fühlt. Beide nehmen jetzt im Rollentausch die Haltung des jeweils anderen ein. Maria ist als Jürgen lebendig und ausdrucksstark: »Es geht mir schlecht, ich kann nicht mehr. Und du siehst mich nicht, siehst nur dich. Du willst hier nur die Macht bekommen!« Jürgen in Marias Rolle reagiert recht spontan, aber in einer abwehrenden Haltung: »Du siehst gar nicht, was ich alles tue. Welche Sorgen ich mir mache. Deine Organisation ist wirklich chaotisch. Da muß ich etwas tun und die Fäden in die Hand nehmen!« Maria als Jürgen: »Du hast dich sehr verändert. Ich kann mich wehren, aber das kann hier nicht jeder!« Da bricht es aus Jürgen in Marias Rolle heraus: »Schon wieder dieser Zirkus!«

Der Leiter läßt den Rollentausch rückgängig machen und fragt Jürgen und Maria, was sie jeweils in den Rollen gefühlsmäßig erlebt haben und wie der andere auf sie gewirkt hat. Jürgen: »In Marias Rolle war ich empört, erstaunt. Ich fand ihn hysterisch und wußte: Ich gehe meinen eigenen Weg!« Maria: »Ich habe gar nicht richtig gehört, was Jürgen als Maria gesagt hat. Mich hat nur seine leise Stimme aufgeregt. Das machte mich ganz ärgerlich, daß ich so ruhig und so leise gewesen sein soll.«

Der Leiter fragt zunächst Maria *(Übertragungsfrage)*: »Kennst du das auch von anderen Situationen, Maria, daß jemand ärgerlich wird, weil du mit so leiser Stimme antwortest, weil du zu ruhig bist in einer Auseinandersetzung?« Maria verneint dies. »Es ist nur so, daß ich das in letzter Zeit immer häufiger erlebe, daß andere Leute mit mir in Konflikt geraten, weil ich angeblich zu viel Macht besitze. Aber ich habe mich daran schon gewöhnt. Ich glaube, ich muß einfach lernen, daß das so ist.« Maria hat seit einem Jahr eine Führungsposition in der Schule. Der Psychodramaleiter akzeptiert zunächst, daß Maria den

Streit mit Jürgen als Realkonflikt um die Macht in der Schule ansieht und von sich selbst allenfalls ein klareres, offeneres Auftreten erwartet. Er wendet sich Jürgen zu: »Jürgen, kennst du das, daß jemand zu dir sagt: ›Schon wieder dieser Zirkus!‹, und daß jemand dich hysterisch findet?« Jürgen wirkt erstaunt. Er stellt fest: »Ja, von meiner Schwester. Wenn ich mit anderen rede, dann unterbricht die mich häufig und meint einfach: ›Ach, dieser psychologische Kram, der ist ja nicht so wichtig!‹ Dann stehe ich da und weiß überhaupt nichts mehr.« Jürgen hat erkannt, daß er in die Beziehung zu Maria seine schwierige Schwesterbeziehung mit überträgt.

Der Therapeut stellt den an einer Beziehungsklärung beteiligten Gruppenmitgliedern die *Übertragungsfrage* möglichst erst dann, wenn diese im Rollentausch und im gezielten Rollenfeedback die Übertragung selbst erkannt und benannt haben. Das auf die Beziehung übertragene Interaktionsmuster soll möglichst mit dem *Übertragungsanteil und der dazugehörigen Gegenübertragungserwartung* in die Übertragungsfrage eingehen. Die Gegenübertragungserwartung wird gewöhnlich durch Rollenspiel in der Rolle des anderen im Rahmen des Rollentauschs deutlich. Denn wenn ein Teilnehmer in einem Beziehungskonflikt unbewußt eine Übertragung auf den Konfliktpartner agiert, kann er nicht anders, als die zum Übertragungsverhalten komplementäre Gegenübertragungserwartung auf diesen zu projizieren. Im Spiel in der Rolle des anderen erlebt er dann das, was er in dieser Rolle wahrnimmt, das heißt aber bei Projektionen immer *auch* das Projizierte. In dem Fallbeispiel verbalisierte Jürgen im Rollenfeedback für die Rolle Marias seine Gegenübertragungserwartung an Maria, nämlich Verachtung ihm gegenüber (»Schon wieder dieser Zirkus!«). Der Übertragungsanteil an dem auf die Beziehung übertragenen Interaktionsmuster dagegen wird gezielt durch die *Spiegelfrage* (»Wie hast du dich, Jürgen, aus Marias Rolle heraus gesehen?«) erfaßt. Die Spiegelfrage deckt Diskrepanzen auf zwischen dem inneren Selbstbild und der äußeren Selbstansicht. In dem Fallbeispiel erlebte Jürgen (in der Rolle von Maria) den Jürgen (gespielt von der realen Maria) als »hysterisch«.

Der Therapeut faßt in der Übertragungsfrage die Gegenübertragungserwartung und den Übertragungsanteil in der Beziehung zusammen (in dem Beispiel zu dem Satz: »Woher kennst du das noch, daß jemand zu dir sagt ›Schon wieder dieser Zirkus‹ und daß jemand dich ›hysterisch‹ findet?«). Dann kann der Therapeut eini-

germaßen sicher sein, daß der Protagonist sich mit seiner Antwort dem Zentrum seines zugrundeliegenden Konflikts nähert und der Selbstkonfrontation nicht durch unbewußte Wunscherfüllung ausweicht oder gar die Konflikte des Therapeuten spielt. Wenn der Leiter die Übertragungsfrage *vor* dem Rollentausch und dem Rollenfeedback stellt, riskiert er, in das Verhalten des Protagonisten wie in einen Rorschach-Test alle möglichen eigenen Erfahrungen hineinzusehen. Er findet sich dann in seiner Übertragungsfrage in Wahrheit nur selbst wieder.

Der Therapeut und die beiden Protagonisten der Beziehungsklärung bleiben im Psychodrama aber nicht beim Erkennen von Übertragungsanteilen stehen. Sie arbeiten außer dem Übertragungsanteil auch noch den realen (nicht neurotischen) Anteil an ihrem Konflikt heraus.

Fortsetzung von Fallbeispiel 46

Der Leiter bietet Jürgen an: »Jürgen, magst du uns einmal zeigen, wie deine Schwester war, als sie zu dir sagte: ›Schon wieder dieser Zirkus?‹ Wir können ja dann hinterher vergleichen, ob Maria und deine Schwester Ähnlichkeiten haben und wo sie aber auch anders sind.« Es folgt ein protagonistzentriertes Spiel, in dem Jürgen sich mit seiner Schwester auch über die Realität hinaus intensiv auseinandersetzt. Nach dem Spiel stellt der Leiter die *Realitätsfrage*: »Jürgen, wo ähnelt Maria eigentlich deiner Schwester Susanne, und wo erlebst du sie anders?« Es gibt tatsächlich frappierende Parallelen in den Verhaltensmustern von Maria und der Schwester: 1. Beide werfen Jürgen mangelnde Stetigkeit vor, die Schwester: »Nur Feuerwerk«, Maria: »Die Organisation lief chaotisch«. 2. Beide haben hohe Erwartungen an Jürgen, die Schwester: »Ich möchte stolz auf dich sein!«, Maria: »Wir wollen hier etwas zusammen aufbauen«. Die Schwester, selbst kinderlos, will, daß Jürgen heiratet, Kinder bekommt und so die Familie erweitert und weiterleben läßt. Maria fordert von Jürgen auch »Kinder«, nämlich Ideen und Leistung. Anders als die Schwester delegiert Maria aber die Aufgaben nicht nur an Jürgen, sondern arbeitet selbst intensiv mit, »Kinder zu zeugen«. 3. Maria neigt dazu, Jürgen abzudrängen und ihn als kleinen Jungen zu sehen, der sich aufregt. Dabei entwertet sie sein Beziehungsangebot ganz ähnlich wie die Schwester. Die Beziehungsproblematik zwischen Jürgen und Maria entspringt also nicht »nur« einer Schwesterübertragung. Am Ende der Sitzung fordert der Leiter Jürgen deshalb auf: »Nimm die Beziehung zu Maria als Übungsfeld. Wenn du dich abgeschoben fühlst, sag es ihr, zieh dich nicht zurück, frage nach, was der Grund ist. Es ist für Maria auch wichtig, daß sie Rückmeldungen bekommt, gerade wo sie jetzt Führungsaufgaben übernimmt.«

Zur tiefenpsychologisch orientierten Beziehungsklärung gehört beides, die *Übertragungsfrage* (»Woher kennst Du das noch, daß …«) mit dem dazugehörigen ausformulierten Interaktionsmuster und die *Realitätsfrage*: »Worin sind die Personen aus der Vergangenheit und deine Gegenspielerin hier sich ähnlich und worin nicht?« Aus tiefenpsychologischer Sicht ist es ein Kunstfehler, bei einer Beziehungsklärung allein die Realitätsfrage oder allein die Übertragungsfrage zu stellen.

Im Gegensatz zu dem hier geschilderten differenzierten Vorgehen meint LEUTZ, man brauche die Übertragungen einfach nur in das protagonistzentrierte Spiel umzulenken und könne sie dann in der Beziehung zwischen dem Protagonisten und seinen Antagonisten auf der Bühne weiter bearbeiten:

»Die Konkretisation der Übertragungen im Spiel bewirkt eine rasche Bewältigung der Übertragungsbeziehungen in der Psychodramagruppe … Die … Übertragungen des Protagonisten richten sich … auf die als Projektionsträger fungierenden Mitspieler … Der von Freud beschriebene »Kampf zwischen Erkennen und Agierenwollen« findet überhaupt nicht statt«. »Im Psychodrama bewirkt die Rekonstellierung ganzer Beziehungskomplexe und der dazugehörigen Situation im Spiel auch keine Vermischung einstiger Situationen mit der realen Gruppensituation, wie in der analytischen Gruppenpsychotherapie«. Nach dem Spiel sei der Mensch dann frei »für realitätsgerechte zwischenmenschliche Beziehungen« (LEUTZ 1974, S. 19; 85; 96).

Ich halte diese Auffassung von LEUTZ für falsch. Denn sie setzt voraus, daß dem Patienten seine Übertragung bewußt ist. Sonst könnte er sie ja nicht als Einfall haben und ins protagonistzentrierte Spiel überführen. Eine wirkliche Übertragung ist aber definitionsgemäß unbewußt. Die Mitspieler im protagonistzentrierten Spiel sind aus dem gleichen Grund auch keine »Übertragungsträger« des Patienten, sondern Mitgestalter. Der Protagonist kann bis auf seltene Ausnahmen jederzeit, wenn das Spiel unterbrochen wird, zwischen dem Gruppenmitglied und seinem Vater oder der Mutter unterscheiden. Es handelt sich also um eine bewußte Rollenzuweisung und nicht um eine Übertragung. Protagonistzentrierte Spiele können für die Differenzierung von Übertragungsbeziehung und Realbeziehung wertvoll sein, um den zugrundeliegenden Konflikt zu bearbeiten, um die übertragenen Interaktionsmuster in ihren verschiedenen Anteilen weiter auszudifferenzieren und zu erhellen und um hinterher dann leichter und entspannter

Ähnlichkeiten und Unterschiede zwischen dem Konfliktpartner in der Gruppe und dem auf ihn übertragenen inneren Bild einer früheren Bezugsperson herauszuarbeiten. Protagonistzentrierte Spiele allein können aber die Differenzierung von Übertragungs- und Realbeziehung nicht ersetzen.

5. Die kreative Beziehung zwischen dem Therapeuten und dem Protagonisten auf der Bühne

Der Protagonist stellt in seinem Spiel auf der Bühne seine innere Selbstorganisation als Prozeß dar und gestaltet sie weiter aus. Es handelt sich dabei um einen intrapsychischen Prozeß. Deshalb kann man sagen, daß im protagonistzentrierten Psychodrama die den inneren Selbstorganisationsprozeß vermittelnden Ich-Funktionen des Protagonisten auf der Bühne zu Interaktionsfunktionen werden. Der Therapeut seinerseits läßt in seiner Person zwei Organisationsprozesse gleichzeitig miteinander interagieren und versucht, sie immer wieder neu zu integrieren:

1. Er identifiziert sich bewußt mit dem (Selbstorganisations-)Prozeß des Protagonisten.
2. Er identifiziert sich aber auch immer wieder mit *sich selbst gegenüber* dem Protagonisten und gestaltet die Begegnung mit ihm weiter aus.

Durch die Identifizierung des Therapeuten mit dem inneren Prozeß des Protagonisten verbindet sich der Selbstorganisationsprozeß des Therapeuten mit dem des Protagonisten. Da die Ich-Funktionen des Protagonisten im Psychodrama aber auf der Bühne zu Interaktionsfunktionen werden, werden durch die Identifizierung auch die Funktionen des Therapeuten zu Interaktionsfunktionen und integrieren sich mit denen des Protagonisten zu einem gemeinsamen Organisationsprozeß. In dieser Phase der

»koinästhetischen Zuwendung« nimmt der Therapeut »eine Position ein, die zunächst … unbewußt ist. Das heißt, die Beziehungslage ist unbegriffen, die Beziehung ist noch ganz im nur agierbaren (aber vom Analytiker nicht ausagierten) Status. In dieser Beziehung, die … eine unbewußte Beziehungs-

struktur des Patienten reaktualisiert, nimmt der Analytiker eine mögliche Position ein – in konkordanter oder komplementärer Identifizierung« (LORENZER 1970, S. 222).

Im Unterschied zu LORENZERS Auffassung ist nach meinem Verständnis in der koinästhetischen Phase der therapeutischen Beziehung neben der tatsächlich unbewußten Teil*habe* auch eine bewußte intuitive Teil*nahme* am Prozeß des Patienten möglich. Eine solche intuitive Teilnahme gelingt bei *freiem* Gebrauch der eigenen Ich-Funktionen auf den Organisationsprozeß eines anderen.

Die Identifizierung des Therapeuten mit dem Selbstorganisationsprozeß des Protagonisten gewinnt aber ihre *therapeutische* Wirkung erst dadurch, daß sie integraler Bestandteil bleibt auch des *Inter*aktionsprozesses zwischen Therapeut und Protagonist. Eine totale Identifizierung des Therapeuten mit dem Protagonisten würde im Extremfall zu einer folie à deux, einer »Verrücktheit zu zweit«, führen. Der Therapeut muß aber über die Identifizierung mit dem Prozeß des Protagonisten hinaus auch die Begegnungsebene zwischen sich und dem Protagonisten wahren. Denn sonst würde er ja den Wiederholungszwang des Protagonisten auf der Bühne nur mitagieren (s. Fallbeispiel 47, S. 253 f). Weil der Therapeut aber wünschenswerterweise nicht dieselbe (neurotische) Konfliktstruktur wie der Protagonist hat, nimmt der Therapeut mehr oder weniger bewußt eine Differenz zwischen dem Prozeß des Protagonisten auf der Bühne und seinem eigenen Selbstorganisationsprozeß wahr. (Der Protagonist schreckt vor einem imaginären Hindernis vielleicht zurück und weicht davor aus. Der Therapeut erlebt aber gar kein Hindernis. Er wundert sich und fragt dann den Protagonisten zum Beispiel durch Interview oder Doppeln mit Selbstgespräch, was dieser gerade erlebt.) Durch das Differenzerleben entsteht eine Konfliktspannung in der inneren Selbstorganisation des Therapeuten, die aufgelöst werden will. In der Psychoanalyse geschieht dies durch den Übergang in die »diakritische Phase«, den »Überstieg vom bloß unbewußten Teilhaben zum bewußt verstehenden Teilnehmen … Der entscheidende Vorgang der Auflösung der Identifikation … ist der Übergang von der Primärorganisation zur Sekundärorganisation« (LORENZER 1970, S. 226). Durch den Übergang zur Sekundärorganisation geht der Analytiker aber auf die Begegnungsebene zum Patienten. Denn

der Sekundärvorgang ist als die psychische Arbeit definiert, die das Außen vom Innen trennt (s. S. 69), also den Therapeuten den Patienten wieder als den von ihm selbst unterschiedenen anderen erleben läßt.

Das Besondere am Psychodrama ist nun, daß der Therapeut bei einem solchen Differenzerleben zunächst noch nicht auf die Ebene des Sekundärvorgangs geht, sondern vorerst noch auf der Ebene der intuitiven, halb unbewußten, halb bewußten Teilhabe bleibt. Er wechselt halb bewußt, halb unbewußt immer wieder zwischen Identifizierung mit dem Prozeß des Protagonisten einerseits und andererseits der Identifizierung mit sich selbst in der Begegnung mit dem Protagonisten als einem anderen hin und her. Wenn nun aber der Prozeß des Protagonisten auf der Bühne neurotisch fixiert ist, entwickelt sich in dem Therapeuten bei diesem oszillierenden Wechsel *innere* Konfliktspannung. Statt diese jetzt aber wie in der Psychoanalyse schon im *inneren* szenischen Verstehen aufzulösen und das Ergebnis dieses Gestaltschlusses *verbal als Deutung* an den Patienten weiterzugeben, setzt der Psychodramatherapeut Psychodramatechniken ein, um das szenische Verstehen im Prozeß des auf der Bühne handelnden Protagonisten weiter voranzutreiben. Die Psychodramatechniken verwirklichen aber gezielt die Ich-Funktionen und befreien diese aus ihren Fixierungen. Psychodramatechniken sind instrumentalisierte Ich-Funktionen (s. S. 75 ff). Durch den angemessenen Einsatz der Psychodramatechniken verwirklicht der Therapeut *seine* (in Identifizierung mit dem neurotisch fixierten Organisationsprozeß des Protagonisten auf der Bühne in ihrer Arbeit behinderten, an sich aber nicht neurotisch fixierten) Ich-Funktionen *in dem* Selbstorganisationsprozeß *des Protagonisten.* Der Therapeut baut so durch den Einsatz der Psychodramatechniken seine *eigene* innere Konfliktspannung ab und löst *gleichzeitig* dabei den Selbstorganisationsprozeß des Protagonisten über die alte Realität hinaus aus seiner (neurotischen) Fixierung. Aus der Perspektive des Patienten gesehen kann man sagen: Der Protagonist bedient sich im Psychodrama in seinem eigenen Selbstorganisationsprozeß der (in Psychodramatechniken verwirklichten) freien Ich-Funktionen des Therapeuten. Das ist das Ziel und der Weg in der Psychodramatherapie.

6. Übertragung, Gegenübertragung und Realbeziehung im protagonistzentrierten Psychodrama

In der Psychodramatherapie hat der Therapeut die Psychodramatechniken zu seiner Verfügung, um die Organisationsfunktionen des Protagonisten und der Gruppe aus Fixierungen zu befreien und in ihrer Arbeit zu verwirklichen. Das gibt dem Therapeuten eine große Macht. Im Verhältnis zu anderen Psychotherapiemethoden, denen die Möglichkeit fehlt, so differenziert mit Spieltechniken in die Organisationsprozesse von Patienten einzugreifen und dort Wirkungen zu erzielen, ist deshalb im Psychodrama auch die Verführung besonders groß, diese Macht mehr oder weniger unbewußt zu mißbrauchen. Das zeigt sich dann zum Beispiel daran, daß ein Therapeut sich bei Übertragungs-Gegenübertragungs-Beziehungen in der Gruppe oder bei eigenen Konflikten unbewußt in die Alpha-Position der Gruppe rettet. Der Therapeut versucht dann zu bestimmen, was zu geschehen hat oder wie etwas verstanden werden müßte, wenn Fortschritte erzielt werden sollen. Auch für die Psychodramatherapie gilt aber SCHINDLERS (1957/58) Einsicht: »Wo der … Leiter der Gruppe sich in der Alpha-Position befindet, stellt sich die Gruppe nach seinem eigenen Unbewußten dar, und er vermag nur sich selbst in ihr zu analysieren«. Ein Therapeut in der Alpha-Position behandelt den Protagonisten pädagogisch statt therapeutisch.

Fallbeispiel 47

In einer Supervisionsgruppe zeigt ein Ausbildungskandidat psychodramatisch eine Szene aus seiner Gruppenarbeit. Als Therapeut fühlt er sich, ohne sich dessen bewußt zu sein, gestört durch die Klagen eines Patienten über ständige Magenschmerzen. Er überredet den Patienten zum Spiel: Der Protagonist liegt morgens in seinem Bett und spürt den Druck im Magen. Der Therapeut läßt den Druck durch einen Mitpatienten »besetzen«. Dieser kniet sich neben den Patienten und drückt ihm auf den Oberbauch. Der Therapeut assistiert dem Mitpatienten, drückt selbst ebenfalls engagiert auf dem Bauch des Patienten herum und fragt immer wieder interessiert: »Ist der Druck so?!« Der Patient (vom Therapeuten im Rollentausch dargestellt) läßt das alles über sich ergehen und gibt sachlich Auskunft darüber, wie weit der künstliche Druck seinem krankhaften Magendruck entspricht. Die Mitglieder der Supervisionsgruppe beginnen zu kichern. Je engagierter der Therapeut arbeitet, desto mehr greift eine unbändige Lust zu lachen um sich. Nach dem Spiel interpretiert der The-

rapeut das Lachen der Gruppe spontan: »Ich fühle mich von euch ausgelacht, weil ich da etwas falsch gemacht habe.« Aus diesem Grund zu lachen wäre zwar verständlich gewesen. Denn der Therapeut hatte im Agieren der Gegenübertragung »vergessen«, den Patienten Rollentausch mit dem »Druck« machen zu lassen. Die Nachbesprechung macht aber deutlich: Das Lachen war kein Auslachen gewesen, sondern Ausdruck sadistischer Lustgefühle.

In diesem Beispiel identifizierte sich der Therapeut unbewußt mit dem Ohnmachtsgefühl des Patienten, das er bei sich selbst abwehrte, weil er in der Gegenübertragung gefangen war. Er mußte deshalb versuchen, das Symptom als therapeutischer »Helfer« zu beseitigen. In Gegenidentifikation (Gegenübertragung) gegen den Patienten agierte er also unbewußt den Rollentausch *selbst* aus. Dadurch war er nicht frei, spielerisch zu wechseln zwischen der Identifizierung mit dem Prozeß des Protagonisten und der Identifizierung mit der eigenen Person in der Begegnung mit dem Patienten. Er konnte die Differenz zwischen der neurotischen Selbstorganisation des Protagonisten und seiner eigenen Selbstorganisation nicht spüren, weil er durch das eigene Agieren der Gegenidentifikation die Konfliktspannung, die durch das Differenzerleben entstanden wäre, energetisch selbst abreagierte. Er hatte deshalb auch nicht den Impuls, den Rollentausch als Technik im Spiel des Patienten auf der Bühne einzusetzen. Es gibt Gründe, als Therapeut auf den Rollentausch zu verzichten, zum Beispiel beim Nachspielen einer Gewalterfahrung. Wenn ein Therapeut aber den Rollentausch »vergißt«, ist dies ein untrügliches Zeichen dafür, daß er in einer Übertragungs-Gegenübertragungs-Beziehung zum Protagonisten gefangen ist und darin mitagiert.

Der Protagonist bedient sich im psychodramatischen Spiel der Ich-Funktionen des Therapeuten (verwirklicht im Einsatz von Psychodramatechniken), um sich aus seiner neurotischen Fixierung zu befreien. Wenn der Therapeut aber in einem bestimmten Bereich selbst neurotisch fixiert ist, kann er die Psychodramatechniken bei analogen Konflikten des Patienten nicht frei einsetzen. Der Therapeut wird dann reaktiv unbewußt die Abwehrposition gegen die Befreiung des Protagonisten einnehmen, diese agieren (müssen) und versuchen, den Protagonisten (und dadurch in der Folge auch die Gruppendynamik) nach seinem (neurotisch fixierten) Bild zu formen. Der Therapeut kann sich mit entsprechender Anstrengung

(gegebenenfalls mit Hilfe von Supervision) solche Übertragungs-Gegenübertragungs-Konflikte, die zum *Widerstand* gegen den therapeutischen Fortschritt geworden sind, bewußt machen. Zu erkennen sind diese daran, daß die Gruppe in ihren Bildern und Themen mehr oder weniger unbewußt den Therapeuten spiegelt.

Fallbeispiel 48

Eine Gruppe inszenierte das Stegreifspiel »Stehengebliebener U-Bahn-Wagen«, nachdem sie sich vergeblich bemüht hatte, ihre Gruppentherapeuten zu mehr Aktivität zu bewegen. Diese hatten versucht, entsprechend dem Konzept der »psychodramatischen Gruppenanalyse« (RUHS 1991) als Gruppenleiter strikte Neutralität und Abstinenz oder vielmehr das, was sie darunter verstanden, einzuhalten. Sie gaben nur einige Regeln vor und verzichteten in allen sechzehn Gruppensitzungen ganz auf Spielvorschläge und Inszenierungshilfen. Leider ging der Glaube an die Abstinenz, die sie offensichtlich mit Passivität verwechselten, bei ihnen so weit, daß sie sich in dem Spiegel »Stehengebliebener U-Bahn-Wagen« nicht selbst erkannten. Selbst einer ideologisch überhöhten Idee von Abstinenz verfallen und kindlich abhängig von ihrem persönlich gefärbten Bild des Übervaters FREUD, agierten sie ihren eigenen Vaterkonflikt in der Beziehung zu den Gruppenmitgliedern aus und betrachteten diese als noch impotente Kinder.

Das therapeutische Handeln wird mitbestimmt von dem persönlichen inneren Gleichgewicht und natürlich auch dem Entwicklungsstand des Therapeuten. DIECKMANN (1981) folgert aus einer Untersuchung über Widerstandsbearbeitung bei erfahrenen Lehranalytikern, »daß die Individuation eines Patienten immer begleitet werden muß von einem Stück Individuation des Analytikers.« Denn der Widerstand des Patienten ist immer wieder *auch* Ausdruck einer inneren Fixierung des Therapeuten.

In der Psychodramawelt gibt es die Tendenz, ursprünglich wohl von MORENO und seinem direktiven Leitungsstil ausgehend, das Auftreten von Übertragungsbeziehungen als für den therapeutischen Prozeß schädlich aufzufassen und deshalb zu versuchen, mit verschiedenen technischen Hilfsmitteln ihr Entstehen zu vermeiden. So lassen manche Therapeuten ihre Protagonisten nach deren Spiel den Mitspielern für ihre Mitarbeit danken und fordern sie auf, diese aus ihren Rollen »zu entlassen«, damit sie wieder sie selbst seien. Oder man bemüht sich, die Nachbesprechung sehr intensiv und regelhaft durchzuführen. Oder der Therapeut beteiligt sich seinerseits regelmäßig im Sharing und teilt eigene persönliche

analoge Erlebnisse mit. Solche Vermeidungstaktiken lassen aber gewöhnlich statt der befürchteten Übertragung nur eine neue, andere Übertragungsbeziehung in der Gruppe entstehen, zum Beispiel statt einer negativen Vater- dann eine positive Mutter-Übertragung, und führen den Therapeuten unweigerlich in die Alpha-Position der Gruppe. Der Versuch, zu vermeiden, konstelliert dann das zu Vermeidende mit umgekehrtem Vorzeichen. In der tiefenpsychologisch orientierten Psychodramatherapie kommt es aber nicht darauf an, Übertragungsbeziehungen zu vermeiden, sondern mit ihnen therapeutisch angemessen zu arbeiten. Das gelingt dadurch, daß der Therapeut und die Gruppenmitglieder Übertragungsbeziehung und Realbeziehung auf der Ebene der Beziehungsorganisation in der Gruppe voneinander differenzieren und dadurch die unbewußte Verschränkung zwischen den verschiedenen Organisationsprozessen bewußt machen.

Fallbeispiel 49

In einem fünftägigen Ausbildungsseminar wechseln nach der Hälfte der Zeit die Leiter. Die Gruppe präsentiert dem neuen Leiter sofort den 34jährigen Sozialpädagogen Ralf als Protagonisten. Er will sein Vaterproblem bearbeiten. Der Leiter zögert und begründet dies Ralf gegenüber mit der nach dem Leiterwechsel unklaren Gruppensituation. Die Gruppenmitglieder besprechen dann tatsächlich zunächst, welche Folgen der Leiterwechsel für sie hatte. Anschließend wird ein Rivalitätskonflikt um die Aktionsführung der Gruppe ausgetragen. In der darauffolgenden Sitzung beschwert sich Ralf nun bei dem Leiter: »Sie sind genau wie mein Vater! Der war auch nie da für mich!« Der Leiter bietet Ralf an: »Wollen Sie mir einmal zeigen, wie Ihr Vater war? Dann können wir ja hinterher vergleichen, wo ich ähnlich bin, wo aber auch vielleicht anders.« Es entwickelt sich ein protagonistzentriertes Spiel, in dem Ralf eine Szene aus seinem fünften Lebensjahr zeigt: Der Vater sitzt im Wohnzimmer in seinem Sessel und liest in einem religiösen Buch. Ralf baut auf dem Boden mit Bauklötzen ein großes Schiff. In das setzt er sich hinein und fordert den Vater stolz auf: »Guck mal, Papa!« Der Vater beachtet den Jungen aber nicht und liest weiter. Der wiederholt: »Papa, guck doch mal, was ich gebaut habe!« Der Vater reagiert abweisend, sieht aus dem Fenster, wird fast starr und kann offensichtlich nur mit Mühe einen Zornesausbruch unterdrücken. Ralf geht enttäuscht in die Küche zu seiner Mutter. Als sein kleiner Bruder ihm später ins Wohnzimmer folgt, zerstört er selbst vorsorglich und traurig das so mühsam erbaute Schiff.

Die Gruppe ist innerlich sehr bewegt und würdigt Ralfs Entbehrungsgefühl im Sharing. Die gemeinsame Arbeit war stimmig und tiefgehend. Der Leiter aber erinnert die Gruppe an den Plan, nach dem Spiel zu prüfen, wo er ähnlich oder aber anders ist als Ralfs Vater. Innerlich glaubt der Leiter zunächst selbst,

daß er keine Ähnlichkeiten mit dem Vater hat. Im Gruppengespräch, der Leiter übernimmt dabei eine aktive klärende Rolle, wird dann aber deutlich: Wie der Vater in der Kindheit, so hatte der Leiter in der Gruppensitzung vorher sich von Ralf abgewandt und war auf dessen Spielwunsch zunächst nicht eingegangen. Allerdings war dabei seine Absicht, Ralf davor zu schützen, daß die Gruppe ihn dazu benutzt, die Arbeitsweise des Leiters auszukundschaften. Auch hatte der Leiter die Angewohnheit, aus dem Fenster zu sehen wie der Vater. »Ich kann dann besser spüren, was in der Gruppe ist«, war seine plausible Erklärung. Und drittens hatte der Leiter am Vortag vor den Seminarteilnehmern einen Vortrag gehalten zu dem Thema »Religiosität im Psychodrama«. Das erinnerte sehr an das religiöse Buch des Vaters. In der Auseinandersetzung um Übertragungs- und Realbeziehung merkt der Leiter und gesteht dies dann auch offen ein, daß er in der ersten Gruppensitzung tatsächlich unterschwellig noch sehr mit dem Inhalt des Vortrags beschäftigt war und daß eigentlich erst Ralfs Spiel und dessen Wunsch nach voller Aufmerksamkeit ihn ganz in die Gruppe geholt haben. Es handelte sich offensichtlich nicht nur um eine Übertragungsbeziehung, sondern auch um einen Konflikt auf der Realebene. Eine Übertragungsbeziehung ist über das Agieren eines alten Interaktionsmusters hinaus *auch* immer Ausdruck eines Beziehungswunsches und deshalb als kostbares Angebot zu würdigen.

Wie das Beispiel zeigt, entwickeln sich auch im Psychodrama trotz kunstgerechten therapeutischen Vorgehens Übertragungsbeziehungen. In dem Beispiel war der Spielwunsch des Protagonisten in der ersten Sitzung Ausdruck eines Gruppenwiderstands. Die Gruppenmitglieder wollten ihre Unsicherheit in der Beziehung zum Leiter (nach dem Leiterwechsel) nicht selbst zulassen und leben, sondern auf das Gruppenmitglied Ralf delegieren und an diesem behandeln. Die Reaktion des Leiters, sich dem Spielwunsch zunächst zu verweigern, war angemessen, soweit es den Organisationsprozeß der Gruppe betraf. Es war aber nicht zu vermeiden, daß gerade durch die therapeutisch angemessene Zurückweisung des Spielwunsches der spätere Protagonist eine Vaterübertragung auf den Therapeuten entwickelte.

Jeder Therapeut kennt Situationen, in denen er in dem Übertragungs-Gegenübertragungs-Feld der Gruppe gefangen ist und unabsichtlich mitagiert. Das ungute Gefühl, die Verwirrtheit, die Ohnmacht schmerzen. Aber wunderbar! Das Spiel findet schon in der Wirklichkeit der therapeutischen Beziehung statt. Man braucht es »nur« noch weiterzuspielen und Übertragungsbeziehung und Realbeziehung voneinander zu differenzieren. Das klingt zunächst vielleicht fremd. Aber aus tiefenpsychologischer Sicht haben auch

Psychodramatherapeuten und -therapeutinnen keine Wahl. Immer dann, wenn es um zentrale unbewußte Konflikte der Gruppe und einzelner Personen geht, gibt es eine Phase, in der der Therapeut im Übertragungsgeschehen mitagiert. Und das ist gut so! Wie soll der Therapeut sonst zu seinem unguten Gefühl kommen, der leisen inneren Stimme, leider oft zunächst noch zu leise, die sagt: »Da stimmt etwas nicht!?« KLÜVER (1983) wies in einer Untersuchung an Psychoanalytikern nach, daß das

> »Mitagieren … analog der Gegenübertragung ein unausweichliches Phänomen im psychoanalytischen Behandlungsprozeß darstellt … Wir bemerkten in Berichten des Therapeuten an bestimmten Stellen eine Divergenz zwischen dem, was der behandelnde Analytiker bewußt dachte bis zuweilen was er in seinen Interventionen gegenüber seinem Patienten verbalisierte, und dem, wie er gleichzeitig unbemerkt den Patienten behandelte.«

Die Tendenzen zu solchen Divergenzen verstärken sich, je mehr der Spannungspegel sich in der Beziehungsorganisation einem kritischen Gipfel nähert. DIECKMANN (1981) fand in einer ähnlichen Untersuchung, daß »beim Auftreten von Widerständen diese keineswegs allein vom Patienten ausgingen, sondern mit einem mehr oder weniger hohen Anteil beim Analytiker selbst lagen, der seinerseits erst diese eigenen inneren Widerstände gegenüber dem, was vom Patienten angeboten wurde, bearbeiten mußte, damit der Prozeß weitergehen konnte.« Wir Psychodramatherapeuten haben wie die Therapeuten anderer Schulen die narzißtische Kränkung anzunehmen, daß aller guter Wille uns nicht davor schützt, daß mit den Konflikten von Patienten auch eigene Konflikte in der therapeutischen Arbeit aktualisiert werden. Gerade das macht einen wesentlichen Anteil der Arbeit und Anstrengung des Therapeuten aus und die Therapie für den Patienten wertvoll. Denn dieser hat dann mit seinen Schwierigkeiten ein Echo in der Welt gefunden.

7. Die Identität des Therapeuten, das Jesus-Prinzip und das Sokrates-Prinzip

MORENO sagte von sich: »Ich hatte zwei Lehrer, Jesus und Sokrates – Jesus, der improvisierende Heilige, und Sokrates als derjenige, der auf merkwürdige Weise am ehesten ein Pionier der Psychodramaform war« (YABLONSKY 1986, S. 241 f). Jesus und Sokrates sind beide auf die Menschen zugegangen und haben sie verändert. Sie repräsentieren aber zwei verschiedene, sich gegenseitig ergänzende, therapeutische Handlungsprinzipien, das der gegenseitigen Teilhabe und das des »Nicht-Wissens«.

Das *Jesus-Prinzip* erfüllt sich im Psychodrama durch die *Teilhabe* am Selbstorganisationsprozeß des Protagonisten in komplementärer und konkordanter Identifikation. Jesus ist der Teilhabende, der, der als Mensch teilhat an Gott und als Gott teilhat an den Menschen. »Einer trage des anderen Last, so werdet ihr das Gesetz Christi erfüllen« (Neues Testament, Galater 6,2). Eine Grundlage jeder Psychotherapiemethode ist immer auch die Teilhabe am Leiden des Patienten durch Identifizierung oder sogar, wie im Psychodrama, durch konkrete Rollenübernahme in der Welt des Patienten. Im Psychodrama läßt der Therapeut den Patienten seine Konflikte konkret im Spiel inszenieren. Der Therapeut identifiziert sich mit dessen Selbstorganisationsprozeß auf der Bühne. Er delegiert seine Teilhabe zusätzlich noch auf Mitglieder der Gruppe, die im protagonistzentrierten Psychodrama als Hilfstherapeuten mitspielen. Diese Antagonisten haben in komplementärer (und im Rollentausch auch konkordanter Identifizierung mit dem Protagonisten) teil an dessen Selbstorganisationsprozeß mit Leib und Seele. Einfühlung und Sein werden eins. Die Mitspieler ordnen sich der Selbstorganisation des Protagonisten in seinem Spiel unter und führen die Psychodramatechniken entsprechend den Anweisungen des Therapeuten aus. Sie haben an dem vom Patienten durch kreatives Handeln ausgestalteten Prozeß der Selbsterkenntnis und Selbstverwirklichung mehr oder weniger bewußt teil und verwandeln spätestens im Rollenfeedback und Sharing die zum Teil unbewußte Teilhabe in bewußte Teilnahme. Sie praktizieren existentielle Teilnahme, nehmen das Leid der Welt

des Protagonisten auf sich und begleiten ihn darin. Der Protagonist ist auf diese Weise darin oft zum erstenmal nicht mehr allein.

Jesus hat aber interessanterweise nicht nur aufgefordert zur Teilhabe am Leiden des anderen. Er ging noch darüber hinaus und verlangte die *Teilhabe am Prozeß* der *Organisation von Beziehungen.* Das wird deutlich in dem geheimnisvollen Satz: »Liebe deinen Nächsten wie dich selbst« (Neues Testament, Matthäus 22,39). (Der Satz heißt eben nicht nur: »Liebe deinen Nächsten!«). Der Rollentausch ist die psychodramatische Technik, die diesen Satz von Jesus verwirklichen und die Organisation von Beziehungsprozessen vermitteln kann. Der Satz: »Liebe deinen Nächsten wie dich selbst« bindet Jesus Liebesgebot ein in einen interaktionellen Prozeß *gegenseitiger Teilhabe und Begegnung*. Durch die Hilfs-Ich-Technik und den Rollentausch wird der Psychodramatherapeut zum Initiator und Vermittler gegenseitig annehmender Bezogenheit. Das Jesus-Prinzip ermöglicht die von MORENO so benannte »Liebes-Katharsis« (1959, S. 84).

WETH (1988) deutet das von mir so genannte Jesus-Prinzip im Psychodrama als eine Einstellung, die dem Archetyp des Gottes Dyonysos der griechischen Mythologie entspringt: »Er verkörpert das Prinzip des unmittelbaren Beteiligtseins«. WETH zitiert HILLMANN:

> »Mit Dyonysos' Hilfe ist der Analytiker in der Lage, sich vom Drama des Patienten ergreifen zu lassen, in den Wahnsinn einzusteigen und zerrissen zu werden, seine weibliche Seite zu zeigen ... Dyonysos eröffnet die Möglichkeit von Beteiligtsein im Leiden, und das Merkmal des Heilerhelden dieser Art wäre die Fähigkeit, sich in sich selbst der Feuerprobe der Emotionen zu unterziehen ...« (1980, S. 107).

Das Jesus-Prinzip findet im Psychodrama seine dringend notwendige komplementäre Ergänzung im *Sokrates-Prinzip*. Ein Psychodramatherapeut handelt nach MORENO »als Katalysator der zwischenpersönlichen Produktivität und Verständigung« (1959, S. 93). Auch SOKRATES war Vermittler in Selbstorganisationsprozessen. Sein Lieblingsspruch war:

> »Erkenne dich selbst! ... Er ging auf den Markt und die Straßen. Es war ihm ein Bedürfnis, die Wahrheit im Zwiegespräch mit anderen zu finden. Wo sich ihm nur die geringste Aussicht auf Erfolg bot, knüpfte er es an. Dabei ging er von dem, was dem Betreffenden – war er nun Handwerker oder sonstiger Prak-

tiker oder Politiker oder Dichter – am nächsten lag, seiner Arbeit oder Beschäftigung, aus und bat ihn um Aufschluß über Wesen und Zweck seiner Tätigkeit. Dann aber zeigte er dem also Befragten durch geschickte Kreuz- und Querfragen, daß er im Grunde nicht wisse, was er zu wissen vorgegeben habe und deshalb noch weniger wisse als er (Sokrates selbst), der doch wenigstens von sich gewußt habe, daß er das, wonach er gefragt, in der Tat nicht wisse … Wer sich aber so in seiner falschen Selbstsicherheit erschüttern und durch die beschämende Einsicht in die eigene Unwissenheit nicht von der weiteren Unterhaltung abschrecken ließ, den führte er in ernsthaftem Gespräch, in dem er die in dem Mitunterredner noch schlummernden Gedanken aus ihm herauszulocken suchte, Schritt für Schritt weiter, um ihn schließlich selbst zu dem Begriff zurückgelangen zu lassen, der einer bestimmten sprachlichen Bezeichnung, z. B. Gerechtigkeit, zugrunde liegt. Das nannte er unter Anspielung auf den Beruf seiner Mutter, seine Maieutik, d. i. Entbindungskunst. Die Wahrheit soll aus der eigenen Seele des anderen heraus geboren werden.« »Als den Inbegriff seiner Weisheit erklärte er …, daß er um sein Nichtwissen wisse, während andere sich einbildeten, etwas zu wissen« (Vorländer 1990, S. 59 ff).

Wie Sokrates seine Dialoge, so eröffnet der Psychodramatherapeut durch seine spielerische Haltung des »Nicht-Wissens« den potentiellen Spiel- und Phantasieraum der Bühne und wird damit zum Initiator der Gestaltung und Wandlung von Prozessen (s. S. 60 ff). Man kann Psychodrama verstehen als Kommunikationsmethode. Der Therapeut fragt: »Ich verstehe Sie noch nicht. Wie ist das? Mögen Sie es mir zeigen?« Das »Nicht-Wissen« des Therapeuten bringt Konfliktspannung und Energie in die Beziehung, die der Patient in Handlungsenergie umsetzt. Dieser *zeigt* im Spiel, statt verbal zu erzählen. Der Therapeut bleibt während der ganzen Spielphase in der Haltung des »Nicht-Wissens«. Nur so kann er die Bühne für den Selbstorganisationsprozeß des Protagonisten (oder der Gruppe) halten und dafür sorgen, daß sie nicht in Raum und Zeit zusammenfällt.

Das Jesus-Prinzip in der Psychodramatherapie hilft dem Protagonisten, die Anfrage des Therapeuten zu beantworten. Die Gruppenmitglieder übernehmen Rollen, doppeln, spiegeln, geben Rollenfeedback und Sharing und erweitern so den Spielraum zu vielfältigen Möglichkeiten. Der Anstoß zum Einsatz einer bestimmten Psychodramatechnik geht aber aus von dem Gefühl des Therapeuten, nicht genug zu wissen. Wo, wann und wie war das da? Der Szenenaufbau macht es deutlich. Ist unklar, was der Protagonist fühlt und denkt, erkundet der Therapeut das im Doppeln und

Selbstgespräch des Patienten. Will er wissen, wie der andere reagiert hat, läßt er die Rolle tauschen. Die Haltung des sokratischen Nicht-Wissens macht den Psychodramatherapeuten zum Initiator und Vermittler struktureller Wandlungsprozesse hin zu größerer Komplexität und Kreativität der inneren Strukturen.

Unerfahrene Psychodramatherapeuten streben danach, zu wissen. Das ist auch gut so. Für sie ist es ein Fortschritt, Wissen anzusammeln. Ihr (naives) Nicht-Wissen ist noch vorhanden und ihnen bewußt. Sie haben es deshalb in der Regel nicht nötig, zu erkennen, daß sie nicht wissen. Im Lauf der Entwicklung als Psychodramatherapeut kommt dann aber irgendwann einmal der Zeitpunkt, an dem es wichtig wird, sich immer wieder daran zu erinnern, daß das Wissen den spontan-kreativen Prozeß in der Begegnung mit dem Patienten hemmt und daß das Nicht-Wissen des scheinbar Wissenden die Voraussetzung ist für wahre Begegnung und jede wirkliche tiefenpsychologische Therapie. Das sokratische, reife Nicht-Wissen bedeutet, frei zu sein für den spontanen Augenblick in der Beziehung. Es geht darum, eine spielerische Position einzunehmen, nicht nur in gespannten Beziehungen und Konflikten, sondern auch in harmonischen Beziehungen. Beide können hohe Übertragungs- und Gegenübertragungsanteile in sich bergen. Die Haltung des reifen Nicht-Wissens, die spielerische Position, geht immer wieder verloren und muß immer wieder neu erworben werden.

Das sokratische Nicht-Wissen findet sich in der Psychoanalyse wieder in der Regel der freischwebenden Aufmerksamkeit des Analytikers, deren Sinn es ist, »daß der Analytiker sich nicht auf der unpersönlichen Ebene des Geistes fesseln läßt« (Lorenzer 1970, S. 93 f). Auchter (1995) meint:

»Nur in dem Maße, in dem wir es ertragen, Verwirrung, Verrücktheit, Schmerz und Angst auszuhalten, ist uns annehmende Passivität – die etwas sehr Aktives ist! – für unsere Patienten möglich, nämlich die Fähigkeit, nicht zu wissen, nicht sofort zu wissen und nicht alles zu wissen.«

»Wenn wir nur abwarten können, kommt der Patient von ganz allein kreativ und mit größter Freude zu einem Verständnis, und ich kann diese Freude heute mehr genießen als früher das Gefühl, klug zu sein. Ich glaube, meine Interpretationen haben heute vor allem die Aufgabe, den Patienten die Grenzen meines Verstehens erkennbar werden zu lassen« (Winnicott 1985, S. 101).

Das sokratische Nicht-Wissen ist keine bloße Technik, sondern eine Haltung aus Überzeugung. Es ist vielleicht manchmal eine Lüge, aber eine Lüge im Sinne von KAMPHOVENER, eine wahre Lüge, »die den Stimmen der Unsichtbaren Worte verleiht« (1975, S. 27) und die tiefere Wahrheit, nicht nur die des Patienten, sondern auch die des Therapeuten, Wirklichkeit werden läßt. LAOTSE sagt: »Wer weiß, daß er nicht weiß, ist der Höchste« (YUTANG 1955, S. 206). Trotzdem sind theoretische Konzepte wichtig. Denn um zu wissen, daß ich nicht weiß, muß ich einmal gewußt haben. Für die praktische therapeutische Arbeit ist es gut, sich an den Theorien nicht festzuhalten, sondern dazusein und den ungewissen Augenblick zu leben. Nur so kann die eigene Intuition reifen. »Es ist wesentlich für alle existentiellen Konzepte, daß sie zum ›Leben‹ kommen müssen, daß das Wort in ›Da‹-Sein und ›Da‹-Tat verwandelt wird. ›Selbst-Verwirklichung‹ geht einen Schritt weiter als ›Selbst-Erkenntnis‹... Der ›Begriff‹ mag in abstrakten Bereichen genügen, aber in existentiellen Wissenschaften muß das Wort durch Sein und Tat vertieft und gesteigert werden« (MORENO 1959, S. 103). Das gilt für den Patienten und für den Therapeuten.

Literatur

ANTONS-VOLMERG, K. (1995): Von der Vier zur Fünf. Abendländische Persönlichkeitstypologien und das Buddhistische Mandala. Ulm

ARGELANDER, H. (1970): Das Erstinterview in der Psychotherapie. Darmstadt

AUCHTER, T. (1995): Über das Auftauen eingefrorener Lebensprozesse. Forum Psychoanal. 11, 62–83

BACHMANN-GROSS, C. (1994): Therapeutische Arbeit mit Opfern sexuellen Mißbrauchs in Psychodramagruppen. Unveröffentl. Manuskript

BALINT, M. (1970): Therapeutische Aspekte der Regression. Stuttgart

BARZ, E. (1988): Selbstbegegnung im Spiel. Einführung in das Psychodrama. Zürich

BASQUIN, M.; DUBUISSON, P.; LAJEUNESSE, B.; TESTEMAL-MONOD, G. (1972): Le psychodrame: Une approche Psychoanalytique. Paris

BAUMGART, M. (1991): Psychoanalyse und Säuglingsforschung: Versuch einer Integration unter Berücksichtigung methodischer Unterschiede. Psyche 45, S. 780–809

BENDER, W.; BRAUNISCH, N.; KUNKEL, G. (1991) In: VORWERG, M. und ALBERG, T. (Hg.), Psychodrama. Leipzig

BENEDETTI, G. (1983): Todeslandschaften der Seele. Psychopathologie, Psychodynamik und Psychotherapie der Schizophrenie. Göttingen

BETZ, O. (1989): Das Geheimnis der Zahlen. Stuttgart

BINSWANGER, R. (1980): Widerstand und Übertragung im Psychodrama. Gruppenpsychotherapie und Gruppendynamik 15, S. 222–242

BLANCK, G. UND R. (1980): Ich-Psychologie II. Psychoanalytische Entwicklungspsychologie. Stuttgart

BRANDT, G. A. (1979): Psychologie und Psychopathologie für soziale Berufe. 11. Aufl., Darmstadt

DIECKMANN, H. (1981): Der Anstoß zur Individuation. Analytische Psychologie 12. S. 42–64

DIECKMANN, H. (1991): Komplexe, Diagnostik und Therapie in der Analytischen Psychologie. Berlin/Heidelberg

DIECKMANN, H. (1988): Gedanken über den Begriff des »Feindbildes«. In: DIECKMANN, H. und SPRINGER, A. (Hg.), Weltzerstörung–Selbstzerstörung. Eine tiefenpsychologische Analyse unserer Situation. Olten

DÜHRSSEN, A. (1972): Analytische Psychotherapie in Theorie, Praxis und Ergebnissen. Göttingen

DÜRCKHEIM, K. (1984): Von der Erfahrung der Transzendenz. Freiburg

FERENCI, S. (1970): Schriften zur Psychoanalyse I. Stuttgart

FOX, J. (1991): Die inszenierte persönliche Geschichte im Playback-Theater. Psychodrama 4, S. 31–44

FRANZ, M.-L. v. (1978): Spiegelungen der Seele. Projektion und innere Sammlung. Stuttgart

FREUD, A. (1984): Das Ich und die Abwehrmechanismen. Frankfurt a. M.

FREUD, S. (1931): Schriften zur Neurosenlehre und zur Psychoanalytischen Technik (1913–1926). Wien

FREUD, S. (1958): Der Witz. Frankfurt a. M.

FREUD, S. (1964): Zur Dynamik der Übertragung. Gesammelte Werke XIII. 4. Aufl., Frankfurt

FREUD, S. (1966): Die Traumarbeit. Vorlesungen zur Einführung in die Psychoanalyse. Gesammelte Werke Band XI, 4. Aufl., Frankfurt

FREUD, S. (1968): Die Traumdeutung/Über den Traum. Gesammelte Werke II/III. 4. Aufl., Frankfurt a. M.

FREUD, S. (1969): Vorlesungen zur Einführung in die Psychoanalyse und Neue Folge. Studienausgabe Band I. Frankfurt a. M.

FREUD, S. (1970): Psychologische Schriften. Studienausgabe Band IV. Frankfurt a. M.

FREUD, S. (1975): Psychologie des Unbewußten. Studienausgabe Band III, Condition Humana. Ergebnisse aus den Wissenschaften vom Menschen. Frankfurt a. M.

FUHR, U. (1994): Vom szenischen Verstehen zum metaphorischen Stegreifspiel – Das Nachholen früher Entwicklungsschritte in der szenischen Rekonstruktion zwischen Therapeutin und Patientin. Unveröffentl. Manuskript

GANDHI, M. (1982): Die Religion der Wahrheit. Wörgl

GANDHI, M. (1977): Handeln aus dem Geist. Freiburg

GOVINDA, LAMA A. (1988): Grundlagen tibetischer Mystik. 7., Aufl., Bern und München

GREENSON, R. (1975): Technik und Praxis der Psychoanalyse. Stuttgart

HAUSTEDT, A. (1989): Der Schatten im Spiegel. Behandlung einer Patientin mit narzißtischer Neurose durch stationäre Psychodramatherapie. Psychodrama 2, S. 147–164

HEIGL-EVERS, A. (1967): Gruppendynamik und die Position des Therapeuten. In: HÖCK, K. (Hg.), Gruppenpsychotherapie in Klinik und Praxis. Jena

HEIGL-EVERS, A. (1967): Was ist Gruppenpschychotherapie? Prinzipien der Psychotherapie in Gruppen. Prax. Psychoter. 23: 1978, S. 53–62.

HEISTERKAMP, G. (1993): Heilsame Berührungen. Praxis leibfundierter analytischer Psychotherapie.

HERBOLD, W. (1990): Die Gemeinschaftserfahrung im psychodramatischen Sharing als Ansatz zur Vermittlung gesellschaftlichen Bewußtseins. Psychodrama 3, S. 49–60

HILLMANN, J. (1980): Selbstmord und seelische Wandlung. 2. Aufl., Zürich

HUI-NENG (1989): Das Sutra des Sechsten Patriarchen. Das Leben und die Zen-Lehre des chinesischen Meisters Hui-neng. Bern.

JACOBI, J. (1977): Die Psychologie von C. G. Jung. Eine Einführung in das Gesamtwerk. Frankfurt a. M.

KAMPHOVENER, E. v. (1975): An den Nachtfeuern der Karawan-Serail. Märchen und Geschichten alttürkischer Nomaden. Hamburg

KÄSTNER, E. (1970): Till Eulenspiegel. Ravensburg

KERNBERG, F. (1981): Objektbeziehung und Praxis der Psychoanalyse. Stuttgart

KERNBERG, O. F. (1991): Borderline-Störungen und pathologischer Narzißmus. 6. Aufl., Frankfurt a. M.

KLÜVER, R. (1983): Agieren und Mitagieren. Psyche 37, S. 828–840

KÖNIG, K. (1982): Gruppenpsychotherapie und Gruppendynamik 18, S. 75–83

KÖNIG, K. (1993): Gegenübertragungsanalyse. Göttingen

KRIS, E. (1952): Psychoanalytic Explorations in Art. International Universitys Press, New York

KRÜGER, R. T. (1980): Gruppendynamik und Widerstandsbearbeitung im Psychodrama. Gruppenpsychotherapie und Gruppendynamik 15, S. 243–270

KRÜGER, R. T. (1989): Der Rollentausch und seine tiefenpsychologischen Funktionen. Psychodrama 2, S. 45–67

KRÜGER, R. T. (1992): Der Märchen-Assoziationstest. Psychodrama 5, S. 229–238

KUIPER, P. C. (1969): Die seelischen Krankheiten des Menschen. Psychoanalytische Neurosenlehre. Stuttgart

LEICHSENRING, F.; HILLER, W. (1990): Primär- und sekundärprozeßhaftes Denken bei Normalen, Neurotikern und Borderline-Patienten. Zsch. Psychosom. Med. 36, S. 62–78

LESEMANN, K. (1993): Mut zum Rollentausch – Stationäre Psychodramatherapie bei sexuellem Mißbrauch. Psychodrama 6, S. 75–96

LEUTZ, G. (1974): Das klassische Psychodrama nach J. L. Moreno. Berlin/Heidelberg/New York

LEUTZ, G. A. (1977): Das Psychodrama als Therapie zwischenmenschlicher Beziehungsstörungen – Ein Beitrag zum Verhältnis von Psychodrama und Kommunikationstheorie. Integrative Therapie 1. S. 2–10

LICHTENBERG, J. D. (1991): Psychoanalyse und Säuglingsforschung. Berlin/Heidelberg

LORENZER, A. (1970): Sprachzerstörung und Rekonstruktion. Frankfurt a. M.

MAAS, U., WUNDERLICH, D. (1972): Pragmatik und sprachliches Handeln. Athenäum Skripten Linguistik. 2. Aufl., Frankfurt a. M.

MAHLER, M. S.; PINE, F.; BERGMAN, A. (1980): Die psychische Geburt des Menschen. Symbiose und Individuation. Die Entwicklung des Kindes aus neuer Sicht. Frankfurt a. M.

MARINEAU, R. F. (1989): Jacob Levy Moreno. 1974–1989. Father of psychodrama, sociometry, and group psychotherapy. London/New York

MITSCHERLICH, A. u. M. (1967): Die Unfähigkeit zu trauern. Grundlagen kollektiven Verhaltens. München

MORENO, J. L. (1923): Rede über den Augenblick. Berlin-Potsdam

MORENO, J. L. (1937): Inter-Personal Therapy and the Psychopathology of Inter-Personal Relations. In: Sociometry, A Journal of inter-personal Relations. Vol. 1, S. 12

MORENO, J. L. (1939): Psychodramatic Shock Therapy. Soziometric approach to the problem of mental disorders. Sociometry 2, S. 1–30

MORENO, J. L. (1941): The Pilosophy of the Moment and the Spontaneity Theatre. Sociometry 4, S. 205–226

MORENO, J. L. (1947): The future of Man's World. Beacon, N. Y.

MORENO, J. L. (1959): Gruppenpsychotherapie und Psychodrama. Einleitung in die Theorie und Praxis. Stuttgart

MORENO, J. L. (1961): A bridge between psychiatry and sociology. Amer. J. Psychiat., S. 518–523

MORENO, J. L. (1970): Das Stegreiftheater. 2. Aufl., Beacon N. Y.

MORENO, J. L. (1974): Die Grundlagen der Soziometrie. Wege zur Neuordnung der Gesellschaft. 3. Aufl., Opladen

MORENO, J. L. (1975): Psychodrama Vol. II. Foundatitions of Psychotherapy. 2. Aufl., Beacon N. Y.

MORENO, J. L. (1982): Gedanken zu meiner Gruppenpsychotherapie. In: PETZOLD, H. G. (Hg.): Dramatische Therapie. Neue Wege der Behandlung durch Psychodrama, Rollenspiel, Therapeutisches Theater. Stuttgart

MORENO, J. L. (1985): Psychodrama Vol. I. 7. Aufl., Beacon, New York

MORENO, J. L.; MORENO, F. E. (1944): The spontaneity Theory of Child Development. Sociometry 7, S. 89–128

PARIN, P. (1977): Das Ich und die Anpassungsmechanismen. Psyche 35, S. 481–515

PETZOLD, H.; MATHIAS, U. (1982): Rollenentwicklung und Identität. Von den Anfängen der Rollentheorie zum sozialpsychiatrischen Rollenkonzept Morenos. Paderborn

PLASSMANN, R. (1994): Körperpsychologie und Deutungstechnik. Die Praxis der Prozeßdeutung. Unveröffentl. Manuskript

PLOEGER, A. (1983): Tiefenpsychologisch fundierte Psychodrama-Therapie. Stuttgart

PÖRTNER, P. (1972): Spontanes Theater. Köln

POSTMANN, N. (1992): Das Technopol. Die Macht der Technologien und die Entmündigung der Gesellschaft. 3. Aufl., Frankfurt a. M.

POWELL, A. (1986): Object Relations in the Psychodramatic Group. Group Analysis 19, S. 125–138

RAD, G. V. (1962): Theologie des Alten Testamentes. München

RAMAKRISHNA (1983): Leben und Gleichnis. Die Botschaft des größten indischen Heiligen. Bern/München/Wien

ROHDE-DACHSER, C. (1979): Das Borderline-Syndrom. Bern/Stuttgart/Wien

RUHS, A. (1991): Psychodramatische Gruppenanalyse. Aus: PIERINGER, W.; EGGER, J. (Hg.): Psychotherapie im Wandel. Wien

SABELLI, H. (1989): Union of Opposites. Comprehensive Theory of Natural and Human Processes. Brunswick

SADER, M. (1991): Realität, Semirealität und Surrealität im Psychodrama. In: VORWERG, M.; ALBERG, T. (Hg.), Psychodrama. Leipzig/Heidelberg

SAILER, R. (1992): Der mächtige Kleine – ein Nein-Sager bekommt Lebensraum. Unveröffentlichtes Manuskript

SECHEHAYE, M. A. (1956): Die Übertragung in der réalisation symbolique. Psyche 10, S. 482–496

SCHACHT, M. (1992): Zwischen Ordnung und Chaos. Neue Aspekte zur theoretischen und praktischen Fundierung der Konzeption von Spontaneität und Kreativität. Psychodrama 5, S. 95–130

SCHINDLER, R. (1973): Das Verhältnis von Soziometrie und Rangordnungsdynamik. In: HEIGL-EVERS, A. (Hg.), Gruppendynamik. Göttingen

SCHINDLER, R. (1957/58): Grundprinzipien der Psychodynamik in der Gruppe. Psyche 9, S. 308–314

SCHÖNKE, M. (1977): Der Aufbau einer Psychodramasitzung. Gruppendynamik Forschung und Praxis 8, S. 185–201

SCHÜTZENBERGER-ANCELIN, A. (1979): Psychodrama. Ein Abriß. Erläuterungen der Methoden. Hippokrates, Stuttgart

STERN, D. N. (1992): Die Lebenserfahrung des Säuglings. Stuttgart

STERN, D. N. (1991): Tagebuch eines Babys. Was ein Kind sieht, spürt, fühlt und denkt. München

STRAUB, H. (1969): Erfahrungen mit psychodramatischer Behandlung von Zwangsneurosen. Zeitschrift für Psychotherapeutische und Medizinische Psychologie 19, S. 192–202

STRAUB, H. (1970): Über die Anfangsphase psychodramatischer Kinderbehandlung mit Puppentheaterfiguren. Zeitschrift für praktische Psychologie 10, S. 415–428

SUZUKI, S. (1993): Zen-Geist Anfänger-Geist. Unterweisungen in Zen-Meditation. 6. Aufl., Zürich

THOMÄ, H.; KAECHELE, H. (1985): Lehrbuch der psychoanalytischen Therapie. Heidelberg

UEXKÜLL, T. v. (1990): Psychosomatische Medizin. 4. Aufl., München

VORLÄNDER, K. (1990): Die Geschichte der Philosophie mit Quellentexten. Band 1. Altertum. Reinbek bei Hamburg

WETH, E. J. (1988): Monodrama mit suizidalen Patienten. Psychodrama 1, S. 37–56

WILLIAMS, A. (1989): The Passionate Technique. London

WINNICOTT, D. W. (1976): Von der Kinderheilkunde zur Psychoanalyse. München

WINNICOTT, D. W. (1985): Vom Spiel zur Kreativität. 3. Aufl., Stuttgart

YABLONSKY, L. (1986): Psychodrama. Die Lösung emotionaler Probleme durch das Rollenspiel. Stuttgart

YUTANG, L. (1955): Die Weisheit des Laotse. Frankfurt a. M.

ZELNICK, L. M. u. BUCHHOLZ, E. S. (1991): Der Begriff der inneren Repräsentanz im Lichte der neueren Säuglingsforschung. Psyche 45, S. 810–846

Register

Wenn Sie weiterlesen möchten...

Alfred Drees
Freie Phantasien
in der Psychotherapie und in Balintgruppen
Mit einem Vorwort von Thure von Uexküll

Freie Phantasien bringen Quellen der schöpferischen Vorstellungen und Gestaltungskräfte zutage, die in der Beratung und der Psychotherapie – also auf bewußt-kognitiver Ebene wie auch in der Übertragung – nicht völlig erschlossen werden können.
Alfred Drees hat die tiefenpsychologisch orientierte therapeutische Phantasiearbeit variiert und weiterentwickelt zu einem Konzept, das er inzwischen vielfach erprobt hat. Plastisch und leicht faßlich beschreibt er in diesem Buch, wie vielfältig Freie Phantasien nutzbar zu machen sind.
Seine Methode kann nicht nur überraschend erhellend und dynamisierend sein, sondern auch, richtig eingesetzt, menschlich und erleichternd.

Brigitte Boothe
Der Patient als Erzähler in der Psychotherapie

Brigitte Boothe hat sich der mündlich vorgebrachten Alltagsgeschichte zugewandt, der gebräuchlichsten Form autobiographischen Sprechens. Sie entwirft in diesem Buch ein Untersuchungsmuster, das die Dramaturgie des Erzählens erkennbar macht, den Sinngehalt seiner Bausteine und die psychische Logik der Äußerung. In diesem Verständnis ist Erzählen immer ein szenischer Selbstentwurf, dessen Bauplan Aufschluß gibt über die subjektive Wunsch- und Angstwelt des Erzählers.

Arist von Schlippe / Jochen Schweitzer
Lehrbuch der systemischen Therapie und Beratung
Mit einem Vorwort von Helm Stierlin.

Das Buch entwickelt, jederzeit praxisbezogen, die theoretischen Konzepte, die hinter systemischen Denken stehen, macht eingehend vertraut mit den Techniken und Anwendungsmöglichkeiten und veranschaulicht sie an zahlreichen Fallbeispielen. Aktuelle Kontroversen werden aufgegriffen, in der Kritik der systemischen Therapie werden auch künftige Entwicklungslinien und innovative Anwendungsfelder deutlich.
Die Autoren lehren an zwei großen Weiterbildungsinstituten für systemische Therapie; dem verdankt das Lehrbuch seinen didaktisch durchdachten Aufbau, seinen Argumentationsgang und den aufschlußreichen Gehalt seiner Beispiele. Es kann als Grundlagenwerk für die Systemische Weiterbildung gelten.

Joachim Hesse (Hg.)
Systemisch-lösungsorientierte Kurztherapie

Das systemische Begreifen von Problemlagen im Leben hat sich in der Familien-, der Paar- und der Einzeltherapie als rasch wirksam bewährt. Keine quälend langen Therapieverläufe wollen das Leben des Klienten verändern, vielmehr wird mit dem Klienten zusammen ein individuell angestrebtes Ziel vereinbart, die Lösung eines genau umrissenen Problems. Diese Lösung wird in gemeinsamer Arbeit den jeweiligen Alltagszusammenhängen, dem Lebenssystem des Klienten angepaßt. In klar abgesprochenen Schritten, immer wieder überprüfbar, werden die bereits vorhandenen Potentiale, Ressourcen und Lösungskompetenzen genutzt und weiter entwickelt. Die weltweit führenden Vertreter der systemischen Kurztherapie geben hier einen grundlegenden Überblick über die theoretischen Grundlagen, die praktischen Implikationen systemischen Vorgehens und über die erfolgreichen Techniken, wie effektive Lösungsgespräche geführt werden können.

Kreativität und Psychotherapie

Micha Hilgers
Scham
Gesichter eines Affekts
1996. 219 Seiten, kartoniert
ISBN 3-525-45600-x

Karl König
Abwehrmechanismen
1996. 139 Seiten, kartoniert
ISBN 3-525-45607-7

Karl König
Angst und Persönlichkeit
Das Konzept vom steuernden Objekt und seine Anwendungen
5. Auflage 1996. 218 Seiten, kartoniert. ISBN 3-525-45656-5

Peter Kutter
Liebe, Haß, Neid, Eifersucht
Eine Psychoanalyse der Leidenschaften
Transparent, Band 13. 1994.
109 Seiten, kartoniert
ISBN 3-525-01713-8

Horst Petri
Lieblose Zeiten
Psychoanalytische Essays über Tötungstrieb und Hoffnung
Sammlung Vandenhoeck
1996. 223 Seiten, Paperback
ISBN 3-525-01430-9

Karl König
Kleine psychoanalytische Charakterkunde
Sammlung Vandenhoeck. 3. Auflage
1995. 144 Seiten, Paperback
ISBN 3-525-01417-1

Karl König
Charakter und Verhalten im Alltag
Hinweise und Hilfen
Sammlung Vandenhoeck. 1995.
109 Seiten, Paperback
ISBN 3-525-01428-7

Harry Stroeken
Kleine Psychologie des Gesprächs
Ein praktischer Ratgeber
Aus dem Niederländischen von Dieter Maenner. Transparent, Band 2.1993. 110 Seiten, kartoniert
ISBN 3-525-01702-2

V&R